国家出版基金项目
NATIONAL PUBLICATION FOUNDATION

倾听与发现：
妇女口述历史丛书

第5卷

追寻她们的人生

——女工人和女行政人员卷

张李玺 主 编
李慧波 副主编

中国妇女出版社

图书在版编目（CIP）数据

追寻她们的人生．女工人和女行政人员卷 / 张李玺主编．—北京：中国妇女出版社，2014．12
（倾听与发现：妇女口述历史丛书）
ISBN 978-7-5127-0990-4

Ⅰ．①追… Ⅱ．①张… Ⅲ．①女性—工人—访问记—中国—现代 ②女性—行政管理—管理人员—访问记—中国—现代 Ⅳ．①K828．5

中国版本图书馆CIP数据核字（2014）第283350号

追寻她们的人生——女工人和女行政人员卷

作　　者：张李玺　主编　　李慧波　副主编
责任编辑：门　莹
封面设计：罗　洪
美术编辑：吴晓莉
印制总监：王卫东
出版发行：中国妇女出版社
地　　址：北京东城区史家胡同甲24号　　邮政编码：100010
电　　话：（010）65133160（发行部）　　65133161（邮购）
网　　址：www.womenbooks.com.cn
印　　刷：北京楠萍印刷有限公司
开　　本：170×230　1/16
印　　张：27．75
字　　数：435千字
版　　次：2014年12月第1版
印　　次：2014年12月第1次
书　　号：ISBN 978-7-5127-0990-4
定　　价：80．00元（精装）

序

PREFACE

“倾听与发现：妇女口述历史丛书”共10卷。第1卷~第6卷为“追寻她们的人生”（妇女生命史访谈录），第7卷~第9卷为“记录她们20年的行动足迹”（北京’95+20妇女活动家访谈录），第10卷为“她们人生经历的价值诠释与探寻”（妇女口述资料的分析研究）。其中，“追寻她们的人生”和“记录她们20年的行动足迹”资料的收集和编撰由中华女子学院中国女性图书馆完成。

“追寻她们的人生”以时间为序，结合社会历史变迁，记录了受访女性的生命历程。包括她们的人生经历、事业追求、婚姻家庭、子女教育、人生感悟等方面。我们本着“自下而上”看历史的眼光，忠实地记录了妇女的社会生活经历和人生感悟，从国事、政事、家事、人生大事、趣事、故事等方面展现了女性在社会历史变迁过程中的经历和感受。受访者来自不同地区、不同行业，平均年龄在70岁以上。她们当中既有新中国成立前在革命队伍里成长的叱咤风云的女战士，也有为妇女解放事业而不懈追求和奋斗的妇女干部；既有刚直不阿、为新中国法治建设和妇女权益事业献身的法律工作者，也有常年在野外作业的女工程师；既有献身祖国工业和新疆建设的女工人、女兵团战士，也有默默奉献的家庭主妇……可以说，每一位女性的生命历程都丰富多彩。从她们不甘命运驱使、坚忍不拔、乐观进取的精神中，我们看到了中国女性伟大的生命力量，也看到了中国近百年变迁过程中女性表现出来的坚忍、抗争、进取、耐劳、执着、勤奋、善良、宽厚、乐观、仁爱等诸多优秀品质。

“记录她们20年的行动足迹”，是为了纪念1995年联合国第四次世界妇女大会（北京）召开20周年，由中国女性图书馆从各地高校遴选并培训的40多名年轻访谈员与参加过’95世妇会及推动《北京宣言·行动纲领》实施、推进社会性别平等的活动家合作的访谈成果。访谈主题包括：与’95世妇会结缘、对’95世妇会的认识、’95世妇会后的行动实践、20年来的成绩及对今后中国妇女发展道路的规划和展望等。我们希望以此来梳理和总结20年来中国妇女发展的路径，也希望通过两代人的对话，能让’95世妇会精神在青年一代中得到传承。

我们在前9卷图书后都附上了相关研究文章。这些文章是中华女子学院中国女性图书馆以本校科研队伍为主要力量，联合校内外相关学术力量，运用专业方法对妇女口述历史资料进行多角度研究的成果。

“她们人生经历的价值诠释与探寻”旨在建构专业的妇女口述历史研究工作模式，以此促进全社会的性别发展进程。涉及的内容包括：口述历史资料的收集模式、口述历史资料的伦理和法律问题研究、女性主体意识在口述资料中的挖掘与运用、妇女口述历史资料与社会性别平等建设等。

本丛书中的访谈资料凝结了访谈员们辛苦的劳动和智慧。从确定、联系受访者到制订访谈提纲，再到数次访谈，最后形成访谈整理稿，其中的喜悦、汗水和泪水无以言表。为了获得真实可靠的第一手资料，她们与受访者建立了情感和心灵的沟通。为了达到高质量的访谈效果，她们反复斟酌，多次补访。她们的努力使得我们的访谈资料不仅具有广度和深度，还有较高的学术研究价值。她们的辛勤努力抢救和保存了一批珍贵的历史资料。我们引以骄傲的是：在探究中国妇女口述史料的收集与整理方面，我们的探索与积累意义重大。

本丛书呈现了历史发展进程中妇女的卓越贡献，由此也填补了历史记录的空白。希望更多的有识之士进行中国当代妇女史的研究，为推进全社会关注和肯定女性的价值、赋权于女性发展而努力。

编　者

2014 年 11 月

目　录

CONTENTS

跨越半个世纪的纺织缘——周家秀访谈录

千丝万缕纺织情——杨美珍访谈录

“我用乐观享受人生”——苏淑珍访谈录

坚强独立的女性——于寿柏访谈录

一名女工的人生轨迹——师桂均访谈录

一位建筑女工的如歌岁月——王雅琴访谈录

一名铁路家属工的苦乐人生——刘金芳访谈录

家属工的追求与期望——张继英访谈录

她用勤俭和善良支撑起一片天——唐美武访谈录

她有一颗感恩的心——郭杏珍访谈录

勤劳朴实谱华章——许秀荣访谈录

八十四年经纬梦——郝佩兰访谈录

这个社会需要“热心肠”——张秀华访谈录

退休后的人生依然灿烂——丁淑琴访谈录

跨越半个世纪的纺织缘

——周家秀访谈录

- **访谈时间**：2014年2月11日9:00—14:00
- **访谈地点**：青岛市受访者寓所
- **受 访 者**：周家秀
- **访 谈 员**：管田欣（中国人民大学党史系硕士）
- **整 理 者**：管田欣（中国人民大学党史系硕士）

编者按

战争过后，满目疮痍，父亲本希望初中毕业的她当个小学教师，然而她却有着更远大的理想。她只身一人离家求学，在学校里，她不仅品学兼优，还担任着班干部。中专毕业后，她来到了青岛市国棉六厂。她总是将工作放在第一位，担任轮班长期间，除了抓生产、组织工人学习之外，还要“心里像装着一份地图一样”，去职工家里走访，谁家有什么困难，她都了如指掌。哪里有了困难，只要有她在，问题就马上解决了。仅仅一次因为钟表慢而差点儿迟到，她却为此事自责了一辈子。随着孩子的陆续出生，她的负担越来越重……参加工作后的60多年中，她没有回过一次家乡。读她的故事，让我们对新中国60多年棉纺织业发展史和纺织女的工生活与情感经历有了更深的了解。

一、家世背景 童年记忆

我祖籍是湖北红安，出生于1933年7月26日，属鸡。我的父母一共生养了4个孩子，我是家里的老大，比大弟弟大3岁，比妹妹大9岁，比小弟弟大12岁。我的父母都生于宣统三年，即公元1911年，都属猪。父亲周纯立是卖棉花的，属于给别人打工，就是把检查好的棉花送到厂库里去，挣钱很少，所以我们家里是很贫穷的。母亲唐启凤姊妹7个，她是老大，下面还有6个弟弟，我的六舅和七舅都是大学生，但是母亲没有读过书。早年普通人家的女孩子很难有机会读书的，尤其是家里的长女，几乎就没有读过书的。

我很小就上学了，只有五六岁的样子。我小时候又白又胖，很招人疼爱，老师很喜欢我，常常把我抱到她家里去吃饭，有时候家里人都找不到我。大概在我7岁的时候，日本人的炸弹轰炸湖北，同学都往家里跑，躲炸弹。我跟我一个同学也赶紧往家里跑，因为我家在学校的西北方向很远的地方，而她家离学校比较近，我就跟她一块儿跑到她家的院子里。我还记得院子里都是大树，长满了密密的叶子，我们就赶紧跑进去。结果忽然听到“轰隆”一声，一颗炸弹从天上掉下来爆炸了，就把我的同学炸死了，我没死。这件事情我永远都不会忘记，我的同学就在我眼前被日本人的飞机炸死了。所以直到现在，我一看到电视剧中有日军飞机轰炸的镜头，就得赶紧换台，我看得心里难受，会想起我这个同学。

以后因为日军侵略，到处是战争，我就不能上学了。不光是这样，由于日本人的飞机经常来轰炸，我们全家不得不离开老家去逃难，从城里跑到乡下去。我是家里孩子中的老大，我挎着一个包袱，我母亲怀里还抱着我妹妹，父亲领着我的大弟弟，我们跑去坐船。我那时装扮成一个男孩，因为在逃难路上女孩子不安全。我穿着弟弟的衣服，把头发都剃了，到乡下逃难。到乡下以后，那里的农民和邻居们就看着我说："你明明是个男孩子，怎么那么会干家务活儿呢？"我母亲身体不好，我很小就给家里人烧菜做饭，以前农村那种锅台那么高，我得踩着板凳炒菜做饭。所以人家看见了就会说："你这个男孩真能干。"其实他们不知道我是个小嫚儿（姑娘），装扮成了个男孩。

我没有正儿八经地上过小学，初中的时候我就到舅舅家去上学了，那会儿全国还没解放完。我四舅舅住在重庆，那里有个英才中学，我就是在那里上的初中。我们的课程有语文、数学、地理、外语、体育，别的我记不太清了。我喜欢体育，我是排球队员。地理课我不记得学过什么了，反正是稀里糊涂的，好像当时也没怎么听明白。最后湖北省没有打仗就解放了，可是当时四川以及重庆都还没有解放，人们只得四散逃难。所以，1949 年湖北一解放，我就跟着二舅连同四舅家一块儿又回到湖北，在沙市落脚了。

二、青春年华 追逐梦想

1. 武昌高工读书

1949年，我回到解放了的湖北沙市。打过仗以后，城市里到处都是又脏又乱的样子，经济也不好，我的家里更是贫穷。因为我在重庆英才中学基本上完了初中课程，算是初中毕业了，父亲就想叫我找个小学去当老师，也好帮助一下家里，他觉得女孩子有这样的出路应该是很好的了。但是我不愿意，我觉得人要更有文化，初中毕业就当个小学老师没有什么出息的。我是受舅舅们的影响，因为他们有的上了大学，我也要念书。我对父亲说："我不干，我要上学。"我自己拎着包，背着一床被子，提着一箱子换洗的衣服，那就是我的行李了，拿着父亲给我的车票钱出门了，一个人从沙市坐车到了武汉。我的六舅舅在武汉，在那里对我还有个照应。

来到武汉以后，我就在武汉准备考学。因为是初中毕业，我不能考大学，而且我的家庭条件不允许我上大学，于是我选了3所学校报考，即高级商业学院、高级工业学院，还有一个护士学校，这3个都相当于现在的中专学校。后来，这3个学校我都考上了。我本来很想成为一名护士，小时候在医院看到穿白大褂的护士很羡慕，但我还是去问了问六舅和舅妈的建议。我的六舅和舅妈都是大学毕业，六舅是武汉一所大学的教授。我就问他们上哪个学校比较好，六舅告诉我说："现在新中国刚成立，以后国家要发展一定会重视工业，你还是要学工科。"就因为六舅这句话，我选择上了高级工业学院，类似现在的中专纺织学校。可是问题又来了，我要上中专，但是我的家庭情况供不起我读书。于是我就申请了学校的助学金，学校根据我家里的情况批准了。我靠助学金读书不到半年，学校就全部是公费供给了，真是太好了！这就减轻了我家里的负担，我就没有什么后顾之忧了，终于可以安心上学了。在学校里的时候我成绩比较好，还担任班干部。所以在 1950 年 7 月 1 日，我就在学校入了团。

我在高工读书的时候，每逢礼拜天、放假的时候都去六舅舅家里，他会给我买东西，有时候给我零花钱，对我很好，所以我一直很感谢六舅和舅妈。去六舅家里还能跟着六舅和舅妈学习跳舞，六舅很爱跳舞，以前他跟舅妈跳，后来舅妈年纪大了，不能跳舞了，他就跟学生跳，都 95 岁了还可以跳舞。我去他家的时候，他们就教我，于是我学会了跳舞。后来在学校我跳，上班以后我也跳。读书时候我学了好几样东西，但骑自行车没有学会，光会下不会上；武汉东湖是个适合游泳的好地方，但是我费了好大的劲儿，学了 3 年也没能学会。单单这个跳舞，我一学就会了。此外，我喜欢体育活动，各种各样的运动我都愿意参加，尤其是打排球。我曾是学校排球队的，原来排球队的老规矩是 9 个人，现在改规矩改成 6 个人了。所以直到现在我都爱看打球，电视上有比赛，我就非看不行。除了排球比赛，我还喜欢乒乓球、斯诺克、网球比赛，除了足球和篮球比赛其他我都爱看。我不看足球比赛，一群人来来回回地跑，抢一个球，我确实不喜欢。

弟弟妹妹们也慢慢长大了，有的读书，有的当兵。同样也是在舅舅们的培养下，我的大弟弟也上了免费的中专，在武汉工业机械学校念书，后来分配去湖南的株洲工作。因为家里比较穷，我的妹妹很小就当兵去了，1958 年她才 16 岁，被保送成为一名女兵，去西安军医大学上了 6 年学，这在当时是很了不起的事情，再苦我们也要上学。只是可惜了我的小弟弟，他没有上什么学校，初中毕业以后就去打工开车了。

2. 青岛国棉六厂的实习工

我在武昌高工念完了3年中专，还担任着班干部。1953年年底毕业以后，学校就召集我们这几个毕业的系开会，有纺、有织、有染、有机械。老师问我们："你们愿意上哪儿去工作呢？纺织有两个地方，一个是上海，一个是青岛。"那个时候年轻人思想非常单纯，都觉得上海这个地方是不能去的，腐化，不好；青岛那里好，咱们一块儿上青岛去！于是我们全班学纺的54个同学全部来到了青岛，学织布的班级全部都去上海了。

我跟我母亲说："我要去青岛工作了。"母亲就哭了，一直掉眼泪，我心里知道她舍不得我。学校集体给学生们买好票，我们自己不需要花钱，直接坐上火车到了青岛，班主任也跟着把我们送过来。来到青岛以后，是纺织局的人接待的我们，纺织局的人和老师拿着名单给我们分配厂，当时还是9个厂，国棉十厂还没有建，国棉六厂是最好的一个厂，厂最大，也比较出名，郝建秀就是国棉六厂的。分配结束以后，每个厂里都有我们班里的同学，有的厂分到3个同学，有的厂分到2个。我跟另外2个同学，一个男同学，一个女同学，我们3个人被分到了青岛国棉六厂。后来那个女同学因为要和爱人结婚又回武汉去了，那个男同学在青岛结婚，安了家，后来他在一场事故中去世了。我们分配到国棉六厂的3个人中，我算是待时间最长的一个。

我正式进入国棉六厂的时间是1954年1月13日，刚进厂先跟着师傅实习，我自己离开家出去念书，现在进入了工厂，一心想着拼命地干，使劲儿地干。实习的工资是32块钱，我给家里寄20块，自己才用12块。我盘算着5毛钱吃一顿饭，火烧是1毛钱，花2毛钱买2个火烧就是我的一顿饭，我还要帮助弟弟妹妹上学嘛。半年后我的实习期提前结束，那时工资涨到了81块钱。在工厂里面干活儿让我体会到做主人的感觉，我们自己工作，自己做主。

我在车间的实习工作就是跟着保全工师傅金同善做机器装修，大修、小修都干。女的做保全的很少，但是因为我只是实习，也不需要干很重的活儿，看懂就行了，上学时在学校的课本上都学到过。有一次，我给一台细纱机安装车头出了事故，车头上一个螺丝没有上紧，运转了一个晚上把捻度牙给甩出来了。这在当时来说是个不小的事故，那个捻度牙掉下来以后，整个一排纱全部就完了。前面的纱还能用，后面的那些纱全部没有捻度了，纱没有捻度的话车就停下来了。就是因为一个小小的螺丝没有拧紧，也是我自己麻痹大意了，没有用大力气拧紧。这下子坏事了，砸了锅了。我本来表现得还是很好的，师傅们都表扬我，打算培养我，还叫我写了入党申请书，出了这个事儿以后，我入党的事情就被压了下来，一压就是几十年，直到 1983 年我才入了党。特别是金同善师傅也因为我挨了批评，徒弟做得不好，师傅是有责任的，我心里觉得特别愧疚。这件事情我一直记着，这次实习中的过失可以说是我一生工作中最大的失误。

3. 青岛城里的外乡人

1954 年，当我们全班坐火车来到青岛时，觉得很新鲜，因为以前在书本上读到过“青岛是个美丽的岛”。我来到青岛以后听人说话就费劲儿，湖北话比较好懂，但是青岛话有的听不懂。比如我听别人说“借光，借光”，我心里很纳闷儿，什么借光？他要借什么光？后来就慢慢地习惯了，也能听得懂了。我在青岛待了 60 年，口音都变了，既不像青岛话，也不像湖北话了。其他的生活习惯还好，我反正无所谓，吃什么都可以，吃什么都一样，北方的馒头啊、面条啊，我都可以吃的。所以生活习惯上没有什么大困难要克服。

进了国棉六厂以后，我就住在集体宿舍里面，也可以叫单身宿舍，那时候没有结婚的一般都住在单身宿舍里。我和另外 3 个女同学住一间宿舍，这算是人比较少了，所以条件也算是好的。房间里面有 4 张床，2 张长方形的桌子，每个人都可以坐在那里写字什么的。宿舍距离车间很近，我们从车间后门可以直接进去，所以上班也比较方便。员工结了婚以后能分房子，如果男员工的老婆不是六厂的员工，他们也能分到房子，但是如果光女的是厂里工人，还没听说过能分到房子的说法。这不公平，重男轻女。

因为当时是全班同学一起来到青岛，所以我在高中时期的好朋友也都一起来了。在全班 54 个同学中，我和另外两个女同学是最最要好的朋友，一个是比我大 2 岁的王爱珍，属羊的；一个与我同岁，比我大几个月。以前在学校里的时候我们的感情就非常好，王爱珍因为比我们大，她特别照顾我们，总是抢着给我们洗衣服，我也抢着干活儿，另一个女同学就爱到处跑来跑去给我们买东西，我们非常要好，不分你我。到青岛以后，她们俩一个分在国棉四厂，一个分在国棉九厂，我们经常在休息日相互串门儿、一起玩儿。后来王爱珍为了婚姻的事情回武汉老家了，另一个同学也跟她爱人到单县去了，因为她在国棉四厂工作嘛。

来到青岛之后我也交了新的朋友，青岛人很好，很实在。说实话，我这个人的眼睛是往下看，不往上看。我从来不去我的顶头上司家里送什么东西，不去讨好领导。我的朋友都在下面，都是一个轮班的。我走到哪里朋友都挺多的，以前我们年轻的时候，过春节，同学、同事一大帮子来家里聚会，一桌坐不了，就再摆一桌。我喜欢这样的聚会，很热闹，很好玩，大家感情也越来越好。

三、家庭与事业 平衡与抉择

1.“忙碌”而幸福的婚姻

我跟丁启靖是在车间认识的，他是细纱车间的技术员，大家都叫他丁技术员。他比我大 1 岁，也比我早 1 年来到国棉六厂，是我当时所在的细纱车间的副管理员。但是那时候我并没有羡慕这个技术员，因为我也有工作，他是中专毕业，我也是中专毕业，只不过他比我早来了 1 年。1954 年下半年的时候，我 21 岁，老师傅把他介绍给我，说你们两个人挺合适的。那时候我思想非常单纯，没考虑别的。其实在老师傅介绍以前，我只是知道有丁启靖这么个人，但平日里接触很少，有的话也是工作上的接触。

早年搞对象很简单，我们就是去市里面玩玩儿，在海边散散步，看看大海，去鲁迅公园坐坐。到了该吃饭的钟点，他就请我去饭店里吃一碗面条，就是南方那种雪里蕻肉丝面，一个人一碗，很简单。没办法，出去就是吃面，不吃面吃什么，上外头去点菜吃饭不是浪费吗？没有结婚、没有孩子之前我们还可以看看电影，后来结婚生孩子以后就去不了了，工作也忙，还要顾家里头的事儿，孩子也得照顾，就没有时间再出去玩儿了。每个礼拜六厂工会组织舞会，我就和他一起去参加，我跟别人跳，他就坐在一旁等我，我想要教他跳舞，他怎么也不学，所以一直到现在他都不会跳舞。

当时我的脑袋里根本不想什么外表，个头高矮、漂不漂亮统统不想，想的就是对不对脾气，两个人说话能不能说到一起。不然的话，他才比我高那么一点儿，我怎么能喜欢，我一定得找个比我高的呀。他比较内向，但是我喜欢他做事情认真的劲儿，办事情认真负责，学习也很认真。就像他自己教育我们儿子说的："咱们的家规就是老老实实地做人，认认真真地工作。"他还有一个优点就是脾气好，我的脾气暴，有时候嗓门很大，遇到点事儿容易着急。我们两个人有时候也会抬杠，但是一会儿就和好了，我看中他的好脾气。其实他也比较坎坷，13 岁就没了母亲，以后父亲给他找了继母，继母又生了很多弟弟妹妹，他是家里的老大，就自己出来独立生活了，也挺苦的。我不相信别的什么东西，我相信缘分，我可能跟他有缘，所以一见面就觉得这个人还可以。

我跟他处了小半年，计划在春节的时候回他的老家办婚礼。我写了一封信告诉父母，离家太远了，他们不可能来参加我们的婚礼，也就不管了。春节前，他的爸爸妈妈都通知了亲戚朋友，说大儿子跟儿媳妇要回家结婚，饭

周家秀与丈夫丁启靖的结婚照 （1955 年）

店也订好了。结果我们没走成，他那会儿是车间的保全管理员，要负责搞一个培训，培训副工长。一个轮班有个轮班长和还有个副工长，副工长管着这个班的保全工作。后来人事科的科长就把他叫去说："你不能回家，你一走这里 50 个人要交给谁啊？"所以科长就做他的思想工作。他跟我说了这事，我

说我没有意见，他又告诉家里，说不能回去了。所以我们的婚礼没有去他家里面举行，两个人就在青岛简简单单地办了。因为他是车间的管理员，我们结婚时就分配了一间旧式的日本人的房子，房子不大，顶多有 10 个平方米，公家的房子，公家的桌子，床也是公家的，还有两把公家的椅子。我们自己买点糖，买点瓜子，买点花生，自己操办着算是结了婚。

因为结婚的时候正赶上春节，厂里举办舞会，我就不管别的事情了，我要去跳舞，他在家里接待他的同学、同事们。我跳舞跳到 2 点多钟才回来，他也没有去叫我，因为我和王爱珍一起去的，他比较放心。那时候厂里的舞会办得还是很好的，有个用旧仓库改造成的俱乐部，像个大礼堂似的，大家就穿普通的衣服去跳舞。那里的军人很多，国棉六厂经常跟隔壁飞机场的军人联欢，我们很多女工都找了军人结婚，以前纺织女工很吃香，挣钱比一般地方多，纺织业对国家的贡献也大，所以军人都愿意找纺织女工。我是团员，经常建议团组织礼拜六办活动和舞会，教女工们跳舞，好跟军人联欢。我们还建议工会组织球赛，叫女工们都去打球。

2. 细纱车间的轮班长、技术员

一般新工人都要实习一年，但是由于工作需要，我自己表现也比较出色，就没有实习那么久。我从 1954 年 1 月开始实习，大约半年以后实习结束，我就服从分配，在青岛国棉六厂的细纱车间担任了轮班长。

轮班长管着这一个班的工作，整个班的事情很多，很琐碎，要抓生产工作，要组织工人学习，要带着骨干去职工家里走访，这些我都要照顾到，所以工作责任很大，是很辛苦的。轮班长要提前到车间去完成交接班，去给每个组长布置任务，今天的重点是什么，你们这个组的计划完成得怎么样，我都要一个组一个组地告诉他们。下了班后，有时候得跟工会组长联系，告诉工会组长，你们班的谁谁谁有什么困难了，下了班组织几个人去看看。有时候我也得跟着他们一起去，心里像装着一份地图一样，谁家在哪里，我心里都是很清楚的。每个组有行政组长、工会组长、团组长等，全班一共7个组，我都要挨个儿去说。细纱车间每个车间都有甲班、乙班、丙班3个班，我是甲班的轮班长，甲班就是郝建秀小组所在的班。其实，乙班的轮班长我也代过，丙班的轮班长我也代过，这是为什么？因为我工作有成绩，哪个班、哪个小组成绩上不去，计划完不成，我去了以后成绩很快就上来了。所以哪个班有了困难，就把我调到哪个班。正因为如此，我被评为1957年的青岛市“先进生产者”。老头是1956年青岛市首届“先进生产者”，我是第二届。我们那时候评优秀既没有走后门，也不靠关系，就是实打实地看工作成绩。

周家秀获得的第二届青岛市先进生产者奖章（左一）（1957年）
丁启靖获得的第一届青岛市先进生产者奖章（右一）（1956年）

我也善于发现群众当中的工作经验，总结小组和个人的点滴工作经验。我经常写郝建秀小组的经验，比如完成计划的体会、工作进行的情况等，然后给别的组、别的厂的工人介绍经验。当时还有全国各地的工厂派人来国棉六厂学习，来郝建秀小组取经，有武汉的，有河南的，有北京的，还有上海的。每当有人来到郝建秀小组学习，领导就推荐我去介绍工作经验，让我写稿子给他们讲，管理、工作、操作什么的都讲。那时候厂里的工人都是这样，每个人都有一个本本，她们都知道郝建秀工作法，我还要给她们考试。我自己很好地运用了郝建秀小组的工作法，家务、工作都可以用得到，郝建秀工作法里有一条“分清轻重缓急”，我就记住了，不管干什么工作，必须找到什么东西是重点，什么东西是次要的，轻重要分开，这样干起来又快又好。还有一条是“穿插结合进行”，你干这个事情的时候要心里想着另一件事情，要是这样的话，干一件工作的时候能够顺带着把另一件工作也干好，这样工作效率不就提高了吗？

以前的纺织工人比现在的工人累很多很多，累得想哭，不光上班和工作累，还要提前上班开班前会，下了班以后要开会、走访。比如一个小组，有二十来个人，谁家有什么困难，谁家里有病号，谁家有什么情况，这个小组的组长就带着几个骨干去走访，我要统管着，所以很辛苦。但我觉得以前那些工人好领导，思想很单纯，开会就是开会，学习就是学习，劳动就是劳动，“大炼钢铁”的时候上班那么辛苦，下了班还去搬铁搬砖，什么都干。“三年困难时期”就组织女工下农村，挖地瓜，刨地，什么都干啊。我领导着她们，通常带着一个班的工人出去，到乡下挖地瓜回来给工人们分分，每人拿几个地瓜回去吃。那时候也没有菜，吃胡萝卜，真是受苦的日子！

“三反”“五反”的时候，厂里也要搞运动，我们是团员，都是积极分子，要“打老虎”、写“大字报”。但是我们只是负责组织，不具体参加，一般车间里的轮班纺织工人都有自己的岗位，要看车，要生产，所以不能脱产去搞运动。那些能出去开展运动的人，都是车间外头的人，比如科室的人，上长白班的人，还有一些闲散的人等，三班倒的工人出去搞运动的很少。轮班工人很辛苦，没有时间，一下班累得直想睡觉。后来搞“四清”，其实差不多也是这样，轮班的一般都不参与搞运动。“文化大革命”比较厉害，车间内外都贴满了“大字报”，机器车头上也有“大字报”，但是我们都很清楚自己没事，车不能停，工作不能落下，就很少参加外面的活动了，批斗干部这样的事情也就很少。可是下了班以后，厂里还是要组织工人们都去看“大字报”，去了解形势，要学习，我们就一个小组一个小组地去看“大字报”，其实也就是下了班去走一趟，写的什么东西都不是很关心。那会儿还要开会，有时候车间一个轮班集中起来，车间主任、工会书记都来讲话。其实我不是很清楚到底是什么事儿，那会儿年轻，这些事情接触得很少也是一个原因。我是轮班长，不能耽误了生产，不能停下机器，但是也得组织学习、开会。

大概是1970年，我就上车间当了技术员。车间有好几种岗位，有搞计划管理的，有搞工艺管理的，还有操作管理的，整个车间就是由这几种岗位组织起来的，我就属于操作管理那一种。技术员就不只负责一个班的工作了，而是负责整个车间甲、乙、丙3个班，后来改成甲、乙、丙、丁4个班的技术，搞操作管理、车台清洁，还要组织开展操作技术比赛。每个班出几个工人，选出来搞比赛，测定成绩。我不干具体的操作工作，但是我知道什么样是正确的，什么样是质量好的，工人操作得对不对，我看上一眼就看出来了。当轮班长的时候，我也曾经组织工人到外地去学习，搞操作比赛等，去过临清、济南、上海、南京不少地方。我是一个组织者，联系组织他们的比赛，安排好他们的生活。我干细纱车间的技术员，一直干到后来调去新建的国棉十厂。

自从1954年实习期满，我的工资便从刚开始的32块钱涨到了81块钱，我会寄60块钱回去帮助我家里人的生活，弟弟妹妹还要读书。成为正式工人以后，我就更加努力、更加拼命地干活儿，我干了一辈子，上班只晚了一次，那一次是因为家里的钟表跑慢了。我抱着孩子在家里喂奶，正要推着小车子送孩子去托儿所，然后再去上夜班。结果，我到了托儿所一看，哎呀，快到点了！我撂下孩子就赶紧往车间跑，跑到车间其实还没到正点，只是我需要提前到一点，然后两个轮班长站在钟表下面，看到红灯到点亮了，我们可以交接班了。那时候，另一个班长已经在钟表下面等着我了，我赶紧过去交接。其实这一次也不算迟到，只是去得晚了一点，但我心里总是过不去。我一辈子只晚了这一次。

3. 生养三个子女

1955 年春节结婚以后我就怀孕了，我的母亲怕我挺着大肚子干活儿不方便，就带着我的小弟弟从沙市来青岛照顾我。那时候厂里看我要生孩子，就又分给我们一间大一点儿的房子，大概有 17 平方米，这样母亲和弟弟来了也能住得下。我怀着老大的时候天天害喜，吃什么吐什么，简直一口饭都咽不下去，以后怀老二和老三时还好一点儿。我挺着大肚子来回跑着干活儿，好在我母亲那时候在青岛帮助我，我可以不用干家里的活儿，只需要在六厂车间里干活儿。车间工作很忙，忙得脚不沾地，连口水都顾不上喝，有时候走在车间里，看见一台机子的车头上有杯水，我顾不得是谁的，拿起来就喝两口。纺织工人爱喝茶水，这是他们长期养成的习惯，直到现在我还喝茶水，为什么呢？因为喝茶水提精神，不打盹。特别是上夜班的时候，得靠喝茶水提提精神。怀孕以后也没啥能补营养的东西，就是吃平常家里的饭。有一样好东西我最喜欢吃，那就是牛肉干。老头给我买一包一包的牛肉干，放在口袋里，别人看不见的时候，我就掏出一块儿放在嘴里嚼嚼。其实那个时候牛肉干是很宝贝的东西，当时也没想什么营养不营养，那根本不是考虑的问题，因为怀着孩子害喜，就愿意吃牛肉干那个味道，吃了不吐。我是家里的老大，体质还算是很好的。大肚子的时候就在办公室里坐着，减少一些在外头巡回的时间，带个替班的搭把手。那时候年轻，腿比较轻快，没有提前歇假。日子到了，我就去六厂的产院里住下，第二天早上 5 点来钟就生了。我母亲在家里听说我生了，赶紧打荷包蛋给我送到医院来。老头特别高兴，他爸爸也高兴，他妈妈也很高兴。老头给孩子买了一辆藤子车，4 个轱辘，可以坐两个孩子，中间的隔板拿下来可以当床，特别好的车子。我记得那个车子花了 56 块钱呢，很贵了。他舍得买，他爸爸寄钱过来让我们买的。我公公在常州国棉一厂当车间主任，收入还可以，就帮我们一把。

我生了第一个孩子 15 个月后，又生了第二个，那时候老头就已经去上海上学了。他从 1952 年开始在国棉六厂，工作了 4 年半，1956 年就去上海华东纺织工学院上大学了。他怎么又去上大学了呢？以前我搞对象的时候跟我舅舅说："他也是个中专学历，我们在一个厂里工作。"我舅舅就说："最好找个工程师，找个大学毕业的。"我老头那时候还不是工程师，他很要强，就在心里想我非要上大学，我要当工程师，你家里人要你找个工程师，找个大学生，那我非要考个大学。当时和他一起考的有好几个，但是都没考上就回来了，只有他考上了。考上大学以后，六厂就给他提供 29 块钱的生活费，这是很少的一笔钱。按理说在职念书的话，应该给百分之百的工资，因为是领导同意他去考的。这样他几乎就算是没有工资了，那 29 块钱只勉强够他的生活费。这样家里全部的压力都在我身上，就靠我的 81 块钱的工资生活。他的爸爸经常从常州寄钱帮助我们，他上大学那四年，公公每个月寄 30 块钱过来，我们的日子才好过一些。另外，还多亏我的母亲在家里帮助我，还有我的弟弟也一并住在这里。

周家秀的母亲与周家秀的大儿子（拍摄年份不详）

等到要生老二的时候，我就提前歇假，去老头的老家常州待产，一个月以后才生。因为他当时在上海上大学，离常州比较近，坐火车两个小时就能到，这样他还能回家看看孩子，也让我们看看他。因此，我就自己拿着包袱，坐上火车去常州他家里了。常州话很难听懂，我听起来很像是外国话，但是慢慢适应了也就好了。1956 年腊月初十夜里 2 点多钟，我突然肚子痛，婆婆起床过来扶着我，慢慢地走，一直走到产院去。以前哪有什么汽车打的？什么也没有，黄包车也没有。他的弟弟妹妹都还小，总不能叫公公吧，于是婆婆领着我，一路走到了产院。一上楼，我说："哎呀，我上不去了！"护士赶紧把我架起来，上产床后很快就生了。

因为有老二的时候回家待产一个月才生，我没想到会等那么长时间，所以生了孩子以后，出月子就赶紧回青岛，紧接着就去上班了，那会儿小孩才一个来月。我记得当时是冬天，我自己一个人，一手挎着一个包袱，一手抱着孩子去坐火车。偏偏还没有从常州直接回青岛的火车，只能坐车走南京大桥到徐州再转车。票不好买，等车也不好等，辗转需要花两天一夜的时间，坐硬座回青岛，我抱着孩子抱得腰酸背痛。当时我坐在徐州的车站等车，孩子尿了拉了，屁股通红通红的，也不能洗，天气又很冷，孩子也跟着大人受罪。好在那会儿比较安全，不怕路上有人抢东西啊，偷东西啊什么的。我就是累，特别累，抱着个一个多月的孩子，孩子要吃奶，孩子要尿了拉了，在火车上什么也没有，折腾着两天一夜真是累极了！

回到青岛又是一件麻烦事，那天青岛正赶上下大雪，地上的雪没过了膝盖，还是个晚上，走也走不动，我紧紧抱着孩子，可是包袱怎么办？还好，当时火车站旁边有个老头儿和他的孙子两个人，老头儿拿着扁担，他们两个可以接站。老头儿给我抱着孩子，他孙子给我拿着包袱，搀着我的胳膊，就把我们送回家里来了。我回到家里敲门，我母亲打开门一看，吃了一惊："哎呀！你怎么回来了？你也不发个电报？"我说："我打电报了啊，你没收到？"本来走之前我老头在常州给青岛家里打了电报，但是我们人到了，电报居然还没到，是第二天晚上才到的。这时候就听到我家老大在床上蹦啊蹦啊，说："妈妈回来喽！妈妈回来喽！"

老大是 1955 年年底生的，老二是 1957 年生的，两人差 15 个月。老大上幼儿园，老二上托儿所，我母亲帮忙看着他们，我弟弟虽然小，但也可以帮帮忙买个东西什么的。

老大和老二这两个孩子是我母亲一手抚养大的，母亲从 1955 年来到青岛，一直到 1959 年的冬天才回了沙市老家一趟。母亲回来的时候正好赶上 1959 年到 1961 年的“三年大饥荒”，那是青岛最困难的时候。我老头去上海上学了，一家子人要靠我的 81 块钱的工资生活，我还要给老家的父亲寄钱，孩子都还小，所以虽然我的工资不低，但是有这么多口人要吃饭也支撑不住。我用公公每个月寄来的 30 块钱只能买 4 斤地瓜叶，只有这么一点点东西能吃。买回来两包地瓜叶子就放在顶棚上头，没有人舍得吃，于是就一直留着，最后地瓜叶都坏掉了，没办法就拿来烧火了。

可是就在这样苦的时候，1960 年我生了第三个孩子，山东闹饥荒很严重，这正是孩子最需要营养的时候，很可怜。这时候，我母亲的身体也不好，青岛没有饭吃了，总是吃地瓜叶，母亲的身体受不了，而且也不能总是让我父亲一个人在家里，于是 1961 年的时候，母亲就带着弟弟回湖北沙市老家去了，毕竟南方家里的情况要比这里好一些。老三这孩子那时候才不到 1 岁，还在托儿所的时候就被送到常州老家去了，一来是青岛太苦了，没有吃的；二来我们上班很忙，顾不得照顾这么多孩子，只好把还小的老三送回常州去。后来上面要求疏散人口，要疏散孩子，我就把老大和老二也都送回常州老家去了。那会儿心里只有工作，没有家庭，工作那么忙那么累，顾不上孩子。我老头的弟妹没有孩子，就算是帮我们两口子的忙抚养着老二，结果抚养了一段时间之后有感情了，她想要留下这个孩子，要我们把孩子的户口迁过去。我不同意，不管怎么说这孩子是自己的，我怎么能舍得给别人？所以等 3 个孩子慢慢长大，快到上学年龄了，我们又把他们都接回青岛，那时候青岛的情况已经好转了。3 个长大了的男孩子一回到家里面，这个小屋子就很拥挤。于是，我和我丈夫在院子的门口自己盖了一个大约 10 平方米的房子，可以当作厨房，屋子里原来的厨房被我们改成了孩子的房间，搭一个上下铺，反正都是男孩子，安顿孩子睡觉这个问题就解决了。孩子们都一个接一个地上学了，我却已经很久没看书了。以前没有孩子的时候，我下了班还会翻翻书，后来有孩子了，加上工作很辛苦，家务都要做，我就再也没时间看书了。

这里插一段故事。我喜欢闺女，老二生了以后又是个男孩，我就说：“哎哟，又是男孩!”别人都说：“小周，别人生了儿子都高兴得不得了，你怎么生了儿子还‘哎哟’呢?”因为我想要个闺女，可是这两个都是男孩，我不是很失望吗?我就说，我不生闺女不罢休，就又生了老三，结果老三又是个男孩，我就很生气。后来，我就给老三留起了长头发，给他扎小辫、穿红衣裳，把他打扮得像个小闺女一样。有一个摇纱车间的轮班长，她也想要个闺女，就跟我说：“小周，咱不生闺女不罢休!”我一听：“好!”可是我转念一想，觉得这样做不妥当，于是我告诉她：“哎呀，对不起，我这3个就够我受的了，我还生?我不生了。”她就是坚决不服气，坚持要生个闺女，结果后来生出一对双胞胎儿子。我跟她说：“怎么样，你命中没有闺女，你怎么生啊?我多亏没听你的，我要是听了，现在就跟你一样，那可惨了。”

我这3个儿子，老大叫丁布青，布是布尔什维克的布，青是青岛的青；老二叫丁尔民，还是布尔什维克的尔，人民的民；老三叫丁苏洪，苏联的苏，洪是三点水一个共。原来我们俩的计划是生5个孩子，名字连起来就是“布尔什维克”，所以就有了“布”“尔”，还差“什”“维”“克”，结果生了这3个孩子就觉得累得够呛了，老三之后，我们就不要孩子了。

4. 儿女成家立业

因为我的3个孩子出生得早，所以3个孩子都没有上大学，该念书的时候大学都关门了，他们3个都是高中毕业。“文化大革命”时不是学生要上山下乡吗?本来老大赶上了上山下乡，已经准备好去乡下了，结果突然来了通知，说老大可以留在城里，所以他就留下来了，分配到港务局工作。他那时候才18岁，去港务局干的工作就是扛大包，他在那里干了两年。孩子还小，大包抡到肩上很吃力，他爸爸就在厂里叫师傅做了个铁爪，抓在包上再扛上肩。老大晚上下了中班回来就是大半夜了，我就在炉子上准备好热饭，让他吃饱我才去睡觉。老大就业了，老二就必须要上山下乡，去乡下推小车干了好几年。老三不错，到河北邢台当兵去了，当了好几年兵。所以我们家里工、农、兵都有。

我有一次出差，去河北邢台看在部队里的小儿子。老三在那里吃胡粟米，拉不出屎来。他连队里的指导员挺好的，看到我来了，就带我去他家里吃饭，做点儿饭招待我吃。我吃了一口儿子平日里吃的胡粟米饭，牙根本咬不下去，米饭混着沙子和石头，心里特别酸，儿子受苦受了好几年。

后来孩子们都陆续回家了，老大扛大包扛了两年就换了其他的工作，但还在港务局；老二是最后一批回城的知青，就被分配到了染织厂工作，也是纺织系统的；老三因为在部队开车，转业以后分配到了青纺联开车。工作落实好了，他们慢慢地自己都找了对象，媳妇是他们自己出去认识的，我和他们爸爸都不管，这个很自由，同学啊，同事啊，他们自己找。我们家 3 个儿子、3 个儿媳妇这不是 6 个孩子吗？其中除了老大，剩下 5 个都是搞纺织的，因为纺织系统很大，针织厂也属于纺织厂，服装厂也属于纺织厂，他们的工作都被囊括进来，所以我们家也可以叫作“纺织之家”了。

5. 国棉十厂的细纱车间主任

1960 年，我老头从上海华东纺织工学院毕业回到青岛，在青岛纺织工学院当老师。因为他在国棉六厂时已经有一些知名度了，所以他当老师的时候，青岛国棉三厂就把他调走了。当时，国棉三厂的人找到学校的组织部门，说：“要把丁启靖调到我们厂里去，因为他以前就是搞纺织的，现在我们国棉三厂需要用人，想要调他过去。”那个年代人的思想很单纯，组织上调动就要服从，他就去了，他当时要是能留在学校里工资就高了。

后来青岛要建立国棉十厂，这是青岛在新中国成立以后建立的第一个纺织厂。我们青岛有那么多纺织厂，但全都是日本人留下来的，包括国棉六厂也是这样。国棉十厂的筹备建设提上日程，新厂要招聘新工人，新工人来了之后要有人对他们进行培训，可是去哪里培训呢？一个厂是接收不了那么多人的，就把他们分配在几个厂共同培训。1981 年，我服从纺织总公司的安排，离开了工作 27 年的国棉六厂，来到了十厂，当细纱车间的主任，主要组织新工人的培训工作。所以从那个时候开始，大家见到我都会喊我“周老师”。1982 年 4 月 23 日，十厂遭遇了一场大火，厂房、设备都被烧没了，厂里情况非常困难。大火后半个月，我老头就被派去十厂工作，可以说是临危受命，担任了国棉十厂的厂长。我当上十厂细纱车间主任以后，还曾经被调到技术科当副科长，有个男同志当正科长。这个技术科的副科长当的时间并不长，后来又成立了质量检查科，我又在质检科当了两年的科长。1983 年，我在国棉十厂加入了中国共产党，因为刚进厂实习的时候工作失误，入党的事情给我压下来，这一压就是几十年。

国棉十厂是我们一手建立起来的，从建厂到培训，每一个环节都事无巨细地操持。一把大火把国棉十厂的机器和设备都烧了，几乎什么都烧了，那时候真是要人没有人，要钱没有钱，要电没有电，要设备没有设备。我老头就到处找人想办法，结果没几个月，他一个男人瘦到八十来斤。我看在眼里疼在心里，就去找领导。我说：“我不让我家老头当厂长了，我不要这个厂长，我要老头，当厂长把我的老头累坏了，我不愿意!”就是在那么艰苦的情况下，一步一步地走，吃了多少苦和累，十厂的状况才慢慢好了起来。十厂开工以后，在全青岛市来说效益最高，给国家交的利润最高，厂里的工人福利最好，我们厂里经常给工人发奖金。因为效益好，工人福利也得好，这样工人高兴啊，高兴了就使劲地干活，厂里效益就越来越好。

我老头为人处世很正统，他当厂长的时候，别人请吃饭他从来都不去，跟着他一起处事的都对他有意见，给他准备好了酒席，他不吃就走了。别人给他送东西，对不起，你拿回去，我不能要，不管是送厂里的还是送个人的，不管是什么东西，不能收一点。他为别人办了很多事，但是我从来没有看到他往家拿一点点东西，我很高兴，这是对的！别的干部，即使是个副科级干部也趁着自己在位上使劲捞好处，把自己的子女一步步调动到好的位子上，但是我家3个孩子没有沾父母一点光，全凭他们自己的努力。但是我老头为大家办事就不一样了，我们国棉十厂盖了6座楼，一般没有结婚的、有职称的大学生都分了房子，都分给他们套一（一居室）的房子，可不要小看这是套一的房子，有个厅，有个卧室，结婚都是可以的。十厂所有的员工，每个人都分了房子。我们两个人都在十厂，就分到了套三的房子，有不少一个人也分到套三房子的，那是厂级干部，副职也分套三的房子。

1987年，我老头被派到赞比亚去援外了，1990年12月，他从赞比亚援外回来的时候，国棉十厂效益已经不行了。十厂垮了以后，新厂用不上我们这些年纪大的工人，就让我们这些从各个国棉厂里调来的老工人都各自回到原先的厂，所以1995年我就又回到了国棉六厂，并且在六厂退休。原来在20世纪50年代我们虽然出力很累，但是我们高兴，看到纺织业在市里、在全国都是上青天，很骄傲，很光荣！但是现在呢，好像从天上一下子掉了下来，不是上青天，是掉下来了。家里面3个儿子、3个儿媳妇，这6个孩子有5个干纺织工作，结果5个全部下岗，下岗了不能投保怎么办？我和老头就从自己的工资里面每月补贴孩子们投保的钱，给他们400块钱，我们俩退休的老人拿不了几个钱，但是不能不管孩子们。后来子女慢慢找到了工作，情况还好一些。老二和老三这两个儿子后来找的工作还可以，起码能给投保，儿媳妇难一些，找到工作也早早退休了。我们夫妇俩从前年才解脱出来，不需要给孩子投保了。所以说，现在纺织业很困难，干纺织的工人日子也难过。

四、往事如歌 别样感悟

1. 退休后的晚年生活

1995 年，我从青岛国棉六厂退休了。退休后除了在家里做做家务活儿，还锻炼身体，与朋友、同事们玩。我每天早上和晚上都会出去锻炼身体，主要是跑步。我一直坚持每天早、晚各跑半个小时，跑到 70 岁的时候，老头不要我跑了，担心我身体受不了。我就改成走，每天走半小时，加上做操。过年过节亲戚朋友都会走动做客，过生日的时候孩子们也会回来，很热闹。我和同事们常常聚到一起打麻将，今天在我家，明天在你家，每天都挺忙乎的。现在年纪大了，加上天冷，就不太愿意出去了。

现在我们一般都在家里面看看电视，读读书，我家是 2009 年度青岛市的“书香家庭”。我喜欢看球赛，乒乓球、排球、斯诺克、网球什么的我都喜欢，特别是排球比赛，只要电视台一播放排球赛，我就非看不可。我以前在学校里就是排球队的，青岛国棉十厂建厂以后，我也过去帮助组织过职工的排球比赛，排球一直以来都是我最喜爱的运动。现在我年纪大了，打不动球了，但是我还能看比赛呀。可是老头不喜欢看排球比赛，又不愿意跟我抢电视，他就又买了一台小电视机放在里屋自己看，我在客厅用这个大电视机看比赛。我不喜欢看电视剧，一打开电视都是抗日的电视剧，我不愿意看，我恨日本人，一看到他们我就想起了日本鬼子从飞机上扔炸弹、杀人，以及我的小学同学在我面前被炸死的场景。这个场景在我的脑子里印象太深刻了，那时候我虽然才七八岁，但是这一幕却一辈子忘不了。老头经常劝我说："你要多看看，多了解了解实际情况。"孩子们、同事们都劝我说："你要把日本人民与日本的军阀分别开来，因为日本人民还是喜欢和平的，杀人犯罪的都是军阀。"但我就是不愿意看。

我孙子很小的时候问我："奶奶，你那么恨日本人，怎么家里到处都是日本货?"的确，我家里的电视、音响、洗衣机、空调等，都是日本货。确实应该承认这一点，那就是日本的电器做得确实是比较好的。当然，这也跟老头出国有关系，当年出国可以买大件（家用电器），老头出国援外过，一个人出国一年可以买一个大件，所以他就在北京出国人员服务公司的免税商店里买了这些大件的家电，基本上买的都是日本生产的。

周家秀手持 2009 年青岛市"书香家庭"的奖杯 （2014 年）

我来到青岛整整 60 年，从来没有跟同事、邻居、儿媳妇吵过架。我很喜欢青岛人，青岛人实在。我来到这里交了很多朋友，国棉六厂也有，国棉十厂也有，邻居也有，退休以后经常一起玩，现在年纪越来越大，不方便出去的时候我就跟他们打电话聊聊天，问问各自过得怎么样，我有打不完的电话。特别是到了春节这些节日，我要打很多电话，朋友不能断了联系。我经常在电视里看到媳妇和婆婆总是因为一点小事就吵架，我从来没有，3 个媳妇嫁到家里 30 多年了，我们从来没有发生过这样的事情，处得非常好。邻居也是一样，我们隔壁 402 那一家出国十多年了，钥匙就扔给我家老头，托老头常去他家里帮他浇浇花，开开窗通风透气，老头给他们一管就是十来年，就当成自己的房子一样打理。他家里的花长得很好，墙皮地板也没有发霉、落灰。再比如对门那个酒店的老板，每年到了腊月二十九他们就会回老家过新年，过了正月十五才回来开业，也把钥匙交到我们家，叫我们帮着关照店铺。一有人碰他们家的门，老头赶紧穿上羽绒服下楼去看看有没有什么事情。那天他家门窗上的“福”字和对联被风揭掉了，我们俩赶紧拿着胶带去给贴好，过年的东西弄得不像样子多不好呀。所以说，不管是谁，只要用得到咱们，咱都要帮助的，两好才凑一好，咱帮别人，别人也愿意对其他人好。以前五楼临时住了一个 40 来岁的人，因为老房子搬迁才过来住，他每次扫地都会从楼上一直扫到楼下，刷地的时候也会帮我们楼下的刷地，很义气。所以，这位邻居走了以后我们都很想念他。这位邻居总是说：“你们两位老人真好，我们照顾老人是应该的。”

我们家所在的这栋楼房门口一点儿杂草都没有，因为那里的草都被我拔光了，只要草一长出来我就赶紧去拔。今年天气太冷了，我前一段日子又被烫伤了，外出穿衣服不方便，所以我今年还没有出去拔草，等过两天天气暖和一点儿的时候，我就该出去拔草了。我很愿意去做这些事情，锻炼身体，心情愉悦。再就是清理小广告，只要我和老头看到楼上贴了小广告，我们就去刮掉。老头拿着一把喷壶喷水，喷了水我就拿刀子刮掉，刮干净，有的地方贴了太多小广告，刮完后显得很丑，我就拿白粉子再给刷一层。所以我们楼里的广告比较少，比较干净。

我身体不如老头好，我有胃病，可能跟以前的工作有关系，饭吃得比较随便，有一次送到青纺医院差点儿给我割胃，我一听害怕了。年纪越来越大，身体上的各种病也来了，高血压、高血糖、冠心病，住了 3 次医院才把血压调整得比较正常。心脏原来每分钟跳不到 50 下，跳得很慢，准备安起搏器，我说我没有条件安起搏器，进口的太贵了，国产的不过关，安几年再换，我就决定不安了。后来还是住在医院里调理，现在心跳调到每分钟 60 下左右，很标准。血糖也正常了，不吃药了，胃病我也自己调理好了，身体好了，我心情就好了。我老头身体好，耳朵很好用，牙齿很好，不像我装了满口的假牙，这是我照顾得好呢！

2. 我这一辈子

从 1954 年来到青岛至今，我这个外乡人在青岛已经整整 60 年了，离开湖北后我再也没有回去过，家乡话都不会说了。那个时候的我没顾上想家，对家的思念很浅，当时大家都这样。现在闭上眼睛还会想起湖北老家的事情。我的母亲很能吃苦，我结婚生孩子比较早，母亲和弟弟便从沙市来到青岛帮助我，我的 3 个孩子都是母亲拉扯大的，伺候月子，接送上学，都是她来帮我。父亲在 1980 年就去世了，我没有见到他最后一面，母亲来青岛照顾我的那些年，父亲一个人在家里，一个人打工，自己做饭，很是辛苦。1985 年，76 岁的母亲去世了，去世之前她住在长沙我的大弟弟家里，我们请假去看了一次。我和妹妹都有工作，不能请很长时间的假期，只是看了看她就走了，回来不多时母亲就过世了，此后我们再也没有回去过。父亲和母亲确实很辛苦，就像我的大儿子说的，以前我们条件不好，生活受累的时候，老人帮助我们；现在生活条件好了，老人们却看不到了，孩子们都感到很惋惜。我前一段时期身体不好，一直梦见我母亲，这说明我内心是很想念我母亲的。我叫我的孩子买点纸，给他们的姥姥烧烧。我虽然不迷信，但是我相信亲情，我想母亲了。

我很感谢老头，结婚 59 年了，我们在青岛一起生活了一辈子，生活上都已经完全是青岛人了。老头以前不吃面食，饺子、面条都不吃，更别提馒头了，现在除了馒头还是吃得少一点儿，别的都能吃了。我脾气不好，遇到事情容易着急，但是他知道我的脾气，从来都不吭声。以前我家里困难，父母亲在老家带着弟弟妹妹生活，弟弟妹妹还要读书，我就寄钱给他们，老头也支持我，和我一起帮助家里。现在看来，我们姐妹两个过得还可以，虽说过得不是特别富裕，但是过得比较平稳。我妹妹在济南军区第一疗养院退休，是正军级的干部，我妹夫是副军级，还不如妹妹高呢。妹妹心疼我，过年的时候总不会忘了给我红包。我们姐妹俩家里苦归苦，但通过自己的拼搏，通过姊妹们的互相帮助，通过亲戚、舅舅们的支持，现在过得还可以。但是弟

周家秀与丈夫丁启靖（2014 年）

弟过得不如我们。老头人不错，我们虽然钱不多，但是过年过节或他们有病、有困难我们都寄钱帮忙，每个人寄 1000 块钱。我们退休工资也不多，刚退休的时候才发 800 块钱的退休金，他是个厂长也只有 3000 块钱，加起来也不算多。涨了 10 年的工资，终于涨到了 3000 来块钱，我们就都往家里多寄钱，他弟弟有困难，他也寄，我也不管。所以，我们两个人对这件事情处理得还比较好，我们都愿意帮助他们。

我有一个孙女、一个孙子，现在我的孙女又有了孩子，我们是四世同堂

了！我孙子都28岁了，也快结婚了。现在对我们两个80多岁的老人来说，没有什么比健康更重要的了，孩子们回来看我们的时候常常笑着说："爸爸妈妈身体健康真是我们的福气！"我直到现在，但凡自己能做的都不喊孩子回家帮忙，他们要上班，也很辛苦的。比如我自己打扫卫生，擦擦墙壁啊，够不到的地方就找一根棍子，一头绑上衣服，就从头擦，房间里面干干净净的多好，我同时也锻炼了身体。但是老头和孩子们都不许我擦窗户，因为擦窗户要爬高，比较危险。所以我小儿媳妇下了班就过来给我们擦窗户，我就擦擦别的地方。孩子们都很孝顺，我们对生活很知足。

青岛纺织博物馆筹建，我和老头都很高兴，把自己的奖状、奖章、纪念品都送到博物馆里，希望后辈人能够了解青岛当年纺织业的辉煌。我们俩只留下了两枚青岛市劳动模范的奖章，他是第一届，我是第二届，我们感到很光荣。

访谈员后记

周家秀，1933年生，湖北红安人，现居青岛市区。1954年从武昌高级工业学校毕业，后来到国营青岛第六棉纺织厂工作。1954年年底实习期满，担任国棉六厂细纱车间甲班轮班长（郝建秀小组所在的班），1970年任细纱车间操作管理技术员。1980年起调往青岛国棉十厂工作，历任青岛国棉十厂的细纱车间主任、技术科副科长和质量检查科科长，1995年回到国棉六厂退休。1957年被评为青岛市第二届“先进工作者”，1983年在青岛国棉十厂加入了中国共产党。

我通过青岛纺织博物馆的王雷主任找到了此次的访问对象：周家秀女士与丁启靖先生。非常感谢王雷主任为我讲述了他自身在国棉八厂工作的经历，耐心地解答我的疑惑，并热情地帮助我联系了青岛纺织界很有地位的两位前辈。来自湖北的周家秀女士与来自江苏的丁启靖先生都是中专毕业分配到青岛国棉六厂的，他们代表着1949年前后、为建设新中国而迁徙的一代青年学生。

周家秀女士来青岛60多年，其间从未还乡，在工作与家庭之间，她永远把工作放在第一位，从来没有例外。晚年回首时，周家秀女士时常陷入沉思。她是刚强的，穿越抗日战争、国内战争的逃生路走进和平年代；她是倔强的，拒绝父亲让其教书的建议，独自一人前往武汉求学；她是智慧的，新中国成立伊始，听从长辈指点，选择国家最迫切需要的高工专业；她是充满活力的，是热爱运动的体育健将，是翩翩起舞的美丽女工。

最让我难忘的是周家秀女士的感恩情怀，对父母双亲的感激与怀念，对亲戚朋友的惦念与帮助，对丈夫子女的关爱与支持，还有对邻居、陌生人的善意。如果说有什么动力让周家秀女士在青岛奉献了一生，那毫无疑问是纺织业；如果问是什么原因令周家秀女士收获了知足、幸福的一生，那一定是善与爱。

千丝万缕纺织情
——杨美珍访谈录

- 访谈时间：2014 年 2 月 10 日 9:00—17:00
- 访谈地点：青岛市受访者寓所
- 受 访 者：杨美珍
- 访 谈 员：管田欣（中国人民大学党史系硕士）
- 整 理 者：管田欣（中国人民大学党史系硕士）

编者按

还在读小学的她曾经有一个梦想，那就是当一名纺织女工。16岁那年，她如愿以偿，而且还被分配到郝建秀小组。其实，女工并没有她之前想象得那么干净、时髦。她经常“鼻孔、嗓子、眼里都是花毛”“蹲在机器旁，就着花毛吃饭”“干活儿是三班倒，没有礼拜天，一个班8个小时，回到家就知道睡觉”“怀孕以后身子沉，压着两条腿，再加上被凉水冰，静脉曲张很严重”“生了3个孩子，除了歇产假，从没歇过工”……从摆木管开始，到络纱工、络纱长，再到郝建秀小组的组长，她永远发挥着“火车头”的作用。读她的故事，会让我们深切地体会到纺织女工的欢笑与泪水。

一、家世背景 童年记忆

1. 童年里的农村记忆

我出生于1940年1月24日，老家在山东平度，现在也属于青岛市了。我家里非常贫穷，兄妹一共6个，我是老六。因为家里很穷，而且母亲在我2岁的时候就去世了，父亲拉扯着五六个孩子，拉扯不过来，就把我给了同村的一户人家，所以我是跟着我的养父母长大的。我的养父叫杨好岭，养母杨赵氏，他们没有孩子，只有我一个，对我很好。

小时候同村的人都逗我说："你娘是个后娘，你娘叫老鹰叼走了。"他们说我娘叫老鹰叼走了，我脑子就迷迷糊糊的，她到底是我的亲娘还是后娘？不过养母对我那么好，不舍得吃不舍得喝，有点儿好吃的东西赶紧给我留着，对我的关怀真是无微不至。我母亲从小就教育我："一定要孝敬父母，人家给你点儿东西，你吃了不要紧，一定回家跟我说，人家对你好，这是看我的面子，不是看你。"所以我从小就留下那个印象，人家给我一把花生，我赶紧用衣服兜着拿回家，剥了皮，赶紧填到娘嘴里。人家给个杏儿，给个枣儿，我赶紧用手攥着，送回家填到母亲嘴里。后来我自己知道他们不是我的亲生父母，我也非常羡慕人家有个亲娘。但是我从来不问母亲，我怕伤了她的心。

父亲在我很小的时候就来到青岛给私人干木匠活儿，我和母亲在平度农村老家。那时候我们家虽然有地，但是地不多，很穷。我的母亲一个字也不识，身体常年有病，我就给她做饭、熬药。我从五六岁开始便有了较强的自立性，会贴饼子、做饭。以前没有白面，吃个高粱面大饼子就不错了，经常吃糠咽菜。我当时年纪很小，不能干农活儿，每天除了拾草就是剜野菜，跟着村里人去坡里剜菜，篓子里的野菜满了，就背回家撂在院子里，马上挎着篓子又去拾草。以前穷得剜野菜都没有地方剜，剜不着，没有什么剜的，人没有什么吃的，都去剜野菜了。我还记得那会儿看见一个大湾，里面有些破布似的东西，一些狗拖拉着一些不知道是大人的还是死孩子的衣裳，估计是孩子有病，生麻疹，没有地方治或者是没有钱治就死了。以前孩子死了不准埋，听说要叫狗吃掉，狗吃了再生下一个孩子就好养活。我那时候还小，不懂得人到底是饿死的还是生病死的，光知道谁家的人死了。

2. 初到青岛

在我很小的时候，父亲就跟着我的一个表叔在青岛学徒，学木工。后来父亲说，不能把我们娘俩放在农村家里，家里没有劳动力，种地也不能种，所以父亲就把我和母亲接到了青岛，那一年大约是 1947 年，是在青岛解放之前，我有六七岁。刚去青岛的时候我住在市里东镇仲家洼，几家人合租一间房子，都睡地铺。后来我们在别人家的院子里搭了个破屋子住下，那个房子就 5 个多平方米，我们一家 3 口就住在里面，小屋里搭了个吊铺，我在吊铺上睡觉。当时人们的生活都差不多，都是给人家打工，都很穷。我很感激我的养父母，幸亏跟着他们到青岛来了，要不是这样，以前家里很穷，不一定能养活我。

1949 年，我父亲接替大伯的班进入了棉纺六厂工作。我大伯以前在六厂的物业看澡堂子，后来他得病去世了，我父亲顶替他干了一阵子木工，以后就也去看澡堂子了，那时候父亲挣钱很少。1949 年 6 月 2 日，青岛解放了，我上了国棉六厂子弟小学，直到 1955 年高小毕业。1949 年 10 月 1 日新中国成立时我虚岁才 10 岁，我记得大街小巷热热闹闹的，锣鼓喧天，老人孩子都在街上扭秧歌、踩高跷、开联欢会等。我还小，那会儿没有收音机、录音机，只记得大人们说以后的日子是一天比一天好了，不用挨饿了。1953 年，六厂分房子，厂里领导看我家里生活比较困难，住得太挤了，就分给我们家一间 9.2 平方米的小房子，比以前住的破草屋子强多了。

3. 读书的日子

上学的事儿记得一些，一年级就是学语文和算术这两门课程，后来也有常识、地理、历史等。我最喜欢学语文，我脑子笨，不愿意学算术。当时语文的第一课是“羊”；第二课“大羊、小羊”；第三课“大羊大，小羊小，大羊小羊上山跑”，就这么个意思。上到四五年级以后，我们才开始学拼音“b、p、m、f……”以前那个“b、p、m、f”跟现在不一样，念法一样，写法不一样。当时我觉得学拼音可有意思了，学了拼音老师就教着你怎样查字典，会查字典拼出字音，就能拼读出来，y-ang，yang，m-ei，mei。我学习比较用功，人家玩儿的时候我在那里学，我也不好活动，体育很差，刚刚及格。

国棉六厂子弟小学在六厂宿舍里面，老师组织活动的时候，我们就上厂里去参观。回来以后老师让我们都写篇作文，题目是“你的理想是什么”。我的第一个理想就是要像第一个女拖拉机手一样，开着拖拉机在田野上种庄稼；第二个理想就是进纺织厂，像郝建秀一样当个纺织女工。那会儿在学校上学的时候，放学排着队回宿舍。一出学校门口，就看见厂里的女工下班了，她们都打扮得那么干净、时髦，我心里就想，纺织女工真好啊，有朝一日我也能进纺织厂当个纺织女工就好了，特别羡慕人家。班里有同学的妈妈是纺织工人，我也羡慕他们，人家的妈妈是工人，我的妈妈没有工作，是个闲人。不过像我这么大的孩子，自己妈妈上班的很少，爸爸上班的多，妈妈都在家里理家。那会儿不知道人家纺织工人挣钱多什么的，思想很单纯，不知道外边天很大，还能干别的，还以为所有人都是干纺织的，也不知道有三百六十行，脑子不想别的，就是一心想着能当个纺织女工就最好了。

上学期间，我一个亲哥哥从老家来青岛，他打听着找我来了。我知道我不是我娘亲生的，但是她不告诉我，我也不问，她告诉我，我就给她吃安心药：“娘，你把我拉扯大了不容易，我不会忘了你的，我永远不会忘了你的，我不会跟着他们走的，你放心吧！”她本来身体就不好，就怕我再跟人家走了。所以老母亲在的时候我也不敢认老家的亲生父亲，怕惹她生气。我两个亲姐姐都给人家当童养媳了，我哥哥给地主放牛，到最后吃够了苦，偷着跑去当了兵。我要是那时候没被送走，还不一定活得了命。养父母给了我第二条生命，人家对我很好，我不能忘了本。咱到什么时候都不能忘本，忘了本真是就等于背叛、犯罪，我就这么寻思。

1953 年，我的养父得了麻风病，我那时候还上学，他在崂山大崂观养病。1955 年以后，大崂观麻风医院搬到女姑口去了。因为我老母亲有病，不能去医院探望父亲，我就利用星期天坐车过去看父亲。1956 年，他从大崂观出院上班了，上班后病复发了，就又上医院。我父亲 1961 年死在医院里，不是因为麻风病死的，是因为高血压和别的病。实际上麻风病当时很轻，不是那么厉害。父亲去世后，母亲成天病怏怏的，这个家里的负担就都落在我身上了。我当时已经在国棉六厂工作了。

二、青春年华 追逐梦想

1. 摆木管的学徒工

1956年我16岁，高小毕业以后，老师让我去考中学，但我不愿意考，我们当时一块儿上学的同学都不想考，因为家里都比较贫穷。我们一心想着养家，几个伙伴就商议说："咱们不去考了，上班去吧。可是老师说不上学太可惜了，那我们就去考考吧。"我们就去考试了，因为一心想着上班，不愿意考，所以考了也没考上。后来老师就说："你们快上补习中学吧，过了年再考。"所以，我们几个在家闲着没事干，想打临时工，才16岁的孩子父母不舍得。以后我就上了补习中学重读，叫仓台路补习中学，以后改成正式的中学了。上补习中学没有几天，也就半年吧，劳动局去招聘，那时候我正在上课，人家就叫我们的名字，叫到谁谁就出去。他叫了一个又一个，我在那儿就着急了，心里想：怎么把她叫走了？怎么没叫我？想着想着就叫到我的名儿了，我出去了。不一会儿工夫外面就有十多个人了。老师说："这是劳动局来招人，叫你们进国棉六厂。"哎哟，那会儿把我高兴得都蹦了起来！

1956年6月4日，我正式进入国棉六厂。一进厂的时候，老父亲就用朴素的语言告诉我，如果不是党，不是毛主席把咱穷苦人解放出来，咱还得不到今天，所以进了厂以后一定要好好工作。我们没有别的想法，只想着好好工作，出满勤干满点，别迟到别早退，别忘本。所以在老父亲老母亲的谆谆教导下，我没有三心二意，一心想着好好工作。我一进六厂就分到了郝建秀小组，老师傅就跟我讲这个小组的光荣历史，小组代表曾受到党中央、毛主席的亲切接见，有很多荣誉。他们说1953年毛主席委托党中央办公厅授予一面红旗，上面写着“永远发挥火车头的作用”。所以这个火车头作用咱一定不能丢，一定要像火车一样，火车头带着车厢向前进。我当时就觉得挺自豪、挺光荣的，心想我在郝建秀小组一定要干出个样子来。出勤上该歇我也不歇，我要干出个样子来，有这个荣誉在鞭策着，就感觉我不能给这个小组丢人，不能落后于别人。

进厂以后我就干学徒工，郝建秀小组里缺个摆木管的，就直接把我分配到这个小组来，让我跟着崔玉兰师傅学摆木管。当时我就寻思，别人都去看车了，怎么让我在这里摆木管做壮工，壮工挣钱少，我才挣56块钱。那时候成天拨弄木管，拨弄得手指尖都磨出老茧来了。刚开始进厂的时候不习惯，鼻孔、嗓子、眼里都是花毛，很长的花毛，也不戴口罩，戴口罩憋人。我当时年纪小，也哭了几回。一个人摆这20多台车，两只手夹着3个大盒子，右手拎一个，左手夹两个。拎着这3个铁盒子挺沉的，我算算也得有20来斤。到最后累得回家哭，因为手指肚疼，脚也疼，累得手没劲儿拎不住铁盒子，结果铁盒子掉在地上把脚砸伤了，大脚拇指头肿得特别粗，最后指甲都掉了。都那样了，也不知道歇个工。有一次发高烧，在家发烧得不行，老父亲带着我赶快上医院。医院大夫让我住院，我就在那里住了一宿，第二天就去上班了，没歇工。歇工就少开钱，不舍得歇工。当时干活是三班倒，没有礼拜天，一个班8个小时，干活儿累啊，回到家就知道睡觉，困得跟什么似的。以前的会议多，下班就开会上政治课，厂里的厂长讲、主任讲，大主任讲完了小主任讲，轮班长讲，讲计划情况、操作情况、车间完成计划的情况，开很多会。下了早班开会，两点下班，紧赶慢赶交上班，两点半出来进会议室开会，开到4点多，回家根本就顾不上其他的事儿，就知道睡觉，有时候吃着饭都能睡着了。

1958年，来了一个叫吴瑞云的新工人接替我摆木管。她干了6个多月因为大脑炎去世了，于是我又接着干起了摆木管，前前后后干了将近5年。摆木管这几年中，我没有学徒，只是摆木管。摆完木管有空隙时间时，趁还没络纱，我就可以偷着去学接线头。当时抓计划抓得紧，瞅着人家进了别的车挡，这个车挡没有人，我就偷着打断几个线头儿练习接，学徒工都是这样练出来的。再就是大练兵那会儿，小组里有一台车专门让新手练功的，下了班，我们十来个人、二十来个人都在那里练。计划指标是小组里的，就弄出一台车专门叫你练功，别的班也练，不光我们练。利用业余时间叫你练 1 个小时或者 2 个小时，再以后这个机子还是下一个班的，该怎么操作就怎么操作。好比学舞蹈要练基本功，该压腿了压腿，该劈叉了劈叉，咱技术工作也是这样，接头换纱也是基本功，有操作员专门测试。操作员掐着码表，打断一些头，码表开始“吧嗒吧嗒”响，你就在这儿一个一个地接头儿，一分钟以后把码表一掐，看你接上多少头儿，拔出来挂在小黑板上，看看你的质量怎么样，达到了什么样的标准，分成一、二、三级。

2. 小组里的“女秀才”

我进厂后在小组里算是文化水平高的，老工人都称我“秀才”，我在小组里给他们读报纸、换黑板报、写个东西。厂里下来个文件，打印的东西分到各个车间里去，他们两眼一抹黑看不懂，我能看懂，我就念给他们听，都是六厂的好人好事、新闻、快报等。别的女工都是童工，没有文化，我进厂以后赶上扫盲，厂里成立扫盲班，我就在郝建秀小组里组织老工人，给她们扫盲。没有文化不行，起码认识自己的名字也好，如果认识自己的机器，叫出机器名称也好吧。好比这个皮辊，你光会说不会写能行吗？这个络纱机，你光知道这是个络纱机，你得写出“络纱机”这三个字才行。我就教她们学习文化，首先认识自己的名字。我下了班利用业余时间教她们，到最后她们也多少识几个字，识一个算一个。那会儿厂里都知道，我是出名的秀才，高小毕业就算个秀才了。

郝建秀上学回来以后经常去小组里，那时候我就是团小组长，她就告诉我怎么样学习毛主席老三篇：《愚公移山》《为人民服务》《纪念白求恩》。就让我学习，领着大家学习。每一次学习后，大家的思想觉悟都能更高点儿，所以每次遇到坎坷不犯错误是真的，就像有方向似的。说实话，咱这个小组里的每一个成员就好比大海里的一滴水，离开这个小组啥也不是。所以在这个小组里，大家出谋划策，相互关心，每个人都离不开集体的帮助，包括我在内，牟秀美、王秀英、郭爱珍、周惠英等都是这样。

3. 积极争取当团员

当时我还是个新工人，在参加学习的时候就看到散会以后老师傅留下一些人，却没有留下我，我就想，怎么留下她了，没有留下我？是不是我干得不好？就自己找原因了。刚进厂那会儿很要求进步，进了郝建秀小组，自然而然就被这些老工人感染了，她们都高标准严格要求自己，影响得我也高标准严格要求自己。我一看，人家是团员，是党员，我自己既不是团员也不是党员，觉得挺自卑的，就千方百计地要求进步。我就找到组长，那时候第一任组长是王秀英，我找到王秀英说："人家都能入团，我怎么才能入上？"她说："你好好工作，好好表现，可以写个申请。你找团的组长说说你要入团的想法，但是关键要看你的各种表现。"以后我就找到团的组长说了我的想法，她就是我刚进厂时候的师傅崔玉兰。我找别人教我写入团申请书，写了申请后他们就看我的表现，看我表现挺好的，1958 年，我就被发展成团员了。发展成团员以后，我心里乐开了花，高兴得蹦起来了！"我是团员了，我以后言行就得做出个样儿来，不能落后。"一开会，人家说团员留下，党员留下，我是个团员可以留下，挺自豪的。实际这会儿想想入团就是多开了些会，多干了些活儿。

三、家庭与事业 平衡与抉择

1. 恋爱与婚姻

1960 年，我虚岁 22，还干络纱工，小组里的工会组长就把我现在的老公介绍给我了。其实 18 岁那年，老母亲就打听着给我找对象，我说："我不要，家里生活这么困难，我要养你们，我找了对象上人家家里去了，谁养你们?"我就是不谈，怎么着也不谈。后来工会组长给我介绍了他，真是缘分，他那时候在拖拉机厂干电工。

我俩当时约在广场见面，就是现在的维客广场。见了面以后，我知道他家里穷得叮当响，兄妹 4 个，两个哥哥，一个姐姐，他是老小。我也是农村的闺女，扎着一个小辫子，挺土气的。当时搞对象怕人家看见，思想比较封建嘛，出去要看个电影，你走马路这边，我走马路那边，害羞。看个电影两人坐一块儿，他拉拉我的手，我赶紧拿回来。按农村的风俗习惯，见 面就要结婚。我当时觉得他挺好的，喜欢他是个大高个，长得也不错，老实本分，还是党员，当过兵，我就看中了。他也一眼看中我，觉得我人很老实，就回家跟他母亲说了。后来他跟我说："咱到过年快结婚吧，我家里都炒好瓜子和花生了！"我心里想，你家里炒好瓜子炒好花生就想和我结婚了？我结婚之前没去过他家，我去过他厂里，结婚以后我才去他家。因为我养父母都有病，我是独生子女，就招了他当上门女婿。

我们在1961年春天结了婚，因为我父亲刚刚过世，我还戴着孝。结婚就是去照了张相，这就算结婚了。人家都说，杨美珍你真摩登啊，结婚还穿婚纱呢。其实，我的婚纱里面穿着孝服呢。初一那天，把我的叔叔、婶婶、叔辈哥哥和嫂子都叫来吃饭。那会儿供应鱼，还供应了半个猪头，我下厨炒了几个菜，意思是“结了上门女婿来家了”。初二，我们接着回老家去见他父

杨美珍与丈夫林焕义的结婚照 （1961年）

母。那时候公公已去世了，我婆婆对我可好了。老公对我老母亲也好，当时供应的鱼他不舍得吃，都给我母亲吃，母亲眼瞎了，他就把刀鱼两面的刺都咬干净了，再递到我老母亲嘴里，怕她卡着。有好吃的，他就赶紧夹了送到她嘴里，他的孝顺很有名。我对他家里人也好，他老家比我家里还穷，拎着一棵白菜，拎着几个萝卜、几个地瓜，就来我家了。我有时候就用供应的面给他们做几个馒头拿回家去，别饿着。我大姑姐没忘了咱，经常对她的孩子们说：“亏着你三舅母，当时没有钱的时候帮钱，鞋和袜子都帮。”那时候15块钱、20块钱当钱，我就拿着10块、20块的帮帮她。都是自己的亲人，不能不管。我母亲经常说：“穷帮穷，十家亲戚九家穷，拐着这家光着腚；十家

亲戚九家富，拐着这家穿棉裤。”

结婚的时候，他每个月才挣48块钱，我挣71块5毛，养着老少三代五六口人。结婚时，买了两个箱子，还是两个旧箱子，搁在炕上。后来生活好了，1962年10月，买了个组装的熊猫收音机，花了131块钱。我没有兄妹，自己挣的钱攒攒还能买点儿东西。我高兴地上班就跟他们说：“我买了个熊猫收音机，组装的，快上我家听戏去！”他们都羡慕呢，哎呀，人家杨美珍家里买了个熊猫收音机。其实还只是个组装的，不是个正规的、真牌子的。又过了几年，又买上了缝纫机，也放在炕上。以前住的房子特别小，一进门是个窄道儿，整个就一个大炕，缝纫机、衣橱都在炕上，箱子也摞在炕上，在那个墙上钉上个橛子，把大衣橱搁在橛子上，脚就伸在大衣橱下边。那会儿刚结婚，我们两个人就睡在吊铺上，母亲睡在炕上。那个吊铺上去后头就顶着顶棚了，穿衣裳得下来穿，上去只能睡觉，坐不起来。现在生活水平提高了，我把这些事讲给小青年听，没有人相信。

2. 含辛茹苦为人母

后来我怀孕了，那时候厂里从女工怀孕7个月的时候开始照顾，就是让你干个轻快的工作，干以前一半的活儿。我老母亲是在我怀孕6个月的时候去世的，之前我挺着个肚子照顾她。有一回，我怀孕在厂里加班，回不了家，厂里发了 个馒头、半根红肠。我怀孕也不舍得吃，家里还有老母亲和一个农村婆婆，自己舍不得吃，人家都在吃我不吃，我赶紧用饭盒装回家，一个馒头一掰两半，香肠也掰两半，她俩一人一半。老母亲还在的时候，我害喜嫌饭，吃一口吐一口，就是想吃山楂这样的酸东西。母亲说：“你想吃什么就去买。”我到集上去看看，能有什么呢？没什么东西。我花3块钱买了一斤山楂拿回家，递给老母亲和婆婆，她们都不吃，叫我吃。我自己没多大工夫一口气吃了一斤山楂。这就是我怀孕吃的好东西，再没别的了。1962年10月26日，大儿子出生，当天我还上班呢，下了夜班后，我感觉不太好，就去产院了，第二天就生了。婆婆从老家来，给我做饭、送饭。我刚生完孩子，但婆婆照顾我没几天就回去了。因为我的大孩子和我嫂子的老大就差几个小时。我家老二是1964年生的，和嫂子的老二就差了十来天；小女儿1967年生的，又和嫂子家的老三差15天。所以婆婆不能光照顾这边，还得照顾那边。

我这小女儿是正月十五生的，我早班2点下班，3点她出生了，一天没休息。那会儿就没有休息时间，干完8个小时就回家，会照样开，活儿照样干，反正三班倒，后来改成四班倒。挺着个大肚子也得干活儿，怀孕呕吐，吐完了回来再干，太遭罪了。以前都这个样，不光咱，不光郝建秀小组，整个纺织厂都这个样，太辛苦了！我现在做梦都梦到那个，真是头皮都发麻。一回到家躺在床上就抽筋，本来怀孕就容易抽筋，累得更容易抽筋，下了地一崴一崴地挺着大肚子走，该怎么干还怎么干。我这个人敏捷，挺着个大肚子照样该跑还跑。年轻时干活儿泼辣，根本就不怕累掉了孩子。怀孕赶上热天，纺织车间本来就热，条件也不好，夏天热得穿着裤头汗衫，汗衫叫汗湿得就剩了背上一点儿是干的，穿着条裤头，腿上的花毛粘得满腿都是，下班后就去水龙头上冲，结果就叫凉水冰着了。不洗也不行，花毛粘得满身都是。搞纺织工作走路多，又要站着，怀孕以后身子沉，压着两条腿，再加上被凉水冰，静脉曲张很严重，纺织厂很多女工都有这样的毛病。

那会儿也没计划生育，和我一样大的女工都有四五个孩子。我当时本来生了两个孩子就不想生了，我婆婆觉得还是再生个男孩好，她重男轻女，结果第三个又生了个女孩。生了个女孩后我直接就结扎了，婆婆听说我结扎了就不愿意，我也没跟她商量，就和老公商量商量就结扎了，工作那么忙，要那么多孩子干什么，太累了。

我大儿子和大女儿差2岁，我上班看不过来，就让我婆婆把4岁的大儿子带回老家去，和我大哥家的孩子一起养。大女儿2岁的时候，我就把她送到幼儿园长托，一星期见一次，因为家里还有个小女儿，看不过来。小女儿也是，我生下她56天开始上班以后，就送她去托儿所了。上班的时候把孩子送去，工作时间该喂奶了，有人替着干活儿，我赶紧去奶孩子，孩子6个月到 1 岁的时候在工作时间奶两次孩子。下了班就自己抱着孩子去开会，不管开到什么时候都得抱着孩子开，带点儿吃的。晚上等孩子睡了，还想着干点儿活儿，给她洗洗、缝缝、补补。那时候一天睡不了几个小时的觉，上班困得我还没络纱就用手拨穗子，明明这些纱都掉在盒子里，我就觉得是掉到地上了，赶快跟着去摸这个穗子，结果摸不着。从盒子里拾起个穗子以为是萝卜，就啃一口，把牙硌得生疼。

有一次，我同事去厂里去接她的孩子，看到我的大女儿长痄腮，腮两面都肿了起来，她心疼，就把大女儿给我领回家来。她说："我把孩子给你送回家了，她长痄腮。"我那时候还搂着小女儿睡觉，一看大女儿的腮肿成那样，眼泪止不住往下掉。生活太苦了，都这个样，不光咱这个样。大女儿身体不大好，在长托待了半年多，我就让婆婆把她也带回老家去了。我经常下夜班后抱着小女儿回老家看看这俩孩子，没办法。小女儿 8 个月时正是夏天，她头上长热疖子，我手上长疖子，手心一个，手背一个，手肘到处是。手上的疖子鼓得老高，去医院里把疖子头拿去，塞上药用布包着手，手成了这样，也不能干自己的本职工作了，我就用另一只手给人家扫扫地什么的。我有这 3 个孩子，除了歇产假，从没歇过工。

1971 年，厂里叫我去济南上政治大学，我那会儿已经有 3 个孩子了，小的才 4 岁，实在脱不开身。郝建秀还有当时的组长牟秀美，她们都觉得我有点文化基础，愿意叫我去上学。我当时就有点儿自私，心里撇不开家，3 个孩子没人照顾，老公上长白班，孩子撇给农村婆婆我还不放心。再一个，脱产上学工资就少了，所以我就没去，错过了这个机会。以后找了庄玉珍去的，庄玉珍那会儿没结婚，不用拖家带口，但我不后悔。

3. 工作与家庭难两全

后来小组里招了新人，我就当络纱工去了。一般摆完木管接着应该学看车工，之后当络纱工、络纱长，我当时是直接上车当了络纱工。络纱就是拨穗子，其实也是个壮体力活儿，比车工劳动量要大一些，但都是有技术含量的，车工技术细，络纱工技术粗，但是管的车多一些，是个壮力活儿。络纱工出徒以后一个月能拿 71 块 5 毛钱，再以后评级，根据操作表现逐渐往上涨。我大约在 1961 年才拿到 71 块 5 毛钱，人家两个月出徒就拿这些钱，我却前后摆了将近 5 年木管，觉得挺吃亏的。人家和我一块儿进厂，比我挣钱多，把我羡慕得呀。

我干络纱工的时候赶上“大跃进”，我们下了班都不回家，睡在更衣室里，轮到另一个班接班。如果纺了花，活儿不好干，组长就去更衣室叫我，把我叫起来帮着这个班再去干干，突击接头。为了多生产嘛，各个班互相搞协作。要是回家睡觉，睡不了几个小时就得回厂，所以我都不回家，特别是我们这些青年人更是如此，人家年龄大的有家有业，都有孩子，就把这些任务都交给青年人，青年人不回家，就在厂里搞协作。有一次，我上早班，2 点下班，6 点还没回家，老母亲担心了。老母亲本来还有病，就心想我怎么还不来家？她就在门口望我，过一会儿就往外望望。“我孩子怎么还不来家？”望望还不来，本来她血压高，一下子就病倒了。我 6 点回家了，看到炕上母亲给我烙的饼，还有一碗酱、一棵葱，叫我好卷着蘸酱吃。她就在炕上躺着，我一看她怎么不动弹，我把手放到她鼻子上试试还有气儿，就赶紧动动她：“娘，你怎么了？”她那时就喘不动气儿，也睁不开眼了。这时候我就赶紧把我一个叔辈嫂子叫来帮忙，把我娘弄到青纺医院抢救。那时候老母亲得了高血压，不能动弹了，中风了。在医院里住了 40 多天，好了以后又活了两年，可是她的眼瞎了。那时医药费很便宜，去厂里开个记账单，拿着这个记账单上医院，看病不用交钱，从工资里扣钱。老母亲在医院住了 40 多天，花了一百来块钱，从我的工资当中扣，扣了一年多才扣完。

以后老母亲眼睛就彻底看不见了，当时虽然生活困难，但是社会风气很好，没有偷没有抢的。老母亲整天开着门，黑夜里也开着门睡觉。她一心想着我什么时候回家，不管什么时候回家都进去跟她说句话。我让她把门关上，她说：“别关，关着门我得下来开门，别再磕着碰着。”我也操心老母亲，在厂里干着活儿，就赶紧瞅个空跑回家看看，给我老母亲倒碗水喝，让她吃药，再赶紧跑回去干活儿。后来我就安排邻居按时来看看我母亲，我顾不过来。那时候除了在更衣室里等着轮班长叫我去搞协作，不能回家以外，我都得听领导号召，利用业余时间搬砖，10点下了中班，摸着黑去三钢背砖，一个人背六七块砖。下班累得跟什么似的，背着几块砖越走越沉，越走越沉，走到半道儿就撂一块，再走走又撂一块，到最后搬到目的地就只剩下三四块砖了。累得没有力气回家。

1950年那会儿没什么吃的，老父亲还住在医院里。我家里原先就穷，也没有什么家底，老父亲老母亲有两个大头钱，再就有耳环和手镯，银的，没有金的。那些年没东西吃，老母亲就让我把两个大头钱到银行里换了几块钱，买了点儿地瓜叶。我那时候挣钱少，才五十来块钱，有钱也没地方买，东西贵，还买不着。我父亲在医院里，我得从56块钱的工资里拿出15块给父亲付饭费和医药费，我的叔伯哥哥负担着老父亲在医院里的护理费。父亲住院了，老母亲又有病，也要吃药，所以我负担挺重的。要是有个兄弟姊妹帮帮也好，我家里就我一个孩子，我得自己照顾起他们来。别看那时候苦，人际关系很和睦，亲戚邻居都互相帮忙，我那些叔伯哥哥、叔伯嫂子什么的，都抽空来帮助我们。我们家人口少，生活还好一点儿，有点儿东西我也帮帮他们，吃的穿的等。他们孩子多，供应的油票也多，就分给我点儿，我那个嫂子一直妹妹长妹妹短地叫我："妹妹，给你几斤油，我也吃不了。"哪里是吃不了，都不舍得吃。老邻居婶子都说，你看人家姑嫂相处得多好呀！在那些艰难的日子里，都要靠亲戚之间的帮助。

4. 老络纱长、新党员

我1958年入团以后，就想入党。我老公是个老党员，我叫他教我写了个入党申请，交给小组里党的组长，那时党的组长是牟秀美。别人告诉我："你写了入党申请，就得向组织靠拢，按时找党的组长给你提提意见，帮你看看哪个地方做得不好。”我就很听话，找人给我提意见。我找到我一个邻居宋美秀，我说：“宋老师，你是党员，我也想入党，你看我的表现好不好？我哪里表现得不好你快给我提提意见，帮帮我。”她说：“你哪儿都挺好的，就是太腼腆，太内向了，好人主义严重。”我那时确实挺老实的，就知道干活儿，话也不会说。我又到牟秀美家里去，我说：“牟大姐，你看我交入党申请已经好几个月了，怎么还不发展我？”牟秀美说：“你表现挺好的，发展党员的时候不会忘记你的。不管入上也好，不入也好，你都要按照党员的标准严格要求自己。”所以我处处以党员的标准来要求自己。那么什么是标准？就是低头干活，多吃苦，少说话，办好事，不办坏事，有利于团结的事多做，不利于团结的事坚决不做。这就是咱的标准，原来老父亲就这么教导的，我到厂里也是这么干的，我一直这样要求自己。那时候好几年不发展党员，1958 年我就开始写申请了，结果 1958 年“大跃进”，1964 年“四清”运动，1966 年“文化大革命”，这几年根本就不发展党员，所以拖到 1971 年我才入党，还算是早的了。那时候军代表进驻厂里，那会儿很多人是火线入党。我不搞帮派不串联，不是火线入党。我在 1971 年 3 月份入了党，心里像开了花一样，高兴得几宿睡不着觉。

入党那时候我已经当络纱长了，我当络纱工干到 1964 年。络纱长就是领着这个 6 到 8 个人的络纱组，指挥她们干活儿。车间里机器“轰隆轰隆”地响，说话听不清，得吹哨子。我一吹哨，她们就跟部队似的马上集合到我这里来，开始操作络纱。我当络纱长一直干到 1983 年。

5. 郝建秀小组的第四任组长

我这个小组虽然小，但五脏俱全，党政工团都有。小组里五六个党员形成一个党小组，有一个党的组长，团员有团的组长，工会有工会的组长，工会组长是管着全面的家长里短，搞学习什么的，行政组长是抓生产的。郝建秀小组的组长是抓生产的行政组长，整个组的党政工团都管着，几个组长在行政组长的领导下，就像厂长又抓行政又抓生产，到了关键时刻就是一个集体。行政组长是小组里头职位最高的，比党的组长地位高。我们当时第一任组长是王秀英，第二任是牟秀美，后来周惠英干了一阵，时间很短，她走了我就当行政组长。

上海国棉二厂裔式娟小组组员（右二）来郝建秀小组交流经验
（左二为杨美珍女士）（1970 年代）

实际上 1971 年我就正式当组长了，干了 13 年。那时因为小组里事比较多，有好几个组长，有大组长、二组长、三组长。1971 年组长是牟秀美，那时候她经常外出，基本上工作就由我顶起来了。后来领导与小组里的王秀英、牟秀美叫我当组长的时候我不敢干。牟秀美说：“你有什么困难大家伙帮你，不要紧。”我那会儿不太会说话，上去发个言愁死我了，心跳得不行。我知道他们把这个工作交给我是想培养我，锻炼我。以后在老师傅的帮助培养下，我不断锻炼，慢慢地好了，厂里或小组里有什么事就让我发言。

当郝建秀小组的组长压力很大。你不管干什么，各项指标都要比人家高。当时清洁指标，操作指标包括产量、质量，出勤率都得比人家高。每个月如果指标下来，一看咱落后了，就得赶紧撵啊！吃饭时间车不关，工作时没有吃饭时间。我这边络纱落下来有时间了，赶快去替着车工，叫车工去吃饭，车工急急忙忙吃完饭再上车，我就络纱了。如果距离络纱还有点时间，就赶紧再吃口饭，狼吞虎咽，吃得相当快，有时候五六分钟就吃完了，赶紧又上车。为了撵产量，厂里也要求你不关车吃饭，不是说你自己为了撵产量。当时我们都蹲在机器旁，就着花毛吃，太阳一照，花毛满天飞。

当小组组长期间获得不少荣誉，我是1979年的青岛市劳模，1982年是山东省劳模，还有青岛市纺织系统的三八红旗手、先进工作者等，反正荣誉倒不少。后来又参加过第五届妇女代表大会，山东省第六届人民代表大会，做过第四届省党代会代表，全国质量管理理事会的理事。没有小组大家一块儿努力，我算老几？都是国家培养，大家一起帮助的结果。

6. 工作中的“拼命三郎”

1976年，厂里党委研究后，给我分了一个液化气灶，一共两个，我和厂长一人一个。当时没有地方安，我就把以前住的那种老日本房墙上挖了个大窟窿，把煤气罐放进去。8月16日那天正好是热的时候，我上中班，下午要去会议室开会。午饭婆婆掰的地瓜干、豌豆，使高压锅做的稀饭，不会使，煮饭添水添多了，豌豆皮儿把锅盖眼儿堵上了。该吃饭了，她去掀高压锅掀不开，我去一掀，“嘣”的一声，就把屋子打了一个大窟窿，然后盖子就掉下来了，高压锅的饭全都喷在我的脸上，把我烫了，婆婆和孩子也都烫了，我们3个人都被送医院去了。我那时候还挺要强的，说没事没事，我眼睛还能看见，谁知道第二天看不见了，都肿了。那时候正好穿着的确良短袖衣裳，叫饭烫上疼得要命啊。我在医院里打了7天吊瓶，白天打黑夜打，这才慢慢能睁开眼了。我住院的时候厂长去看我，看到我脸肿成那样子，眼睛也睁不开，嘴肿得像个大猪嘴。厂长就说：“哎呀，单单把她烫了，她整天出头露面的，毁了容怎么办？”我在医院里住了40天，这就是我歇的工。我永远忘不了，这是我歇工歇得最长的时间，确实上不了班了。后来我一上班，他们都说我显得特别老。后来脸慢慢恢复了，1977 年开大庆会议我去了，会议结束就让我去电台搞发言录音，传达会议精神。

还有一次事故，大概是在 1981 年，那天我上夜班。我走到厂里招待所那里，那个地方停了一辆大卡车，车上拉着一些大铁棍，很长，伸出来一大截。我走路走得快，没看见车上伸出一根铁棍，走着走着一下子撞在铁棍上，把头撞了一个大口子，头“嗡”的一下，我就晕倒了。后来一个过路的走到那里，一看我在那里趴着，就过去问：“你怎么了？”我说：“没事没事，你们走吧，走吧。”后来我慢慢醒了，醒了以后就去车间。因为我在那里趴了好一会儿，这时候进厂就有点儿晚了，我那时候当组长了，还得领着人开班前会。他们都疑惑，杨美珍怎么还没来？轮班长就说：“她大概有什么事，怎么还没来。”这时候我就进去了，轮班长一看，我脸上血淋淋的，我刚要说为什么来晚了，轮班长就说：“你快走快走，赶快上医院。”这时候轮班长已经给我安排好人了。我就去医院了，车间有卫生室，但是晚上就一个小护士值班，她一看说：“杨大姐，可了不得了，我给你包包，赶快上医院。”我就赶紧回家去叫开门，因为我自己去不了医院，得叫老公跟我一块儿去。他因为上夜班，这时候已经躺下补觉了。他一看我满脸是血吓坏了，我说：“你赶快用自行车带着我去三医看看。”大夫一看口子不大不用缝，伤口深点儿，就给我处理了一下。我来家睡了一宿觉，第二天就上班去了。正好那时候都学郝建秀小组，很多外地人到咱们这里参观学习，我是组长，我得给人家介绍小组经验，脸肿得很大，我还照样上班。

7. 代表纺织工人传经送宝

1977 年，我到大庆出席“工业学大庆”的会议，我不记得青岛去了几个，反正纺织系统就去了我一个，当时全国纺织系统也没去几个人，淄博去了一个姓宋的，她是丝绸厂的，山东就去了我们两个。再就是西安国棉一厂赵梦桃小组去了一个，上海国棉一厂王福珍小组去了一个，青岛国棉六厂郝建秀小组去了我一个。当时我先去济南集合，然后坐飞机到大庆去，开了10天会，然后又从大庆坐火车去北京开了10天会，一共开了20天会。刚一出

杨美珍（前排左三）代表郝建秀小组去山西“传经送宝” （1973年）

去的时候确实挺新鲜、挺兴奋的。我1973年去长沙开会，那是第一次坐飞机，是去学习什么来着我已经忘了。反正1977年是“工业学大庆”会议，我记得很清楚，回来紧接着就是山东省“工业学大庆”会议。那时候“工业学大庆，农业学大寨”嘛！华国锋一个一个跟大家握手。我去王进喜那个钻井队，1205钻井队，一片荒地，就那么些大架子竖在那里，还有磕头机，我们都叫它磕头机。开会期间住的是大窑洞，圆圆的门，我们在圆洞里面开会讨论，认真地学习，认真地讨论。圆门洞都长得一模一样，有一次我去上茅房，回来就低着头走进别组的屋里了，那里正好有个空座，我就坐下了。坐下一看，这些人我怎么不认识啊。有人问我是哪个组的，我说我是山东组的，人家说你走错门了，我尴尬得脸火辣火辣的！没出过门，说说真是笑话。

以后我出去很多次，还去过赵梦桃小组，去山西、上海，去了若干地方，

去传经送宝或者交流、开会什么的。赵梦桃小组前后去了 3 次，去交流、学习，具体每次的时间我记不清了，就是代表郝建秀小组去参加全国丝绸工业部召开的劳模大会。

8. 放弃工作调动的机会

大约是 1978 年或者 1979 年的时候，山东省纺织工业厅要一个女厅长，工业厅来考察人，下来一个几号文件我就忘了，厂档案室里应该有存档。过后他们拿出来这个文件叫我看，说：“纺织工业厅来要人，想叫你去。”之后工业厅的人就上车间去政审，叫我写个东西，我说：“我不会写啊，我没有什么东西，我写的东西都在更衣室挂着，你们去看看去吧。”当时有各种记录都是我记的，都在更衣室里头挂着。后来厂里不放我，当时纺织岗位用人很紧张，一个萝卜一个坑，工作好的，不愿意放你走。厂里不放，纺织工业厅也没办法，最后又从别的地方找了个女的去了，当时就需要个女厅长。后来 1981 年的时候，青岛纺织工业局要人，我之前也不知道，因为那时候思想很单纯，光知道干活儿，也不想着跳槽什么的，一辈子靠在六厂就很知足。因为咱家里生活比较困难，一心想着养家糊口，工人挣钱多，机关单位挣钱少。当时当车工、络纱工都挣 71 块 5 毛钱。青岛纺织工业局说我有工作能力，叫我去，结果厂里还是不愿意叫我去，说我抓管理有经验，不同意我去。厂里叫牟秀美做我的工作，叫我还留在厂里，我说：“好，服从分配。”这不，又叫别人去了，我又错过这个机会了。加上 1971 年去济南上学那回，我错过 3 次大的机会了。我就说，人该吃哪碗饭是一定的，我就该吃这碗饭，你说谁能干谁不能干？这个东西叫你干你就能干，说你行你就行，说你不行就不行。所以咱不后悔，咱就该这么个命。

9. 薪火相传下任组长

我当了13年组长，1984年1月份出来的，我当组长时间最长。1983年工会要人，叫我上厂工会去，厂里就叫我物色个人，专门培养她当组长。我跟其他组长商量，找了仇美春。那会儿她的担子挺重的，我把一些不好的车挡都交给她，就是为了锻炼她。在我之前的组长也这样，看哪个车工技术不好，就找个技术好的帮帮她，把技术好的安排在不好的车挡里，锻炼她，培养她，叫她多吃苦。我当时当组长的时候，要是看到别人纺花不像个样，我就把仇美春分配到这个车挡来叫她操作。她能把那个车弄得干干净净的，她这个技术相当地好。干活快，精明，脑子比较活泛，学东西也快。她母亲仇兰英就是我组里的童工，也是我的老师，挺能干的。因为母女都在一个小组里，在她母亲的影响下，她工作也比较出色。仇美春的确也给小组争荣誉了，怀着三个月的身孕在全国比赛中得了第一名，真是给小组、给厂里带来了荣誉，也给整个纺织系统带来了光荣。1984年我就从车间出来，去厂工会当副主席了，实际上1983年仇美春就接替我当郝建秀小组的组长了。

10. "运动"中的郝建秀小组

1958年"大跃进"的时候，我们吃住都在车间里。后来闹饥荒，小组里就派出人去弄地瓜叶和草根，回家磨成粉分给职工吃，我们组里人什么都能干。比如要派出人去弄草根、剜菜，就把这个人的工作分给其他两个人干，那两个人多干点儿，这个人去农村挖茅草根。挖回菜根回家磨成粉，就分给老工人，仇美春的母亲仇兰英就是其中一个，她家里不是孩子多吗？家里没东西吃，我就分给她们吃。我们当时都是青年人，饿着肚子不要紧，就这样克服了饥荒。

"四清"运动的时候正是1964年，那时候我是络纱长了，也是团员。那时候牟秀美是党的组长，我都在她的领导下去走访。以前人犯错误就是小偷小摸，弄两块花包布，或者弄点纱带回家，这就属于犯错误了。我们组里这些现象都没有。我们组里的组长就领着我去别的组里做工作，你好好交代问题，你就是好同志，有人给她干着活儿，去她家里好让她交代问题，就这样。你去做人家的工作，耽误了人家的时间，可不得帮她干着活吗？那个时候要求很严，小偷小摸的就算个事儿了，就叫人举报，写检查。

当时没有家的概念，1971 年我也有好几个孩子了，也撇家舍业地带小组里的人去走访，帮着人家干活儿，去困难职工家里干活儿，给人家缝缝、补补、洗洗。要过年了，帮着人家打扫卫生。别的组有人家里有困难，我也去，孤寡老人没有人管，我就上她家里去给她打扫卫生，拿出钱去给她。我组里那些人真是吃了苦，出了力了。

“文化大革命”的时候，车间里到处都贴着标语，车头车尾全是大字报，“打倒走资派”，“打倒某某某”，连个小组长也成了走资派！毛主席号召“文化大革命”要打倒“走资派”，但是当时咱也不懂得到底什么叫“走资派”。牟秀美、王秀英都成了“走资派”了，开会就点她们的名，经常在会上站起来挨批斗，咱是一个组的，谁好谁孬谁不知道？反正挨了批斗咱进车间该怎么干还是怎么干，也没什么。我记得那会儿有几个厂长被批斗了，我们都上三班累得跟什么似的，也没跟着他们出去。我们这个组该生产生产，该干吗干吗，那些活动我不去参加，他们爱怎么批斗怎么批斗，我们也不打听也不参加。他们撂了自己的机器去串联，我们该怎么干活就怎么干活儿。他们也对我们小组有看法，都说我们是“保皇派”嘛，不去串联，不参加先锋队，不当红卫兵，光知道干活儿，所以他们就说：“你们光知道低头拉车，不知道看路！”所以我们小组就被戴了这么个帽子。我们就说，毛主席说抓革命促生产，我们就是促生产。咱郝建秀小组是厂里的一面旗帜啊！怎么着也不能叫它倒了，要把红旗一直扛到底。咱们是工人，工人就是干工吃饭的，叫你来当工人，你不干活儿算什么工人，所以他们都停产了我不能停。但是因为是流水作业，我这个地方生产着，他那边不生产了，就耽误了我这个地方，没有办法，弄得我们也停产了。怎么回事呢？他们腾不出木管来，我们怎么生产？我们就去他们车上去一个木管一个木管地拔了，用兜兜着就上我们那儿去，就那样。我们不是保皇派，我们是保生产。

青岛市革命委员会为郝建秀小组颁发锦旗、奖状，戴红花者为杨美珍 （1978 年）

1971 年临近过年的时候，我去长山岛部队慰问。我随着山东吕剧团，就是阿庆嫂那个团去慰问，歌舞剧团必须得有工农兵，有工人代表，有农民代表，有解放军代表。我就是工人代表，农民代表是杨柳雪大队的杨玉春。演完了节目，我与部队领导上台跟演员握握手、谢幕。去慰问之前，郝建秀说："去慰问部队的时候，剧团里的人挺辛苦的，咱是工人代表，出去一定要给人家好的影响，长点眼色，多帮助他们干点儿活儿。"普普通通的言语，我就记住了，多帮助他们干点儿活儿。山上四下无人，黑夜出来上趟茅房听见鸟叫，挺瘆人的。演出结束之前，我就提前回宿舍，给演员打好卸妆的洗脸水，给他们把被窝铺好，把铺盖都给他们弄好了，每个盆、每个暖瓶都打好水。他们回来都很感动呀！回来以后他们都说："哎呀杨师傅，太感谢你了！"因为我要是不给他们干，他们就得自己去打水，得排着队，长山岛太苦了，没有人家，就驻着个部队。一直慰问了 40 多天，过春节我就回来了。我这个人到哪儿都闲不住，我愿意帮他们干点儿活儿。郝建秀也说："出去多长点眼色，多帮他们解决生活困难疾苦，关心关心他们。"就是觉得咱应该给人家一个好的印象，尤其是代表这个小组更应该这样。

11. 纺织女工的笑与泪

都说纺织大嫚儿（女孩）俊，摩登、时髦，那是人家那些来厂里早的，以前那些老工人，那些老大嫚儿，干纺织干的年岁多，人家有底子，穿得时髦。咱们看看，哎哟，人家大嫚儿出来了，从厂里出来看着挺时髦的，是挺羡慕的。咱还是个庄户人，咱家里过的是穷日子，农村出来的孩子，娘家也穷婆家也穷，没有底子。我那时候穿带大襟的衣裳，蓝士林布做的衣裳，那都觉着摩登得不行了。时髦也是人家时髦，咱不时髦。

厂里对我们这些女工比较好，我 1956 年进厂的时候就知道，女工来了例假可以去小医院里要纸，还可以免费冲洗冲洗，就是放上药冲洗下边。后来年年组织女工按时查体，这是女工的待遇。每月发条裤子头，就是以前用的那种月经带。我不是说小时候家属都在六厂澡堂的大池子里洗澡吗？我工作以后条件就好了，盖了大澡堂子，女职工就不是在池子里洗了，是淋浴，男职工那个地方还有池子。淋浴比池子好，讲卫生。

但是女工一来例假就麻烦，腰酸背痛，有时候例假来了没有准备，染得裤子都没法看，就赶紧弄点纸直接塞上夹着，有时候干着活儿纸都掉出来。你看纺织工人有多么苦，夹着点儿纸把大腿根都磨得起皮淌血。根本没有时间去换，叫机器撵着转，连口水都没有工夫喝，更别提其他的了。我一般提前上班，先去热水桶里接点儿水，放在那里冷着，结果你要去喝了，没有了，叫别人喝了。心里气得不行了，就吆喝："我的水叫谁喝了！"纺织厂都这样，都渴得顾不得什么你的我的，拿起来就给你喝了。

我来例假的时候肚子疼，疼死了。肚子疼也得来干活儿，疼得厉害了就去医院拿点儿药，马上回来接着干。我们组里的王秀英，就是郝建秀小组的第一任组长，肚子疼得脸煞白煞白的，她一来例假就肚子疼得昏过去，就得歇一天工。我也是，来例假就肚子疼死了，疼得脸蜡黄，在家里的时候不管怎么说还好点儿。纺织厂真不是人受的罪。光老远看着纺织工人工资高，光羡慕，实际上没看见工人吃多少苦，一天四五十里路地跑，要不为什么能患静脉曲张、静脉炎？这个静脉炎犯了病就不会走了，一步不敢走，两条腿肿得特别粗，都提不上裤子。那时候工人都这个样，不光咱。你看那个王秀英，来了例假肚子疼得要命，结婚后宫外孕流产，差点儿送了命，到死都没有孩子，很可怜。

四、往事如歌 别样感悟

1. 退休后任家属委员会书记

1984 年我就上厂工会工作了。1983 年，济南开班培养工会主席，厂里叫我去培训，那时候我还不愿意出来当干部。当时脑子很单纯，也不知道到底是去培训啥。工会的人说："你不用管，你先去学习几个月，回来以后你再上小组来。"我就背着铺盖去了，学习了十来天，不知道又是什么运动，我就回来了。上了工会去做政治宣传员，负责质量管理等工作，就是抓班组工作，把咱们郝建秀小组的五大员制度推广到各个部门。各个部门工艺不一样，搞细纱的不懂织布厂的，织布厂的不懂整理的，反正都有五大员这一套管理，比如质量员、操作员、经济核算员、计划员。

1989 年我退休了，很多人都找我去外地干，说缺个络纱长，让我去当指导，我说我不能去，撇家舍业的。以后大集体用人，去我家里找我，大集体近便，出门儿就是，我就去干了我的老本行。干了两三年我就不干了，太累了，干了一辈子干够了。

从大集体下来后，1996 年，我又去家属委员会分会当书记了，干到 2000 年。家委会也是几年一选，弄出几个候选人来，我当时还不知道就把我弄上候选人了。我说："哎呀，我不干，真不会领导人，你叫我领导一个小组还行，叫我领导这么多人我真是干不了，我不能干。"再说那时候外孙还小，还有个八九十岁的婆婆要伺候。我说我确实不能干，他们非得让我干。后来就投票选举，找职工、家属代表来投票。比如，退了休的，家属委员会出几个代表来参加选举，好比我细纱车间出几个代表来开会参加选举。六厂这整个大家属委员会，选举的时候也是分成一个选区一个选区的。我是四分会的，找出5名候选人，三分会也推荐5名候选人来。投票这一天，各个分会出几个代表，各个楼座出几个代表去选举。咱们是四分会，是自己投票选出来的，分会里面家属来一部分人投票，职工不来投票，因为咱是退休的。在一个宿舍里都了解，谁好谁不好都知道。选举的时候，人家把你的简历公布一下，让他们了解你的大体情况，然后再选举。最后，一下子把我选上了，我就当书记去了。

杨美珍（右一）在国棉六厂家属委员会四区分会担任书记 （1990年代）

家属委员会主要管的就是家属这一块儿，管家属的卫生以及一些家长里短的家务事儿。好比现在居委会干的活儿，给人家调解，婆媳打架的，夫妻打架的，管道漏了，下水道漏了，家委会去帮着弄。整个国棉六厂有6个分会，我那个地方属于四分会，我当书记，还有个主任，我俩就负责四分会。

家属委员会属于党委管，在党委的领导下，分会是在家委会的领导下，分会下边还有 13 个组长，组长也是管得全面，你这个楼的卫生、吃喝拉撒都管着，水电费、卫生费什么的都得管。干这个很操心，都是家长里短的活儿。2000 年我搬家后，干到年底就不干了。

2. 知足的晚年生活

退休以后，我就养成习惯，6 点来钟出去打拳。我拿着录音机，领着二三十个人在那里活动，打打太极拳、太极扇、太极剑。我这个人以前不好活动，退休以后身体也不好，以前在车间跑路太多，患有静脉曲张、耳鸣、胃不好、头晕等毛病，所以退休以后跟着他们出去集体锻炼身体。我 1989 年退休以后还住在六厂宿舍里，住了好多年，我就跟着同事一块儿出去活动，一天也不落。下雨天我不出去，天好的时候我就出去锻炼了。住在家属宿舍区那时候，我有一位邻居精神不好，欺负人。2000 年，我小女儿给我打听在这里（现在的住处）买了个房子，我就搬过来，把旧房子卖了。到这里来了以后，我就去广场溜达溜达，一看人家也有在那里活动的，我就跟着他们在那里活动，时间长了就熟悉了，就一块儿练了。

我也很愿意参加社会活动，募捐、栽树、打扫卫生，咱不能干别的，干点儿力所能及的是可以的。咱楼道脏了我去扫扫，冬天下了雪了，我去扫扫。干净了别人也就是干净了咱自己。邻居家有困难我就去帮助一下，也是乐在其中。

我和老头两人从 2011 年就开始出去旅游，去了海南、台湾、香港、澳门、桂林，还上了黄山。2011 年是我女儿陪着去海南旅游；2012 年，我儿媳妇、孙女陪着上了避暑山庄，还有内蒙古大草原。我喜欢出去旅游，愿意出去，反正退休了，咱也别在家里守着自己那点小天地，出去看看，年龄大了，不能工作了，咱出去旅游，思想开阔、心情开阔，对身体也好。

我现在也经常跟小组里的姐妹聚聚，一年最少两三次，仇美春、盛桂兰这些人，再就是韩秀美、郭爱珍。经常在一块儿聚聚，六七个人、七八个人，平常日通通电话，说说话。她们都说："你就是心态好。"

杨美珍与丈夫林焕义（2014 年）

我现在感到非常知足。我跟老头说，咱这个钱吃不了喝不了，咱别有病别有灾的就很好，身体健康别有病，这就是金钱，这就是福气。

访谈员后记

杨美珍，1940年生，青岛市平度县人，现居青岛市区。1947年跟父母离开平度来到青岛，1956年进入国棉六厂郝建秀小组成为一名纺织女工，1971年起担任郝建秀小组组长。1979年被评为青岛市劳模，1982年被评为山东省劳模，1983年4月被选为山东省第六届人民代表大会代表，同年7月当选山东省第四次中国共产党代表大会代表，9月当选中华全国妇女联合会第五届执行委员。此外，她还是青岛市纺织系统的“三八红旗手”、全国质量管理协会第二届理事。

从贫穷的山村走进国棉六厂，从一名普通的纺织女工到全国著名的郝建秀小组组长，杨美珍女士收获很多，也付出了很多。郝建秀小组是她人生最大的舞台，她用单纯的梦想和辛劳的付出为小组增光添彩。她的一生与国棉六厂有着千丝万缕的联系，亲身经历了新中国成立后青岛纺织业的几多荣辱兴衰。最让我难忘的是杨美珍女士热情的眼神、知足的笑声和年轻的心态，用杨师傅的话说，这就是效益。

笔耕至此，我想起自己苦苦找寻纺织女工的一路。如果我要感激什么，除了老乡们的帮助，我还要感谢努力的自己，我不知道谁能为我介绍到访谈对象，但我知道坐在舒服的家里不会有天上掉下来的机会，我选择在寒风中一个人外出调研。杨美珍师傅是我访谈的第二位纺织女工，她的慈祥让我忘记了路上的寒冷与疲惫，她的故事让我重新思考新中国成立后的工业发展、妇女历史，也重新审视生活的意义。走在路上，哪怕在风里；听故事，哪怕流着眼泪。我收获了太多，包括那个不曾相遇的自己。

“我用乐观享受人生”
——苏淑珍访谈录

- **访谈时间**：2014年2月11日9:00—11:00
  2014年2月28日14:00—15:00
  2014年4月22日9:00—9:15
- **访谈地点**：北京市受访者家中
- **受访者**：苏淑珍
- **访谈员**：刘金盈（中华女子学院社会工作专业硕士）
- **整理者**：刘金盈（中华女子学院社会工作专业硕士）

编者按

这位女工的生命故事，虽然没有惊天动人的事迹，但却让我们看到生命的厚重。正如她所说："就凭着自己实干，我拿的什么，得的什么都是靠着自己真本事来的。"生活中的她扮演着多个角色，母亲、妻子、女儿、儿媳妇、嫂子……她既要做好工作，又要照顾好家庭里的每一个成员。她的故事让我们知道，在这个社会里，在一个家庭中，女性柔弱的肩膀上承受着无限的能量。

一、家世背景 童年记忆

1. 我的父亲母亲

我叫苏淑珍，今年72岁，出生在北京广渠门，是地地道道的老北京人。其实初中毕业以后我改过一次名字，因为我一直觉得这名儿太俗，我就不太喜欢。后来我们班有一个叫张淑珍的，她说“我也改名”，然后她说她叫张艳君，我说那我叫苏文君，我们就去改了，没想到后来“苏文君”成曾用名了，没叫起来。但是我又一想，我那么多同学都知道我现在这名字，我这一改名还怎么联系啊，到最后我就决定不改啦，这么叫着叫着，叫久了也就觉得好，不错。我没有兄弟姐妹，但其实我不是独生子女，我妈生了好几个孩子，可是最后就活了我一个，我上头有3个哥哥、1个姐姐，还有俩弟弟，都死了。那会儿独生子女少，但是生活太困难，有病瞧不了，没钱啊。我妈妈是满族人，我姥爷以前是给宫廷作画的，就说满族人曾经有过钱，那也是我妈她娘家的事，破败了也就没钱了。

我爸爸是拉洋车的，我妈妈就是“缝穷”，就是帮人缝补衣服，我们家很穷，听我妈妈说其实在我爷爷活着的时候，我爷爷掌管着这个家，当时家里还行，还能过着比较平稳的生活。后来我爷爷死了，我们家就不行了。那时候的老人说“老人走了，他把这财都带走了”，都是些迷信的讲法，但是人们都信这个。后来家里头就败了，不行了，慢慢地也就越来越穷了。到我3岁多的时候，解放军都进城了，那时候看见谁穷就给谁一张烙饼，我们家也拿过解放军的粮食。解放军还和一些老太太们说："老太太您别出来了，打仗了，外面不安全！"解放军进城的时候确实很不安定啊，那时候1949年10月1日之前中华人民共和国还没成立，但是解放军已经进了北京城。

眼看着全国要解放了，我们就要过上好日子了，可是我爸爸却得了黄疸，是黄疸性肝炎，看来是急性肝炎。我妈说我爸爸当时烧得特别厉害的时候就让我去打凉水，他喝的时候都特别困难，我爸爸真的很痛苦，后来我爸爸因为这个病去世了。那时候我才3岁，我们家又特别穷。但我们在这条街人缘特好，我爸爸死了之后，那条街的街坊对我们还是挺不错的。我爸爸死的时候都买不起棺材，后来整个街坊就给我们凑钱买了口棺材。就这些街坊四邻的，我妈带着我出去，看见那卖烧饼的，跟人家赊一个烧饼，到最后都没要我们的钱，就说算了，一笔勾销了，因为对于我们来说也没有偿还能力了，我真的很感谢那些街坊以前那么帮助我们。我们家原来姓李，姓李的这家也有远房亲戚，我爸爸死了以后，人家说让我跟着他们，我妈说："不行，这孩子那么小，他不能离开我。"所以我就跟着我妈走了，那时候我自己完全没有这种行为能力，很小也没有自己的想法。

那时候新中国成立了，也有《婚姻法》了，对再嫁也不会有人说三道四了。而且我们真的没有生活来源了，我妈妈没有工作，没有抚养能力，没有生存能力，只能带着我再嫁人。后来，我妈妈就带着我嫁到了姓苏的一户人家。姓苏的这家是给人家看坟的，祖辈上都这样。继父自己有单独一桩房子，一个院子，他自己有水井，有菜园子，种好多枣树和杏树，就在东郊火车站那块儿。来到这以后就没有街坊了，没有小伙伴，我就觉得很孤单。我继父哥儿3个，他最小，在此之前也没有结过婚，他哥哥的孙女都比我大，我大伯家有一大家子人，他的孙女比我大，就我那个大侄女还比我大11岁呢！我到这家的时候呢，我那大侄女的孩子都出生了。我大爷家的二孙女比我还大几个月，我们一起上的学，9年同学呢，所以在他们家我是辈分大的，那人家叫我什么呀？他们不能叫我姑姥姥啊，那时候我也没结婚，那就叫小姑爷，是我们北京的叫法。我不是后来的吗，他们也不怎么爱和我玩，我有时候就觉得有些孤独，很想让我妈再生个孩子。我妈后来 40 多岁时，跟这个继父也有了一个儿子，那时我都 8 岁了。但是那时候是新中国成立初期，生孩子没有在医院生，都在家生，找的接生婆。孩子出来的时候，我特别高兴，我看见那小弟弟白胖白胖的，挺好的。后来不知道怎么得破伤风了，死了。死了我们都舍不得把他扔出去，舍不得埋他，就在那桌子底下搁了好几天。那时候正好是冬天，好几天之后我们才把他埋了，我们家旁边有一个河沟子似的地方，但是已经没有水了，就埋在那沟里了。那个小弟弟就这样死了，要是有一弟弟我也觉得不孤单啊。

2. 童年轶事

后来我发现在我们家东边有一大片房子，那是一家姓董的，那家人生活挺好的，人家做买卖开铺子。我就找姓董的那一家跟我一边儿大的孩子玩，那孩子和我挺好的。她叫董玉华，和我特好，我小时候过年我妈都没给我买过吃的，都是姓董的那家街坊给买。就是董玉华的二大爷，每年都给我们姓苏的这家送东西，现在我们姓苏的是两大家了。他每年过年都给我们姓苏的这家一些东西，一家给一斤，有北京的果脯什么的，就是北京的特产。那时候我觉得就一个孩子我就能多吃，像他们家好几个孩子，分的就少啊，就分不上，头一次觉得家中一个孩子也挺好。过年也放鞭炮，但是就一个个小鞭炮，扔一下扔一下的，那时候老说“姑娘爱花，小子爱炮”，什么“老头破毡帽”，特逗。

那时候由于生活太贫乏，没什么可玩的，后来我们慢慢长大一点就赶上“三年自然灾害”了。1958 年，我跟着我这个爸爸还有我妈搬到厂区宿舍去了，我爸爸是北京造纸厂的，就是在双井这边儿。北京造纸厂给了我们一大间平房，我们就搬过去了，和董玉华她们家就没有联系了。他们是农民，一九五几年立户口的时候他们是农民，我们是居民。那时候他们有地，我们没地。因为我爸爸是在外面上班的，他没地，我们就只能跟着我爸爸到造纸厂宿舍住去了，我上三四年级的时候就搬过来了。自从没有联系后，我就一直很想念董玉华，可是我们也没有什么机会可以见面，那时候也太小，时间久了两个人就彻底失去联系了。

等搬到造纸厂，我的小伙伴就多了，因为我们是造纸厂宿舍大院，住户比较多，后来跟我那么大的姑娘就有的是了。我们就一起上学，等到放暑假放寒假的时候就一起到造纸厂去当临时工，干活儿好挣俩钱啊。后来我慢慢就觉得好了，也没觉得像以前一样孤独、不受重视了。因为我有好多小伙伴，我们上学回来一块儿做作业，甭管男生女生一起玩得都特别好。我有一个姓孙的同学，他家条件很好，家里特宽敞，他家人口也少，我们放学后就上他家做作业去。哎哟，写完作业以后就折腾呀，把谁给反锁到屋里呀，爬窗户又进去，可淘气了，但是也特别开心。那时候也没有电视，什么也没有，也就是吵吵闹闹地瞎玩。等到放暑假呢，我们一群大姑娘就都去造纸厂上班了。那时候卫生条件虽然不怎么好，但我一上造纸厂宿舍住，那卫生条件已经相当不错了。以前一年也不洗个澡啊，确实也没地方洗，而且也没有给你弄那么热的水，尤其是冬天，那时候家里都烧柴火，柴火都不是那么富裕，谁会专门给你用柴火烧水。到了造纸厂宿舍以后，每周一、三、五我们就可以去造纸厂里边洗澡。造纸厂的澡堂子都是大池子，我们都在那大池子里泡着，没有淋浴，那会儿就在大池子里泡着，大家就觉得很好了。

当时那个造纸厂不叫北京造纸厂，叫北京造纸实验厂，还造人民币纸。我们一起去造纸厂做临时工，一起在造纸厂干活儿。对临时工也有要求，那时候阶级成分划分特别明显，得出身好才能干呢，出身不好不让你干那个。我们在那干的活儿就是销毁新的人民币。那时候咱们也不知道为什么把好好的钱给销毁了，就是成沓子的人民币呀，全都回炉了。

我爸爸那造纸厂也引进外国专家了，那时候各行各业都有专家嘛。1958年我们搬过去以后嘛，我们前面那排房子就住职工，属于职工宿舍。后头就是我们家属宿舍，在我们那儿就能看见外国专家，看见那苏联人，是个女同志，她也会说汉语。有一次我刚在食堂里打了饭，手里拿着馒头就看见那个专家走过来了，她说："你拿的什么呀?"我说："馒头。""馒头好吃吗?"我说："好吃。"她还跟我交流了一下，当时我特激动。后来我就知道了她是苏联专家。我当时觉得特别新鲜。我到了中学就学了俄语，原来我们上中学的时候，初一招10个班，我就是初一（十）班的，开始说一至五班学俄语，六至十班学英语，后来还有那个在二班三班的同学往我们十班转。那时候我对外语也不怎么在意，不是觉得学英语就特别重要，学俄语就不好，反而我觉得俄语念起来还好听呢，比那英语好听。

3. 我的上学经历

我7岁就开始上学了。后来上着上着就病了，就是闹蛔虫，肚子疼，那时候你也说不上是什么病，说肚子疼。后来就说有虫子，吃糖打虫子，打完虫子身上开始起大瘤包，就上医院去看。那年也不知道是有毒性怎么着，长了一脸的疮，黄色的疮，好不容易好了，就这样折腾了一年。不上了就歇病假了，好了以后就不想去了，那会儿上学就那么回事，就在家待着了。街坊说不上学也不行啊，就上了私学，那会儿还有私学。私学学堂是一至六年级都在一个教室，老师给六年级上课的时候，其他年级做作业。在那上了一年，就到1955年了，这会我就快10岁了，后来说不行，私学不发毕业证，就又上原来那个学校了，这时候的学校就是正规小学了。由于又上了一年级，这个基础就打好了，学习就特好。那时候跟我一般大的都比我高两级，因为我晚上学了。跟我一班的人家都比我小2岁，还有比我小3岁的。等到后来我考到女四中，他们大部分都是考上102中学，就是垂杨柳那儿，就没和我考到一块儿。只有我侄女苏桂英，跟我考一块儿了，后来我们还在一个班。

记得小学的时候有过除"四害"经历，什么麻雀老鼠蚊子苍蝇，这不都是害虫嘛，就是除“四害”。那时候为了交老鼠尾巴，我们就上人家那玉米地里头翻，有那剩下的老玉米，那耗子就去吃那老玉米，我们就翻那玉米叶去找耗子。1958 年不是“大跃进”嘛，我们学校旁边那白薯地，放学拿脚一踢，就有一个白薯，我就把衣服脱下来捡白薯，最后就兜一包白薯拿回家去了。有的同学机灵，拿那干萝卜尾巴当耗子尾巴，特逗。打的苍蝇都放那洋火盒里还数数，主要是怕你不干。那时候一九五几年有虫灾，两个人抬一担架，一个人拿那棍就扒拉，打那谷苗的秧子，虫子就掉到担架上。我们干过那个，还轰过麻雀，大家嚷嚷着，让那麻雀老飞，把它累死。你打不着它还不能用枪，就轰呗。后来麻雀都被打光了，才知道有生物链，麻雀都打光了虫子就多了，麻雀能吃虫子啊。那时候也不讲什么生物链、自然环境，都不讲。

小学的时候，我印象最深的是我的一个语文老师。她那时候教我们要知道懂礼貌。她是东北人，姓王，叫王淑兰。每次上课的时候，要是有同学迟到或者有事从外面进到教室，她就说：“同学，你喊‘报告’我才能让你进来，你进来关门的时候不能转过身就关门，这样你就背对着老师了，这样是不行的，你站在门口关门时，要一直面向着我。这是对老师的尊重。”我觉得现在的人就欠缺这个，欠这种细微的礼貌动作。

我的小学老师都挺好。那时候老师也是为了自己的荣誉，和我们这些成绩好的说：“学习好的你们都考女四中啊！”北京女四中是我们朝阳区最好的中学。老师说了我们就填吧，后来我就考上了北京女四中，在女四中上了 3 年。我们上中学的时候学校是一个老爷庙，那庙大着呢，好多小石台。一下课，我们就呼呼啦啦抢占那石台去。跳皮筋、跳绳，大绳抡着跳、踢间（类似现在的跳房子）。羊拐有四面，拿一个包，扔一下包就摁一下，把这 4 个拐都摁一遍，就算是赢啦。

我很喜欢上学，那时候就说人得有文化，有文化才有工作啊。一般小孩子没有什么远大的目标，那时候也没说我就要考大学，但是我还真有那种“万般皆下品，唯有读书高”的思想。可是家里实在困难，而且我还得养着我妈，后来我就说我得工作了，我不上高中了。上女四中的时候我也是好学生，老师们都挺喜欢我，老师后来找我谈话，一直劝我上高中。学校是愿意让本校的学生升高中的。可是我真是不行，上不了。我和老师说我家里没钱，老师说：“就上中专吧，中专管吃饭，还能省点儿钱。”但是我说：“管吃饭也不管穿衣服啊，而且也不给钱，我还是养不了我妈，我还是直接参加工作，就业好了。”我很坚持，说就想直接就业。学校也没有办法，那就就业呗。第一次分配，就分配到了北京市政机械公司，面试了以后我好多同学都上班了，我还没来通知。我就问同学说：“你去问问你们厂长，为什么没给我来通知啊。”后来我那同学回来说：“厂长说了，一般你们女四中的学生面试就那么回事，就是走个过场，但是你是色盲。”说我色盲，我确实色盲。这就等于失败了，第一次没分配成功，没录取上，我就等着吧。9 月份突然给我来了一张技校的通知，我就郁闷，上什么不好，来一个房管局技校的通知。可是那时候我老实，不敢不去，分配了我不去人家就会说我是社会青年了。那时候谁也不愿意当社会青年，后来我就郁闷地去了，房管局技校，也就是刚成立，去吧。既然来都来了，那就好好学习啊，这样就在技校开始学习，在技校学习了一年。

学生时代的苏淑珍 （1967 年）

那时候我上小学以后，这个继父就退休了，我们就在造纸厂大院住，那书记和厂长都和我们一排房子住。厂长管我爸叫大叔，管我叫老妹子，他说：“老妹子，你接大叔的班去吧。”我说：“我不去，我还上学呢。”等于这 3 年初中我是勉强地上下来的，每年暑假都上他们单位做临时工，挣俩钱，就为了缴学费。我连一双雨鞋都买不起。我家住双井，我在东大条上学，我都走着去，多远啊。坐车呢，一是不方便，再说继父给我 2 块钱让我打个月票，但是我寻思不行，我还要买点书呢。双井那儿有一新华书店，我每次放学都得在新华书店里面看够了书才回家呢，我家离新华书店也就 10 分钟的路。钱省下来就为了买书买晚报，我每天都买晚报。那时候的晚报有很多内容，不像现在这么多广告。

二、青春年华 追逐梦想

技校刚招生的时候，以应届毕业生为主，但是也有走后门进去的，所以导致学生学习成绩以参差不齐。后来老师就说学校有一个决定，一年以后有一个就业的机会，但这是有条件的：一是家庭困难的；二就是调皮捣蛋、打架斗殴的；三就是学习不好的。一听说这个，我就赶紧说："我要就业。"老师听我说要就业，不愿意放。老师又劝我，说："你学习挺好的，就继续上吧。"后来我说："不行，我真得就业，这个就业的机会太重要了。"后来老师也就没有办法了。我1964年去的技校嘛，1965年就就业了。当时听说有这就业机会的时候，我是第一个报名的。后来我就成功了，被分配到房管局器材公司，那时候叫房管局器材处木材厂，在青年路那边。然后我就去了，这就等于1965年我就开始上班了。上班单位是一个木材厂，做橱窗的。房管局得大量给人家修房子啊，建房子、修房子都需要很多门和窗户，我们主要就是做这个的。最开始给我分配到配料车间，一个师傅跟我说："你是女同志，就砸那木头楔子吧。"我就开始砸木头楔子，木头楔子是什么呢？比如说这门窗吧，都得开锁打眼，得插上才能固定，但是这眼上得楔一楔子，推进去，然后凿了以后，就固定了。就专门让我砸楔子，我就学的这个。有几个月我就会砸了。

我1965年参加工作，1966年就"文化大革命"了。搞"文化大革命"那个乱哦，我就属于那种老实的，算"保皇派"，就让我去搞大批判。这时候车间的总结呀什么的都离不开我，每年车间里都需要交总结，这都是我的事。那段时间其实我也没怎么干活儿，净给他们干这些了。工资从19块做起，等到一年后涨到 36 块 6 毛 6 分，又一年涨到 40 块零 4 分。我们就挣这工资，一挣就 10 年没涨过，1976 年“文化大革命”以后才开始第一次涨工资。我这命运特别不好，人家按级涨吧，应该涨到 50 块零 4 分，等我升级那一次呢，升一级只涨 7 块钱，所以我就 47 块零 4 分，就差几块钱，一九七几年多那几块钱特别管用，可是那能怎么着啊，那也得熬着啊。

这工作呢，就是断断续续地砸楔子、当统计。一直到一九八几年就开始有定额了，有定额就可以有奖金了。可是车间里还是让我当统计，我说：“不行，我这比较困难，我当统计可以，但是我得要一份定额。”后来我说：“我业余时间当统计吧。”人家说：“不行，你要是不当统计我们就另找别人。”我说：“我要定额，我得多挣那十几块钱。”

三、家庭与事业 平衡与抉择

1. 自由恋爱结婚

我和我先生是一个单位的，我们单位比较小，相互之间接触多了，就好上了。那时候我们单位女的少，调过来的女的才 3 个。他这人挺有才的，文艺才能挺不错的。我是"文化大革命"期间，参加大批判时显露一些文采，因为老去发言，那时候就是相互吸引，主要是看对眼了，也没有谁追谁。他老家是河北省保定市的一个小县城，他和他爸爸、他的大弟弟在北京，他妈妈还有一个小弟弟和两个妹妹在老家。他爸爸活着的时候，每个月挣 50 多块钱，一九五几年都公私合营了，他爸爸是小资本家，一九六几年在北京制帽厂不知道是干什么的，好像是管裁剪、制帽子的。我们结婚很简单，没场面，没聘礼，上报单位，登记，两个人的被子搬一块儿去这就行了，等于结婚了。我们结婚他们老家都不知道，后来他才和他妈说的，他妈就给我们拿了一床被子，到现在我也没有觉得那时候结婚多么寒酸，当时我就是图这人好。

我 1969 年生的第一个孩子，6 个月以后才去医院的，才开始围产。开始觉得自己没来月经，要去医院确定一下，医生确认后让我等到 6 个月以后再来。开始围产时，是一个月去一次，后来半个月去一次，再后来就一星期去一次。我怀老大的时候总发烧啊，从怀孕 3 月到怀孕 5 月，一直烧两个月。但也没烧坏，孩子没烧坏，我那会儿都觉得自己要死了，哎哟，感觉迷迷糊糊的。他这人就特有耐心，他伺候人是一等一地好，那时候是大冬天，我想吃西红柿炒鸡蛋，他赶紧就去给我买，西红柿不好买。刚吃完就吐了，反应特别厉害。他也有耐心，他说："吐了咱再吃，反正得留下点儿。"他就是这么认为的，我就觉得他这人伺候人伺候得特好，而且我继父生病也是他去伺候的。在医院里，我生这个孩子的时候，我这个爸爸正好在医院呢，天坛医院，我先生就顾不了我，先顾我爸。我就觉得他这人有孝心，挺让人感动的。我自己就谁也伺候不了，我不会伺候人，这是小时候我妈惯的，我什么也不会干。人家说"穷汉养娇子，"一点儿不假。我上小学都几年级了，一下雨，我妈去接我，要趟几个河沟子，学校后头有几条河沟子，我妈都是背着我过来的。

我的继父是我生了老大后第 11 天死的，我妈后来在造纸厂上过一段时间班。这时候我妈岁数大了，干活儿就和那 20 多岁的没法比，厂里就老给她最低的奖金。她觉得她比谁都能干，我妈就是身体好，确实比谁都能干，不过话说回来，那时候人家就欺负你啊，你老太太啊，人家 20 多岁，她一生气就不干了，所以最后她连一退休都没闹上，要不我怎么能养着她呢。后来我妈就得到我这来，我妈来这我也不吃亏，因为我妈可以给我看孩子，顺理成章地就来了。快生的时候，特别是第一个，我就想着我的孩子会长成什么样啊，特期盼。有时候夜里做梦，梦到一头猪，醒了我就想孩子可别长得和猪八戒似的。有了第一个孩子，第二个就不会太出格。生了孩子以后就坐月子，我那根本就不叫坐月子，从来没吃过好的，有时候连个鸡蛋都吃不到，没有营养我的身体怎么补回来啊？到现在我身体还那么好，都是奇迹。他们家（丈夫家）从来没有说我坐月子了，给点鸡蛋，没有。当然也是因为离得太远。坐月子的时候幸好我妈在，那会儿可不就我妈能照顾我，老公也照顾不了什么。我坐月子也不是屋里吃屋里拉，我还得上厕所，我原来在东坝住的是二层的简易小楼，上边没厕所，我还得下楼上厕所。那会儿生孩子就那么回事，女的都得生孩子，这都是本能，没什么可说的，放现在就是重点保护对象，现在太娇气了。我坐月子的时候顶多给买二斤蛋糕，我生老二的时候有一街坊是东坝公交社的，1974 年还要肉票呢，人家给拎来一扇排骨，就很不错了，真是觉得特别好。

那会儿计划生育政策是能生两个，一个不少俩正好，3 个就多了，我那会儿生仨也行。可是话说回来，我老觉得多一个孩子就要多花钱，那会儿就是多儿多女多冤家。人家说“一儿一女一枝花”呢，我生了两个儿子，他哥俩中间还死了一个呢，是个姑娘，和老大差 4 岁。这个孩子还有一个月就出生时，突然协和医院说：“你这孩子脑袋大，是不是脑积水啊？赶紧住院吧。”一直住了 27 天，临产了都不显肚子，7 个多月的时候，在产房里头人家问：“你生完了？”我说：“没有啊。”“还没生呢？”人家就问，“那你怎么不显啊？”当时我也不知道怎么回事。住进去 20 多天以后，我发烧了，孩子就死肚子里了。就这样死了一个，紧接着又怀的老二，后来我在协和医院住了 40 天，连检查带治疗带生，产后又住了 7 天，一共住了 47 天。那会儿计划生育规定两个孩子出生得差 4 岁，死的那个和老大间隔 4 岁。

我那会儿就是忙工作，不像现在都宠着孩子。我们俩在单位从来没说“我儿子”怎么样，都是说我们家孩子，现在张口闭口就是“儿子”。我妈活着的时候说，小孩不能说是“儿子”，老人就有种迷信的想法，养老送终才叫“儿子”呢，别总“儿子儿子”地叫。我们在单位，人家都带孩子上班什么的，我们从来不带孩子去，不爱那么张扬，都是很低调的，单位聚餐管吃喝，从来不带孩子去。对孩子我真管得挺少的，生完孩子以后我没有奶，奶水特稀，再说上班喂不了奶，所以干脆不吃了，就给孩子订奶，这是一笔开销。话说回来，这点钱怎么也能挤出来。我很感谢我妈，我妈给我看大了两个孩子，两个孩子差了 5 岁。我们家也没有什么分工，就全给我妈了，我妈特能干，那时候我们两个星期歇一天，我们俩在一个单位，家里什么都照顾不到，全靠我妈。比如冬天吧，没有煤球了，我不休息还买不了煤球呢，我妈拿着麻袋去东坝，走一站多地，背 50 斤煤球回来，点上火，我们这一大家子全靠我妈了。自从我妈上我这来，我就踏实了，要不然我的孩子还得送托儿所。

我们家里一直都很困难，我 1968 年结婚，1969 年生孩子，公公是 1970 年死的，因为孩子的爷爷是城里人啊，城里的职工啊，老家那摊子人一下子就得让我们负担了。我丈夫的弟弟妹妹都小，他小弟弟比我们家这老大大11岁，长得个头又小，买一皮球就先紧着他弟弟玩。就觉得他那么小，很可怜。那会儿他弟弟妹妹我们都得管着，就连他那俩妹妹，就是结了婚我们还管呢，上我们家来，老公还管这管那。所以我们就特困难，而且我妈还跟着我，成家后我们一下子就有4口人，一个孩子3个大人，老家还有一帮子人，所以我缺钱啊。而且我先生比我挣的少，他是个干部，就是被生活所累啊，没办法。不过那时候生活也比较愉快，为什么呢，那时候人们真是路不拾遗。

我和我先生感情一直都挺好，不过我们也吵过架。公公死了以后，我们把他家里的事情全都承担下来，我一点儿怨言也没有，因为我选择了他，我就要选择承担，既然咱赶上这倒霉的事了，咱们就得接受现实。每年缺粮，农村里拿缺粮款，他们家没有劳动力。一年分给农民些粮食，你这工分抵不上那点粮食，就得拿钱去往上顶。我这头呢，已经有一个孩子了，而且我爸爸死了，我妈就得跟着我，起码4口人，这4口人才挣78块钱，我挣40块钱，先生挣38块，我们省吃俭用的啊。原来我们这卫生院的一个大夫都说："小苏，我觉得你太不容易了，一棵葱都得拿尺子量着吃。"我说："你说的我也太苦了，没那么困难。"她说："我就觉得你那时候生活太苦了。"后来我也凑合过来了。但是我最不能容忍的是什么呀，他的弟弟妹妹都已经结婚了，就不能管得太多了，所以后来我和他有分歧就在这个问题上。他那两个妹妹结婚的时候，我们给钱给买东西，没结婚的时候就拿她们当我的亲妹妹似的，我有什么她们就有什么，给她们买毛衣买这买那的。但是结了婚以后，都有了孩子了，就不应该再要求这要求那了。我先生这人是怎么着啊，就是结了婚了他也得管，后来我就不平衡了，我觉得我们也应该缓口气了。就是说总有一段时间我是为了我自己活着吧。

结婚以后，我最怕的就是过年过节，一过年他就回老家，因为我还有我妈，所以就留在北京，家里就剩我、我妈还有孩子，他是从来不在北京过年的。我怕过年，还有就是怕来人，一来人我都没东西给人家吃，家里就那么一点儿饺子馅儿，来人你不得给人家包饺子啊！我就怕过年，这么多年过去了，我现在都对过年有逆反心理。我婆婆有时候也上北京来住着，我搬到这以后，老太太年年都上这住着来，不过也就冬天那几个月。两个老太太在一起处得不错，就坐这儿，中间有一个缝纫机，这边坐一个，那边坐一个，人家街坊都说这俩老太太还挺好的，也是有福啊！那时候我们都是上学的上学，上班的上班，都不在家，她们俩也算有个伴儿。两个老太太还能说说话，我婆婆还说呢，这个亲家就是一门最亲的亲戚，说不能小瞧，特别至信的这种亲戚，而且一般的比不了。

2. 严格教育子女

虽然对孩子管得不是太多，但是我也总告诉两个孩子，人就是得把心放正喽，不能有坏心眼儿。所以我这一辈子真是对谁都没有坏心眼儿，自己虽然有困难，咱自己克服着，咱也不去麻烦别人。

老大 1977 年上学，我们旁边有一个人工晶体研究所，人家的孩子都上城里上学，我就没有那么高的要求。那会儿坐 50 路公交车去城里上学，一年级就得去，多远啊，没人接没人送，孩子太受罪，多不放心啊。我就说就在东坝上吧，我没什么高要求，人家就想着孩子得出人头地，我就没有那种思想，觉得顾不过来，太忙。7 点半上班，6 点就得起来，6 点半就得走，因为我们得提前半小时到厂子，还得吃饭、做班前准备。上班的时候要求 7 点半打铃，必须准时开机器。这么多年我们一直是 7 点半上班，冬大夏天都是如此。回来还特晚，开会、学习，“文化大革命”的时候更严重，这个那个的，总得开会。人家幼儿研究所的工人都出来散步了，我还没做饭呢。比如冬天吧，开完会，厂长说：“还有好多白菜在地里呢，我们单位院子大，为了食堂省钱啊，大家赶紧搬到菜窖里去。”还得搬白菜，搬完了才能走呢。家里老人蒸好了馒头，你回去得炒菜啊，家里有人的还行，像我们这样的有时候得晚上 9 点才吃饭呢。所以那时候上班真不容易，无论刮多大风，下多大雨，始终如此啊。就这样，我是真的没有太多时间去管孩子。

虽然我对孩子没怎么照顾，但是对孩子我管得特严。从小我就告诉他们不能随便在外头过夜，别看是男孩子那也不行。孩子在东坝十六中上学，我回到家以后，看到孩子没在家，立马骑着车就找去，我从来不放松这个，我就跟他们说："放了学你就赶紧回来。"人家那男孩都不怎么管，我就不行，我怕孩子学坏。本来1984年我就应该搬过来的，为了不让他们学坏，我硬是耗了7年。因为我们这外面有一建国里中学，人家说学风不怎么太好，说这孩子们都学坏了，所以我就让他们在东坝这头住，我不让他们上这来。我们这有好几个吸毒的，好几个跟他们这么大的都吸毒，我害怕啊。所以我这俩孩子到最后虽然都不怎么爱学习，但是都没出什么大格。老大不怎么爱学习，跟那个东坝的风气有关系。因为都是农民，所以对那孩子就没有什么高要求，上完初中就都干活儿去了。虽然那儿的环境不是特别好，但是没有歪门邪道的，我觉得就让孩子在那边熬着吧，一直熬了7年。我1991年才搬过来，我那老大都工作6年了，也成熟点了，老二也上技校了。

这人的观念啊，就是一点儿一点儿变化的。我这老大16岁就不上学了，说什么也不上了，也是东坝那头学风不太好嘛。不上学了，那就参加工作吧，就在六里屯有家酿造工厂工作。干了几年以后他说："妈，干脆我也不干了，跟人家卖水果去吧。"我说："那可不行。"我觉得那不是什么正经路子，我就盯着他，非得让他走正道。我说："你看那卖西瓜的，一吵架就要着大刀在大街上干起来了，你让我多活几年行不行？"后来又说："妈，我烫一头得了。"我说："千万别，你看你爸爸能容忍你烫头发吗？"后来就到外交部上班去了，终于没干那些杂七杂八的事。等到1997年呢，老二就分配了工作，干了3年自己就把工作辞了，连说都没跟我说。那时候我也能接受了，几年的时间这个观念就转变了。等到1998年，我们家的生活就好了。

那时候别看我们家生活比较困难，但是生活得比较快乐，就是吃的可能差点，但是文化娱乐很重要。那是一九八几年，我们就买一彩电。一九七几年，我先生特别喜欢无线电，会攒那半导体。还在他上学的时候，就给他奶奶攒矿石收音机。后来自己还攒了一个9寸电视，哪院的都上我们家看电视去，大家都喊着："电视出人啦！"大家一听见就都去了。后来一九八几年我们买的彩电，像电脑我们买的也是比较早的，那时候花 6000 多元买一台电脑，那是 1994、1995 年的时候，花 6000 多相当多了。我们这是 486，后来就 586、686、奔腾，我说我们这个不吃亏，这是高科技，玩的就是心跳，就跟这手机似的，更新换代多快呀。所以现在对这两个孩子我也挺满意的。我觉得满意，他们老觉得不满意，觉得单位压力大啦，钩心斗角啊，他们老是说这个，我就不怎么爱听。再者我觉得他们现在的条件太优越了，把身体都给搞坏了。我们那会儿天天骑车上班，现在落下好身体。他们开车上班，到单位就待着，没什么事干，倒把身体都给待坏了。

我虽然没自己带过孩子，但是孙子和孙女是我带大的。我看这俩孩子也不容易，除了礼拜六礼拜日他爸妈把他们接走，其余时间都是我看的。但是我不做饭，我这人做家务能力差。因为那时候我先生说："你当工人也累得慌，有什么事就我做吧。"所以到现在，我也没练出做家务来。现在的小孙子我没管，我管不了啦。得接送孩子上学啊，我还陪他做作业，这个作业我得全陪，比如孙子买一本《黄冈小状元》的作业本，我也买一本，我做他也做，我不会做，就通过歌华点播的教育频道查询，通过电视听课。

3. 积极追求进步

我们上班很忙也很累，两个礼拜休息一天，我先生老去打鱼。一方面爱好这个，另一方面家里还能吃点肉。我呢，就是秋天的时候刨白薯，我们就去人家地里刨白薯。晚上回去稍微早一点儿，人家说生产队那头刨葱呢，我们就去刨葱根，也能从地里头拣出来不短的一段，可以当佐料啊，干那个也能补贴点儿家用。

我们两口子结婚后就一直在东坝那头住，找房管所在东坝那头要的房，因为那离单位近啊。我是 1991 年才搬到这来的，这是最后一批分房，因为我参加工作比较晚，1965 年才参加工作。1984 年分过一批房子，我根本就争不过人家，我祖孙三辈人只能要一个两居室。我说我不要，我就在东坝那头坚持着。最后这次师傅跟我说："要房子吧，再不要就赶不上末班车了。"我说："要要要，一定要。"这回也没人跟我争了，一九五几年参加工作的职工都分了，轮也轮到我们一九六几年的了，就分了一个三居室嘛，大三居。有人就问我："你凭什么要这房子？"我说："凭着我在东坝住了22年，我双职工，我老少三辈，就这仨条件，就应该给我。"我说的都是大实在话，后来确实给我分了，分到了一层。人家都说金三银四，我也没分上。人家说让我要六层，可是那时候我妈80多岁了，就不能要六层了，所以我就要了一层。甭管是在学校学习还是参加工作，我这人就心直口快，比较正直，不是那种溜须拍马的人，不会干那个，就凭着自己实干，自己学习好，别的都是瞎说，我拿的什么，得的什么都是靠着自己真本事。

1970年到1971年，我们参加了天安门翻修工程。这个任务给了房管局一大部分，好多公司全在我们青年路那个厂子，我就一直砸楔子。我们24小时倒班，天安门修缮以后，给我们一个很大的天安门修缮的纪念章，我们就觉得那任务特自豪，特光荣！

1991年，党员重新登记以后，党总支让我去搞政工，想提拔提拔我。后来我说不行，我不想干。我先生也跟我说："你这性格不行，这办公楼里的人，你跟人家合不来，你太直。"后来我也说我不干了。我们有一个五金仓库，1988年就给我调到仓库了。一年以后又让我当材料会计，1989年我都40多岁了，让我记账。那我得考会计证啊，打从准备要考会计证开始，我就每天看书、学习。我这人这一辈子就爱学习，我不爱干家务。我考会计证，140分的题我考125分。考试的考官是我先生的同学，他是财会学校毕业的，他不是会计嘛，就过来问我，说："您今年多大岁数了？"我说："我45了。""那你还考这干吗呀？"我这一听就说："我得干这个呀，人家让我记二级账，我得有会计证。"后来考试也考了，考完试以后不发我会计证，我很生气。公司负责这块工作的总会计师，也是我先生的同学。我就说："怎么不发我会计证啊？"人家说："你就干吧，要会计证干吗呀？"我说："有会计证以后我就有书报费，就多给我 6 块钱。”可是说也白说，一直没发我。等到后来我先生病了，总会计师去看我先生时说：“我最对不起的就是小苏，我没发她会计证。”后来总算是给我了，但我也快退休了。

我这人特别爱学习，1994 年我们家买了小霸王学习机，插电视上能打游戏。它给了一本说明书，说明书特厚，那上头有五笔字型，教怎么学习文字输入。我看了就很感兴趣，我们那时候学的拼音和现在不一样，所以我也不会用拼音打字，我就把五笔字型学会了。后来 1995 年退休以后，我们家买了电脑，我就把在青年报连载十期的《党在我心中》的文章，全都给打到电脑上了。退休了我也没事，就练习打字。

我这人比较要求进步，虽然那时候在学校是个好学生，但是我没有要求入团。我那时候就傻，因为我压根儿就没想那么多。当时我就想把学习搞好不就什么都有了。所以，一直到技校我都没写过入团申请书，也没想起来这事。我 1965 年到的木工厂，1966 年就开始“文革”了，就全都打乱了，那时候没有人要求入团，也没有人要求入党了，乱乱糟糟的。一直等到 10 年以后“文革”结束了，一切都稳定了，好多人就开始想要积极进步了。我们同事她闺女入团填表的时候填她妈是团员，后来组织上还上我们单位去调查，说这个谁是团员吗？我们说是，说我们还没办退团手续呢！这时候这种事就特别不正常了。我和孩子他爸是同一个时间写的入党申请书，那时候已经过了岁数了，就不入团了，直接写入党申请书。我们就坚定地认为共产党应该是有前途的，因为共产党打了天下了，而且有毛主席、周总理啊这些老一辈的革命家，这天永远都塌不了。当时这观念还是挺坚定的，没想到啊，这“文化大革命”确实没起到什么好作用。当时有很多言论，说是入党做官论。什么批林批孔啊之类的，大家都参加了这些运动，但是在人们心目中还是你出身好你入党就容易；你出身不好，入党就不容易。我呢，一是我琢磨自己工作挺认真的，二是人也挺不错的。可是没想到由于怀孕，入党就成了问题。我这人呢，孕期反应比较厉害，有时候是影响一些工作，比如说我恶心呕吐。那时候人们都看不上这个，知道你快生了还不让休息呢。生孩子那年是 1969

年，有一天晚上我恶心，肚子疼了一宿，第二天参加大批判我还去。我跟师傅说昨天肚子疼了一宿，师傅说："你还不赶紧上医院去。"我就去医院了，结果没生，医生说你这还早着呢，我就回来了。回来还疼，还是想上班上不了，就又上医院了，人家这时候才收的我。不像现在刚一怀孕就歇了，我这头天还干活呢，第二天就生了，就这种情况。就是因为怀孕，人家班组长对我就有这种印象：她总是躺着，也不干活儿。那时候这样是绝对不行的。我怀了两次孕，再说我有一同学和我是一个车间的，他和我说："你知道你为什么入不了党吗？人家说你爸爸是'一贯道'，就是一种反动的会道门。"当时我不懂这个，我爸爸死了，后来我妈妈就又带着我嫁人了。甭说他是我的继父，就是我亲爹参加了这个，我也不知道呀，这也不应该影响我呀。可是呢，他就对我影响这么大，我也没什么办法。

我争取入党多长时间，别人都难以想象，我争取了 15 年，1986 年才入党的。我要是没有坚定的信念，能一直坚持下去吗？就像我们车间那班组长，人家是党员啊，班组长不会写入党申请书都是我帮他写，人家都入党好几年了，我还在党外呢。我这争取入党的过程啊，是真经得住考验了。

有些事我也挺生气的。1976 年毛主席去世，盖了纪念堂了嘛，后来人家都瞻仰毛主席遗容。当时正是唐山大地震，那时候地震也是对人的考验啊，那时候都抗震救灾。我们俩扔下家里两个孩子、一个老人，都得去上班，就在抗震棚里住，开始说没房子的时候就坚持搭一塑料棚子，我们都坚持去抗震救灾。我们却没有机会瞻仰毛主席遗容。可是我们车间有一姑娘，她爸爸人家是老革命，是厂长。人家就说她哥哥疯了在家陪着她哥哥，一直休到地震结束以后，可是第一批参观就有人家。后来一听这个我就有气了，我就说："再开会别叫我了，我不干了，你们也别把我叫积极分子了。"我有一段时间就不参加他们的会。后来我就说这事，人家说："你也别生气，这都是一些不正之风。"再后来又过了一两年，他们就又给我做工作，我就又去参加会了。我先生是 1985 年入的党，因为他那时候当副厂长，说让他先入让我后入。1986 年，等到我入党的时候，我已经参见过好多发展会，新入党的党员在会上都会被提好多的意见、希望。就说你今后应该怎么怎么做，到我的时候呢，人家那老党员就说：“这小苏啊，早该入党啦!”就这么一句话，我就觉得我值了，就证明了入党的时候我是名副其实的，我符合党的要求，我没有用什么不正当的手段，反正关键的时刻咱都和党中央保持着一致。

四、往事如歌 别样感悟

现在我每天就是陪着孙女，孙女现在上学，每个礼拜都在我这儿，从一年级到六年级都是她学什么我学什么，她不会的我都得会了，除了英语我不会，像语文、数学我都得给她辅导。尤其是到五、六年级了，这数学挺重要的，虽然我原先学习挺好的，但是毕竟毕业五六十年了，我也忘得差不多了，不会怎么办呢？我也得拾起来，我得再学，现在不是都买《黄冈小状元》嘛，买的时候我就买双份，她做我也做，就跟我上学一样，甭管是老师留的作业题啊还是《黄冈小状元》上的题，我都跟着她做，这就等于我也学习了，这样我们俩就能一致了。我也从电视里学，现在不是歌华有一个“公共教育”频道嘛，我就在那公共教育频道找到那个数字学校，一至九年级都有。比如说吧，她说今天学比例尺，可是我忘得差不多了，就赶紧找到“比例尺”那课，人家老师怎么讲，我也能慢慢回忆起来，我就这样帮着她。尤其是语文，我也得看看她那语文书，反正现在最主要的就是这个，孙女的学习很重要。我在社区现在担任一个支部书记，社区不是有党委嘛，下面有 8 个支部，我们院里就有 3 个支部呢，我是其中的一个支部书记。原来孩子小的时候不是看孩子嘛，我没在这头住，等我回来以后，参加了两年活动，2008 年我才参加社区志愿者，慢慢地跟大伙儿就熟了，他们认为我这人还行，就让我当个书记。其实我不爱当这个，我从来就没当过领导，就觉得咱没那能力，其实一个月学习一次也没太大的事。我还老去值班，因为这条街是长安街沿线，所以一有什么活动，这社区的志愿者估计有五六十人，都排好了班，今天是你，明天是他。我们两口子都值班，但是得错开，比如我双号他单号，或者我单号他双号，就这么着，觉得生活还比较充实。

这辈子就是平平凡凡吧，有几个轰轰烈烈的呀，但是我就觉得吧，不管做什么事都得有个做什么事的样子，这样自己也心安。现在年纪大了，就做点能做的事吧。而且人呢，就得学习。我现在对新鲜的东西很感兴趣，一个是学电脑，退了休就学打五笔，那时候就特别感兴趣，看什么就都给打了，现在我还存着好几本呢，像我以前学的古典文学，我都打出来了。因为我有一本古典文学欣赏的大字典，我就都给打出来了。还有一个，现在我看到什么好的文章啊，就剪报，我剪了好几本了。我这人吧，从年轻的时候就对学习特别感兴趣，家务我做不好，可是我这方面还行。

人呢，还得有个好心态。我就一直睡眠不好，从年轻上技校的时候就一直睡不着觉，也不知道是因为青春的躁动啊还是神经衰弱，也说不上怎么回事，反正就是夜里且不睡呢，人家都睡了，我就睡不着。后来结了婚以后还是睡不好，早上起得早，这一宿指不定醒几回呢，到现在也是。都说睡眠这东西对身体有影响，但是我现在身体还是挺好的。我现在 70 多岁了，我的头发也没染过，我觉得我就是心态好。我就觉得人活着吧就得充实，我这人最大的特点就是不讲吃不讲穿，一个是年轻的时候咱也没那条件；再一个呢，我这人就是这么个不爱修饰的人，就是天天素面朝天。我从来不打扮，我上班的时候在单位从来没穿过裙子，人家说：“你上班干活可以不穿，你下班可以穿啊。”我说我下班一溜烟就回家了，穿着工作服就回家了。后来我们一位师傅说：“哎，小苏啊，商量商量啊，你不会换件衣裳啊，你穿工作服回家干吗啊？”从那以后我才开始换件衣裳回家。我确实也不讲究吃，吃的方面我是要求最低的，我老记得雷锋曾说一句话：“我活着不是为了吃饭，我吃饭是为了活着。”我就有那个想法，所以我的生活水平就要求得特低，但是精神方面娱乐方面，我要好一些。

现在年轻人也都吃不了苦，就像我的孩子这样，从小虽没让他们在蜜罐里长大，但是也比我小时候要强得多。他们现在工作上也吃不了苦。就说我那大儿媳妇，我说：“你这年轻轻的，怎么身体就不行，一上班就说累呀累，你有什么可累的呀?”她说:“您不知道,我现在是累心,单位里成天钩心斗角,累心。”咱也没在那种大机关里工作过,所以也理解不了她。就像我家老大说的,他那工作是脑力工作嘛,也没什么体力劳动,就是心累。可能是现在的工作环境改变了吧,但是我觉得年轻人还是多吃点苦好啊!

现在的年轻人都是上班开车,下班开车,一步也不走,实际上对他们的身体真是没好处。像我就有一个好身体,从小上学我走着去,从双井走到东大桥,来回走了 3 年。我上班抢着活儿干,我不吃亏,因为我锻炼身体了。我现在腰没毛病,腿有点老年缺钙那劲头吧,有点爱腿疼,还真没什么大毛病,除了有点血压高。所以我现在呢,觉得精神气质还是挺向上的,我从来都不说“哎哟,我老了,我没几年活头了”,我从来不说这种话。我就希望现在的年轻人多锻炼身体,把身体养好了才能干好以后的工作嘛。再者就是要保持好的心态,乐观一点儿,别碰到什么困难就垂头丧气的。

访谈员后记

苏淑珍女士出生于北京广渠门，是地地道道的老北京人，生父在她3岁的时候因病去世，后随母亲改嫁，没有兄弟姐妹。1968年结婚，后育有两子。苏淑珍女士1965年参加工作，作为一名工人，她勤勤恳恳地工作，并且在工作中表现突出。后来经过15年的坚持，终于成为一名光荣的共产党员。苏淑珍女士是一位非常乐观的老人，在其人生历程中，不管是生活的艰辛还是工作的不公，她都能够用积极向上的姿态坦然面对这一切。

老人一生没有什么轰轰烈烈的事情，真正打动我的正是老人这样平凡的一生。作为妻子，承受着夫家的重担，她一心一意；作为工人，面对着单位的不公，她没有怨言；作为学生，面对着贫穷饥饿，她不懈努力；作为党员，面对着众多的考验，她意志坚强。我很庆幸自己能认识这样一位乐观、坚持、忠诚的老人，我们一共进行了4次访谈，每次访谈老人都积极配合。在访谈老人的过程中，我学会了乐观、积极和向上。尤其是在老人讲到她坚持入党的时候，我深深为之感动。她为加入中国共产党坚持了15年，人生有多少个15年，她追求的动力正是因为对党的热爱和忠诚。她到现在还坚持学习的精神，更是让作为学生的我感到惭愧和敬佩。她是一名合格的学生、合格的妻子、合格的工人、合格的党员。虽然现在已经是70多岁的高龄，但是老人身体依然很好，在社区里做老年志愿者，经常参加社区的各种活动。在此也祝愿苏淑珍老人能够身体健康，长命百岁！

坚强独立的女性

—— 于寿柏访谈录

- 访谈时间：2011年11月11日 14:00—16:30

  2012年2月9日 14:00—16:30
- 访谈地点：北京市受访者家中
- 受 访 者：于寿柏
- 访 谈 员：王君莉（北京大学社会学系硕士）
- 整 理 者：王君莉（北京大学社会学系硕士）

编者按

这是一位普通的女性，她曾经极力争取过受教育机会，她曾经反抗不满意的婚姻……在单位她是优秀员工，在家里她是顶梁柱，她以柔弱的肩膀承担起家庭的重担。她自立自强的同时，又遵循着传统文化对女性的种种道德束缚，但她的经历却能引发我们内心深处的深刻思考。

一、家世背景 童年记忆

1. 和睦的大家庭

我姓于，生于1934年5月，我老家是河北青县的，马厂镇旧张屯村。我们家里有地，父母亲都种地，家里的经济条件也还可以，不算太差。我父亲是村里的文化人，给我取名叫于寿柏。我上头有2个哥哥、3个姐姐，我是最小的。

于寿柏的父亲 （1955年）

不过，我母亲是续弦，前面那个母亲撇下大哥和大姐两个孩子；我二哥，还有二姐、三姐、我，我们4个是我亲生母亲的孩子。虽然说是两个母亲生的吧，可这一大家子人一起生活得还是很和谐、很舒心的，一直也没分过家，总共16口人呢，吃饭都得分开两桌吃，都处得挺好的，平常也没什么矛盾。

2. 解放区与国统区

我们那儿离天津挺近的，就隔着一个唐官屯镇。我们那儿解放的时候，天津还没解放，国民党就控制着这个洋火（火柴）呀、煤油呀。可是我们那块儿要做饭烧柴锅，没有洋火，怎么办呢？咱们水里长着蒲棒嘛，那蒲棒有那么长的毛毛，弄下来以后把它晒干了，弄那个火石——一块石头——弄个铁的东西一冲，它不是就冒火星儿嘛，火星儿掉下来，落到蒲棒毛毛上，就着火了。把那火星儿引来，就有火苗，就可以点着柴锅做饭了。

我们也去塘沽屯弄洋火去！塘沽屯跟我们就隔着一道河，那河挺宽的，得摆渡过去。唐官屯那边就是国民党控制区了，有很多女兵都穿着一色儿的衣服，戴着帽子，拿着枪，可厉害了！那时候我也就十四五岁吧，也不害怕，村里一群半大孩子都去唐官屯弄洋火去，可人家不让弄到这边来，这是“走私”嘛！我们都偷偷地弄，藏在身上，一上船就有女警察检查，你都得围在腰里藏着。还有人带水银的，结果她拿那皮鞭子一抽，“啪”一声，那瓶子就破了，水面上就都是那挺亮的珠子呀，水银在那瓶子里看着就是水，透亮透亮的，可那洒了就都是珠子了。那会儿我们去特别危险，八路军不是也怕国民党过来嘛，就都埋上地雷，埋得挺密的。同伙儿去的这几个小姑娘说：“踩上地雷了不能抬脚，快拿个砖头来给压上。”再抬脚过去，再走，哎哟，挺危险的。要是踩着地雷了，“轰”一声就炸了嘛！赶到 1948 年呢，天津就解放了，唐官屯归天津管。我们摆渡过去，再摆渡过来，哟，那河水吧，都是黄的。

3. 吃糠咽菜的岁月

我挺小的时候，也不记得是几岁了，就能帮家里干活儿了。跟着大人下地去，豆子下来了打豆子，老玉米下来了掰老玉米，高粱熟了就拿镰刀削高粱头，就干那些个。

其实，我们小时候呀，才苦呢！那地方地势洼，一下雨就全涝了，庄稼淹死了，地里就长出来点儿草，就是些稗草，我就拿个小布袋子去收草籽儿，水没到膝盖，收回来赶紧带回家给我嫂子。嫂子是小脚，她脚大约 15 厘米长，下不了地。我那时候没有裹脚。

那时候家里都有磨，我嫂子在家也很惜粮，她用磨把我带回来的草籽儿都磨成面儿，做成饼子吃，特别绿！你看那草有多绿，那饼子就有多绿，还特甜，贼甜贼甜的。吃完了胃不好受，我可吃够它了。哎哟，现在一想就不好吃，毕竟不是粮食呀。还有就是上天津边上，那儿长着得有这么高（比画着，大约到腰间的位置）的那种草，是黑皮的根儿，把那个刨来，切成片儿，也能磨成面，那个特别白，可是吃完它之后也是不好受。我们还去天津边上买些麸子，做成饼子倒好吃，稻糠不好吃。稻糠吧，做成饼子特别漂亮，可是它发苦，也不知道人家是放了多长时间的稻糠了。

实在没得吃，我就上田里打野菜去。打野菜，那黄衣菜（即黄菜）吧，是咸的，打回来以后，你就得拿篓子装着，拿到坑里去泡着，得泡上 3 天再拿上来。拿上来以后，到家拿开水再烫再泡，再做上才不咸呢。掺上点儿高粱面儿，也做成饼子吃，那里面还有籽儿还有叶儿的，都一块儿吃，那籽儿一吃“咯吱咯吱”的。

哎哟，那些东西我可是都吃过了，要说哪个好吃哪个不好吃，我全知道。白薯叶子最好吃，只要掺上一点白薯面儿上锅蒸，出来后整点儿蒜，加点儿盐，拌一拌，好吃着呢。它比白薯梗好吃，白薯梗磨出来做成饼子也是黄色的，特甜，可是它不好吃。我现在有时候还给乡下的朋友去信，去电话，我说：“你们给我带点儿白薯干和干白薯叶来。”他们说：“哟，你怎么还想吃那个，没吃够呀？”我没吃够！带回来就把那个叶子蒸蒸、拌拌，我真是没吃够。还有什么特难吃呀？就是搓完玉米粒之后那个老玉米棒芯子，那都是烧火的东西，可那会儿都给砸碎了，上磨给它磨了，也做成饼子吃，它做出来挺好看的，可也不好吃。可你还是得吃呀，不吃就得饿肚子。

真是什么都吃，还打野草呢，地里一下来野草就赶紧去打。就说那马儿菜（即马齿苋），拿着麻袋去打，一打就是一麻袋，还挎着一个篮子，回来都交给我嫂子，嫂子切完了晾晾，晾干了留着，冬天就当粮食吃呀！冬天有的时候就拿晒干的马儿菜掺上一把高粱面儿包团子，有时候贴饼子，马儿菜倒是挺好吃的。我打小就特别能干，天天打野菜，打黄衣菜、马儿菜，跑老远的地方去打。有时候人家就说："你们家打了几个冬天的菜了！"

二、青春年华 追逐梦想

我父亲让我两个哥哥都上学，可就是不让我上。我父亲说："女孩子上了没有用，到人家家去了。"我大哥的那个孩子，就是我侄子，比我只大1岁，他那会儿也上学呢，我父亲供他上私塾。我就想，要是我俩一起上学呢，还有个伴儿。我就央求着我父亲，让他供我上学，可他就是不供，央着也不供。这怎么办呢？不供那也没办法，我二姐也挺爱学的，结果他也不供。赶到供我二哥，我二哥脑子特别笨，他不像我们那么灵活，结果我父亲就说："你看，女孩子吧，脑子都这么灵，男孩脑子都那么笨！"

那会儿我侄子学珠算，大清早就起来打算盘，吃完早点再去上学。他在那边，我在这边，我就跟他学。他天不亮就背诵那个口诀，他背口诀的时候都不点灯，就在被窝里背，不起来。听着听着我就听会了。

我听会了口诀，背得挺好的，可打算盘的时候不会定位，还是不会打。后来到北京以后呢，参加工作了嘛。我就到仿膳了，仿膳就等于是饭庄嘛，饭庄里都有会计。我们会计姓郑，是特别好的一个老头儿，挺能耐的。我们赶到没事儿了呢，我就跟他学定位，我说我会口诀，可不会定位，他就告诉我搁哪儿定位，我就会了。

后来，我们那儿解放了，八路军晚上就点着煤油灯，组织我们上识字班。哎哟，我就很高兴，我母亲想这可坏了，要是跟八路军跑了可怎么办呀？结果，就不让我去识字班了。老人嘛，就是这么死板，实际上把人都给毁了，那个社会把人都毁了。

三、家庭与事业 平衡与抉择

1. 无奈的婚姻

不上识字班了，我母亲说，赶紧给她找个主儿，快给她嫁出去，省得她跟人家跑了。正好呢，我老头儿哥哥从北京回家了，说他们家有个弟弟。我们家就说："得，越远越好，给她扔远着点儿!"这不，硬把我扔到北京了，那时候我虚岁才 18 岁。

我老头儿姓梁，所以大家伙儿都叫我"梁大妈"嘛。你要说他家那历史呀，比我还苦呢。他们家生的孩子多，公公、婆婆他们有 5 个儿子，还有俩姑娘呢，我老头儿最小。他们没地种，给地主家种地。那会儿大哥 14 岁，二哥才 12 岁，他们家都吃不饱，哥俩夺一碗酱油汤喝，谁夺过去谁喝，大哥夺过去就喝了，结果就给齁着了，连呼带喘的，打那以后他就落下这个病了。大哥那时候总吃不饱，他才 14 岁，一赌气就跑了，跑去东北 25 年。他去跟人家学技术，就是学设计呀，学盖房子呀。他没上过学嘛，写不了，可他就凭脑子设计。他做设计的时候，都是他嘴说，别人写。学到手了，就想起家里来了，家里人还以为这人没有了呢。接着就给他说了个媳妇儿，可大哥都没时间回去结婚，在大姑姐那儿结的婚，等于说大嫂子跟大姑姐拜的堂，拜完堂以后大哥才回去的。大哥把全家，连他父亲带他母亲、弟弟，全盘端，都弄到北京来了，在石景山那边。那会儿我老头儿才 12 岁，四哥 14 岁。大哥把这一家人都弄到北京来之后，就张罗着让我老头儿上学，他才 12 岁呀，可老头儿不上。新中国成立以后他也不去上识字班，尽是出去玩儿。

要说起来结婚这事儿，我们那街坊到现在都还说呢，说：“你尽是给闹的。”我这人特别要强，又爱学习，又要强。咱听媒人说这个人咋样儿，可咱也没看见过人呀，是不是？他大哥给回家找的，在老家一看这大哥，觉得挺好的，就琢磨着这弟弟应该也不错，可实际上不一样。整个是一个天上一个地下。我跟着我母亲来到这边以后呢，那四嫂跟我母亲说：“大婶您看底下放车的那个就是我们五弟。”我呢，就赶紧往那儿趴着一看，呀，很不理想。看了那一眼我就哭了，晚上也没吃饭，我就是哭，趴床上哭。我母亲就心软了，就说：“要不然咱走吧，回家吧。”我死活没看上他，没文化，还秃顶，那么年轻就没头发。就准备走呢，他们家里出来人了，是我婆婆的干儿子，就来劝我，说：“你说你现在再回去?”那意思就是说，回去也不好看呀。那会儿不是脑筋都死板嘛，我母亲一听，觉得倒也是呀，你说你一个黄花大闺女，都知道你来嫁人的，怎么刚去就又回来了？我母亲一想倒也是，就对我说：“这不行，就是你受多大委屈，也不能让你爸爸的名声给丢了!”因为我父亲是个先生，他有文化，我们那边甭管哪个村，一说于二爷都知道。你要回去，人家会说，于二爷的闺女是不是有什么毛病？干脆就忍了吧，胳膊折了折在袖子里，谁也不知道。

我跟我母亲说：“你要我结婚也可以，结完婚我马上就离婚。”我母亲说：“你要是那样的话，你离了婚就爱上哪儿上哪儿，闺女没娘，娘也没闺女!”我特别苦恼，一天天地也不吃饭。我母亲回老家以后，总觉得对不起我，回去就把那媒人骂了一顿，结果人家媒人说：“也别恼了，只要她不离婚就行!”我母亲就病了。我母亲在家里病了 8 个月也不好，我二姐就去天津找我二哥接我回去。我确实做好准备不回来了，把我东西都拿着。我四姨跟我母亲是一个村儿的，她在西头，我母亲在东头，我四姨就上村外面等我去了。我一下火车，四姨就把我叫她们家去了。她说：“你见了你妈别哭，你妈病了 8 个月，也不敢叫你回来，怕你回来不走了，可是她又想你，又觉得对不起你。”我说：“那要是这样，我不哭。”这样，晚上 5 点来钟我就过来了。我妈看看我，问："好不好呀？"我说："我挺好的，您别惦记着。"我就这么一说，她这心里就踏实了。可在那儿待了几天，我就跟我三姐打起来了，因为是她公公找的媒人。我说："你们害得我好苦呀！"其实，结婚以后没多久，我就天天吃汤药。心里不舒坦，每天晚上哭，我老头儿也不知道是怎么回事，以为我想家。我一辈子也不能舒心了呀，到老我也不舒心。

2. 不成功的逃婚

刚结婚那会儿，跟我们婆婆、大哥、大嫂他们都一起住。1952 年正抗美援朝的时候，大红纸贴出来，说招收 18 到 35 岁的女兵。我一看就去报名了，还真报上了。可刚好呢，院儿里有一个主任，姓许，他就告诉我婆婆了，结果我就没走掉。那时候如果心眼儿稍微多点儿，跑到军区大院里不出来，也就跟着部队走了。但没走成，等于这一辈子就这么算了。得了，反正就是对付着过日子，把孩子带大了，就完成任务了。

3. 婚后的家庭生活

结婚后，我就说："妈呀，我活得多苦呀！既没让上学，又硬给塞给这么个人。"我母亲就也老想这事儿。那天正包饺子呢，我母亲说："哎呀，真是后悔，还不如离了呢！"她经过的年头多了，脑筋也比较开化了。我母亲呢，也不待见我老头儿，结果住几天也不住了，就走了，临走送我两句话，说："娃儿他妈，你自己就心疼你自己吧，你要是不心疼自己，没人心疼你！"她还这么说："再有一个，你可别多要孩子，要多了孩子都是你的罪孽！"

实际上，他们这一大家子人，当年全指着大哥挣钱来养活呢，我老头儿什么活儿都没干过，他就真的什么都不会干。别说让他帮忙照看孩子、做饭了，他连个菜都买不好。你让他去市场给你买棵白菜，他能给你整个生菜回来。就说这会儿，我们在建这个房子，我忙成啥样儿呀？我要设计怎么盖，还要去买材料，完了这些师傅要喝水、抽烟，我得准备上。我忙得脚不点地的，还得抽空把饭给他做上。有一天，我把饭做好了，急急忙忙给他端出来，他老爷子往那儿一坐，手一伸："菜呢？"他还要菜呢！哎哟，把我气得。我儿媳妇说："我爸也真是，我说我给你钱，你去门口买个肠回来，我给切切弄弄，咱们就吃了，那他都不去！"你看看，啥都不弄。

我这中间几个孩子出生，还有个孩子死在肚子里，这么危险的事儿，还有流产、绝育什么的，全都是我一个人去医院，他连去看看我都不去，一点儿都不知道疼人。这一院的街坊就说我："你吧，就是命，命注定了。"连老家前后庄的都知道于寿柏挺苦的……

4. 争取再一次受教育的机会

大哥把我从老家划拉来给他们家老五做媳妇的时候，北京都解放了。刚来那一年又上识字班，那会儿街道办事处那边就是厂桥小学，上夜校，哟，高兴得我呀！我发的那书让老头儿给烧了，他不让我上。可他把那书烧了以后，我还去上课，第二天我就上西四那个书店，又买回一本，买回来我就藏起来了。我想，总藏着也不是个事儿呀，我就跟他说："要不然你去上学吧？"就给他讲道理，我说："咱们两人得有一个有文化的，要不然你说今后来信找人念，写信找人写，搭多少人情去？"他赌气，说："我去上！"结果，他也就上了一个多月吧，觉得特别吃力，到现在连自己名字也写不好呢。

我上夜校那会儿，政府要给老师发小米。冬天的时候，我们拿 5 毛钱的取暖费。到皇城根小学呢，我就没上二年级，老师说："干脆你就直接上三年级吧，你脑子挺好使的。"我就跳了一级，直接上三年级了，就这么的上了 6 年。赶到上六年级的时候，就学分数、和数、代数了。结果呢，家里头也有了孩子，每天晚上我都把饭做好了，给他们扔下，我就上课去，到 9 点回来我才吃饭呢。每天晚上上两小时课，晚上我把饭给做完了，但我吃不上饭，就得上课去。压力太大了，家里一个有文化的也没有，也没人帮，就学得很吃力，最后我就不去了。马老师就到家里来找，说："你怎么不去了？"我说："马老师，我这就够用了！"就想着有点文化了就能交电费、房费、水费什么的了。其实，我自己现在也苦恼，那时候怎么不坚持下去呢？

5. 仿膳餐厅的大忙人

那会儿工作要考试，先是考到一个铁工厂，我一想，哟，这我可不去。回来又考，考的是地毯厂，在安贞桥那儿，那是 1958 年。织地毯这种工作吧，得把毯子提溜在那板子上，织够长了还得往上抻，一直到顶着房顶。结果我一想，这活儿可不是个好活儿，我不干了。去那儿的时候学徒是 16 块钱。没多久，我的第三个孩子就出生了。休完产假我就不去上班了，可那会儿人家不撒手，张处长说："她织得挺好的，还会配色，别让她回去。"我非回来。跟他说了有半年吧，他才把档案给我拨到办事处来了，我就又去找工作了。

去月坛那块儿参加考试，想着上汽车公司卖票去，结果又考上了。可是，这边考上了吧，我那三丫嘛，她腋下长了个大疖子，谁也不给看，那就没法上班。后来，我就先在街道上，戴个草帽晒图，18 块钱一个月，干了可能仨月吧。

回来了，可不甘心，想着还是得找工作。我家后边就是军区，有一个军嫂对我特好。有一天，她过来跟我说："办事处找我来了，北海招人呢！"我说："招人？可人家招你也不招我呀。"她说："去！"我们俩就找办事处头儿去了。人家是招临时工，我就想先出去干干，到时候要是人家不要，咱再回来嘛。办事处一共开了 44 个人的介绍信，到最后才留下 5 个人。那是 1961 年 5 月 19 日，我记得特清楚。

试用期整个下来也挺苦的。过了十一，就唰唰地往下裁人，打个电话叫过去，这一叫就得走。从一开始，我就寻思着过完十一要回家了呢。到了12月底了，丁零零一个电话打来，班长说："哟，坏了！小于，你要是走，可要先回来一趟啊！"我就上管理处去了，头儿说："嗯，明天上午上人民大会堂，

于寿柏（后排左三）与同事 （1961年）

参加一个节目去。等在那儿看完节目呢，下午还得上展览馆，展览馆那儿6点还有一个。嗯，这票呀，给你，你要去就去，不去不能转让给别人，别的人不能给。"第二天我就出去，在外面玩儿一天。就这么地，我也没走，后来就转正了。转正的时候才逗呢。讨论转正的时候有一个人不同意，这事儿也是后来有人告诉我的。上级领导问他："你不同意哪一项呀？"他说："我不同意她这脾气！"领导说："那脾气不算，你得看她的成绩，工作是考核标准的第一位。"其实我的脾气很好，就是他对我有意见。后来他对我的看法也转变过来了。有一天，刚好我休息，小鹊替我班，到晚上，这个账呀怎么也对不上，怎么算都老差25块多钱。小鹊呢，对我特别不好，我转正的时候对我有

意见，说我脾气不好的那人就跟她有关系。会计正说着对不上账呢，那些小徒弟就过来问我："于师傅，这儿上盘子吗？""不上，今天这个东西一律不动，我给你把这个货点清了。"点完了拿笔都记下来。后来我给她弄清楚了，是她点错盘子，记错数了，把货点出去了，可钱没回来呀！我给她找出来以后，他们挺高兴的。结果这个不愿意让我转正的经理，晚上骑车上我家里来了。他说："寿柏呀，你真行！你这心眼儿呀真是太好了！我想着你跟小鹊你俩意见这么大，以为在这时候你会借机会害她一下呢。"从那儿开始，他一下子就转过弯儿了，到现在见到我都特好。前几天上超市买东西，我看到他，他还说："来，搁到我车上给驮着。"

我这个小儿子是 1962 生的，我 1961 年才刚上班，等于是上班没多久，又要生孩子休产假。可带着这个孩子呢，我就想着这钱就不够用了，如果把这个再送出去找人给看着，这钱哪儿够呀？那会儿才刚去上班，1961 年刚去的时候，一个月工资才给 28 块 6 毛，这再送一个孩子到托儿所，给人家看着去，这钱肯定不够使呀。我就想着，生完孩子干脆不去上班了。

到产假歇够了日子，我们经理说："于子怎么还不来上班？这日子都到了呢。"就让我们班长过来看看，班长来了，就往我那炕上一躺，她说："你不上班了？"我说："不去了。""嗯？干吗不去了？"我说："这钱不够，28 块 6 毛，你琢磨琢磨够不够呀？"她说："够也去，不够也去。王经理找你回去呢，你赶紧的，明天开始把孩子安排了，赶紧回去。"我说："我不去！"班长态度挺坚决。另外一个班长也来了，都说："去吧，去吧，你就赶紧安排，安排好了明天赶紧上班。"

第二天，我抱着孩子就上河沿儿去了，找原先看我三丫儿的老太太去了，我想让她给看着呀。可到那儿，正好办事处的一个民政干部先去了，她也是刚生了个孩子，比我这孩子大几天，是个女孩子，她正好去喂奶。那老太太说："我已经看着一个了。"哎哟，我想那得了，看不成了呗。那个民政干部知道我在哪里上班后，就给我写了个条：上业余学校去，找一位邱奶奶。第二天，我就给她送去了，孩子交给她，然后就去上班了。

我们经理起了个大早上局里，去打申请要给我涨工资，说是想一气儿给我涨到三级工，三级工就拿50块7毛5分了。经理要给我涨工资，可我并不知道。经理说："因为她这个人呀，特能干，不能撒手，各方面都好，脑子也快，手也快，眼睛也快。"结果上级局怕其他人有意见，就让我跟1958年进来的人工资拉平，也拿40块零4分。可是家里事儿还没忙完呀，我就说："王经理您看看，不是说秋后让我回去吗？孩子们棉衣都还没做呢！"经理说："那我给你一礼拜假得了。"我说："一个礼拜哪儿缝得了呀？4个孩子的棉衣呢！"最后，经理说："那你就回去缝吧，缝完了再回来！"我到现在也忘不了领导对我的好。

1961年、1962年闹灾害，虽然餐厅里什么吃的都有，可我就是饿死也不沾。饿了我就吃后院腌的一缸一缸的咸菜，喝点儿老米汤，那是给职工腌的。我那脸肿得都回不过来弯儿了，结果向上级申请给咱们发豆粉，掺点白糖。可我得拿家里给老头儿他们吃呀，得给孩子们吃，孩子们正上学呢。领导一看，哟，不行，她吃不到嘴里去。领导说："干脆呀，就那么着，给她在北海打鱼，让她每天吃一条鱼。"这是领导特意照顾我呢。所以领导对我呀，那确实是很没得说。

赶上"文化大革命"，仿膳呀什么的都让红卫兵给关了。记得1970年，我大女儿去黑龙江建设兵团插队的时候，我单位还没关张，后来我们又重新开张是1978年。我们在那儿也没啥业务，他们都在单位打牌，我不会打，就看谁自行车在那儿放着，拣个好使的，我就推起来去后海河沿儿上学骑自行车，慢慢地就学会了。可那时候我们还是上班呀，上班做什么呢？夏天就在万佛楼做冰棍，万佛楼据说是给慈禧太后做寿的地方。我们倒着班儿做，做好冰棍往外边批发。冬天就穿糖葫芦，拿个小刀挖那个山楂籽儿，也是往外批发。

可是这么多人呢，还是没活儿干，后来被陆续分到了中山公园、故宫、香山、颐和园、动物园、陶然亭、天坛等餐厅。我被分到中山公园餐厅去了，在那儿干了有一年半，听说北海餐厅开门，就又回来了。可回来以后，也没活儿干呀！那就做糖块儿，那几年真是什么都干过。做着做着，又快到冬天了，上头就说，这么多人天天在这儿窝着，干脆都去农村刨白薯吧。我们到了羊坊大队，在那儿待了一个礼拜。早上 6 点就下地了，在老乡家里吃住，晚上都吃不饱。我们待的那家还不错，马大哥和马大嫂都挺好的。他们到晚上就给煮点儿老玉米，熬点儿粥。后来我就说："马大嫂，你给我们贴点儿饼子得了。"马大嫂说："行。"她就给贴了，给掺的豆渣，不过呢，掺豆渣也挺好吃的，就着咸菜。挺艰苦的，一直熬到礼拜五。我还正好病了，他们就让我回去。在北海东门一下车，我都没回家，就直接上北大医院挂急诊，到那儿一看，是带状疱疹，也就是"缠腰龙"。我走的时候刚开始长，就有点儿疼，到那儿一个礼拜，疼得特厉害。我就这么忍着，到夜里都没法睡觉，越是晚上越疼。到北大医院打了两针。

我工作起来呀，就特别恨活儿，我恨活儿恨到什么程度？等到这一天下来，外宾都走了，我们得把地都给弄好，家具、餐具都得刷干净。有一天特别忙，眼看这任务完成不了，我就一直干，干到孩子们都吃饭了，他们说："于师傅，吃饭了。"我说："你们吃去吧，我一个人顶着。"他们说："你一个人行吗？""行，你们都去吃去吧！"等他们吃完了。"于师傅呀，我们都吃完了，您也吃去吧。"我说："唉！"光答应着就没抬头，一直忙乎，我这活儿没干完，也没时间吃饭呀，一直干到晚上 10 点。哎哟，我说怎么头都晕了？就早上吃那顿饭，后来一天没吃东西。那同事一看，就说："唉，我给你弄根儿黄瓜拍拍，找点儿香油拌上，找点儿葱，你吃了吧。"我说："行。"吃完那一盘，你猜怎么着？哎哟，当时用凉水拍拍脑袋，就过来了，不晕了。我说："咱们地上那垃圾还没弄呢。"他说："你又活了，是不是？"我就觉得，都弄完之后第二天就干净利落了。其实我这一辈子吧，没有别的，就是把家弄好，把工作搞好，把家庭生活拉扰好。

我带着的那个小徒弟，有一回就给我把椅子悄悄挪到后头，拽着我的工作服说："坐下吧，您呀。这是你家吗？这么玩儿命！"我说："你这孩子，不是我的家，可你出来也是工作，你不能论自己家不自己家？你说你老在这儿待着，要是把你调到别的地方，你头三脚都踢不出去，那怎么办呢？你呀，好好干，听见没有？”结果我带的这俩徒弟，后来都当经理了，一个上天坛店当经理去了，还有一个是总店的负责人。

这俩孩子可“恨”我了呢。每次我一去，他就说：“于师傅呀，你都快把人累死了！你回去歇歇吧，歇病假歇10天，我们好好轻松一下。”我说：“我把你累出来了吧？把你工资累这么高。”仿膳的外宾室有两个柜台，那时候中央文件说外汇不能向外流。领导说：“你在柜台就最好了，年轻的虽然有文化，但就怕外汇流走了。”3个经理跟我谈话，我不接也不行。可是呢，来外宾我也得接待，柜台那边就先扔下，赶到外宾吃完饭了，就赶紧跑柜台里面去，外宾要买东西，翻译、司机就赶紧结账，我得赶紧把那柜子打开结了账。就那样，马不停蹄的。谁来找我换外汇我也不换，我把得特紧，我不能因为这个犯错误呀！有一回，那个小徒弟的同学来了，想让我给他换点儿。我那徒弟说：“哟！你可不能说这个，我们老太太可不会干这种事儿！”后来，赶到年底开会，经理在大会上点名表扬我，就说给单位创收多少外汇。

于寿柏在外宾室柜台 （1980年代）

改革开放以后啊，外宾来得特别多。刚送走一拨，赶紧把台布撤了，再铺上新的台布。后来接待的人也多了，就有些人觉得我不错，就劝我退休，让我跟着他们干去，说比这儿挣钱多。我个人想了想呢，觉得不能退休，你那儿钱多是多，可是我觉得我在单位，涨工资呀什么的，都在那退休金里了，我一走那钱就都没有了，对不？我就想得比较长远。再说了，这些年领导们对我那么照顾，咱不能说走就走，那不是坏良心吗？我们领导说：“像您这样的老太太真少呀，你这个人太要强，太好了。”后来我年龄到了，申请退休，领导没让走，又多待了5年。虽说我岁数不算小了，可我脑筋转得特别快。我就是觉得吧，工作中碰到什么事情都要先分析，既不生气，也不着急。所以我们单位上，领导、同事，还有这些孩子，小年轻什么的，都对我挺好的。我虽然是老太太，可是性格跟他们年轻人都能合得来。孩子们也说：“老太太特别疼人！”我是疼人，这些孩子有些在外面租房子，不管哪儿的，我都对他们特别好。所以，这些孩子也都特别疼我。比如说，过腊八呢，熬的腊八粥，我没在那儿，可孩子们知道我爱吃腊八粥，先盛出来一碗搁起来。第二天我来了，他们就说：“于师傅，还给你盛了一碗腊八粥呢，您看啥时候吃，我给您热热。”他们都想着我呢。所以说，我工作的时候特别舒心。快退休的时候，会计就说：“于师傅，你要回家去，你们家那些事儿还不是小菜一碟儿！”

6. 独自面对生育

我第一个孩子出生在1953年，是个闺女。我怀孕跟人家不一样，一点儿没反应。就突然发现自己怎么老不来例假呀，一算都3个月了还不来，我就去检查，医生说怀孕了。那会儿我还跟我们婆婆、大哥、大嫂他们一起住，家里也没有什么人特意照顾，婆婆也没怎么管。等到要生了，我大嫂子把我送去医院，我生孩子特快。生我老二的时候，都没来得及去医院，在家生的。生小三的时候，刚到北大医院，医生护士说：“哟，见红了！”我说：“我这是捂着来的，我这一撒手就能掉在地上，你赶紧给我弄到产房去。”除了第一次生孩子，我们大嫂子送我去医院，其他每次生孩子呀，都是我自己一个人走过去，觉得快生了，就自己一个人去医院，老头儿根本不管。说起那小四儿了，那天我下班回来上厕所一看，这孩子都要下来了，我赶紧捂上了。正好，我们这院儿里面有一个蹬三轮车的张大哥，宋大妈就把他给叫来了。张大哥就把我送到那个第六医院去了，当时车上就我一个人。每次生完孩子，也都是我一个人，穿着人家那睡衣，拿着毛巾，也没人管，就自己抱着孩子回家来了。坐月子呢，那个德胜门小市场，卖大秧子萝卜，劈成两半儿腌的，8 分钱一斤。回来吃窝头，还坐月子呢，可能也是身体结实，我的奶水挺好的。

1955 年，我又生下了大儿子，就是第二个孩子。那会儿就好了，可是那会儿不是想不要就能不要的呢，那时候毛主席号召多生，生得多还是“光荣妈妈”呢，还戴大红花。我真不想再要了，可是过一两年就又怀孕了，我挺恼的，也愁得没办法。那会儿年轻，啥都不在乎，就自己吃了好些乱七八糟的药，想把它打下来。为了把这孩子弄掉，我什么活儿重就干什么活儿。那

于寿柏（后排左二）和母亲及 3 个孩子 （1962 年）

时候是怀孕 4 个半月吧，其实胎儿什么时候死的，我也不知道呀。后来，就发现肚子也不长了，就知道胎儿已经死了，我也不害怕，也没去医院。结果，都到 8 个月了，医生就骑着车子到家里找我来了，他说：“你是姓于吗？”我说：“嗯！”他说：“你是不是怀孕了？”我说：“嗯！”他说：“怎么没肚子呀？几个月了？”我说：“8 个月了！”他说：“你赶紧上医院。”到那儿后，几个大夫听，没胎心。我也不害怕，其实我脑子里不考虑别的什么，就觉得负担轻了。大夫跟我讲，说你这个特别危险。但是，我没有手术，连衣胞都一块儿

下来了，太好了。

转眼到1959年，我又怀孕了。街坊宋大妈说："你要是不愿意要，就生下来给我吧！"她非说要，那给她留着吧，可生下来了，你能舍得给人家吗？

接着到1962年就又生了小儿子。就我怀这个小四儿的时候，赶到仨月不来月经，一查怀孕了，在北大医院检查的。我就跟大夫说："做了吧！"那大夫说："太大了，不给做。"我就骑着车上积水潭医院了，那里的大夫也说孩子大了不给做。回来后，不管我是吃药，还是怎么着，上茶棚里去搬那个啤酒，这一箱24瓶，多重呀，结果它就是不掉。生了以后，我什么都没给孩子准备，就想着生个女孩子给人，然后我自个儿去上班。生下来了，哟，男孩子！要送人吧，老头儿又该不干了。我找了个油布，就把孩子扔到那油布上。那是阴历八月嘛，阳历都9月了，天有点儿凉。生完这个，我就拿好主意了，做绝育去。单位上就只有班长知道，我连刮宫带绝育都做了。家里有4个孩子，还有4个老人，不能再要了！

7. 处理家庭中的各种关系

我嫁过来以后，跟我娘家人联系得还挺多，那会儿工作忙，家里一摊子事，单位又一摊子事，父母一有病，来电报就得走。先是我二哥，他得了肝癌，1968年死的，死的时候才48岁，不让家里我父亲和母亲知道，也没让我二嫂知道。他们领导给我来信了，信里说，你二哥住院了。其实我二哥在医院里给我写了4封信，都压到枕头底下，没给我寄来，老想着我工作挺忙的。收到信以后，我就给二哥的大儿子振邦打个电话，他也在北京工作。我说你父亲在天津住院了，咱俩回去吧。第二天做手术，确实给开了刀，可刚进手术室有一个多钟头吧，就又给推出来了。那大夫就画了个图出来，说开刀看了一下，发现肝脏上都长满肿瘤了，切不了了，就又给缝上了。他们说，这两天再留院观察下，要是情况不好就给他送回家吧。送回家之前，我在这儿伺候他一个礼拜。都是因为我二哥，我父亲是84岁没了，我母亲才70岁就去世了。要不是我二哥死了，他俩且死不了呢，平常身体特好，没病。我二哥死那年，年三十儿，我把老头儿跟孩子们都扔这儿了，我自己坐火车回老家过年。后来，那火车站上的人都认识我了："又回来了!"老这么说，老是这个钟点儿。那段时间老往回跑，三天两头地跑，跑得我呀，到开支的时候，我工资就剩下两毛五，没钱了。我二哥是我母亲生的，我母亲生仨闺女，就这么一个儿子。二哥没了，她总也想不开。我一想，得了，我在老家过完年，就把我母亲接我这儿来。接这儿来了也不行，把我父亲留在家，她心里也还是折磨，又把她送回去了。到家她也不听大夫的，总要活动，她一活动就犯病，犯了呢，就不清醒，家里就拍电报，我就得赶紧回去。到家里一看，又救回来了，我就又回来上班，折腾得我呀，一个月就开一毛五分钱。我母亲死以后呢，我父亲也开始生病。家里发电报，我又回去了。最后，父亲也没了，几个同事就说："哎哟，行了，你别跑了，你自个儿好好把你那家安置安置吧，彻底的!"那段时间，我那家都给扔得不像样子。钱也跑没了，宋大妈拿着存折过来了，说这些都给你用着吧。那时候500块钱可不是小钱，你说是不是啊？那500块钱我还了好几年呢，平常抠点钱就攒起来还。这账还没还完，大丫头1969年又上建设兵团。我们街坊都对我特别好，宋大爷、宋大妈，拿个折子就过来给我，里院景大妈也拿钱给我，张大妈也拿钱给我，都特别好。老头儿这边一大家子人呢，里里外外都靠着大哥。我婆婆死的时候，大哥也就指着我了。大哥就说："这个老婶儿各方面都能想到，都想得这么周到，总是有主意。"

要说起来，人这一辈子确实挺不容易的。老家这一摊子事给弄完了，就开始跑我家里这一摊子事。1969年，大女儿去黑龙江插队了。她在那儿插队呀，可苦死我了。我从皇城根扛铺板挣钱，一块一块扛回来的，五毛钱一块，扛了有这么10块。这是她的一部分支出吧。1971年，大小子初中毕业了，分到文体用品批发部，在那儿搞照相器材。结果又上天津学习去，这又是一部分支出。哎哟，领导找我来，她说："你有困难吗？"我嘴上说没有困难，可怎么没有困难呢？大女儿插队一共去9年，这9年我都没待着，我就给她往回办。我坐公交车，穿着大衣，大冬天往那儿跑，天天没命地跑。这些孩子都是我忙活着给安置的，把大丫头从东北办回来，把小儿子办到国旅，把小闺女办到北海毛纺厂，真是不容易，一辈子尽跑来跑去地忙活了。

我也挺重视孩子们的教育的，儿子闺女都让他们上学去。大闺女初中毕业，可不巧的是赶上“文化大革命”了，要不我们大闺女肯定上大学，她学习可好了，那字儿写得真好，脑子特好使。这孩子工作起来像我，开始不是给办到街道办事处了吗？现在在外企，跟着一个华裔美国籍的老板干呢。华裔老板也是咱北京人，后来插队去黑龙江建设兵团，父母从香港去了美国，结果他在东北待了好多年一直回不来，跟我大丫头岁数差不多。这大丫头今年都五十多岁了，人家老板还不让退休，还留着她。大儿子也是初中毕业。三丫儿，还有那小儿子都是高中毕业。

后来这孙子、孙女呀，我也真是没少说。我说：“你可要好好学习，奶奶这么爱学习都没这机会，你们这机会多好呀！”孙子、孙女、外孙子、外孙女，这都是大学毕业，一水儿的大学毕业，我这一想，都特舒心。

大儿媳妇儿可好了呢，她跟她同事说：“我婆婆真能干，你瞧，我把孩子扔给她吧，她就像没带孩子一样，一点儿不在乎。”有个礼拜一，我带孩子去她单位，让孩子去看看他妈，结果她那同事说：“大妈您还真是，要不你儿媳妇说你能干呢，看你的样子就能干！”我就常说呀，这当婆婆的，不能太计较，你多干点儿有什么呢？能干就干。不要总挑剔她们，使唤她们。我这俩儿媳妇，不光人长得漂亮，也都挺懂事的，我们基本上没闹过矛盾，说实在的，我觉得心里也挺痛快的。我那小儿媳妇儿，我们一块儿过了20多年呢。要不然后来她妈来找我说，你疼我那闺女比我还疼呢！我们那姑爷也老说：“妈不容易，太不容易了！”你知道吗？姑爷说：“妈心里什么事儿都明白着呢。”哎，就这总说我：“您这太不容易了，太要强了！”大姑爷前天还来电话说：“妈，您要买东西可给我们打电话呀！可别不愿意，别老自己拼命出去跑。”

逢年过节的时候，这一大家子，这些孩子都来了。我一个人买菜，一个人做菜，一个人配菜，一个人炒，一个人端。我们厨房离得远呀，我说："你们都别动，因为你们都住楼房，一出来就冷，我这都习惯了没暖气。"所以，他们谁都不用管，我自己连炒带端的，结果我那孙女儿说："奶奶，您坐这儿歇歇吧。"我说我又当服务员，又当厨师，还坐什么呀。我在外面待着 20 多年，孩子们没享着福，过年了还得瞅着人家吃，我在那边加班。现在退休了，回来补偿补偿吧。我自己在新街口买了一个大桌子，100 多斤重，我一个人扛回来的，就为了能让他们吃好饭。

四、往事如歌 别样感悟

1. 依旧坚强

我在外面工作20多年，孩子们到过节还得瞅着人家吃饭。今年春节（2011年春节）我寻思着做年夜饭呢，可没想到我身体坏了。我年纪大了，身体也差点儿，是应该早点儿下手准备年夜饭。可是，我下手得太晚了，菜赶不出来，我加了3个夜班，都是到夜里3点才睡觉，就为整这些菜。我不愿意像人家做得那么凑合，还要做那些细菜。可能累着了，就开始便血。躺在床上，就听着外面"砰砰"响。我说："老头儿，你坐在这窗边听听，挖地铁都挖到这儿来了。"他说："我听不见。"后来才知道，那是我自己心脏怦怦的声儿，它没气儿了，没血了。可是那天，老头儿非要吃茴香馅儿的包子，那我还得给他包呀。我又上四环市场买茴香回来，给他包包子。我怎么觉得自己一会儿有气儿，一会儿没气儿呢。我一般不给孩子们打电话。我跟老头儿说："咱俩去急诊室瞧瞧去。"他说："你去叫你同事吧。"得，他上自个儿那屋里睡觉去了。我拿上1000块钱，拿上证件，把衣服穿上，门一锁，就上北大医院了。我在路上三晃荡两晃荡，还真晃到那儿去了。大夫一看，好家伙，还剩5.5克血，没血了，得输血。我说："我回家给你拿钱去。"他说："你走不了了！"我给闺女打完电话以后，我闺女不放心，跟姑爷说："我妈这人呀，轻易不会麻烦人的，她这回准保是有毛病了。"这孩子打车就来了，一进门，大夫就说你赶紧给她签那病危通知书去，把闺女吓得够呛，签上字，大夫说，如果15分钟上不来气儿，这人就完了。我一夜输了两袋子血，就又有精神了。我20多年没瞧过病，哎哟，我这一生呀，活着就不像人家似的，有点病就去瞧，我这且扛着呢，我命硬。大夫说："像你这种情况呀，也就是你，要是搁别人，那天就完了。要是有心脏病、血压高的，就过不来了。你这还好，一会儿就缓上来了，我都害怕了。我都特别担心，觉得我这颗心都在这儿揪着呢，就指着你15分钟过来，要是15分钟你过不来就真过不来了。"

2. 业余生活

临退休前，跟我们领导上南京去旅游。一上火车，我就觉得可轻松了。

于寿柏在泰国 （1994年）

我出来就真不想回去了。在外面不用管别人了，管好自己就行了，把自己个儿管得好好的，还挺舒服的。一进家，我这弦就绷起来了，一进家就得这个那个的忙活啊。

我们老头儿呢，他不愿意出去，老窝在家里。1994 年，儿子女儿们商量着让我们俩出去游玩儿去，上香港、澳门，还有泰国，我就挺开心的，可老头儿不去，最后小儿子陪我去的。我还参加一些社会活动，2008 年奥运会我还当志愿者了呢，还给我做了两本相册，可好了呢！

访谈员后记

这位老人一生辛苦，似乎人生的每一阶段都处于一种繁忙状态：幼年即为食物奔忙，努力争取受教育机会，遭遇不满意的婚姻，处理娘家、夫家及自己家一桩接着一桩的事情，只有工作能让她觉得舒心，但工作也是繁忙的……她就像一支火炬，一直在燃烧、燃烧。从第一次访谈，我就试图尽可能一次完整地呈现她的全部生活历程，但是这位勤勉、活泼而健谈的老人，却由于春节将至要为孩子们准备一顿丰盛的年夜饭，以及参与年底社区举办的活动，而推迟了我们之间的访谈约定，在电话里一再向我表示歉意。因此，这个只进行两次的访谈，从2011年11月11日，一直跨越到2012年2月。所幸的是，每一次访谈都进行得比较顺利，老人也非常坦诚地说出了很多故事。

这位善良的老人，对周围的人总是充满感恩。关于自己不满意的丈夫，她并没有谈太多，以至于连婚礼的过程都没有提及。虽然在言语中对丈夫诸多抱怨，这一度让人以为她会对他很冷落，可是就在2012年2月6日晚上，访谈员打电话给她约访问时间的时候，她在电话里讲述了40分钟之久，告诉访谈员，最近自己处于忙碌状态，全都是为了老伴儿。

因此，访谈员在这里用自己的语言，补充一个故事：

老人说，本来是想着好好过个年的，结果早早做准备，却还是没有过好年。因为在忙完社区活动，刚进入2012年的时候，1月3号，老伴儿的一只眼睛失明了。于是她一个人带着老伴儿四处求医检查，先去北大医院，又去第六医院，还有眼科医院。每天天不亮，4点钟就起来去医院门口排队挂号。今年的冬天特别冷，真的是滴水成冰，在零下十几度的室外站着，排队挂号……然后回来做早饭，吃完早饭带老伴儿去医院检查……做了眼部检查，又让做脑部核磁，结果所有的报告都说没什么事儿，可老伴儿的眼睛就是看不见，医生的解释也听不明白。最后就去中医院，找中医调理，现在在吃中药，希望能有效果吧。

老人说，2月7号一天要跑几个地方，先去第六医院挂号，然后去抽血检查，上午要去中医院抓药，下午再回到第六医院取检查结果……我问她，为什么不叫孩子们带他去呢？她说，开始半个月，孩子们都不知道他们的父亲生病了，都是自己一个人带他去看病、检查。因为她没跟孩子们说，孩子们都有工作，挺忙的，反正自己还能跑得动。后来快过春节了，孩子们过来看老人，才知道父亲生病，但她还是坚持自己一个人做这些事。她说，其实孩子们总跟她说，有什么事儿就吩咐他们，可她总是自己做。

老人说，她觉得很对不起老头儿。她说，都怪自己，如果在修整房子的时候所有的事都顺着老头儿的意思，不跟老头置气，他就不会生病，眼睛就不会失明……我明显感觉到老人内心的自责，觉得她对自己的丈夫还是很心疼的。

在文章的最后，除了要感谢于寿柏女士拿出时间，向我讲述她的故事之外，还特别要感谢北京爱思创新信息咨询中心的郭荣娟女士，以及西城区兴华社区居委会主任王晓东先生的热心引荐和大力支持，这个访谈的成功进行得益于他们的帮助。特别要感谢王主任在进行第一次访谈时，热心提供居委会活动室作为访谈场所。

一名女工的人生轨迹
——师桂均访谈录

- 访谈时间：2011 年 8 月 3 日 14:00—17:00
  2011 年 8 月 25 日 16:15—17:45
  2011 年 12 月 9 日 15:00—19:00
- 访谈地点：北京市受访者家中
- 受 访 者：师桂均
- 访 谈 员：王君莉（北京大学社会学系硕士）
- 整 理 者：王君莉（北京大学社会学系硕士）

编者按

她出生在一个佃农家庭，结婚后随丈夫来到北京，之后成为一名翻砂工人，从事着近30年的重体力劳动。她一边辛勤工作，一边支撑着家庭，她用女性博大的爱心，努力照顾着家庭里的每一个人。她是新时代走向社会的女性，有着自立自强的意识，但又有着传统的女性观念。多种角色的融杂，让我们多角度地感受着这位女性平凡却又厚重的生命故事。

一、家世背景 童年记忆

1. 佃农家庭的辛酸记忆

我出生在1933年，小时候记忆最深的就是日本鬼子侵略给老百姓带来的灾难，打我记事儿起，就跟着母亲四处躲日军飞机。那时候家里特别穷，我下面还有俩弟弟，最小的还不到1岁呢。

我记得有一天下雨，我背着大弟弟，地上很滑，一不留神，我就摔倒了，是仰着摔的，两人都倒在地上，我还压在了他身上，结果这大弟弟就给吓惊风了，不久就死了。最小的弟弟后来也送人了，可是这毕竟是自个儿的孩子，虽说狠心送给人家了，可我母亲还是舍不得呀，送出去才一宿，哎呀，她想孩子想得受不了，第二天就又去要回来了。之前送孩子给人家的时候，人家给了30斤小米，这回又把小米还给人家，把孩子再要回来。那时候也是没吃的，大家都穷，都去挖野菜啥的。把孩子要回来以后，我们也是去挖野菜，别人还帮忙给弄点儿小米，跟野菜一起熬，熬一锅，大点儿的孩子们跟大人一样就是捞野菜、喝汤，把下面剩下的小米粒给我那个最小的弟弟吃，就这么着过来的。

我们家是在南宫县南旧城村，我父母很穷，什么也没有，只有两间破烂不堪的房子。也没有地，父母亲就只能帮着人家看看场子，帮个工，挣点儿粮食什么的。我父母亲每天把挣到的粮食带回家来，给我们这些孩子吃，就跟那老鸟飞出窝去找食儿，找到食儿再衔回来喂小鸟是一样的。我们那时候的生活，多艰苦呀！能吃饱肚子就觉得很好了。

平常春耕的时候，我父亲就去地主家里给他们帮工，耕地、喂牲口什么的；到秋天的时候，人家有地的都忙着秋收了，我父母就又去给人家帮工，帮着割谷子、割麦，帮忙给人家弄完了，人家就给几个“谷个子”（当地方言，谷穗）或者别的什么。我父母就把这些“谷个子”拿回来，搁石磨上搓，搓完了再碾、轧，完了馇（煮、熬）点儿粥，我们一家人就这么喝点儿粥，对付着活呗。

我排行老四，上面有两个哥哥和一个姐姐。也是因为家里穷，在我大哥还很小的时候——我都不记得那是几岁了——就去东北，好像是沈阳那块儿，当学徒了，其实就是跟人家当童工，一直干了12年才回来。回来的时候连路费都没有，还是一个熟人给送到崇阳，然后往家里捎个信儿，家里接到信儿以后就找个车子去给接回来。12年前，我哥穿着那身衣裳去的，回来还是穿着那身衣裳。那会儿的人呀，使唤人使唤得也太狠了！他在那边做学徒工，给掌柜的做饭、干活儿、端屎盆子、倒尿盆子……晚上都干活儿干到好几点，可睡觉的时候也没铺的也没盖的，就在一个铁案子上睡会儿。虽说冷得受不了吧，可干了一天的活儿，累得浑身都要散架了，一停下来，靠着墙角都能睡着了。东北那地方吧，天寒地冻的，睡在铁案子上怎么受得了呢？结果就得风湿病了，走路都走不了，人家掌柜的就不要他了，给送回来。回到家以后也就活了没几年吧，我也记不清楚了，基本上他就瘫痪在床上了，拉屎拉尿的全都在床上，动弹不了。我母亲也没办法照顾他，她看不得他拉了、尿了的，看见就恶心，就吐。没办法，从他回到家，基本上就是我照顾他，伺候他解手。可我那时候小啊，力气不够大，就只好跪着，用力把他的身体给支撑起来。我就这样伺候了他几年，一直到他身体不行了，死了。

那时候家里穷，经常没吃的也没喝的，我父亲就想办法呀，拿个扁担，一头挑一个筐，弄点小盆、小碗什么的，拿去换点儿饼子、干粮啥的，装在大口袋里带回来。我们大伙儿就一起吃我父亲换回来的东西，有好几个孩子呢，光我们家那会儿就有4个孩子，加上我姐姐那个丈夫也在我们家住着

——他家本来是城西的，可也是穷，没办法只能做点儿小买卖，打个烧饼啥的，天天出摊去打烧饼、卖烧饼，这样多少能赚点儿钱，能对付着活下去就成了。那时候实在是太穷了呀！哎，没办法。

2. 新中国成立后生活好转

后来就好多了，新中国成立后就开始搞平分。1949 年新中国成立了，斗地主，分了房子分了地，有地种了，日子慢慢就好过了。那时候我也就十几岁，还没结婚呢，就跟着大家伙儿一起斗地主。那时候还成立各种组织，什么工会、妇女会啥的，有时候跟着扭扭秧歌，唱唱歌。嗨，啥都不懂，跟着瞎闹腾呗，也是乱哄哄的。我也不识字，那时候唱的那些歌，也没记住多少，现在也就只能记起来开头那一小段。

那时候斗地主，划成分，我们家就给划成了贫农，分了地，也分了房子。那时候大概一个人分 3 亩地，我就开始跟着家里人一起下地干活儿了。虽说分了房子吧，可好房子也没分给我们家，分给我们的其实就是个牛棚，就是地主家拴牛、堆放草料的地方。其实就等于我们有了一个可以盖房子的地方，然后还得自己想办法来盖这个房子。我们家开始盖房子的时候我也就十八九岁吧，一家人一起干活儿，自己盖房子。我们一家人忙活一年多，才把房子盖起来，那是三间东屋。房子盖好了，一家人可高兴呢，总算有个像样的地方住了。

我那个病死了的哥哥比我大多少岁，我都不知道，就知道我姐姐比我大 13 岁，二哥比我大 3 岁，今年 81 岁了，现在在老家呢，身体还不错，前不久还去给人家放羊呢，干活挣碗饭吃。小弟弟在 38 岁那年就死了，脉管炎。他那会儿也是待在一个工厂，给人家开拖拉机，拖拉机是翻到水里了还是怎么的，我也忘记了。那是个大冬天呢，他在那水里头来回捞，多冷呀，就这么冻着，冷水激着，就得了静脉曲张，没有及时治疗，后来就成了脉管炎，治不好了。他那时候已经结婚了，有 3 个儿子和 1 个闺女，后来就是我弟妹一个人把我那些侄子、侄女们都照顾大了，都是初中毕业。4 个孩子的婚姻大事儿已经办完三桩了，就剩最小的一个儿子还没结婚，不过也快了，老家里的年轻人结婚都早，基本上不到 20 岁就介绍对象结婚了，这都是后来的事儿了。

二、青春年华 追逐梦想

1. 结婚成为生命历程的转折

说起我结婚的事儿，还是我一个姨表姐给介绍的对象，十八九岁的时候介绍的吧，21 岁在南宫结婚。结婚 3 年以后，就来北京了。我老头叫魏炳臣，他们家那个村子叫魏家庄，跟我们南旧城村也就离 3 里地，是挨着的，挺近的庄子。他是家里的独子，就只有一个姐姐在东北，我们来北京后家里就剩一个老头一个老太太，现在老家已经都没人了。

媒人给介绍完，我们就定下亲事了。怎么就算定了亲事了呢？那会儿就是买双袜子，或者买块毛巾啦，手绢呀，然后换礼，你给我一份，我给你一份，这是换礼，就等于是定亲了。他送给我的好像就是袜子、毛巾、手绢啥的，我不记得自己送他什么了，也可能没送吧。可能女方不送男方东西吧，不记得了。现在农村要说定亲了，这女的到男的家里，男的家里是要给女方拿钱的，现在日子过得好了，人都讲排场了呗，来来往往的要给的东西也多了。

我们那时候呀，就算是定下亲事以后，也不兴俩人私下总见面。人家给介绍了之后，大概有 1 年吧，才去结婚登记的。登记的时候才见面，还是约到村头见的。我娘家这边也有人跟着，他那边也有人跟着，到村头见面了，就一起去登记。那时候，家里那些人也是傻，没出过门，没长过见识。管结婚登记的民政局局长，登记的时候人家还会问什么成分呢，那时候都讲成分，你家里什么成分呀？中农呀，贫农呀，还是富农呀？就问你是什么成分呢。

这里还有个笑话，说有个人去登记，工作人员问：“你什么成分呢？”那人说：“什么盛粪？粪筐盛粪！”这就是说，那时候人也没见过世面，很多事儿吧，都不懂，别人问什么成分，一时没反应过来，理解成“盛粪”，只知道自己家里有粪筐，农村要积肥嘛，早上有人背着粪筐出去捡粪。

我记得我们结婚去登记的时候，人家就问我们俩都多大岁数，都什么成分之类的，那时候也不用拍照。人家问完了，就一人给一张纸，上头印的有那个旗子，写个他的名儿，写个我的名儿，这样就是结婚了。

领了证之后又过了好久，大概有 1 年吧，才办的婚礼，男的那边给买两套衣服，女的这边陪送一个穿衣镜，还有皮箱、壶、碗呀什么的。现在不一样了，现在婚事一办都了不得，又是电器又是汽车的。我们那时候家里穷，结婚的柜子、桌子、板凳啥的都是借的，等婚礼结束，亲戚们都走了，这些柜子啥的就都还给人家了，屋里一下子就空了。可我也没陪送什么嫁妆，就一个皮箱，一些七零八碎的东西，比如穿衣镜、茶壶、茶碗，就这些东西。这会儿农村还时兴给被子、褥子啥的，我那时候也没有被子、褥子这些。衣服也没有，就身上一套嫁衣。那时候图省钱，我们结婚的“新房”就是三间北屋，都是土房子，其实就是旧房子，买个床单，弄个墙围子，就算是新房了。倒是还有两间小西屋，那也是他姐姐给他添点儿钱盖起来的。他姐姐在东北，姐夫是个掌柜的，有点儿钱，时不时地也帮衬着他们家一些。那时候，我们那边的人在东北的挺多，可都是跟我那个大哥似的，都是学徒。就我那哥哥的掌柜还是同村的呢，可人家也不会多照顾你，该怎么使唤还是怎么使唤，他们使唤起人来一点都不客气。那时候，人们讨生活都不容易，不像现在，老乡啥的一说起来还都照顾着点儿。

结婚的时候有吹响器（唢呐）的，没有唱曲儿的，坐着轿子过去。婆家离得不远，就 3 里地，可是坐轿子的时间还挺长。因为那个轿子走的路吧，不是直接从我们南旧城出发到魏家庄，而是从我家南门进来，我坐上轿子，在我们那个村里绕一圈，完了从北门出去，再到魏家庄那边去，所以并不只是坐了3里地的轿。你要说穿的嫁衣吧，那时候也都挺重视的，穿那个绸裤、绸袄，棉袄、棉裤都是绸子的、缎子的，有绿色的，有紫红色的。脚上穿一双绿色的花鞋，那会儿有两双鞋，一双红的，一双绿的，我还真是不怎么记得了，好像中间下轿以后、拜堂以前还得换双鞋什么的。头上蒙着一个粉色的头纱，上面缀着几个小铜球，两边耷拉下来，后边拿别针给别住，不然拜天地的时候会掉下来，头纱薄薄的，就跟那窗纱一样，透明的。家里讲究多，什么接亲的、送亲的，还得论属相，是属什么的呀我都不记得了。他们属相要是犯冲的还不行。还有送亲的，扶轿杆的。那会儿下了轿、进了屋，坐在床上，送亲的还得在那儿陪坐着。

那时候抬轿子的、扶轿杆的都是男的，我一个人坐在轿子里，到了之后就下轿嘛。地上铺着红地毯，从轿子门口一直铺到屋里，不让新娘子脚着地。那时候还有迈火盆的习俗，但是我没有迈火盆，就直接给接到屋里了。不过，那年月谁家也没有那么长的红地毯，就这么的，找个两三段连着铺地上，新娘子走过去一段，就把这一段移到前面去，就那么一段一段铺到屋里，总之就是脚不能踩到泥地上去。

接着就是拜天地了。拜天地的时候呢，要是出现“冲”的情况了，这新娘子就得转圈拜。啥叫“冲”了呢？就是说，如果你正要拜的时候，不赶巧，从里面屋里走出来个姑姑或者姐姐啥的，你拜的时候就得转一下头，就是这么个说法。拜完天地，亲戚们都还得拜呢，拜亲戚的时候，我们家那边的风俗就是新娘子一个人拜，还蒙着头纱呢，要把新郎官家里来参加婚礼的这些亲戚，包括朋友、大娘、大爷、大婶、大叔、姨呀什么的都拜完了才算结束呢。拜的时候，有一个管事儿的人专门在那儿喊，说：“他大娘！”他大娘就过来，新娘子就跪下去磕个头拜一下。完了说：“他二姨”，他二姨就过来，新娘子再跪下去磕个头给拜一下，就这么一个接一个的，直到把亲戚们都拜完。这些亲戚，大娘大婶、叔伯舅姑什么的都要给新娘子见面礼，有的拿红纸包着，有的不包——大部分都不知道谁，给了多少钱，每个人根据自己的经济情况和亲不亲的关系，见面礼给的多的少的，也都不一样呗——都给扔到一个盆里面去。现在呀，就像两年前，我回老家参加一个侄子的婚礼，那新娘子就都不磕头了，改鞠躬了，亲戚们过来，有人喊“他大叔”，他大叔过来，这新娘子就给鞠个躬。这规矩呀，慢慢地也没有以前那么多了。

拜完了天地，再拜过亲戚们，也快中午了，新娘子还是再回到之前的那个屋里，在炕上坐着，亲戚朋友们就开始吃宴席了。在农村里办喜事吃喜饭呀什么的，都是大锅做各种菜，再从馍庄（专门加工馒头卖的作坊）里订些馒头，一簸箩又一簸箩的，提前订好数，人家到时候给送过来。这一场婚礼花多少钱我也不知道，我就一直坐在屋里呢，也不知道外面来了多少亲戚。整个婚礼下来，新娘子拜长辈，长辈们给的那个见面礼是给新娘子的，亲戚们随礼的份子钱都是给公婆的。基本上要是大户人家，亲戚多的，收到的份子钱就多，可亲戚多摆酒席花的也多。我们不算大户，亲戚也不多，份子钱收了多少其实我也不知道，没告诉我，我也没问。

吃完喜饭，要等到晚上才入洞房呢，那时候还有专门给铺床、叠被子的人，就是说“铺炕的”，家里讲究，还得找别人，不是自己铺炕就睡的。找人铺炕也是有讲究的，得找“全人”，就是儿女双全的人，至少要找两个这样的人一起给铺炕。铺炕的时候呀，要在褥子、被子底下放一些栗子、大枣、花生、桂圆什么的，说这“栗子”就是“立子”，放这些果子就是“早生贵子”。哦，还有拿尿盆的讲究呢，现在也还有。前两年我那个侄子娶媳妇的时候，我回去老家一趟，他们还有那习惯呢，说“姑娘拿尿盆儿，给你添个侄儿”什么的，就是这个新郎官的姐姐或者妹妹要给新婚夫妇端尿盆。这些都是些民间的说法，大家都这么做的。

我是结婚第三天回门的，现在这规矩好像也有变的，听说现在有结婚当天就回门的，具体的我也不是很清楚。

2. 京城的翻砂女工

结婚第三年即1956年，我跟丈夫一起来北京。我也不太记得那时候是因为什么要来北京了，反正到最后就是一个老乡来北京，就把我们带着一起来了。过来了以后再也没回去，就一直待在这儿了。

那时候咱们年轻，又是农村里来的，本来就使惯了力气，到城里没依没靠的——不像城里人有这个照顾那个照顾的——也是为了讨生活，就更不怕苦不怕累了。我们一来干的就是“翻砂”，那活儿累，就算是搁到那个年月，也没多少城里人愿意干，咱反正是不怕苦不怕累，咱就干那个活儿。那工作就跟炼钢差不多，拿一个方盒子，把要做的零件的样子（模具）放进去，再拿铁锹把沙子给装进去，然后就叮咣叮咣地锤。再用一个工具，这个工具上面有一个把手，下面是一个大方坨子，使劲砸，砸完了，从水口子那儿把这个给取下来，跟模具一块儿合上，再咚咚地砸。一个得有二三十斤重呢。我们这个单位就是煤气用件厂（即北京市煤气用具厂），开始是六金属，后来跟三金属合并了，具体的名儿叫啥来着，也说不清了。那是1975年吧，合并之后厂子就搬到这附近来了，就在麦子店，上班啥的也方便点儿。现在厂子已经没有了，都卖了，工人也是退休的退休，买断工龄的买断工龄，现在的朝阳公园买了原来厂子的那块地。

要说我的工作吧，那可真是重体力活儿。最开始在大石桥的时候，就是弄一大铁镐，底下弄一个风窟窿（进风口）吹着，化铁水。后来才有了大锅炉，上面还有这个设备那个设备的，直接一打开阀门就有铁水往下流，可就算这样，也还得工人把那个铁镐从高处拿下来，再倒在小锅里，俩人把这个化好的铁水抬到另一间屋里去，再浇到模具里，一个眼儿一个眼儿地浇，浇完了再往外拔，那多累呀。我这活儿基本上都是男人干的，我同事当中很少有女的做这个活儿。就说我们那个生产线，一个班长，是男的，管着我们这一共三四十名工人，女工也就七八个。你想呀，光是把那个铁样条子，80多斤一根，往锅炉里面送，去化铁水，得多要求体力呀？因为劳动强度大啊，我那时候也特能吃，那厂里食堂的大包子，一个二两重，有时候我一顿饭能吃 8 个。你说那时候，我这体格能不壮实吗？我这手臂比一般女的都粗。就现在，你瞧瞧我这胳膊的大骨节子，再看看你那小手腕子。那时候是真有劲儿，现在老了，不比以前了呀。

师桂均（左二）与她的工友 （1959 年）

我丈夫跟我在一个厂，但是他不做车间的工作，他是出去跑业务的。我的工作等于也是他的领导给安排的，他跟领导关系不错，招工的时候就先把他招进去了。我属于家属，他进厂后，厂里给家属安置工作，我才去车间上班的。从那以后我就在那厂里工作，一直工作了 28 年，51 岁退休，算是提前退休的吧。那时候其实还能干呢，主要是为了回家替我大闺女看孩子。我觉得我熬到现在这样也不错了，要吃有吃要穿有穿的，谁也不靠着也能自己过好自己的，一步一步地多不容易呀。要是跟有些人似的，年轻的时候怕苦怕累的，现在就只能吃低保呢。

3. 从小棚子到楼房的变迁

刚来到北京的时候呀，我们就住在大石桥，住的那个房子跟个石棉板搭的小棚子似的，屋里就搁一张床，啥都没有，到处都是臭虫，咬得人都睡不着觉。那个地方就是靠北边一溜屋子，靠南边一溜屋子，中间有一条只能走得下一个人的过道，这过道也算是院子了，条件差得还不如老四合院呢。在那儿住了1年多吧，我记得是我大女儿出生后，还不到1岁吧，我们从那儿搬走的。也是托了人帮忙，才给换了地方住的。

在大石桥的时候，我工作的工厂就在第四医院附近的一个小翻砂厂。那个小厂子主要生产灯头、灯三角管、铁三角什么的，那个厂子规模小，也简陋，厂房也是跟那石棉板搭的似的，大家都在那棚子里工作。

大概是1958年，我们从大石桥换到了粉厂胡同住，在那儿一直住到1980年。我们在粉厂胡同的时候，住的是一个面积大概18平方米的小北房，靠近胡同西头，还有一个差不多2平方米的小院子。因为没有厨房，我们就在这个小院里搭个棚子，平时就在小棚子里面支个炉子做饭。那时候屋子里啥都没有，只有一个双人床，后边4个孩子都是在那儿出生的。每到晚上，5个孩子就一个挨着一个睡在那张双人床上，横着睡，一排的小脑袋。我跟丈夫我们俩睡一个单人床，其实那都不是床，就是拿铺板子一块一块给搭起来的。

再后来就搬到这里（朝阳区亮马桥附近新源里社区）了，这也是单位分的，后来单位嫌管理起来太麻烦，就都交给房管局管了，再后来这房子就过户在我名下，那就是我的了呗。我们大概是1980年搬到这里住，到现在住了有31年了。最初刚搬到这儿来的时候，房子才刚建好，刚泥完墙面，还湿着呢，连装修都还没装修呢，孩子们小，爱玩儿呗，就玩那个乒乓球，用拍子往那墙上打，一打一个小坑，那乒乓球多轻呀，都能给打出坑来，你就想吧。那时候还不兴暖气，屋子里也冷，孩子们的小手都冻得紫红，屋子里还生着炉子，后来兴暖气了，才把炉子给撤了。搬来之后买了第一台电视机，是一个黑白的，12 寸的小电视。以前在粉厂胡同的时候没有电视机，孩子们晚上都去别人家看电视，那时候也都是黑白电视，大家都还稀罕呢。哪像现在呀，电视机越来越大，越来越高级了。这套屋子有 3 个房间，就是一个小三居，没有厅。这个房间还大点儿，旁边那个房间特别小，当时我们两口子住这个屋，开始的时候 5 个孩子嘛，一个房间放两个单人床睡两人，一个房间里搁的是一张双人床，住仨人，那时候的床还都是我们自己做的呢，哪有买的呀。搬过来两年多的时候吧，大女儿结婚了，就一个屋住俩孩子，再后来就是嫁出去一个住得就松快一点儿，就这样过来的。

4. 初为人母的艰难经历

我大闺女是 1957 年 5 月 5 日生的，属鸡的，在前门医院，找大夫给接生的。我们那时候住在大石桥，离前门医院不远。当时都快到中午了，羊水都破了，才让我丈夫把我往医院送。住院就只住 24 个小时，那时候都是这样规定的，顺产的生完孩子 24 小时就出院。我丈夫把我们娘俩接回来，就又去上班了，他一辈子几乎没歇过假，一直都在忙工作，挺忙的。

虽说头胎生的是个女孩吧，我们家老头也没说啥，他没说好也没说不好。就是到后来几个孩子都是女孩，他也没说啥，我也没觉得有啥压力。这也就是在城里，老人又不常在身边，没多少人会介意孩子是男孩还是女孩。再说那时候也没有避孕药啥的，怀了就生呗。到后来有避孕药就好了，不想生就可以不生了。不过等有避孕药以后，我年岁也大了，基本上也不能生了。

月子里都是我自己一个人，没有人照顾，丈夫要上班，我还得给他做饭呢，做饭还得大锅饭、小锅饭分着做，做一份我自己月子里吃的，做一份他吃的，没有人伸手帮你一把，都那样，也就自己注意着，别碰凉水。再就是多费点儿煤球啥的，多烧点儿热水，洗褯子烫褯子都得使热水呀。那时候的人，都不拿生孩子当回事儿呀，哪像现在的人，那么娇气地坐月子，还得请这个那个的人给照顾着。

怀孕的时候还是要坚持上班的，实在干不动了就回家待产。可包括怀孕到生产，一共也就56天产假，多一天都没有，多了就算事假，是要扣工资的。所以，产假休完就得马上回去上班。孩子出生以后，就我自己带着，也没人给帮忙，两人都工作，他总是跑业务，我的工作还不能扔下，孩子的爷爷奶奶都在乡下。生完孩子休完产假，就得马上回去上班，哪像现在呀，生完孩子一歇就是仨月半年的。那时候又要工作，又要带孩子，可不就是受点儿累呗！

5. 工作、哺乳两头忙

那时候单位有专门给看孩子的，去上班的时候就把孩子丢在那儿，自己去上班。这看孩子的地儿就是托儿所，其实哪是什么托儿所呀，就是有这么一个屋子，有孩子的工人自己去找一个保姆过来，一个保姆看一个孩子也好，一个保姆看几个孩子也好，就你们几个工人自己商量，完了你们该给这保姆多少钱自己算去，这个钱是自己出的，厂里不给出。保姆也都自个儿找，好比咱仨雇那一个人，她看这仨孩子，然后费用咱仨均摊，就这么个意思。至于一个月给多少钱，我也记不清楚了，几个人分摊下来，好像是一个人几块钱吧，那时候钱也值钱不是？保姆也就是替你给孩子换个尿布，喂奶还是你自己喂，中间保姆要是累了，就把孩子给你搁在那些小床上，给看着，别磕着碰着的就行了。

每天有两次喂奶时间，上午半小时，下午半小时，喂完奶就赶紧回车间上班。要说起那时候，我都有过没坐下来吃顿饭的时间。那会儿，中午吃饭一个小时，你再喂孩子，再买饭，哪有时间好好吃饭。我到食堂买饭，人家就说："加塞儿，加塞儿。"那没办法，有的通情达理的人就说了："让她先买吧，她还得喂孩子，她吃饭都吃不完还得喂孩子。"从车间到宿舍，那会儿也远，从这儿到京客隆（大约一公里的距离）那么远呢。买了饭，出食堂门就吃，到宿舍也就吃完了。那就赶紧给孩子喂奶，那时候我奶水还不够吃，还得喂奶粉，给打上奶晾着；再给她换换洗洗，洗尿布，洗完晾上，就赶紧喂奶，喂完了就到上班的钟点了，就又着急忙慌地上班去。

6. 含辛茹苦抚育子女

我第二个闺女跟第一个差了有 5 岁吧，1961 年生的，是腊月里生的，阳历就是 1962 年的 1 月 11 日，在同仁医院生的。二闺女跟大闺女，两人差 5 岁嘛，大闺女那时候都 5 岁了，可也得跟着我，上单位的幼儿园。

生第二个孩子的时候，正是“大跃进”之后，接着是“三年自然灾害”，又赶上还苏联债的时候。我休完 56 天产假就去上班。那会儿还得用粮票，自然灾害了，粮食都限量供应，挺紧张的，吃的、穿的都缺。就算是坐月子，你说能吃什么呢？

就在怀着老二的时候，也还得干活儿，白天上班，下班没事儿了也不能闲着，自个儿还要劳动。我那会儿在厂子旁边的空地上种点小白菜呀、高粱呀，有点空就浇浇水，拾掇拾掇，一点儿都闲不下来。种的这些菜收下来，晒干了，就派上用场了，坐月子的时候就靠吃这个呢。

生孩子还养月子，现在都吃这个吃那个地养月子，我那会儿吃的是什么？吃的是米饭，熬点儿什么小白菜汤，干白菜，还是夏天晒的那种白菜，自个儿种的，收回来搁那儿晒，坐月子时就连点儿油星子都没有。那会儿一个月一个人就只配给一两油，鸡蛋得花一块钱才能买一个。那时候的一块钱可比现在的 10 块钱都多呢，你想想得多贵呀！我这一个月子吃的都不到 3 斤鸡蛋，我要是煮俩鸡蛋，大闺女就在旁边儿站着，眼巴巴地看着，你自己吃？你能吃得下去吗？煮俩还得我吃一个，给她吃一个，就那么过的。要不怎么休完产假去上班，浑身都没劲儿呢。一下车，哎呀，一下来就蹲下了，身子虚得两条腿都直打飘，没劲儿。

再说，大米还得有粮票才能吃上，限量供应的呢，一个人一个月是 28 斤还是 30 斤的口粮呀，我们两人还只能吃一个人的，我丈夫的那一份得捎回老家去，给孩子爷爷奶奶捎走。两人吃这一份，那时候啥都缺，就那么点儿东西，你说能吃什么呀，也没办法。那会儿粮食还不够吃，我干的活儿重呀，吃得也多，吃不饱也没劲儿干活儿。后来把我的户口迁到厂里，变成集体户口，厂里就多给 10 来斤米，一共不是 45 斤就是 46 斤，这才算差不多够吃了。一个小孩子，厂里给 7 斤的口粮吧，我也不记得是多少了，反正一家 4 口就靠着这些粮食过日子。

因为这个孩子是腊月里生的，天特别冷，我还得自己出去买菜买米。粮食都是限量供应的，一次不能多买，每次都得排队。刚生完孩子两三天就得自己出去排队买菜，好在人家知道你是月子里的人，也照顾一下，跟大家说说："她是月子里的，别让她排队了，让她先买吧。"左右邻居都知道谁在月子里，互相也都照顾一下，让你少受点儿寒风。

就这状况，你说我哪儿还有奶水呀？那就只有买奶粉喂孩子了，可奶粉又贵又麻烦，就只好买那个炼乳。炼乳还省事儿些，不用和不用熬的，加点儿水一冲就行了，我那个大闺女也是这么喂的，就是给她们吃炼乳。

接着就是老三，比老二小 4 岁，那就是 1965 年生的，我也忘了在哪个医院生的了，好像也是同仁？不记得了，哎，心不静，记性也不好了，有些事儿就整不明白了。

生完老三，也是在厂子宿舍呀，那种小号宿舍，一间屋子两张床，有两个人在那儿。夜里还得热奶，还得喂她，你说我还能睡多少觉呀？下了班还得烫褯子，洗褯子，还要烤。冬天里那个棉衣裳，厚的拆成薄的，薄的拆成尿片，谁替你收拾这些呀？那时候也没有纸尿片，都是尿布，一块一块的，总得洗呀。也有时候没注意到，让她尿裤子了，尿裤子了就会有骚味儿呀，就拿着那个棉裤，上锅炉房使开水浇，烫烫不是祛骚吗？连棉裤一块儿揉揉洗洗，揉完了赶紧拿回来在那小煤炉子上烤着，明天还得穿呢。要是天冷了，棉衣服薄了，就得抓紧时间把棉衣拆了，添上点棉花再做上，第二天才有得穿呢。

这些孩子穿的棉衣啥的也得我自己做，没人帮忙，孩子她爷爷奶奶也没问过我们的事儿，就生老大的时候给做了一个小棉袄，就那一件，再没做过。家里那些人吧，挺喜欢男孩儿，不喜欢女孩儿，一说是个女孩子，得，什么也不给了，就给做一个小棉袄，几个孩子都没管过。可能家里有那个重男轻女的思想吧，觉得有个男孩子的话就好了。她爷爷奶奶不来帮忙，一是那会儿住的地方紧张，没多余的房间；二来也是他们喜男不喜女吧。不过我丈夫从来也没觉得怎样过，虽说都是女孩子，他没给过我压力，这几个孩子他也都疼，从不说道什么，都是自己孩子嘛，不管是男孩女孩都喜欢着呢。

那会儿我的奶水也不行，还尽得喂奶粉。她要是吃奶就省事儿多了不是？可还得给她喂奶粉，喝奶用那个大奶粉瓶子，一箱子一箱子地买炼乳，那一箱子装十几瓶吧，在那时候一共用了三十几箱吧。一个月的奶粉钱得 17 块钱吧，好像是，具体数我也记不太清楚了。

那个时期，我老头的工资是 86 块，我最开始才 34 块，后来涨了两级工资，先涨到 39 块 8 毛，后来又涨到 43 块多。那时候有的人工资没涨呀，就眼热了，有的人就不干，找领导呀！哎呀，可我说你要干也干出来呀，干不出来吧，还眼热别人涨工资，我说你们也别有意见，是吧？我又不是白拿的这个钱，要不然是骡子是马，咱都拉出来遛遛，把这个活拿出来了，看看你干得了干不了，给你干你还干不了，那就别说了。我干得了就别说我拿了这个钱，你们还眼热，眼红的。那时候涨工资也是有条件的，人缘呀，跟人和气不和气，跟人家打过架没，任务完成没有，条件都达到了没有，我说我的条件哪一样都不缺。给你任务你也去完成了呀？那你完不成，还能怎么着呀？虽说我弄着孩子吧，可任务也都完成了，还都提前完成，给你多少任务你能完成吗？

后来给孩子们说，她们还都不信，说你那是什么年代，现在都什么年代了。可那时候，说实话，我等于好几年没睡过好觉，晚上 12 点以前没睡过，早上四五点钟就得起来，得喂奶，还得烫洗褯子，你说能睡多少觉呀？那会儿多辛苦呀。

我们那时候工作日都住单位的宿舍，单位在农展馆东边，住的地方在城里[1]。工作日住宿舍里，跟丈夫根本见不着面儿，他忙他的工作，我做我的工作，一个礼拜有一天休息，两人一块儿回家去。后来有孩子了，那一回家，就是背着的抱着的，自行车头里坐着的，要不说嘛，一个自行车能坐那么多人呢。他爸骑车，人家看见了就开玩笑说："哎哟，杂技团来了呀！"那可不，头里大梁上坐一个，我在车后座上，怀里抱一个，背上又背一个，真像杂技团。那会儿都吃苦！现在的人，哪吃得了那苦呀。那时候我们厂子是礼拜三休息一天，礼拜二晚上走，在家住一宿，礼拜三休息，当天下午就回厂里。礼拜四早上回厂里都来不及，会耽误上班的。那会儿真紧张呀，不知道累，真是没黑夜没白天的！

总而言之，你要说带孩子，那全都是我自己的事儿，我丈夫从来一点儿都不过问的，他天天跑业务，忙得不得了，也没时间管。这些孩子的事儿，就只有上户口归他管，他也就上户口的时候请个假，跑跑派出所。还有就是，礼拜二回家休息的时候，他骑自行车带着我们回家，礼拜三又骑车带我们回厂里。有时候做晚饭的时候，他也帮着点儿，不帮也不行呀，一边做饭一边还要看着孩子，别碰着啥的。

就说我们老四吧，老四 1967 年生的。小时候就给烫伤过。那时候，她也就 1 岁多点儿，刚会走。我在做饭，她们几个有玩这个的，有玩那个的，她在地上玩，她爷爷那段时间刚好还在这儿住着呢。我正擀面条呢，她在地上转悠着玩，旁边就是家里生的小煤炉。我准备坐锅烧水，她这样倒着走呢，一下子就坐到那刚挑下来的炉子圈上了，哎哟，把那孩子给烫了半边屁股，好长时间不能躺也不能坐的，一个多月都没好，总是流黄水，去厂里医务室找大夫给上点儿药，也不管事儿。实在不行，我就只好去找大夫，那个大夫姓王。我说："王大夫，您给我打一针那个优质盘尼西林吧！"就打了一针那个，后面就慢慢地好了。现在都没有那种优质的盘尼西林了，现在消炎的就

① 城里，指的是北京市环绕故宫的四个老城区，包括东城区、西城区、崇文区、宣武区。

是头孢，那会红霉素、氯霉素、四环素啥的。

老三那会儿也是特淘气。那时候有一个箱子，那么高，她从凳子上到桌子上，又从桌子上爬到那个箱子上去。她那么淘气，谁顾得了那么多呀？一下子给摔下来了，给摔懵了！哎哟，吓得我呀！就赶紧上医院，那时候摔得都背过气儿去了。

就这个老三小的时候呀，她自己摔懵过去一回，我晚上起来给她喂奶也摔懵过一次。那时候夜里喂奶，把奶搁炉子里热着，也不知道当时是怎么回事儿——那时候是两人一个宿舍，好比这一间屋子，你睡这边这张床，她睡那边的——“咕咚”一下摔了，摔懵了，啥都不知道。那个同事也困，因为不管是谁，那时候一夜都睡不了多少觉。她听着“咕咚”一声，就醒了，看我摔在地上。后来她把我抱到床上，这些我都不知道，脑瓜子还摔了一个大包。后来我醒过来了，朦朦胧胧地就觉得，哎哟，眼前这个人干吗呢？她说：“你怎么了？”我说：“不知道呀，怎么了？”她说你摸摸你脑袋，一摸可真是，脑袋上一个大包！都给摔懵了。

接着说到老五，她最小，是 1972 年生的。那时候我都 39 岁了，正赶上“文化大革命”呢，到处都是大字报，当时大家都忙活那些，也是没办法的事儿。不过，那会儿坐月子的时候，情况就好多了，“三年自然灾害”之后，要还苏联债，毛主席动员全国老百姓，硬省下来把苏联债给还了。你别说，毛主席还真是很伟大啊。刚来那年（1956 年）我还见过毛主席呢，不过是远远的，我在游行队伍里面，毛主席在天安门城楼上。我参加过两次游行，都是 1956 年，一回是五一劳动节，还有一回是十月一国庆节，后来就没参加了，因为有孩子了，要带孩子。孩子一多就啥都顾不上了，周围发生啥事儿都不关心，没工夫理会，尽忙着工作、做家务、喂孩子了。你要说“文化大革命”那会儿，我就记得人家到处贴大字报，别的啥都不清楚。

生老五的时候，我岁数大了，忙活起来就有点儿吃力了。那会儿我们那个大姑姐，就是我丈夫的姐姐，在老家呢，她说要不就把我这闺女带回老家让她给养着，找个奶妈，给吃奶。我俩也寻思着弄回老家里去，可你知道家里孩子的爷爷奶奶说什么吗？“嗯，弄回来，行！弄一个几个月的孩子，再还回去一个两岁的！”就是说，把我们大姑姐那个2岁的男孩子交给我们，算是拿我们的闺女换个男孩子，家里思想特封建，就觉得你没有男孩子就不行。大姑姐生的儿子多，要给我们换一个。别说我了，我丈夫都不同意。干什么呀？自己的孩子好好的不养，去养别人家孩子？再说哪舍得自己的孩子呢？得，不帮忙就不帮忙吧，自己多受点儿累呗，扛一扛也就过去了，啥样儿的苦咱没吃过？就这么的，到底也没换。在北京这地儿，男孩女孩无所谓的，不像在老家，总觉得要没个男孩子，地里活儿都没人干了似的。再者就是，家里要都是女孩子，等闺女长大了，还得找一个倒插门的女婿，说是“养老女婿”，这个女婿要到女方家里住，可在这边没那一说。家里就有那些习惯，拿闺女换个儿子，或者找个养老女婿啥的，在这边，这些都无所谓了。

这老五小时候，我也是休56天产假呀，休完了就带着她去上班，也是把她搁在那个厂托儿所里。那是7月14日呀，天热，托儿所那屋子都开着窗户呢，抱着她去的时候吧，别的都没地儿了，就剩窗户下面还有一张小床，就只好给她搁在那儿了，可结果就着凉了。她还没到俩月呢，一着凉就呼呼喘，喘气费劲，就落下这个哮喘的病根，那会儿吃药打针都不管事儿，医生说长大点儿就好了，一直到十几岁才好些，现在也算没啥事儿了。我们那时候还住在粉厂胡同呢，一进大院就听到她呼呼的喘，哎哟，可揪心呢！那是自己的孩子呀，能不心疼？好在孩子慢慢大了，长到十几岁，身体抵抗力也强一些了。

孩子们3岁就送去街道办的幼儿园，幼儿园离单位很近，也就一百来米吧。这个幼儿园在三里屯，我们自己找的，得自己交钱，其实就是一间大屋子，里面有小孩儿的小床，一个一个地排着，孩子们都在那儿睡，有人给照看着。

哎呀，那会儿真是呀！当时大点儿的就该上幼儿园了，就送到三里屯，厂子在农展馆往东，麦子店还往东，不到酒仙桥。这大的就送幼儿园，每礼拜六去接，就这样。后面这第二个也大了，就两人都上那个幼儿园，老三在厂里跟着我。再后来我们那个厂子也办了幼儿园，也有大班了，就把她们俩又都带回到厂子里去。厂子里规定的是一礼拜回家休息一天，我们是礼拜三休息，礼拜二就去幼儿园把孩子们接回来。那时候上班都是一礼拜休一天，没有休两天的。休两天的时候都是20世纪90年代了吧？

生下老五的时候，老大都十四五岁了，好歹也能给我搭把手。老二比老大小5岁，也省事儿不少了。我们礼拜三休息，她们礼拜二下午放学了，姐俩一起搭个公交车自己回家，回到家先生上火，做点儿饭，等着我们回去。我们下班了就怀里抱着最小的，前头车横梁上坐着三儿，背后再背着四儿，一起回家去。

再后来，三儿和四儿也该上幼儿园了，老大和老二还要去接她们俩，然后再回家。唉，那时候的日子不容易，不过一家人互相体谅着也就熬过来了。

我们大女儿上中学是在火神庙那边的什么大街？反正离家挺远的，也没有车，就只能走着，有时候大夏天的也热，回来就自己熬个粥，吃完了就赶紧又走路去上学。大女儿那会儿平常就穿一条裤子，还是我们厂子发的工作服，一路走回来裤子都热得被汗湿透了，赶紧脱下来洗一洗，晾上。有时候，看看时间到要走的时候了，饭还没熟呢，也就那么吃，吃夹生饭。裤子也还没干，就穿着半湿不干的裤子上学去。那时候钱挣的还少，就没给她买什么衣服，到上初中、高中了，才买了个的确良裤子，再有一个劳动布的裤子，那会儿不是都兴（流行）那个劳动布工作服吗？就买了一条劳动布做的裤子，又买了个的确良的裤子，有俩裤子能倒开，那就可高兴了。说起来这几个孩子呀，就老大最苦了，她是生下来就跟着我们受苦，那时候日子过得又穷又累呀！你想啊，她1957年出生，1958年“大跃进”吧，接着“三年自然灾害”，都让她赶上了。

要说生这些孩子吧，我身体倒还好，就是生老二的时候，生活太困难，营养跟不上，产后身体恢复得不好，其他倒也没什么。那时候也是没有避孕的措施，要有避孕的话，谁还生这么多呀？何必给自己找那个累呀？

7. 平静的夫妻生活

要说我跟丈夫的感情吧，挺平淡的，一辈子没打过架，有不乐意的时候就不说话，没几天也就过去了，从来不会说大吵大嚷什么的。说起来，我这名字还是他给取的呢。我是穷人家的孩子，也没个什么名儿，准备要结婚登记了，他给我取了这个名字，他当时给我取的名字叫“师桂君”，可后来上户口的时候，人家登记的就给登记错了，写成“师桂均”了，后来也没改，就这么着了。

老头儿是 1995 年才退休的，那时候都 62 岁了吧，我们俩同岁。不过他的身份证上比我小两岁，那还是在老家的时候就瞒了两岁，因为他是家里的独子，要是不瞒着年龄就得去当兵，家里就这一个儿子，不想让他去，就瞒了岁数，实际上我们俩是同岁的。

我丈夫一辈子尽顾着忙工作了，家里基本上啥也没管过。一开始，每逢礼拜天休息的时候，我也让他帮个忙擦擦地啥的，可我是个急性子的人，要求还有点儿高，你说让他擦擦地吧，他倒也给擦，拿着湿乎乎的墩布，从这边拉到那边去，等于拉着墩布走一遍就得了，地面湿了就得了。他不是拿着给你擦擦，给你弄得干干净净的，我还看不上他做的活儿呢！做饭吧，他有时候也帮着打个下手啥的。后来他退休了，还在外面帮别人做点儿别的工作，总之这一辈子他也没离开过工作。

他性格比较内向一些，平时也没什么话。一起过了几十年，我就是伺候他惯了。做熟了饭还给他盛碗里，再端到跟前儿，他吃饭老是一碗饭，不带回碗儿的，我老怕他吃不饱，后来就找一个大点儿的碗，也给他盛一碗，他也能吃完。就这样，大碗不回碗，小碗也不回碗，他就是这么个脾气。你说用小碗的时候他吃不饱吧，他都不会说“哎呀，这碗小我没吃够，再给我盛点儿”。哎！那时候上班，人家都老在食堂买饭，我们俩都在那个厂子里，我老在宿舍自己做饭，和块儿面，炸点儿酱，弄点儿白菜，那样不是能省点儿钱吗？就揪点儿面疙瘩片，在单位做，做好了给他盛一碗，他端着就跟他的工友们一起吃去，我就在我们班里吃，就是这样的。

师桂均与丈夫魏炳臣 （1970年代）

我们俩的日子就这么平淡，平时我说说东，他说说西的，也没太多话，他本来话就少呗。我照顾他，他也觉得我是他媳妇儿，照顾他是应该的。他这个人还真不会心疼人，我有时候也说："我一天到晚伺候你，你怎么一点儿感激的话都没有呀？"他说："应该的。"他说这个都是应该的！那应该就应该呗，我还能怎么着呢？

我就说我这辈子净伺候人了，小时候就伺候哥哥，后来结婚伺候公婆，又伺候丈夫，现在还伺候老闺女和外孙女吃饭的事儿。

老伴去世有10年了吧，他退休后有点儿不痛快，心里别扭，有话又不愿意说，就有点儿老年痴呆了。他是1995年退休的，1996年我们俩还一起弄的这个木头的墙围子呢，那之后有五六年吧，他就去世了。

说起来吧，他退休的时候有一部分钱没给他，他心里也窝火。他工作了41年，按工龄算就是41年的工龄呢，我们俩的工龄加起来是69年，买这个房子的时候就能给减一部分钱呀，工龄越多减的就越多，我们这个房子买下来的时候才花了一万多块钱吧。我就是说，辛苦一辈子，好歹还攒下这么个窝来，虽说不大，也就56平方米，可总算有个落脚的地方不是？现在这房价涨的，东边那单元之前有卖出去的，一个两居室，比这个还差点儿呢，卖了一百多万。你说，要搁现在，谁买得起呢？我就挺知足的了，花了几十年的力气，总算有自己的房子住。可不像现在的年轻人，压力多大呀！那时候虽说挣的钱少吧，可花的也不多呀，买一捆小白菜只要3分钱，那工作好歹是个铁饭碗。现在挣的钱看着挺多的，房子不好买不说，说不定今天还上着班呢，明天就丢了工作了，能没有压力？

我们这一辈子，也挺节俭的，毕竟有5个孩子嘛。家里买的第一台电视机是个旧的、9寸的小黑白电视机，后来搬到这边之后换成一台新的，12寸的，也挺小。

三. 往事如歌 别样感悟

1. 照顾下一代

大概是1984年吧，我51岁的时候，为了照看我那个大闺女的孩子，就退休了。那孩子刚1岁，我那个大闺女又“以工代干”，带着孩子，晚上没法上学呀。我都51岁了，那就退了吧，退了给她带带孩子。那时候她天天要去上课，就把儿子放到我这边，我给照看着，看了好几年。上小学的时候，我这外孙子在城里上学，离这边远，咋办呢？就住到他奶奶家去。后来上中学后，他就又回来这边住了几年，住到上大学。大学上的是个大专，后来又自己考了个大本，他这个大本也不用全天上课，就自己学，好像是，也不知道怎么回事。现在他也时常来看看我，有时候一个礼拜来一次，有时候俩礼拜来一次，其实他不来看我，我也能理解，毕竟这么大小伙子了，都有女朋友了，礼拜天跟女朋友出去玩玩也是应该的。这对象也还不错，说到年底就要结婚了。不过也不知道能不能结呢，他房子还没装修，准备用他家住了十几年的旧房子，再买房子买不起呀，现在房子这么贵。我们那时候三四万买套房子，现在你三四万能买几个平米呀？随便买一个小的，也得一百多万，咱这一般的老百姓买不起呢。

带完大闺女的孩子，就挨着带二闺女的孩子了。二闺女家是个女儿，也带到上幼儿园吧，还是小学呀，记不清了，现在还在我这儿住着呢。她现在也开始参加工作了，就在这附近，中午还能回来吃午饭。

接着就是老四的闺女，也是我带，也一样带到上学了才回她自己的家。

我就说我这一辈子净带孩子了，带完自己的 5 个，又带下一代的 3 个。这外孙子再结了婚有了孩子，我可不带了！我觉得我带孩子都带伤了，两代人都是我带大的，还能再带？再说现在这条件都高了，都跟以前不一样了，再让我带我也带不好了。要说我那时候带孩子，就是一块半截褥子，那会儿都用尿布，脏了洗洗、涮涮、晒晒的，还能用，现在都是用纸尿片，用完就丢，那哪能一样呢？再说现在啥都贵，别说房子贵了，那孩子生下来奶粉、纸尿片都不少花钱，等到上幼儿园、小学，嗨，那花的钱摞起来得有孩子个头儿那么高。别说现在有独生子女政策，就算你让他多生，现在的年轻人也未必想多要呢。

2. 生活自理

我现在有退休金，吃喝啥的都不用发愁，加上我既不抽烟又不喝酒的，也没那么多花费。1984 年刚退休的时候，退休金才 50 多块钱，退休之后逢上涨工资，退休金也涨，现在一个月有 2000 多块钱，够花了，也知足了。我卖了一辈子力气，落了个好身体，有退休金有房子的，真知足了。生活上还能自理，平时买面粉、大米啥的，比较重的，都让超市给送过来，也都挺方便的。也有医疗保险，大病给报 90%呢，花 100 块国家给付 90 块，自己就掏 10 块。我就觉得小时候苦，老了就甜了，这就是人们说的苦尽甘来呗。你看这小时候吧，吃糠咽菜的，年轻的时候累得要死，到老了吧，生活过得挺好，没灾没病，不缺吃也不缺花的，这就常乐了呗，我觉着。

现在吧，几个孩子都有自己的生活，我不要她们的钱，也不给她们什么添补，都各混各的呗。可她们也挺孝顺的，这不是刚给我装修了房子嘛，本来我不让装修的，可她们非要装，各家都出点儿钱，花个七八万吧，算是把这房子收拾好了。别说，房子还是那么大，可这装修完之后，就显得亮堂，感觉也宽敞了不少。

1989年，我动了一个大手术，在宣武医院，因为脑血管破裂，做开颅手术，那可真是遭罪呀！从头上取下来一块骨头，当时出院以后，医生说让我过半年再去补一块，我也没去，现在脑袋这儿还有个坑呢。我觉得又没什么大妨碍，补不补也没什么关系，就没去补。不过，我就觉得从那以后，我这记忆力就变差了，其他倒也还好，没啥影响。手术费用是厂里给出的医疗保险，那时候就是医院给开一个三联单，交到厂子里去，自个儿也不拿钱，厂子里就给包了，一共才花了7000多块钱。可那时候7000多块钱多值钱呀，要是搁这会儿，70000块钱都不一定行呢！

这最近，我开始读佛经了，觉得还好点儿，读经能让自己心里舒坦些。不过我识字不多，读起来费劲儿呢，一般都是跟别人一起念，反复念，直到自己记住了。可惜，现在记性也不那么好了。

以前我就挺信佛的，可一直忙东忙西的，不识字也不懂什么。现在不那么忙了，去年春节那会儿听了卢台长那个法门，了解一些戒律，就开始按照他们教的，每天上香、供佛，初一、十五戒荤腥，早起读读经，逢到重要的日子就去放生，去寺里拜拜。

总体上来说，我觉得挺知足的，日子过得还不错。辛苦一辈子，现在到老了，我谁也不用指靠，自己有退休金有房子住，不用吃低保，这就够了。可不少那样的人呢，年轻的时候，一看孩子多就不工作了，回家带孩子，到老了呢，只能吃低保。她们年轻的时候，还没工作多少年呢，生了孩子就回家带孩子去，那就不算退休，没有保险也没有退休金的，就是街道可能给发些补贴什么的，几百块钱吧，具体的数咱也不知道，够买个菜啥的，算是最低生活保障，一旦生病啥的，都得自己想办法了。

访谈员后记

师桂均，女，生于1933年，祖籍河北省邢台市南宫县（现改为县级市，称南宫市），21岁结婚，结婚3年后随丈夫迁居北京，在北京市煤气用具厂做铸件工人。育有5个女儿。因为要帮助照顾外孙子，于1985年提前退休。

这位老人几乎一生都处在辛苦、忙碌的状态中，小小年纪就背着弟弟躲飞机，十几岁时又照顾生病的哥哥，帮助家里干活儿。结婚后随丈夫来到北京，成为一名翻砂工人，从事着近30年的重体力劳动。她先后生育5个女儿，每一次从怀孕到生产、坐月子，全都是自己一个人，除了照顾好自己和刚出生的孩子，还要照顾丈夫的饮食起居。可以说，每出生一个孩子，她肩上的担子就加重一些。56天产假之后，她要一边从事重体力的工作，一边喂养嗷嗷待哺的婴儿。诚如她所叙述的，那些年在夜里12点之前从没有合过眼。这样一个勤劳能干的女工，用她并不宽阔的肩膀承担起家庭和工作的双重负担。用勤劳的双手，努力改善一家人的生活状况。

她的丈夫是一个沉默寡言的人，将全部的心思放在自己的工作上，极少关心家里的事情。传统的夫妻观念，也使他觉得妻子的辛劳是理所应当的，这无形中也让师女士的生活更加平淡而忙碌。然而，他们毕竟是彼此的依靠，师女士谈起自己已经去逝的丈夫，并没有太多的话，但言语神情中却透着深深的思念。

她说，年轻的时候是身体累，要做那么重的活儿，累得站着都能睡着；现在是心累，看着女儿有一丝一毫的不顺心，就觉得心里不是滋味。她的一辈子似乎更多的是在照顾身边的人，老人、兄长、丈夫、孩子……她不遗余力地付出着，希望亲人们都过得好。佃农家庭走出来的翻砂女工，不知何时也萌生出独立的意识，虽然只是一种浅浅的意识。她为自己晚年不必依靠“最低生活保障”而自豪，她反对老家人“重男轻女”的观念，再苦再累也要养大自己的女儿。她在向女儿和外孙们传递着一个信息：年轻时候的辛苦总能换来年老时的生活保障。

善良的人从善行中获得心灵的抚慰，寻求精神上的力量。师女士皈依佛教，她恪守着佛门戒律，诵经、上香、斋戒、放生……当她对我讲起佛经时，我能感受到她不一样的情绪，一种像是兴奋又好像还没有那么强烈的喜悦感，也许，她找到了自己的精神寄托。祝福她，善良的老人。

每一位老人都有一个厚重的人生故事，她们所经历的是我们无法再去触摸的，我们只能怀着虔敬的心，带着对生命的尊崇，静静地聆听。作为访谈员，我们唯有感恩，感恩她们将自己珍贵而独特的故事呈现在我们眼前，不管是完整丰富的，还是支离破碎的。

一位建筑女工的如歌岁月
——王雅琴访谈录

- 访谈时间：2013 年 12 月 19 日 13:00—18:40
  2013 年 12 月 26 日 14:00—16:30
  2014 年 3 月 20 日 10:00—11:00
- 访谈地点：长春市受访者女儿家中
- 受 访 者：王雅琴
- 访 谈 员：朱淑鑫（东北师范大学马克思主义学部社会学硕士）
- 整 理 者：朱淑鑫（东北师范大学马克思主义学部社会学硕士）

编者按

她一生勤劳善良，乐观坚强。受访者为我们讲述了传统大家族的生活、女性扮演的角色以及自己走向社会的经历。她曾经有一次很好的走向社会的机会，但是意外地因户口问题影响了自己的一生，但她依旧坚强地走下去。她的故事对我们考究历史有很大的帮助，同时也让我们对受访者这个职业群体的女性有了更加深刻的认识。

一、家世背景 童年记忆

1. 我出生在农村大家庭

我叫王雅琴，1937 年出生于吉林省德惠县五台乡。祖父是王青，我没有见到过，我父亲叫王永昌，母亲叫董长琴，他们现在都已经去世了。我大哥叫王生国，1919 年出生的；我大姐 34 岁就没了，叫王生英，她是产后风，流产以后就得病了，她比我大姐夫大 7 岁呢，他家就需要女的做饭干活儿。我二哥今年 89 岁了，1924 年出生的，叫王生义；三哥叫王生礼，79 岁了，是 1935 年出生的；二姐叫王亚复，1931 年出生。我父亲兄弟 6 个，没有姐妹，刚开始我家还没有分家，都是在一起过，我一个爷爷的哥哥姐姐有十好几个呢。我家算是闯关东过来的吧，我祖爷爷是闯关东过来的，他的坟地离我家 40 多里呢，我爷爷活着的时候我们年年都给老祖宗上坟，那时候都是骑着马去。

我爷爷那时候家中的条件还不行呢。我爷爷是兄弟 3 个，他是老小。我爷爷他们哥几个分家的时候，我爷爷还没有成家，就啥也没有捞着，只给了一头老瞎马，分完家就剩自己流泪了。我奶奶姓史，我奶奶娘家有钱，我奶奶娘家就把我爷爷当儿子一样照顾，我爷爷那时候也能干啊。我父亲说他小时候穿的、吃的净是他姥姥家的。我爷爷和我奶奶结婚后生了 6 个儿子，这 6 个儿子能干啊，而且全是劳力。

我记事的时候我父亲已经是我家的当家人了，我父亲是老大，我家那时候有10间老房子，我家人口多住不下啊，就租了一个姓腾的地主家的房子。那个姓腾的地主家是哥儿3个，没有一个种地的，每天都拿着扇子，那家老三好像跟我岁数差不多。他们租给我家的房子是四合院，我家住在正房，右边是仓房和碾子磨，都是磨面的东西。我听我姐姐说地主家的儿媳妇特别厉害，总是指着老大骂。我家是新中国成立前就在他家住了，好像新中国成立前，有一个工作组还是工作队啥的来了。我家那时候是年年给地主家拿房租，之前都是拿银子，等那个工作组来了之后银子就变现了，地主家觉得不合适，就撵我们家搬家，那时候大冬天往哪搬啊，我家那时候就20多口人了。我们后来就搬到五台这边了，这也是一个地主家，他家是属于破落地主，上赶着租给我们房子，地租也挺便宜的，之后我家就搬到五台了。

他家为啥上赶着租给我家呢？我爷爷有6个儿子，这6个儿子下面又有很多儿子，我爸这哥几个都有儿子，而且都已经起来了（长大了），劳动力多啊，而且也能干啊。我家就搬到五台了，我们老家是狼洞岭。

搬过来以后，我家可能是干活儿、种地啥的有诀窍。地主把他们家的地租给我家的时候，那地可不好了，产量也不高，等我们家种几年之后这地产量就上来了，关键可能是我家会治理吧。搬过来以后没两年新中国就成立了，给我家定成上中农的成分。搬过来的时候还发生了一件事情，就是屯子里说我家有枪，就藏在柴火底下，咱们国家那时候不允许个人有枪。我父亲是当家人，他就要找农民会，到那之后农民会就把我父亲给绑起来，并且要打。这个工作组的组长原来在我家干过活儿，他听说之后就问："谁提出来王青家有枪的？这人站出来，要是找不着枪怎么办？要是找出来再打也行，打死也没有关系。"他这么一说，那人就缩头了，就寻思别打了，可能看着不算是枪而是洋炮。洋炮就是装火药的那种。我父亲在原来的地方人缘啥的挺好的，这事也就拉倒了。

刚搬到地主家的时候，我家是30多口人，我父亲他们哥几个都没有分家，我父亲是老大。我家原来有十多垧地，又租地主家百十来垧地，加上一块儿得有1000亩地。我们自己家干不过来就雇人干，那时候我家还有打更的和喂马的长工。我家有车有马，就是那种铁轱辘的大马车，上面有一个铁板，下面是轱辘，用来拉庄稼。我家新中国成立时定的是上中农，那时候我三哥在区政府当通讯员，区政府里也有马车，那时候大伙就议论我家的马车比区政府的马车都厉害、都漂亮，一出去那大马特别像样，都是高头大马的。像那些小户人家因为没有劳动力，分的地不能种，就给我们家种，我家就 1 亩地给人家多少粮食那样的。我在我家女孩中排行老七，我六姐、七哥还有老八，我们都是同岁，都是一年生的。我家那些媳妇生孩子同岁的都好几个呢，与我二侄女同岁的就有 5 个，媳妇们一年就生那么多孩子，繁衍得多快。

我家的成分是上中农，后来又给定为富农。新中国成立时，我家是 50 多口人，都是直系亲属，我爷爷 6 个儿子，没有姑娘。我父亲是老大，下面是 5 个叔叔，我二叔在我小时候就没了，走时扔下两个姑娘、两个小子。这么一大家子，分家的时候是 57 口人。

2. 儿时的成长环境

他们那些小户人家都羡慕我家，我家虽大，但挺有家规的，我们家人多，没有家规是不行的。我家女人用的零花钱啥的就得自己攒或者自己挣，就像秋天拾麦子、拾庄稼卖的钱这都归你自己，不上交。要是家里忙的时候，锄地啥的，女人要是干就会给钱，男的就不给。我家是供男孩不供女孩，男孩吧，就是大家一块儿供，就是家里分衣服啥的都会给男孩分。我哥哥上学，他的伙食费就是家里大伙给拿，我爷爷也拿。我的伙食费呢，我爷爷是这么说的：“在家也是吃，就给拿一半。”我记得我在中学念书的时候，需要拿 7 块钱，我爷爷就拿 4 块，剩下的就是我母亲给出。我父亲和我母亲还比较开明，我父亲有文化，所以也让女孩上学。我哥上学的时候说是让我去，但是我到班级一看就一个女生，而且那个女生还是跟他表哥坐一桌，女生很少，我就没去。等我上学的时候女生还是很少，就几个。我考中学的时候，我们一个村是由三个屯并在一起的，就我一个女的考上中学了。我们那时候学的挺简单的，有书法课、珠算、古诗词等，到初中之后就学得多了，有代数、生物、化学等。初中物理啥的也简单，我们物理老师讲得特别好。我二姐上学的时候是“伪满洲国”时期，她上的就是日本的学校，我记得她还要唱日本国歌呢，她也是就上两天学。抗日战争开始的时候我还在襁褓中，但是打从记事我就没看见过日本人。“满洲国”的时候我可知道，因为我们村有一个外号叫尹疯子的，他那头发让狗咬得一溜一溜的，他就总骂“满洲国”说：“满洲完、满洲完，土匪靶子嫁人前。”“满洲国”的时候不兴留辫子，得剪短发，他就看不上日本人，就到处演讲。日本人就把他扔到狗圈里了，说要让狗咬死他，他也不知道咋出来了。我二姐也上两天“伪满洲”小学，完了唱啥呢，就唱日本国歌。那时候我还会唱两句呢。我们上学基本都挺晚的，有的都结婚了，都是大老爷们儿了还上小学一年级的。好像有的还抱着孩子上学校。那时候可能就是为了认识几个字，之前农民不是不认识字嘛，新中国一成立就开始扫盲了，有晚上上学的，就叫夜校。当时的夜校好像就是当地的人民公社生产队组织的，刚开始叫村，后又改成生产队，之后又改成人民公社。我的眼睛为啥近视呢，就是我姐非得天黑了让我给她念书，然后跟着我念，我的课本她都得会。刚开始学的是繁体字，最后又学简体字，现在繁体字我好多都忘了。我们还有球类比赛，一到球类比赛的时候就会吃得很好，会吃油条什么的，那时候就不错了。

我们没有分家之前，大家都是在一块儿吃饭，我记得那时候我家大厨房就两间屋子，还有两个大长桌子，做饭就是这些女人的事情了。我记事的时候我母亲就不做饭了，我母亲就管鸡鸭鹅下蛋、收蛋什么的，媳妇们生孩子我母亲就负责给她们分这些蛋。像端午节的时候，一家分多少鸡蛋这些都是我母亲管，但是数字可能是我祖父定。我家做饭的婶、嫂子等加一块儿就有10多个，做饭是三天饭班和三天菜班来回轮。饭班就是光管做饭，菜班就是负责做菜。做菜的媳妇吧不光做菜，还要去摘菜，比如摘豆角就是做菜的女人摘，做饭的女人不摘。一个人做饭，其他9个人就得做菜，还要下地摘菜。谁要是干不完的话，就得孩子替。我那个六姐是他家的老大，我在我母亲跟前是最小的，我这个六姐啥都得干，她得帮她妈摘豆角。我记事的时候我母亲就做饭了，所以这活我没有干过，我有时候还挺羡慕他们那些摘菜的呢。轮完班之后，你愿意干啥干啥，愿意回娘家就回娘家，有的都能回娘家住一个月呢。

我们有时候也挺羡慕那些小户人家的，人家有时候管得不那么严格，我家不行，我父亲和我爷爷管得比较严。像村子里谁家死人或者娶媳妇，我们小孩子都喜欢看热闹，但是我家不行，姑娘就不让总出去跑，不管男孩，男孩可以出去。我父母还行，我父亲能言善辩的，我母亲比较内敛，但是有时我看我母亲一咳我爸就不吱声了。我父亲从来不打我一下，但是他一瞪眼睛，我就吓得没法，村子里谁家有啥热闹我要是去看，我父亲一瞅我，我就赶紧跑。

3. 大家庭的生活乐趣

我家男孩子新中国成立前每个人都上 3 年学，等到新中国成立的时候，到我这个三哥的时候吧，他就是随便念的。我这个三哥给我辅导功课、订作业本什么的，那时候不像现在是订好的本子，都是大白纸，就像桌面那么大的白纸。我三哥就给裁，有时候是裁成 32 开，有时候是裁成 64 开，这活儿一直是我三哥帮我做的。我三哥就是爱玩，爱打篮球，等到他上五六年级的时候吧，我就听他们班主任老师说，我哥哥只要一有球赛，就上不好课，总是溜号（走神），所以因为这他第一年没有考上初中，第二年才考上长春五中。那时候我也喜欢打篮球，我老叔（最小的叔叔）在黑龙江教学，他就拿回来一个球，既不像足球，也不像篮球，不知道什么球。我们就用树条围成一个篮筐，钉到墙上，这些都是我哥哥他们整的。我们有时候就跟我哥哥他们玩，分成姑娘和小子两伙，我们家男孩那篮球打得都挺好的，基本上都会打篮球。

我大哥二哥结婚的时候我还不记事，我大姐结婚的时候我才记事。那时候流行包鞋，我姐结婚的时候我就在跟前看着，当时我没有多大，也就几岁吧。他们在那包鞋，我相中了一双花鞋，就给藏到背后了。他们包完之后就数啊，做多少双鞋是有数的，结果一数少了一双，我就在跟前坐着，叫人家一下子给翻出来了。那时候我都不记事，就记得自己偷了一双鞋。

4. 土地改革时的经历

1947 年、1948 年、1949 年那几年斗地主，我就记得我家大嫂跳井了。第二次找富农的时候就上我家来了，我家那时候还没有分家，要是分开吧，东西可能就少点儿，我家实际没有那么些东西，就 10 间房子，多少垧地啊，好像一人还不到 1 垧地呢。新中国成立前我家又买了 15 垧地，但是后买的地，新中国成立的时候就不算，我家没有吃着地租，这就不算我们的，买谁的还要归谁。我家刚开始是一个上中农家庭，后来不分家，我家养的有马，还养了一头大驴，这驴子就跟马生了一头大骡子，这骡子可漂亮了，就这样我家有一大圈马。第一次是让上中农自献，自献就是你自己往外拿，上交。当时我父亲是当家的，我父亲就让大队的人愿意拉车马就拉车马，愿意赶就赶，屋里的东西还得适当地往外捐。那时候我父亲是当家的，我爷爷也说了："你自己自愿往外处拿，咱们先上账，等记好了再分给大家。"我父亲记账，谁献多少都记着，说是以后过好了就按这个单子再还。大家有好的皮袄、好布都往外献啊，还记了一大本账。当时分出去的这些东西，就给那些小户人家了。我父亲是当家的，我父亲在我们那屯子里人缘挺好的，小户人家可相信他了，上街买东西啥的，都让我父亲往回帮忙捎点儿。我妈对人家很好，我家那时候不是有地啥的嘛，我家那些小白菜生菜啥的都给他们。斗争的时候地都给他们了，那些分着马的啥的还都给我家送过来。我家一下地干活儿都有二三十个人，人家一看这老王家真是了不得。这车马人家给送过来了，我们家人还不分开，那时候还有一个给我们家干活儿的，好像也是一家大户人家的，我们还雇了一个打更的，这打更的还负责喂马。

就这样，以后我家的成分就由上中农变成了富农，这好像也是政策变化。变成富农之后就把东西重新给拿走了，就不让你自献了，人家过来翻了。我大嫂就把东西藏到碾盘子底下，人家一下子给翻出来了，有金戒指啥的，都是一些金银首饰，翻出来之后人家就打她，我大嫂就跳井了。那时候我们小孩子都跑了不在家，我上我姨家了。我有一个姨家是小户人家，挺困难的，我们就上她家躲去了，回来的时候听说我大嫂跳井了。她跳井之后我五叔他们下去给捞上来了，当时没有死。那时候我还没有上学呢，也就十多岁那样。我家成分变成富农之后，像念书、考大学都不行。我两个叔家的孩子，他们高中、大学都考上了，那时候大学也好考，但是不允许去上。我大嫂最后没有死，还活到 94 岁呢，我大嫂心肠可好了，她自己不吃不喝的，很可怜那些穷人，那些穷人来要饭，她没有不给的。批斗的时候有好多人看，像批斗恶霸富农的时候，我父亲他们都得去，去就得站着。那时候开会一般都在小学，我还在上小学呢，斗地主啥的都是在学校，我父亲就站在我们前面，低头都不让，就让我们看着前面挨斗的。我对儿时的印象挺深刻，上学之后寒暑假就在家待着，毕业以后就上长春来了。

二、青春年华 追逐梦想

1. 初中时期经历反右派斗争

反右斗争的时候，我们班主任被打成右派，他老爹就是老右派。我那班主任教数学，很少说话，讲代数讲得挺好的。我们班主任最后下放到三岔河去了，去了之后还有一个教美术和体育的老师自杀了。被打成右派的老师总单独开会，让他们学习，总是学到半夜，白天还要给学生上课，晚上还得挨整、挨罚，时间长了他们就受不了了。那时候学校厕所上面有个钉子，这个老师可能早就注意到了，有个钉子帽凸出来了，他上厕所的时候一蹿高就把脑袋扎破了，当时就死在厕所里了。学生也有被打成右派的，算是“准右派”，不是正式右派，我们班就有一个那样的学生。“人们吃钢球，得亏王老头”，这是我们班的一个学生说的，他被打成右派还不让毕业，连初中毕业证都没给。我们单位也有一个是被打成右派之后过来的，他退休之后还办了一个补习班，我儿子在那补习，我也经常去看。他年轻的时候主要是搞外事的。反右斗争的时候，他在日记本上写了一篇“小大人物论”，把鲁迅和毛泽东作比较，说鲁迅是小人物，毛泽东就是大人物，就整了一个小大人物论。这个日记本叫人家给翻出来了，就拿给讲师了，那时正好是反右斗争讲课，完了就把他给打成右派了。打成右派之后就遣返原籍，他的原籍是长春，那时候是省建三公司，他就到省建三公司了。这个人特别有才，在经理办公室当秘书，有些经理发言稿都是让他写，长得可帅了。上学的时候也就是反右之前，就不唯成分论了，但是一到初中开始反右斗争就不行了，就唯成分论了。我对这些还没有多大印象，我总念书，也很少在家啊。后来我二哥那个儿子结婚的时候，他找了一个生产队长的姑娘，结婚是操办了还是咋的，结婚当天就没回家睡觉，被逮到乡政府还是逮到哪了。不让操办，地主富农操办能行吗，他找的是地主富农的姑娘。当时地主富农都不好找对象，人家贫下中农谁跟你啊？地主富农那时候可不行了，家都给你分了，另外你还没有地位。我姐姐就找了一个穷地主，她家那地方就可不好了，我那两个外甥的媳妇都不咋地，现在时间长了瞅着都挺好，真的像人家评价的那样，就是没人要的。我这个小侄儿还不错，他爸爸是生产队长，人家姑娘就相中我们老王家了，非得跟我这侄子过，我们老王家这些人吧，说的媳妇都挺好，人家都是上赶着给的，都挺好。

2. 大家庭分家

1957 年的时候我正上初中呢，但是那时候家里挺困难的，我就休学了，这一年我家开始分家。刚开始休学的时候，我的班主任老师就觉得挺可惜的，我家当时在五台，我的学校在德惠二中，离我家有 40 里路，班主任就亲自跑我家去了，去了就动员我，了解情况。我跟她说我家太困难了，我哥哥还在中学没有毕业呢；另外呢，我大侄儿还比我低一个年级，我就说我不想念了。班主任就说先给我办休学，免得以后我后悔，她回去之后就给我办了一个休学证。我在家休学半年就后悔了，就到学校找我们老师。老师说我在学校的学习成绩挺好的，我之前是上了半个学期办的休学，现在再上就等于重复半年，她让我还从二年级第二学期开始念，我就又回家了，等到下学期再过来接着念。我回家之后就在生产队挣工分，天天就在地里劳动，铲地、除草啊，女的也就能除草啥的，到秋天就扒苞米。生产队长正好是我的同学，当时是男的一队女的一队，有男队长还有女队长，女队长就领着我们这些女的干活儿，她挺照顾我的，每回都给我满分。就是秋天，那个时候生产队还种甜菜，就是熬糖那种甜菜，一般女的会偷偷用筐往回拿什么的，我家人都不敢整，我就敢，因为我同学是队长啊，她不说我。

我在家的时候正好赶上分家，那时候我家 50 多口人。为啥分家呢，我父亲是当家人，每次整回来的粮食一顿两顿就没了，供不上吃啊。当时是 1958 年开始搞“大跃进”，那时候还有自然灾害，又搞“浮夸风”，没有产量就硬往上报。那时候“浮夸风”特别严重，村子里的干部都往死里报，没打那么多粮食却报很多。大队里都是上你家硬拿，没有余粮也说你家有余粮，都得往上捐，就让你自己往上面献，献的一点儿粮食都没有了。家里都没有粮食，这当家的整回来的一点儿粮食，或者把家里的一些破烂卖了再买回来一点儿粮食，拿回来一顿就没了，总这样，我父亲就愁啊。1958 年的时候，东北好像还挺好，就像我后来上班吧，单位来了一个从山东、河南那边过来的，带的那个饽饽（馒头）就是棉花籽做的，饽饽光裂口子不长毛，啥也没有，干巴巴的，人吃那些东西大便能便下来吗？他们就说他们家老人大便便不下来啊，人都是憋死的。分家是我祖父提出来的，当时我父亲当家，我祖父一看我父亲从外头整的那一斗粮是 50 斤左右吧，一顿两顿就吃没了。我祖父一看这不行啊，就说分吧，就合计合计分开了。

那时候在生产队没有地啊，分家可好分了，都是按劳力分家。像我哥哥还在念书的，就不是劳力，分家的时候就没有他那份，我三哥没有分到，我大哥、二哥都分到了。小子念书的不给分，我们这些姑娘就更分不到了。分家的时候我祖父还找人立字据啥的，一股一份都得写上，分家的时候我正好休学在家，那个分家单子是我给写的。我祖父找来的人都是他家的亲戚，都是他的外甥啥的，他们来给当的分家人。他们就劝我祖父跟着我老叔，我老叔是老师，之前在哈尔滨，我祖父总是想他，就把他给叫回来了，叫回来之后就在小学教学。但是跟我老叔吧，我祖父跟我老婶不对付（不和睦），之后我祖父就跟我老婶吵架，非得上我们那去，我父亲要是不答应我祖父就说要撞死，后来我父亲答应了。就这样我祖父就跟我们了。跟我们以后，我老叔心里也不舒服。我祖父跟我们一年多就去世了，死的时候也没有啥，那时候地都归公社所有，我祖父就一间房子，也给我老叔了，我父亲也没有要。其实刚开始都说好了，老爷子跟谁房子就带到谁那里，我父亲可能也提过吧，但是我老叔在村子里头教学，大伙都向着他说话，这事情也就拉倒了。其实为啥分家？就是因为粮食不够吃，再一个就是因为我家最后定为富农，定为富农之后，这牲口、粮食都让人家拉光了，不够的话就在外面借。

那些年生活特别困难，都吃苞米面，连高粱皮都吃。我那个二侄儿就是饿死的。当时冬天净吃白菜，树皮都扒光了，苞米叶子、苞米皮子啥都吃。我那时候在长春正好怀孕，城市里也是定量配给粮食。力工是48斤，居民是27斤半，这是一个月的量，我们干部是31斤。我精简回家的时候还一直吃着31斤呢，其实我应该吃27斤半，后来给我吓得赶快往上面那个管理处报，那时候是叫居委会还是啥的，给忘了，就怕他们往前扣啊。但是我一点儿也没有挨饿，吃定量的时候，我怀孕反应大，吃啥吐啥，一直到6个月才能吃点儿东西，还得喝稀的，所以我休产假回来从单位拿回来好多粮食和粮票。我家老头也没有挨着饿。那几年真是饿死老多人了。那时候粮食都要上缴，还得国家签收，另外在生产队干活儿谁也不好好干，产量特别低。苞米哪像现在说的亩产千斤的，那时候都是三四百斤，差太多了。生产队那时候都糊弄，自己家的自留地倒是长得都可好了。现在电视上都倡导节约，现在粮食浪费得太厉害，我们那时候可了不得了，树皮都没有了，就那苞米叶子都吃。我大侄儿没被饿死，但我二侄儿都20多了生生给饿死了。我家那时候刚分开，但是还是在一个大院子里过。我听我四婶说，人家火盆里烧的不是有土豆嘛，那些孩子也不管火烫不烫扒开来就吃，饿的孩子脸皮都不要了。我在长春上班的时候，我大侄儿来我给他拿了15斤粮票，还有些钱，我大嫂总也不忘啊，她活着的时候我回家她总说，总也不忘。我知道我大哥拿着耙子上地里搂白菜，我一听那样心里可难受了。要不我那个二侄儿能活那么大就死吗？我母亲舍不得吃，就给这些孩子留着啊，那时候不在一起啊，都分开了。在南方老人死老多了。那些年赶上歉收，还有虚报，没有那么大的产量就往死里报，这粮食都交上去了。

3. 1958年之后的生活

除“四害”运动的时候，我还在学校呢。那时候全国都在打麻雀，我好像是在读中学，那是1958年。我参加工作以后好像就忘了这些事。除“四害”，学校就要学生交老鼠尾巴，还要麻雀的腿、爪子什么的。农村有那个夹子、扣网啊还是什么玩意儿，那时候城乡都是那样，拿着扫帚不让麻雀落地，那麻雀飞来飞去不就累死了嘛。老鼠害处大，到处挖洞盗粮食。我还在农村小学念书的时候，在田地里有一种叫“大眼人”的动物，学名不知道叫什么，挖它们的洞的时候，里面储存老多黄豆了。它们都能存个10斤、8斤的。1958年还赶上“大炼钢铁”，我当时还没有参加工作，但是省建筑公司都在炼钢，那时候净是扯淡，成天一宿一宿地不回家，也挺耽误工作的。1958年“大炼钢铁”，我们建筑公司哪有这方面的明白人啊，我们主要是负责生产锅炉的。

1956年、1957年的时候搞深翻地，那时候我还在上中学呢，深翻地就是把下层翻到上层，都翻老深了，翻得挺软挺软的，就下去种，谁要是小脚，总是陷进去，一陷进去就陷好深啊。我五婶是小脚，深翻地的时候她总是坐在地上抱着脚哭。那时候让深翻地，还要做梯田。这深翻地不一定好啊，上面的土不是有枝叶腐烂吗，它不就变成肥了嘛，你往下翻，哪还有了？那能长庄稼吗？那时候集体制净坑人，人家不跟你好好干啊，现在产量为啥那么高，那时候也不出粮食啊。深翻地的时候我在学校就没去，我家成分不好，所以你就是小脚也得去啊，深翻地都能挖一锹多深呢。那时候还成立集体食堂呢，家家不做饭了，都一块儿吃饭，吃饭都是按人头给。集体食堂好像是1958年、1959年那几年，老人都得上食堂去吃，我祖父没了之后我父亲还得去食堂吃呢。改革开放以后政策挺好，产量也高了，那时候人咋就挨饿呢。

4. 我考上榆树师范了

我初中毕业的时候，我有个哥在长春长建一公司，这个公司正好在胜利公园有个展览会，各行各业都在那展览。我中考毕业之后就来长春找我这个哥哥，他就把我安排到展览馆。我现在的婆婆，当时还不是婆婆呢，她那时候总给我公公送饭，他们就相中我了，寻思我是农村的，还回去干啥啊，就在这厂子找个对象得了呗，他们就托我哥哥家的邻居给我做介绍人。后来我家老头回来了，我俩就见了一面，就在胜利公园那附近走了一圈，我也没有看清他长啥样。回来后我嫂子问我家老头长啥样，我说没看着啊。我嫂子还乐，说走一圈回来了竟然没看见长啥样。我家老头那时候在四平，他之前是在哈尔滨机工学校上学，毕业后就分到了四平。回到长春看完后也没有表态就拉倒了。我那时候学校录取通知书正好下来，我考上榆树师范学校了。我家那时候有 3 个学生：我大侄儿、我老叔的儿子，还有我。我们 3 个一起毕业，我和我大侄儿都考上了，他考上德惠师专，我考上榆树师范。通知书给我邮寄到长春后，我就拿着通知书找我现在的公公，我就跟他请假说："我考上榆树师范了，我得回学校去了。你要是相信我，就等我 3 年师范毕业后再来谈我与你儿子的婚事。"当时我公公就把头低下去了，那天晚上他们老两口就上我嫂子家去了。我告诉他们我 3 年后再回来，那人家能干吗？他们就这样走了。

5. 难圆上学梦

我就回我们公社那里去取户口，管户口的那个人叫孙山，我们还算挺熟的，他也知道我家的情况，但就不给我户口。那时候学校都是按户口供饭的，我 1958 年初中毕业正是粮食紧张的时候，那关里不知道饿死多少人呢。正好我们那里的学校也缺老师，他让我当民办教师，我就跟他说我家挺困难的，他就说一个月给我 25 块钱。我不干，我俩就说崩了。这户口就没有给我，我没有户口也没有办法去学校报到。其实那个户口在他那搁着也是白费，没有户口学校就不收我。那时候我还有两个同学也考上了，他们都陪着我一块儿去取户口。但是学校就是不给，最后他们两个就走了。后来我没招了，就回去找我父亲，我父亲让我还来长春找我哥，让我来长春先干临时工。

三、家庭与事业 平衡与抉择

1. 我结婚了

这样我就又回长春了，我婆婆一听我又回来了，就赶紧去我哥哥家去了，马上让我回那个展览馆。我与我丈夫就之前见过一面，我只记得他眼睛挺大，挺精神的，其他的也没有看着。那时候我都已经 20 岁了，但是就没寻思过这种事情，就觉得这婚事必须得老人做主，自己没有想法。那时想法挺单纯的，我家 6 个孩子，3 个男孩 3 个女孩，我是最小的。我对这些事情不太了解，我 20 岁的时候，也就刚初中毕业，才来的例假（月经）。反正我就这样跟他们成了，成了以后这个展览馆也结束了，我公公就给我在长春安排工作。我丈夫是学车工的，我公公就给我安排让我学车工。好像 20 世纪 60 年代以前吧，这些工人都想学技术，就是提干也不愿意干，这工厂一般都进不去。比如铁工厂吧，那里初中毕业的都没有，就是 6 年（小学）毕业的也很少，特别是女的，就我一个。学完车工，我跟我丈夫就在 1959 年 5 月 2 日结婚了。我们结婚的时候，我丈夫在吉林省邮电学校，学校就有乐队来，也有主持人，新郎新娘在婚礼上也可以唱歌。我结婚的时候正是农忙的时候，我父母没有来，就我嫂子、我姐她们来了。那时候也没有啥嫁妆，结婚的时候我婆婆给我做了一个小花缎子衣服，还有裤子，基本上都是婆家给买的，我家那时候困难，我们也没有要男方家钱啥的。那时候不讲这个，像我儿子结婚的时候，这媳妇家也啥都没有要。我丈夫也挺苦的，他 10 多岁的时候亲生母亲就去世了，他爸爸那时候在朝鲜打仗还没有回来，他和他妹妹就在他二叔那，他弟弟跟着他爷爷奶奶。他念了6年小学，毕业就参加工作了，那时候沈阳有个砂轮厂，来哈尔滨招学徒，他就考上了。体检的时候体重还不够，就在兜里揣石头什么的。人家是不够百斤的不要，他当时也就十七八岁，哪能够百斤嘛。

2. 户籍影响了我的工作

结婚之后我就在长建一公司铁工厂工作，但是没有户口也不行，单位让我回去起户口，我知道起户口不给啊，起户口那人还说："有我孙山在，你王雅琴的户口别想起。"后来我们单位的其他两个同事也去起户口，我听他们说，那个管户口的孙山，把抽屉一锁，门一推走人了。给我们扣下来了，我这户口始终就没起过来。我结婚的时候在单位落的集体户口，后来户口没有起过来，还给停了一段时间呢。我户口起不来，就不能上班。后来我哥哥就跟单位经理说："我妹妹没有户口，回去起户口没有起过来，现在工作都没有了。"我哥哥喜欢打球，这个经理对篮球也很感兴趣，他们就玩到一块儿了。后来这个经理就找他们那个厂里的厂长，他们还开会讨论一下，之后就让我在长建一公司一厂上班，一厂在孟家屯。到那之后正好拔了一两天草，完了那个卫生所缺护士，就让我上那当护士。到1962年正好生我姑娘，休产假时正好单位精减，我还是集体户口，我就拿着集体户口到单位，我说我要生孩子，正好跟那个管户口的一说，他就把我的户口从集体户口中分出来了。但是分出来之后印的是集体户口的戳儿，拿过来以后我婆婆找的人。清河派出所有一个人原来是我们一公司的电工，后来调到那派出所了，他家原先挺困难，我婆婆以前是街道妇女主任，跟他家挺好的。就跟他说了这事，完了集体户口就把我那个户口给分开了，就给我落下来了。我婆婆还把我原来的底子给撕了，不然你总会有集体的户口。我为啥和户口岁数不符呢，就是落集体户口也是我公公和婆婆他们帮我落的，所以就把我的岁数整错了，生日还对，就是年龄不对。我现在户口档案里的出生年份是1940年，身份证上也是，所以我只好退休得比较晚。后来生孩子正好赶上精减，精减之后就是按照家属待遇了，要不然你户口在哪就得上哪去。那时候我丈夫在那个邮电学校，就是红旗街那个邮电学校，他在那当实习车工，他们那边有个方老师，他爱人家是公主岭的，他都落户口了，但是精减的时候还是把他打发回家了。那时候我都有户口了，反正管户口那个人挺固执的，岁数已经挺大了，后来听人家说“文化大革命”的时候死了。我家里的户口就一直没有迁过来，一直在家放着，就不要了。

3. 创建“五七”家属连

我刚参加工作是在长春的铁工厂学车工。车工就是开机床的，这铁你让它变成圆的就是圆的，我学车工的时候就学它，我都会。我有户口之后就在长建一公司工作，当时公司就在长春的通化路。后来在 1965 年，我们公司为了响应毛主席“深挖洞广积粮”的号召，企业就进山沟了。我们整个长建一公司就搬到西安了。我丈夫是铁工厂的，厂里净是铁机械，他们部门进不了山，就在西安了。我在长春的时候是临时工，到了西安之后，大概是 1968 年的时候，我就与我们单位的同事成立了家属厂叫“五七连”，那时候也就 20 多个人吧，我与另外一个同事徐志芳我们两个是领导。回到长春以后家属厂就跟长春的公司合并到一起了，就改成建材厂，当时属于集体企业，等我退休以后就变成了全民企业，领导干部都是国家正式企业派去的。我们“五七连”是女的多男的很少，男的基本上都是单位借调给我们的。上级单位借给我们几个力工、机工啥的。我们单位 1970 年的时候已经正式成立了，我在那上班。我 1958 年开始在长春上班，最后工龄都给连上了。我们刚开始在西安办的是公司，叫“五七连”，后来又改成建材厂，最后又改成门窗厂，改了很多个名字，都是为本公司服务。我们是建筑公司，像人家修楼，需要钢窗、脚手架啥的，我们就做那些东西。我们家属连是自力更生，自己揽活、自己干，能给工人开支。我们厂是单位的附属企业，是为了本公司服务，像我们在西安的时候做锅炉，那时候家家都用锅炉，不想现在没有锅炉了。工作就是把铁板砸成半圆，这样之后才能上机器，我们天天就是打大锤。在陕西刚成立家属厂的时候，得亏人家上级单位，像挤压、焊啊，都是单位技术工人来干，我们就是出出力。后来技术都是自己一点儿一点儿培养起来的。我们这些女焊工都可厉害了，就跟男的一样上房架子什么的，背着电焊带来回走啊，都可胆大了。

我因为打大锤还受过工伤，那回受伤可给我吓坏了，我寻思我的眼睛要瞎了呢。我们那时候生产锅炉，打锤需要把着这个锤子，我们同事打大锤一下子打偏了，结果铁渣子蹦出来，一下子蹦到我的眼睛里了，当时就看不着了，一会儿眼睛就黑了。单位打更那屋有床，同事们就让我先躺着，躺一会儿就看见了，但是肉给碰着了，我寻思没有碰着骨头眼睛也得完了，眼睛得瞎了呢。但是最后也没有咋地，我休息了几天就上班了。

我当时在工厂还要出去揽活儿，回来得有一个预算。本来这个预算是我做的，但是后来给我提到生产科长，这个预算就让别的同事做了。但是做预算的这个同事身体不好，她总耽误活儿，所以这个预算最后我又接过来了。预算就是比如揽一个工程，这个工程需要什么材料，工序是什么，加工时间有多长，还有造价，这些都是从我们预算科出来的。做预算的这个人文化挺低的，她是后来硬学的。揽活儿都是在本市，很少上外地。我们是属于二建的下属处，二建下面有6个处，还有一个汽车队，一个构件厂，都是为本公司服务的。本公司有啥铁件什么干不完的，像那修楼的脚手架，不像是现在都是用管子往上架，当时都是钢结构的，都是焊上去的，就像做的那个棚子，就是屋子里躺着一排架起来，我们就生产那个。开始的时候就生产锅炉了，我们有工程师啊、焊工啊，有的焊工技术挺过硬的，生产大锅炉，就焊那些铁件啥的。后来不是改钢窗厂了吗，最后解体的时候是钢窗厂。我们虽然需要出去揽活儿，但是基本上都是本单位的活儿，各处都挺熟的，都认识，比较好说话，也就有个别倔的不好说话的。生产就是负责加工，结算预算造价啥的就是算钱，反正回来收钱的时候就不用我们管了。

我开始的时候在车间当车间主任，车间就是加工铁件、钢梁、脚手架啥的地方。我是车工啊，刚给我提上主任的时候我还跟领导说我不干，我说就让我到车床工作就行，最后还在车床工作，还得兼车间主任。那时候有两个学徒，别的活也干不了，螺丝啥的都是一大堆一大堆的，都是车床上的活儿。所以我有时候还得干车工的活儿，后来又提到生产科长，像我们单位有文化的不多，而且文化也不怎么高，顶多五六年级，我的文化在单位还算挺高。就跟前的这个交通学院，他们修体育馆的时候，上面的钢梁就是我们建材厂给安装、焊接的。焊工来我也跟着来了，那是一九七几年盖的。交通学院、吉大南校区、林业学校，我们都在那干过。当时也没觉得自己贡献那么大，现在回想起来确实是建设了整个城市。

4. 忙忙碌碌为工作

“文化大革命”的时候我在西安。我们在西安的时候，那些单位的经理书记受老多苦了，到各个单位去被批斗啊，有的让他们在地上爬。我回到长春以后，我们工地上有一个姓孟的，我问他：“‘文化大革命’斗你们，你们恨不恨啊？”他说：“咋不恨呢，恨。”我们单位遭批斗的人到最后基本上都平反了，工作也基本上都恢复了。我丈夫他爸之前是当兵的，参加过抗美援朝，回来之后就属于军人，他家之前算是地主，就因为参加过抗美援朝就给降为富农成分。“文化大革命”的时候我丈夫他们厂就让互相揭发检举，你要是不写“大字报”，就动员让你写，就那么着。我丈夫谁也不写，那时候都挺惨了，单位都不上班了，我中午回来给他做饭送饭，就看人家有写大字报的，我丈夫就在大字报上写“蒋明武闫光娣，一堆黑亲戚”。

“文化大革命”的时候，我老叔也挨处分了，我老叔念的是大学还是中专，不知道念的是什么专业，反正他毕业后就在黑龙江省铁力县，搁那教学了，成分是中农。那时候我祖父想他这个老儿子，就非得让他回来，回来的第二年家里就开始划成分了，变成富农了。给我老叔连累得够呛，人家要是搁那边还是贫下中农呢。我老叔是“文化大革命”的时候被整的，划右派的时候没有被整着。他之前在黑龙江的时候，日本岛有个“日观道”，有点文化有点知识的都得参加，我老叔就参加了这个“日观道”，小日本倒台之前，所有的居民必须参加他那个“日观道”。有一个比我大几届的姓夏的学生，他不知道是怎么知道的，就说我老叔是“日观道”的传教士，“文化大革命”的时候就把我老叔参加过“日观道”的事情给提出来了，我老叔也被关押了，整到德惠去，工资都给降了，结果后来说不是。我们单位还有一个叫殷书的，他也是哈尔滨那边的，他说日本在那边的时候你不入日观道都不行，日观道人人都得入。检举我老叔的这个人也当老师了，原先我上小学的时候，他还是学生呢。但“文革”的时候也被打成坏分子。他家成分好，但是他嘴大舌长，像他舅舅，他有两个舅舅新中国成立的时候被枪毙了，他们都是贫下中农。他们的罪名是歪曲党的政策，后来这哥俩就被枪毙了。我上小学一年级的时候，他们的妹妹和弟弟跟我同班，成天哭啊，两个哥哥被枪毙了。你说要是好，没有劣迹，能被枪毙吗？成天哭啊，家里还没有啥人，没爹没妈，他俩就在我一个大表姐家，我大表姐家就帮他们度过了最困难的时候，所以他们就很感激。

我感到那时候挺累的，但是也没有觉得灰心、抱怨啥的，一点怨言也没有，那时候的人都那样，还就挣那么点儿钱。就像我们这企业，工资10年一直不涨，就从西安回来以后，都一九七几年才开始涨，从1965年到1974年一直没有涨过工资。像我们那邻居，到西安才50多块钱，要养活5个孩子7口人。我家在西安的时候，有两个邻居都是50多块钱，一个6个孩子，一个5个孩子。我家那时候整的猪肉，邻居家的孩子不大，他们一看就上锅里抓着吃。我都给他们，像苞米面也总给。这家吧，总是不说话，就是再困难、再没有吃的也不吱声。不像另外一个邻居，她要吃啥人家就直说。当时的人真的是“一心想生产”，哎呀，我们有时晚上都加班到11点以后，给3毛钱餐费，那时只给餐费，平常干到八九点钟都是常事。早晨是7点半上班，晚上冬天是4点半下班，夏天是5点下班，但是正点回来的时候很少。后来我们干脆就是上班没有下班时间，工作不完是不能回家的，也没有加班费，那时候一天也就挣 1 块 3 毛 2 分，一个月就 30 多块钱。起早贪黑的，老早就得起来做饭。那时候还是吃高粱米呢，可不好熟了，都得前一天先泡上。饭菜都是自己带，就是单位领导也是自己带饭，单位不供饭。我们是建筑公司，那些工地上的活儿都是干完赶紧走，都是离家很远，工作地点不固定。我在构件厂的时候不远，在工地的时候得到西安桥外的南岭上班，特别远，冬天还带着大口罩，眼睫毛上全是冰啊，夏天还行。后来我怀孕就在汽车厂附近工作，我就挤公交车，但是挤不上去。在西安的时候，孩子小，我们工作忙，就雇保姆，等孩子大了就上托儿所了。到长春之后，我家与孩子爷爷奶奶住前后楼，孩子基本上都是她奶奶看着。

5. 多重角色的调和

1962 年生的我姑娘，我一共就两个孩子，一个姑娘一个小子，这个小子是抱养的，是 1972 年生的。生完孩子之后我跟我丈夫就出去立火（单过），我当时还在单位住一阵子。我婆婆挺刁挺怪的，没生过孩子（我这个婆婆是我的后婆婆，也就是我丈夫的继母，她没有生孩子，她原来的丈夫是国民党军官，解放的时候就被关押起来了，关押几年后才出来）。我俩回来她总挑拨，不是挑拨我就是挑拨我丈夫，我回来不吱声了，就说我丈夫。我俩那时候困难，我怀孕期间我丈夫就上学校住宿去了，我上单位住，不在家。正好生完孩子学校就给房子了，我俩就搬过去立火了。我坐月子期间正好我丈夫学校放寒假，我的月子都是他照顾的，我母亲那时候年龄挺大的了，就没让她来。

我生我姑娘的时候是胎盘和子宫粘连，第二天刮宫了，刮宫可能刮出了问题，就把子宫摘除了。我生我姑娘的时候 25 岁，生完之后因为子宫摘除了，所以连例假都没有了。我丈夫心底挺好的，他好像也没有太多想法，像我们这个岁数的人都是好几个孩子，但是他也没有说：“就这一个姑娘咋整，老了咋整?”他可能就觉得我身体不好，我剖腹手术，子宫都摘了，身体能好吗，他可能就顾忌这个，从来没有跟我说再要个孩子什么的。我婆婆也没有说什么，我这个老婆婆在我们单位都是出名的。我子宫摘之后就不能生孩子了，我这个儿子是后来抱着的。其实自从子宫摘除以后，我自己感觉挺轻松的，为啥呢，我这闺女小时候身体可弱了，一到冬天就住院，年年都是肺炎，总咳嗽，总生病，所以那时候都没有想再要一个孩子。预产科的医生也说别生孩子了，要是想要就让我跑一趟，她给我挑一个好一点儿的男孩，那时候私生子有的是。之前我有一个同事是山西县城的，他老家一个老太太的第八个儿子要给人，我就去领回来了。那孩子长得挺好看的，后脑勺也大，我姑娘就不愿意了，把桌子也推翻了，还用脚把她爸蹬掉地下。人家这老太太一看我姑娘不愿意，就不给了，我们想要也不给了，可能是怕他们孩子在我家受气吧。后来我姑娘上小学一看，人家都是有弟弟妹妹，我就跟她说:“看别人家都有好几个孩子，你有弟弟之后还能让他帮你干点儿啥事呢。”她后来同意了。我第一次是领着她去的，那时候是寒假，到人家家里一看，她没有相中，那孩子脸上有小包，再加上在农村穿得不好，我姑娘就没有相中。我丈夫徒弟的妈妈就跟我说，要是我姑娘没有相中就不要了。第二年我丈夫徒弟他妈医院的护士跟我，说有一个知青下乡插队，跟同学好上之后就怀孕了，这女孩爸妈在他们县城是首屈一指的干部，姑娘未婚生子他们受不了，就逼着这姑娘把孩子送人。我丈夫徒弟他妈就在那个县城当护士，知道这姑娘怀孕了，就问我们要不要，后来生了之后就告诉我们了。这孩子是我去抱的，他小时候可漂亮了，浓眉大眼的，我儿子现在也漂亮，就是太胖了。我因为没有怀孕就没有奶水，雇了一个保姆吃人家的奶，把人家的奶吃没了，就订奶，后来送到托儿所了。

我跟我丈夫的生活还行，我怀孕期间反应很大，一直到 6 个月的时候才吃进去东西。那时候都是定量，我因为怀孕很多东西都没有吃，最后我从单位走的时候，那大米、面、豆油都是成袋成桶的，拿回来那么些。我跟我丈夫一直没有挨饿，我俩的生活算是挺顺利吧。我丈夫跟我相亲的时候已经 24

岁了，他那时候在四平机械厂。他从哈尔滨毕业之后就分到四平了，他是四级工，那时候四级工很少，他的工资相对来说算挺高的，所以我俩一直没有挨饿。四级工那时候一个月就是50多块钱，一般三级工或者力工，就33块钱、40多块钱。到西安的时候他就70多块钱，那时候我们就3口人，我一个月是33块，我们两个一个月一百多呢。那时候生活费三四十块钱就够了，东西太便宜了，鸡蛋是一毛钱一个，菜可便宜了，比长春还便宜。我们家好像一直都挺好的，也没有饿着。

在教育方面我对孩子特别重视，在孩子小的时候，姑娘她学习不用我操心，都是自学，在红旗街住的时候她连电视也不看，就自己在屋里学习。等到这个儿子的时候，学习我可操心了，总是操心他也不学，不愿意学。我出差20天，他逃学18天。给他爸用录音留言说："别担心我，别找我，我不会学坏呢。"他同学的哥哥开个饭店，帮他同学做买卖去了。我回来的时候就去找他们老师，他当时在三十八中，老师就说把我儿子当她孩子似的，取奶什么的都让他干，但时间长了发现我儿子不好好听课。我跟我儿子一唠，他说："妈，要不别念了，我对数学一窍不通。"不念就不念吧，后来这工作找一次又一次的，变了很多工作。之后就在我们单位干临时工，装珍珠岩。有一天，我们单位劳资科的人告诉我们216厂（也是我们单位的）那块也招人，就让他去了。当时也不知道招人干啥活儿，光知道那边招人，就去排队，省公安厅来了两个人，我到屋里一看，那些孩子有歪戴帽子的，有抽烟的，就我儿子没有，就搁那老老实实地站着。他们一看我儿子挺标准的，就上跟前问我儿子，说他们缺一个人，这就去了。我又给他买的学习用具啥的，在那厂子干不到一年吧，非要上商校，那时候商校自费，一年9000块钱呢。我为这个孩子没少操心。

四、往事如歌 别样感悟

我是1992年退休的，退休之后先去了我同事的厂。给我们单位送货的王国学，他办了个珍珠岩厂。之前我们单位也整珍珠岩，珍珠岩就是一种沙子膨胀物。他整这个厂子我就去了，跟他干了3年。他没挣着完了还赔本了。他一个月给我1000块钱工资，他一分钱没捞着，还给他拉了饥荒，我干到1996年。我们单位2000年解体，下面还有2个处、3个厂子，都解体了。现在都是对外招标，但是投标招标争不过人家，争不过人家就没有生意，慢慢地不就黄了吗？整个单位差不多有一万人，最后人家经理就成立一个小公司，一些亲信、能手啊留下了，其他的都下去了。单位解体以后我儿子开烧烤店，我在那帮忙一段时间。1997年，我又给人家看仓库，那时候公司还没有解体呢。当时三处有个活儿，我们单位跟我都认识，就把我介绍去当仓库保管员。我去跟她们干了两年，一直到1998年。我帮别人干的时候我儿子就在整饭店，等我回来了就变成我儿子和我侄子整电脑。中间又有个同事让我跟他们干珍珠岩厂，干到2003年，回来之后就干街道主任了。当时是推选的，街道党支部书记退休了，他是我们二建的，他退休后就推荐我，组织开大会投票选的我，在街道干了三四年吧。年末有点儿奖品，都是些被罩、洗洁精啥的。

每次我与老伴出去的时候他们都挺羡慕的，我俩没打过架，没有大的纠纷，反正谁说的对就听谁的。我2010年因为脑瘤做了开颅手术。那一年过春节，我一个关系挺好的干妹妹，我跟她说，我说话前一句不搭后一句的，我是不是要得老年痴呆啊。她就让我赶快查一查，是不是大脑有问题啊？我就出去溜达，看到那个肿瘤医院的单子，我就说去拍个片子吧。哎呀，一拍片子，有一个5公分大的瘤子。不疼也不痒的，就是说话前言不搭后语。大夫就让我赶快手术，第二天就住院了。做手术拿出来鸭蛋那么大一个瘤子，脑膜瘤，是良性的。但是这个良性的吧，还容易长。那时候住院做完手术，丈夫告诉我一个月后复查，我就去复查，复查完挺好，我就学跳舞。我寻思在旧房子的时候，我们旧房子在红旗街，就建工学院旁边，那边拆迁了，说是2013年年末给分新房，到现在（2013年年末）还没有动静。在长影世纪城那边，有个70多岁的老太太之前教我们跳舞，我都跟着跳好长时间了，寻思落下就不好撵了，我出院一个月后复查没啥问题了，就继续跳舞。那些舞步我都会，就跳了两个晚上，到第三天晚上，老头把洗脚水给我打好了，我往床上一坐就不行了，迷糊了。第二天就上医院了，又住了半个月，说是一年以后再来复查。一年以后我又去了，我那主治医生说我这精神状态挺好的，没啥事；他又问我做没做过伽马刀治疗，我说没有做过，他就说我最好做这个伽马刀治疗。他给我介绍了二〇八医院，我闺女的前夫就在那上班，我就去找他了，他一看我这片子，说这片子挺好，就问我是不是最后一次照的。我这个前女婿就给我的主治大夫刘主任打电话，刘主任看我片子没啥事，就在他那又住了一段院。我回来后一直就挺好的，就是记忆力不行了，我看跟我这岁数差不多的人记忆力都是这么差。现在我天天下午打扑克，晚上6点半跳那个医疗保健操，现在不是学佳木斯舞步嘛，反正一直到8点回来。虽然累，也出汗，但出完汗觉得舒服。反正我能坚持住，也不觉得太疲劳咋地，回来睡觉也睡得香。自从我开颅手术以后，我老头、姑娘、儿媳妇都对我可照顾了，我这儿媳妇整大头蛋白质粉啊、营养品啊给我吃。我原先可瘦了，就90多斤，出院以后，总吃这玩意儿，达到110斤，那时候是最胖的，现在我是一百零七八斤吧。

年轻时候一般都是我做饭炒菜的，现在做饭多数是我老头做，我焖饭他嫌硬，我炒菜他嫌弃说我不勾芡什么的。我这是住院以后他才做的，以前也都是我的事，我手术以后他管起来了。现在拖地什么的都是我姑娘他们做，我要是接手，那就没人管了，就会成为我的专利。

访谈员后记

王雅琴，1937 年出生于吉林省德惠县五台乡，上有 3 个哥哥，分别是王生国、王生义、王生礼，还有两个姐姐王生英、王亚复。1962 年与丈夫闫光娣结婚，婚后育有一女闫晓蔚，并领养一子闫浩。在希安家政公司总经理谢晶女士的介绍下，我认识了这位老人家，老人给我的第一印象就是乐观和善。跟老人真正接触之后，我被她的故事感动了。老人的经历代表了平凡人的不平凡人生，老人出生于旧社会的富裕家庭，家中男女有别，各有所职，她在父母的支持下步入学堂，但因为户口原因没有机会上大学。婚后生育时因子胎盘粘连摘除了子宫，但是丈夫一直没有任何怨言，两人相扶相持走过一生。她对待工作认真负责，与同事共同创建长建一公司的家属连，为长春城市的建设付出了辛勤汗水。退休以后没有减退对工作的热情，仍然继续工作，为儿女付出。通过与这位老人的接触，我感受到了老一辈人的工作热情与认真负责的工作态度，他们无怨无悔、默默奉献的精神值得我们年轻人学习。

一名铁路家属工的苦乐人生
——刘金芳访谈录

- 访谈时间：2013 年 8 月 16 日 14:00—15:30
  2013 年 9 月 7 日 13:00—15:00
  2013 年 9 月 28 日 14:00—15:00
  2013 年 12 月 13 日 14:00—15:00
  2014 年 1 月 6 日 9:00—11:00
- 访谈地点：长春市颐寿轩老年公寓
- 受 访 者：刘金芳
- 访 谈 员：朱淑鑫（东北师范大学马克思主义学部社会学研究生）
- 整 理 者：朱淑鑫（东北师范大学马克思主义学部社会学研究生）

编者按

受访者出生于一个普通的家庭，她用自己的智慧与勇敢创造出属于自己的一片天地。受访者娓娓道来，为我们讲述了女孩子在家庭中与男孩子不同的待遇，年少的她如何想办法去争取受教育的机会，如何利用智慧走出家庭，以及如何去积极争取属于自己的权利。

一、家世背景 童年记忆

1. 战争的记忆

我叫刘金芳，1935年出生于山东济南肥城县。我有3个哥哥和1个弟弟，他们分别叫刘天元、刘天增、刘天奎和刘天祥。我爸爸叫什么我记不住了，就记得别人喊我妈刘周氏，我妈妈姓周。抗日战争的时候，有官兵到每户每家去抓老爷们儿干活儿。我爸爸和哥哥也被抓走了，抓的时候我妈妈还追上去，别人就把我妈妈给绑起来了。我那时候特别小，也不敢吵吵，就怕他们把我也给抓走。从此以后，家里就剩我妈妈、我弟弟和我。我们3个在家种地，啥活儿都干。一直到我8岁的时候，我爸爸和哥哥才回来，回来的时候都是一身病啊，我爸爸总是咳嗽，我妈妈就天天给他熬中药喝。我8岁的时候，我父亲就去世了。那时候我家是开豆腐坊的，就是用小毛驴拉磨磨豆浆，磨完豆浆然后整成干豆腐卖钱，我三哥就背着豆腐到集上卖。我家那时候还种线麻，线麻成熟的时候就剥它外面的那个丝卖钱。刮大风或者下雨的时候，要是线麻有一点弯曲就会赔钱，因为它容易折啊，一折的话那个麻线就剥不下来了。要是赶上这一年收成好，我哥哥在那地里高兴的啊，终于有钱可挣了。我们会把麻线整得一捆一捆的，整得不干不湿的。线麻成熟的时候，别人家就会用喇叭告诉我家这个成熟了，他们就是为了要里面的那个杆子，那个杆子能烧火。有的时候他们帮我家拔的时候就故意整断，他们回去再剥可以卖钱啊。老多人上我家去拔麻，别人家也种，但是这东西离不了劳力，我家劳力多，他们家都没有我家种得多。我当时还小，他们帮我家拔的时候我会在那看着，他们就会招呼我说："姑娘，你干啥啊?"我就说："我啥也不干，我瞅瞅你们谁干得快。"我那意思就是别剩得太多，我就在那看着他们，不然太坑人了。我对战争的记忆是从七八岁的时候开始的，飞机总在头顶上飞过，还时不时地扔下炸弹，我那时候还比较小，也没有文化，记得不是很清楚了。

2. 不愿意裹脚

我家非常封建，我小的时候我妈妈就给我缠脚，但是我自小就比较犟，我非常不愿意裹脚。她只要一离开我就把那裹脚布给拆掉扔了，她总不能时刻看着我啊，我爸爸又不管我们这些事情。裹小脚的时候特别疼，必须把骨头都缠变形了，那脚趾头最后都裹到脚底下，看着就特别疼。我小的时候大部分女孩都裹小脚，但是跟我们同住一个胡同的邻居她就没有裹小脚，她的脚还挺大的，可能她家就没有那么封建呗，但是村里一些男人就说大脚不好看。

3. 想方设法上学

我家让男孩上学，不让女孩上学。让我小弟弟上学，就是不让我上学，只让我在家干活儿。我家那时候属于中农家庭，中农上面是富农和地主，我家那边地主和中富农多，穷人倒是很少，我家有车有马，还有犁，就是给人家耕地用的，我哥哥靠给人家耕地挣钱。这 3 匹马需要喂啊，平常都是喂豆饼和草。有卖草的，但是我哥不是舍不得花钱吗，就让我割草。我哥哥他们还需要干其他农务活儿。我妈妈是小脚，农活儿干不了，只能在家干家务活儿。我弟弟要上学，所以割草这活儿就落到我身上了。关里那时候可热了，我就天天背着那个筐到山顶上、道边割草供这 3 匹马吃。别人家的地肯定不让进，我就去大坝上割草。大坝上长着苇子，苇子就是用来编扫帚的东西。但是大坝上也有别人家的东西啊，别人知道后就告诉我妈妈了，我妈妈拿着扫帚就打我，意思是让我记住疼，不能再割别人家的地了。但是我不割别人家的我也割不着草啊，割不到草也会挨打的，后来麦子长高之后我就割麦子。我妈妈知道后还是打我，我那时候身上都是青的，我就天天哭啊，哭够了之后还得去干活儿。不干这个活儿就得干那个活儿，没有闲着过。有一年，我哥在家种大倭瓜（南瓜），但是别人总偷，他们都有活儿要干，所以就让我去看地。我就十多岁，还是一个女孩，让我去看地，我就跟我妈说，我去看地，什么时候狗把我吃了就好了。看地也没有吃的，我饿了就吃青豆角，困了就趴在地里睡觉，有时候我妈妈给我送饭都找不到我，找半天才看到我在地里躺着睡着了。按理说我家全是儿子，就我一个姑娘应该吃香，但其实不是。不让我上学，还总让我干活儿。我弟弟不愿意上学，他还不好好学习，我挺聪明的，愿意上学却不让我上，要是让我上学这钱肯定不会白花。但是也没有招啊，我说了也不算，不像现在的孩子都特别会讲道理，我也讲不出来啊。那时候因为上学这事情总跟家里闹，但还是不让我上学，就让我弟弟上学，那意思是我弟弟上学能当大官。

我那时候就会动心眼了，我就想法子怎么感动他们，让他们答应我上学。其实我家人都挺能干活儿的，包括我妈那么大岁数了，还很能干。不让我上学我就溜须（讨好）他们，我寻思我做好点儿他们还能不让我上学吗？我家那时候磨豆腐需要提前泡 6 大盆豆子，头一天泡上，然后第二天早晨再磨，这 6 盆磨出来之后再整成干豆腐卖。我家一天到晚就忙乎这玩意，我那时候就寻思怎么感动他们。没等他们起床呢，我睡醒一觉就赶紧起来，那时候天还没有亮呢，我起来后就把那个磨驴子套上，就一勺一勺地添，我把 6 盆豆子都磨完了，他们还都没有醒。我把豆腐盖上，怕耗子吃。磨成浆了也都盖上，他们还不知道。我哥哥到点醒了，去套驴子磨豆子的时候，一看都已经磨完了。我哥就问我其他两个哥哥是不是他们磨的，他们都说不是，然后就问我妈妈，我妈妈也说不是。接着问我，我就说："咋地啊，我做坏事了？"

我就这么说的，他们都乐了。我哥哥笑着说："做啥坏事啊，你没有睡觉啊？"我说："睡啥觉啊，我就一勺一勺干那个了。"他们就感动了，就让我上夜校了。我可高兴了，我天天在上学的道上背书啊，我们家在村子的这头住，学校就在村子的那头，在两个不同的方向。我就拿着书边走边背，不会的就问别人，也不嫌磕碜，就怕到学校的时候老师问我我不会啊。我没啥事就总回忆这个情景。但是我上学太晚了，跟不上趟了，那时候我都十五六了，就干学也学不会。

二、青春年华 追逐梦想

我从8岁开始干活儿一直干到18岁，就像男人一样，扫院子、种地、割草、喂马等，什么活儿都干。就这样到了十七八岁，我就开始动心眼了，想造反。我想：在家干活儿那么累，还不让我上学，我就不干了。当时村子里有夜校，就是没有文化的人在那儿学习，白天干活儿晚上在夜校学习。我妈妈不让我上夜校，夜校的学生就给我出主意，让我找村长，跟村长反映情况。后来我就找村长，我跟村长说："我家人不让我念书，没有供我，总让我干活儿，还总是打我，我还是个女孩，在家也学不到啥，我给你们干活儿，我还能学点儿东西。"村长刚开始不同意，说："你也没有文化，你能干什么啊，也不能写。"我就跟他说："我能找别人替我写。"

村长后来就同意了，我就开始在村上干活儿。村子是归乡管的，村上有这么一个活儿，就是给乡里送信，我刚开始就干这个。刚开始的时候我妈不同意，说什么也不让我干，还打我，她打我我也要去，那时候她就管不了我了。她不让我学习光让我干活儿，我能听她的吗？搁那儿开始我就在村子里干，在村子里组织开会、送信啥的。我一直干得挺好的，后来村子里选村长的时候，我就被选上了。那时候我已经是大姑娘了，在村子里当干部了。当干部之后我就来回跑啊，有什么事情都让我去办，干得可好了。我在村上工作的时候，村子里管饭，当时有那种长馒头，我把没吃完的给我弟弟吃也不给我妈妈吃，当时心里就憋着一股气，现在寻思寻思还挺乐呢。我跟我兄弟姐妹的关系挺好的，我弟弟打工的时候，因走路太累需要一个自行车，那时候他也买不起自行车。别人就给他出主意，让他管我借钱，意思是借，等有钱了再还给我。一个自行车才多少钱啊，我就给他邮了300块钱，还让别人代我写信叮嘱他好好工作，争取能当上正式工人。他是在煤厂上班，买完自行车之后还把跟领导照的相片寄给我几张，写信跟我说听我叮嘱他之后激动得都哭了，他那个领导也激动得哭了。他打那之后就好好工作，最后在煤厂也成为正式工人了。当村干部当到19岁的时候，村子里的团员就让我入团了，刚开始我还推辞，认为自己没有文化，没有资格入团呢，但是人家说我脑袋行，工作干得还挺好的，就让我入团了。当时在村子工作的女孩很少，就我自己，虽说作为女人在村子里工作，但是我工作认真负责，所以工作还是挺好开展的。你只要好好工作，别人一般都会支持你的。你就是有文化，如果不好好工作，也是不行的。现在我儿子还总是表扬我："妈，你这辈子可真行，我爸爸可尊重你了，就知道你这个人人好，工作也好。"他总问我这辈子咋想的，这么勇敢。我就跟他说："好是啥样，你好好工作就是好样的。"

三、家庭与事业 平衡与抉择

1. 巧遇姻缘，来到长春

我丈夫年轻的时候来长春铁路工作，是这边的铁路正式工人。他在山东的老家与我家就隔10里地，中间有一条河。我20岁那年，他回老家看他母亲，我没有结婚，他也是单身，所以村子里的人就想把我介绍给他。他当时回老家看望他妈妈，他妈妈的一个亲戚在村子里做生意。我当时正在村子里工作，主要是负责给各个村开会送信，他这个亲戚就认识我，并且对我的印象挺好的。他回来之后，他这亲戚就跟我说了他的情况，让我过去看看，那意思是如果我相中了就让他把我领走。其实我那时候想婚姻这事想得很少，就是想着好好工作，人家能给我开支，没有说像别人那样，年龄一到就结婚生子。我寻思找对象是早晚的事情，先看看吧，万一相中了呢。当时跟我这个丈夫见面的场景我到现在还忘不了，他长得挺好的，人看着也老实。当时他这个亲戚把我领到他面前，然后他母亲和他这个亲戚就走了。当我知道他是从长春回来的之后，我就不同意了。因为啥呢，我在村子里干得挺好的，也是村子里的干部，像我这样的女性在当时很少，我以后肯定过得也不差，找对象也会找一个好家庭的好小伙。而且我这边的工作干得正是红火的时候，我是村长了，也入团了，他一回来就说把我领走，所以开始的时候我就不太同意跟他来长春。我丈夫在长春工作好多年了，他也上过学，有文化，心眼算是挺多的。他就跟我说：“你还是跟我走对，你待在这才错呢。你在这多累，毕竟是农村，就是在村子里工作，以后也得干农活儿。你跟着我走还能学点啥。”后来三说两说的我就真的同意了，就跟着他上长春了。

我老家是山东济南那边的，与长春相距好几千里地呢，大概有2000里地吧。我丈夫老家是山地，他们家在山上住，挺困难的。所以他为了挣钱，就来到长春并在长春铁路工作，他因为干得好啊，就转成了正式工人。转成正式工人以后就迁过来了，他比我早来长春好几年呢。他是铁路上的工人，所以我就跟着他在铁路上工作，算是铁路家属了吧。我丈夫那年回老家并不是特意为了把我领出来，我们之前并不认识，他是为了看他妈妈，顺便相中我了，但我这人挺好的，我一不爱吃，二不爱穿，就一本正经地对待他家老人和小孩，你说他能不知足吗？他对我挺好的。我俩来长春之前还得转户口，因为要跟着去长春，转户口还得卖粮食，只有把那份粮食卖了才能给我迁户口。我现在的户口还在小儿子家呢。我21岁那年来的长春，来之后我俩就有了第一个孩子。生了这个孩子之后，还没等掐奶（断奶）呢，就又有了第二个孩子，我说没事净生孩子了。但是当时都是大伙帮着伺候，都挺好的。来到长春以后，生活也挺好的，我就天天伺候孩子，每天就抱着孩子搁铁路上玩。

2. 开明丈夫，甘当家庭“煮夫”

我丈夫和公公婆婆并没有介意我生男孩还是女孩，我丈夫认为生啥就是啥。刚开始我丈夫不让我工作，他认为家里有家务，还要伺候孩子，就不让我去工作，但是不工作家庭开支就不够啊，我还是工作了。在家待着也是待着，一是不得劲，再一个就是没钱。你工作的话，能挣多少是多少啊，挣点儿是点儿。当时我在食堂工作时，有时候赶上食堂会餐，要去屠宰场买肉，买猪头啊，猪肠子啊，要大盆大盆地洗，洗完之后给他们做。我这边家里还有两个孩子，我工作上很忙，也很少有时间管孩子。所以一般都是我丈夫送孩子上托儿所，等到放学的时候也是我丈夫去接孩子放学，我没有时间啊。我在区里上班的时候，天天背着孩子上班，背着孩子坐汽车，但是我的腰不好，所以一般是我丈夫送孩子上学。孩子小的时候，如果实在是太忙了，就会把孩子送到关里，让他爷爷奶奶给看着。我们这几个孩子小的时候总去关里，等长大了就去得少了。他们小的时候我没有时间管他们啊，所以就让他们奶奶管，等孩子到上学的年龄他们爷爷就给送过来。我儿子自小也懂事，我丈夫没有时间的时候就让我那个二儿子去接，他去接弟弟的时候，我会给他 4 分钱坐车，但是我儿子为了省钱连这个 4 分车钱都舍不得花，他就攒着，留着买点铅笔、本子什么的。看那时候多紧张，几分钱都稀罕成那样。我跟我丈夫挺好的，要不我俩能在长春待着吗？我们两口子的性格挺合得来。我丈夫虽然是铁路的正式工人，但是我家干什么都是自己花钱，虽然我家离铁路很近，但是我们家很少拿铁路上的东西。在家烧炕烧炉子用的煤什么的我们从来不往家拿，都是自己买。我们两口子的性格都是这样，从来不拿不属于自己的东西，一直到现在孩子也是随我们。我丈夫也很尊重我，家里有什么事情也都是和我商量着来。

3. 意外患病，铁路家属热心帮忙

我现在这腰直不起来，这是在年轻的时候意外落下的病，当时得这病时挺让人烦心的。1958 年之后就是“大跃进”了，到 1961 年的时候，单位规定家属都要去铁路上干活，不管是谁，都得去。我还有一个孩子没有掐奶呢，但是我们那时候就是这样，单位或者领导吩咐什么事情，都会尽量去做好，没有说想着办法不去做的。我实在没有办法，就把孩子放到铁路那屋子里，那屋子里也有人帮着看孩子，等干完活儿再回来接孩子，之后我就跟着铁路家属一块儿干活儿去了。我们铁路家属是在火车站卸货，就是那种装货的火车，全是石头，卸完货人家就拉走，火车车厢里也没有厕所，因为是拉货用的，并不是为了让乘客坐的，所以没有厕所。我们这些卸货的基本上都是女的。我们当时主要是卸火车上的石头，这些石头都是从关里拉过来的，每个石头都挺大的，这些石头主要是用来盖房子的。我们卸石头之前都会把火车车门打开并撂下来，然后一点一点地从门口那边往下搁石头，下面也有整理货物的，所以把石头推到下面就算是卸完了。当时火车里就剩下最后一块石头，这个石头特别大，跟衣柜大小差不多吧，我自己搁不动，我就跟另外一个铁路家属一块儿往下搁，结果我俩都没有搁动。当时条件挺艰苦的，因为火车上没有厕所，所以我们上厕所也只能在火车上想办法解决，毕竟干活儿的家属们都是女性。这个时候，我就想上厕所，我跟她说："我不行了，我有尿，憋不住了，我要尿尿。"她跟我说："你尿吧，反正都是女人。"她就乐。我脱下裤子就在这个石头跟前尿尿，寻思在别的地方别人能看到，在这个石头旁边别人也看不到。我完事之后就跟她继续搁石头啊，但是我俩还是没有搁动。可是人家班长就要挂车了，我俩就赶紧说还没有卸完，班长就吵吵（训我们），他就把着车梯子上车箱里来了，他进来一看还有一块，就想自己赶紧搬下去。他去搁这个石头，我跟那个铁路家属就乐啊。这个班长也知道我俩因为刚刚我上厕所在笑，但是那也没有招啊，我们干活儿有尿也不能憋着啊。我俩笑着的时候，我一下子笑岔气了，就把这个腰给抻着了。我就赶紧说："不行了，岔气了，岔气了。"接着我的腰就直不起来了，疼得特别厉害。那位铁路家属就让我赶紧活动活动，但还是没有好。

从那岔气之后，我这个脊梁骨总是疼。我们那些铁路家属平常走得挺近的，而且大家都很好。有铁路家属知道后，就让我打提溜（拉杠杆），我就学着打提溜，但是越打提溜越疼，好像是更严重了，严重到我不能干活儿，也不能抱孩子。我丈夫说这不行啊，干活是次要的，疼那也挺遭罪啊。我丈夫就让我到铁路医院检查，结果一检查，大夫说发炎了，而且还是骨头发炎，如果再严重的话有可能整条腿就不能用了。医生就让我赶紧住院，我刚开始还不想住院，家里还有孩子呢，我说我不能住院。医生就警告我说："那不行，再继续发炎的话这条腿就瘫痪了。"医生说了算啊，就这样，我丈夫把我送到医院了。我丈夫心挺好的，特别明白事理，他就跟我说：“你住院吧，等到病全好之后再回家，家里你就别担心了。”我丈夫还要工作挣钱啊，孩子他白天也照顾不了，所以我就把孩子托付给我的邻居了。我们都是铁路家属，我的邻居都挺好的，我们平常就相互照顾，就这样，我又来到医院了。到医院之后医生说我得手术，我当时第一个念头就是不同意，住院都已经不乐意了，还手术呢。而且家里还有孩子，所以我就不同意。但是人家大夫不同意啊，说必须手术。手术的时候不是要开刀吗，开刀一看我里面的骨头全黑了。医生就跟我说：“里面已经全部发炎了，全黑了。你要好好养着，千万别不听话，不然就瘫痪了。”听到这话我和我丈夫也害怕了，就完全按照医生的嘱咐做。我的骨头不是全黑了嘛，不能要了，手术是咋整的呢？就是把胯上那块骨头补到腰上，而且还拿掉了两根肋骨，我到现在还缺两根肋骨呢。当时在做手术的时候，医生还考虑这个骨头从哪来呢，我说用别人的不行吗，医生怕与我的身体不符合，再一个就是别人不一定愿意给我。后来说用狗的骨头也可以，但那骨头会腐烂，所以也不保险。大夫说最好还是用自己的，但是用自己的骨头需要割好几个地方。我这得跟我丈夫商量一下啊，毕竟我们是夫妻。我丈夫有文化，他挺明白事理的，我丈夫就跟我说：“人家医生懂，你就按照医生所说的割吧。”就这样，在我自己身上割了好几块骨头（刘金芳让我摸了一下，确实能感觉到缺少两根肋骨）。因为做手术了，所以需要住院很长时间啊，这一住就是一年。我这一年在医院里就待着，都不让我动，只能养着。当时我的公公婆婆也都不在，我丈夫还要工作，家里还有孩子，但是我一点儿也没有操心。这做饭吃饭的，全是我那些邻居给我做饭送饭，然后我就在铁路医院吃。这期间我特别感动，我们这些铁路家属都特别好，谁家有什么事情大家都会帮忙的。我这住院一年呢，时间也不短，多亏了这些铁路家属们，要不是他们我能住院住得这么消停吗？一开始能一点儿一点儿地挪着走，后来就能走了，锻炼好了。

4. 计划生育，意外的“收获”

我就这样在医院养了一年，后来身体渐渐好了起来。我身体好了之后出院正好赶上计划生育，不让生太多孩子。那时候提倡生过孩子的妇女带环（避孕的一种措施），我对国家政策挺支持的，也挺积极。那时候每片儿都有负责人，负责人就负责督促自己这片儿的妇女不能再生孩子了，她就游说我们到医院上环。我跟我丈夫一商量，我俩已经有两个孩子了，我丈夫是特别开明的一个人，他也没有阻拦，就同意我带环了。我就上医院让医生给我上环，上环之后我以为就不会有孩子了呢，因为当时主任啊、医生啊就是这样说的，它就是一种避孕的方式。但是之后有一阵我总是腰疼，我也不知道是有孩子了，那时候已经怀孕 6 个月了。我邻居就问我：“你是不是又累着了，所以腰才这么疼的？”我也没有干太多活儿啊，自从得病之后我就很少干累腰的活儿。我就跟她说：“我怎么感觉到肚子里有动弹呢？”她跟我说：“你是不是怀孕了？”我说：“不能啊，我带着环呢，不可能怀孕。”她看我这样，就让我赶紧到医院检查检查。我跟我丈夫说了，我丈夫就请假陪我到铁路医院了。到医院一挂号，医生一检查，就问我：“你是留下还是做掉？”我和我丈夫就懵了，就问：“咋地了？”医生就乐了，说：“咋的了？有孩子了。”我当时就乐了，我说：“哎哟，我的天啊，我咋这么能生呢？赶上猪羔子了，带着环怎么还怀孕了呢？”我记得这是我当时的原话。我就跟医生说做掉吧，但是医生不让我做，医生的意思是孩子已经 6 个月了，都已经成形了，要是小的时候可以做掉，现在确实是太大了。但是我们那时候在搞计划生育，这突然有孩子了必须跟上级领导说啊。我那个主任就过来了，他寻思我的身体不好，怕流产的话会出什么事情，就没有让我打胎，他说：“你还是留着吧。”就这样，我就留下这个孩子了。我上面已经有两个儿子了，我这个老三又是个儿子。因为之前一直在医院养病，而且还带着环，所以怀孕的时候不知道，也没有特别注意，老三生下来的时候贼瘦贼瘦的，这可能跟我当时没有好好吃饭有关吧。他出生之后我也没好好管他，反正是逮着谁就喂谁的奶，就这样，也把他养得跟个小猪羔似的。后来他也成人了，身体也挺好，所以有时候我就说人不能娇，越娇越不行。就这样，我身体渐渐好起来了，生完孩子之后就更好了，我一天一天地就抱着孩子在铁道上玩，跟这些铁路家属们唠嗑。生孩子这种事情不同人不同命运吧，你看我妈生了我 3 个哥哥、1 个弟弟再加上我也没有啥事，身体可好了。我妈妈是小脚，就那样天天倒弄倒弄的，我总回忆她那个样子。但是呢，我一个姐姐生第一个孩子的时候就死了，那时候也是老封建呗，再加上经济条件不行，生孩子都是在家生，也不上医院，就那样在家瞎弄，那不就把人给憋死了。你看我生了 4 个儿子，身体都很棒。头两个是计划生育之前生的，后来赶上计划生育在外面干活就不让生了。国家的号召我可愿意听了，计划生育时期我就上环了，上环也不知道咋回事，正干活呢，就有了我们老三了。那时候虽说是计划生育，但是我因为实施了国家号召，到医院带环了，所以再怀孩子那就属于意外，也不能赖我了。

老三 7 岁的时候，我还在车站工作，距离上次怀孕都有七八年了，我生完三儿子之后还带着环呢，结果又有了老四。有老四的时候我也不知道，就是肚子显得挺大的，也会肚子疼。我那时候正在火车站卸火车呢，就感觉到肚子很疼，我们一块儿干活的都知道我有腰疼病，就问我是不是抻着了，就拽着我打提溜（拉杠杆），但是打提溜还是不行，还是很疼。最后没招了，就跟车站主任说了，车站主任就让我到铁路医院看看。我到医院之后，人家大夫一看说我又怀孕了，人家就问我做不做掉，我丈夫还说不做掉，又没有怀孕做啥做。当时医生就不高兴地说："咋没有孩子呢？你们还不知道吧，都已经五六个月了，都会动弹了。"说带上环就不生孩子了，谁知道我连续又生了两个儿子。还是那样啊，孩子太大了就给留下了。这老四身体很健康，可好了。我这咋也没咋地，就生了 4 个儿子。我公婆和我丈夫他们都挺好的，也不管我生啥，我丈夫总说生啥都喜欢，也没有说想要儿子或者女儿。我生这 4 个儿子，公公婆婆都挺喜欢的，其实生这么多孩子也不赖我，我丈夫也没有因为生了好几个孩子而怪我，毕竟我也带着环了。到现在这环我还带着呢，刚开始想着拿掉，但是医生说拿掉会疼，子宫有可能会出血，后来就没有拿掉。我来这养老公寓之前，我儿媳妇说让我检查检查身体，看看是否有什么老年病，到时候在这住的时候能注意一下。到医院检查的时候需要照彩超，结果一照里面啥都能看见，大夫说我还带着环呢，问我要不要拿掉。我媳妇就问医生不拿掉对身体有没有影响，人家医生说没事。我媳妇就没让拿掉，她说这么大岁数了，反正也没什么影响，万一再因为拿掉出血啥的，怕受不了。

5. 铁路做饭，差点儿成为冤魂

后来“文革”的时候就不让工人上班干活儿了，火车站的站长、书记都不上班了，但是我还上班。我当时在铁路食堂工作，铁路工人还有军队的人都要在食堂吃饭，我不上班那些工人吃啥啊？所以我还得上班。各个地方派来的部队，就是来车站维持秩序的，他们都属于干部，都在铁路食堂吃饭。总共有 7 名军人。“文革”时期，铁路很混乱，他们总是带着枪，在食堂前面总是拿着枪在那儿搞训练，然后到吃饭的时候就招呼我，就是再训练也得吃饭啊。他们吃饭从来都没有正点，总是训练、谈话、处理事情……等事情忙完了吃饭的时候就会招呼我，我就会给他们做饭。有一次，一个军人过来招呼我说要吃饭，那个当兵的姓艾，我现在还记得，我就说吃呗，就去拿钥匙开门给他盛饭。但是还没有走几步，就听到“嗡”的一声，一个炸弹扔到我们食堂门口，就在我们面前，都把我打趴到地上了，我当时就没有意识了。这个军人还以为我死了，实际上我就是被炸晕过去了。他赶紧把我抬起来，又这么整又那么整的，整了半天我才醒过来了，可能就是掐我人中什么的呗。他们还说我真命大，这么大的炸弹都没有把我炸死。我说的这些都是真事，都是我的亲身经历。这不，我后来不是没死嘛，我就站起来，拿钥匙还要给他们开门盛饭啊，我就走到锅台前去盛饭。在给他们盛饭的时候，又一个炸弹扔过来了，就扔到我们食堂的炉子里面了，当时炉子就炸了。我们就赶紧躲啊，幸亏也没有炸到。你说这多吓人啊，也幸亏我命大，不然就死了。我当时就寻思可能就是为了炸死这个当兵的吧，这个军人还说呢："哎呀，我的妈啊，吓死我了。"我就跟说他："该，谁让你这个时候吃饭。你吓死了，我也是。赶快出去吧，不然又炸了。"后来我就给他盛了碗苞米楂子吃了，吃完后我们就赶快走了，不然一会儿还扔炸弹咋办啊。"文化大革命"时经常武斗，扔炸弹的那个派别好像叫"长青社"，反正他们总是把机枪大炮都支上，就在东大桥那块儿，他们单位现在还在长春东大桥那边呢，那时候两伙人总干仗。东大桥那边有个小白楼，那都是老房子了，就在那支上机枪大炮，现在还没有拔呢。那时候一整就喊："来了，打小白楼来了！"车总是"突突突"地往前走，而且大部分都是从我家窗前走过，我家就在火车站附近，下面是个大道，你看着多吓人啊。当时确实挺害怕的，整天害怕有炮有枪的。我们也怕吓着孩子，那时候孩子并不大，这样下去怕孩子出什么意外。我们就赶紧把孩子送到关里的农村了，最小的那个孩子还在吃奶呢，他不能回家，就把他留下了。当时吧，也不知道要炸死谁，整天就是武斗。

6."文化大革命"乱局，抹不去的记忆

"文化大革命"的时候是分派别的，我丈夫他们是"红歌会"，还有"二总部""长青社"，这些都是以单位为基础建立的。他们这些人就在胳膊上带块布，布上会写上"二总部"或者"长青社""红歌会"字样，你是哪个派别的就写哪个派别。"二总部"对我们"红歌会"有意见啊，就相互武斗。有一次我在那盛饭，"二总部"的一个男的就到我们食堂，他把我抓过来就是"啪"的一巴掌，把我的牙都打掉了两颗，这两颗牙当时好长时间都没有长出来，现在这两年倒是慢慢又长出来了。他打不过我丈夫，就过来打我，反正我们这一派的都向着我啊。他这种行为也真是不对，再怎么说也不能打女人啊。他那样打我，我们这派的人能干吗？我们车站的人就赶紧追打他啊，但

是那个男的长得老高了，腿也长，跑了好几里地最后愣是没有追上。从那以后我们这派就斗这个男的，把他斗得够呛。后来他们那伙也失败了，失败后这个男的精神好像不太正常，他总是得病，最后也死了。他死了之后我就不怎么害怕了，之前确实挺害怕的，别人都没有欺负过我，就他欺负我，打了我一巴掌。那时候可是真斗啊，都是用枪的。你看总是枪炮子弹的，可想而知那时候有多乱。

他们那派没有我们这派正直，我们这派平常就是维持秩序，比如上火车的时候，若是有哪些调皮捣乱的或者不买票的，我们就帮着那些军队来维持秩序，反正就是管人。有一个部队上的军人，还没有我的个头高，又瘦又矮，就派他在火车站维持秩序。我丈夫当时就陪着这个瘦小的军人在火车站里维持秩序，也算是协助他维持秩序吧。我丈夫可有劲儿了，身体也好，有那些调皮捣蛋的，我丈夫一巴掌就把人家打得晕晕乎乎的。这之后他们站友跟我说：“嫂子啊，我大哥可真有劲儿，一巴掌把人家打得晕晕乎乎的，哈哈。”我就担心啊，问他站友他那样打人家，人家能不能找我算账啊。他们说不能啊，没有我的事。后来“文化大革命”中的武斗就渐渐消停了，国家号召要维持秩序。参与维持秩序的人有的岁数大，有的岁数小，反正都是当官的，应该是军人吧。

7. 铁路食堂，奉献平凡岗位

我住过一段医院，身体好了之后就整天抱着孩子在道上玩，跟铁路家属唠嗑。有一天，我们铁路上的主任找我谈话，我就问他咋地，我还以为我惹什么事情了呢。他说没啥事，找我是为了让我去铁路食堂做饭。我就跟他说：“我做饭行吗？我身体一直不好。”我吧，倒愿意干活儿，但是就怕身体不好耽误了别人的事情，就问他能行吗。我们站长主任就说能行，而且是上级领导让过来的，说他们信不着别人，就信着我了，他说：“你要是不信就跟领导谈吧。”我就又找了领导，领导也说让我去食堂做饭，说信不着别人，就信着我了。我说："那行吧，既然信着我了，我就去吧。"就这样把我调过来了。我所在的这个铁路食堂不是什么大食堂，而是铁路外地职工食堂，外地职工食堂就是为那些家不在长春这边而是从外地调过来的工人做饭的食堂。这样的食堂没有那种大食堂人多，刚开始就几个人。我们领导也不让我做别的，就做些苞米糙子、高粱米啥的，反正是给什么材料就做什么饭。不做面什么的，不总做那个。刚开始是 7 个小伙子在这住宿，并在我这个食堂吃饭。有的时候他们一看是苞米糙子就不乐意吃了，就会到外面的小卖部买个面包吃。我说不吃就不吃吧，在这吃又不花钱，但他们不愿意吃，有的铁路家属还挺愿意吃苞米糙子的。其实吧，这本来不应该卖给那些铁路家属，领导不让啊，但是做那些还挺累的，我就说你们愿意吃就吃吧，就这样越来越多的家属到我这个食堂吃饭。后来越做越大，最后就变成个大食堂了，就不单是外地职工食堂了，规模由原先 7 个人的食堂扩展成好几十人吃饭的食堂了。他们觉得吃得挺好的，就这样给宣传出去了。我们当时是归二道河子管，二道河子的区长也在我们铁路附近住，他听说了我们这个食堂的情况，就派二道河子的有关人员到我们食堂来调查。现在我还能回忆起他那个样子呢。他派的那个人来了之后就找我们领导谈话，可能就是问长问短的呗，那个人问我们领导的时候，我正在卖饭，挺忙的。当时我并不知道他是干啥的，我就问他："吃饭啊，师傅？"他就让我给他盛了一碗苞米糙子，盛上之后就把筷子也给他，他就在那坐着吃，而且把那么一大碗都给吃完了。他这算是把这事采访完了呗，然后又到我们领导那里谈了会儿话，就了解到我这个人工作还行。我这食堂的声势越来越大，最后大家都要去呢。我意识到不行啊，我一个人也忙不过来啊，后来就在几个铁路上的工人里找了几个老头，让他们帮我的忙。这时候再来吃饭就必须花钱了，或者是拿粮票。比如 4 两粮票算是几分钱，那时候一碗饭才几分钱。他们吃惯的总去吃，最后就成大食堂了。

有一天，一个 20 多岁的小伙子就从窗户钻过来把钱盒子里的钱拿走了一部分，要是都拿走不就被发现了嘛，就拿一半，自己可能花了呗。在我们食堂帮忙的老头就发现钱少了，刚开始还寻思是我拿家里去了，但是又觉得我不是那样的人，他就说别寻思了，那意思是再等一天，看看是不是还少。结果第二天这钱又少了，这就证明更不是我了。之后他就把这个事情跟站长说了，站长也跟他说我不是那样的人，就让他再检查一天，跟他说："你吃点苦，再检查一天，看看到底咋回事。"就这样我也知道少了，但是我也没有招啊，也不是我偷的。这老头就在一个小门那边看着，正好看到一个小伙子从窗户钻进来，把钱拿走买东西去了。这就知道是那个小伙子干的，就不是我

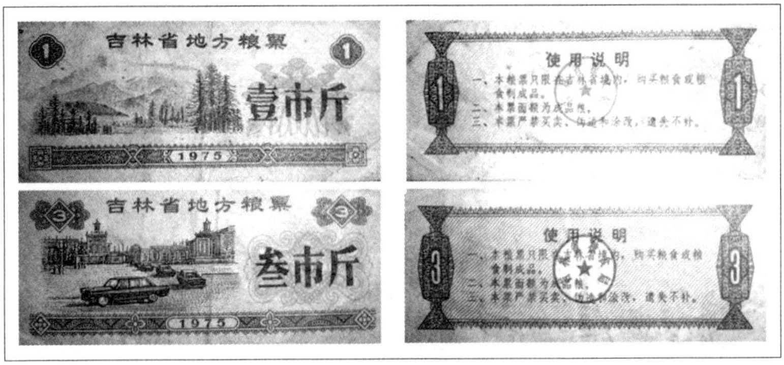

吉林省地方粮票

了。这老头就报告领导了，领导告诉他："你现在先不要说出去，再检查一天，他再来的话你就逮着他，不然他该不承认了。"他的意思是猫在（藏在）床底下，等这个小伙再来就抓住他。就这样，把这个小伙子给抓住了，他也承认了，不承认也不行了，都抓了个现形。这样大家就知道不是我了呗，我从那次以后也就更出名了，都知道我为人正直。从那以后工人啥的都拿我挺重视的，我干食堂的活也挺愿意干，干完了就没啥事了，该上哪去上哪去，该玩就玩，该开会就开会，干得还都挺好的。

8. 遭遇辞退，重新就业上岗

我在铁路食堂干了9年半的时候，铁路分局就来了政策，说是不管什么工人，不许再用临时工，都得是正式工人，连合同工都不行，必须是正式工人。我那时候就是临时工人啊，我啥手续也没有，就知道干活，谁也想不到会出这种事情啊，你想干别人还不留你了，主要是没地方、没人给你开支啊。领导也找我谈话说："不是你干得不好，你干得挺好的，我们也愿意要你，也挺重视你，但是你不能白干啊，你干三两天还行，但是常年这么下去又没有人给你开支，这能行吗?"人家领导这么讲，就只能下来了，这就相当于把我辞退了，把我辞退之后我就回家了。

那个食堂还做饭，有的时候大伙去吃饭还挺热闹的，有的家属就听说了，回来跟我讲。你看我没有文化，但是我也会动心眼，也是知道好赖的。他们裁了我，我一没有犯错误，二没有贪污，就这样把我开除了，但是你们吃饭都不找我，我这不就来气吗？我就上站长室了，我直接去找他谈话。他看我去还挺害怕的，他可能也知道我是去质问他的。他吓跑之后就派了一个女工人来做我的思想工作，跟我谈心。并跟我说愿意给我找活，愿意给我找个临时工的活。我就跟她说："我去找站长，我不找你，没有你的事情。"我丈夫当时也不知道这件事情，他当时还在食堂会餐呢。后来人家站长一寻思，我找他也是因为有理才找他，他就给我找工作，刚开始找的是社办企业的工作，每天都要在那整铁丝，天天需要坐着。但是我这腰之前受过伤，不能总坐着，我就不愿意做，我就跟他说我不干这个。他还说我："让你干，你还不干，那就拉倒吧。"这就把我打发回家了。

在家没啥事的时候我就总寻思，一寻思就憋气，我说这样不行，我得去告状。我在铁路上工作的时候在火车边上，我家也在火车边上，上火车下火车的都要从那经过。有一个长春市的领导，他在长春工作，但是他爱人家是兴隆山的，所以一到休息的时候，他就骑着自行车从四马路汽车站到火车东站，然后自行车不带上火车，而是放到火车站旁边，当时坐火车也不花钱。那时候我总看到一个特别新的自行车，我这人热心肠，就怕他那个自行车被人偷了，那样就可惜了。我就跟我们那块儿的人说："这车子这么新，让人拿走不就赔了嘛，先拿到我家去，他回来的时候就告诉他在我家呢，让他到我家取去，别让他以为是丢了。"我家就在铁路家属区，离火车站也不远。就这样，这个人一下车一问真到我家了，上我家去了之后，我丈夫在家呢，我不在家。他到我家一看到我丈夫，两个人拥抱起来了，我丈夫就问："你怎么认识我？"他就问我丈夫："是不是到四马路排队告过状，还抱着个孩子，当时记得还有个女的啊。"我丈夫跟他说："那是我爱人。"就这么地还把我从外面招呼回来了，回来一看确实认得。我就跟他说我之前在食堂待着的时候还能给你看车子，现在车子只能放到我们家了，就这样他就把车子放到我家，等回来的时候再取走，我们也算是认识了。我就问他在哪上班，他说在市里上班，但是岳母家是兴隆山的，所以有时候得来回跑。那时候也不怎么熟悉，寻思别问了，他的具体情况也没有问，我也不知道他是干啥工作的。

我在铁路下来之后心里憋气，我说这不行，我就动心眼儿找领导，领导也没能解决，解决不了不就得待着，但是越待越不行啊。我就去四马路那边找领导告状，我当时是这样跟我丈夫说的："我去市里告状，看能不能给解决，不行的话就再往上告，告着玩呗。"我丈夫还说我有意思呢。那时候我最小的孩子才两岁，我告状的时候还得抱着孩子，我当时也不知道是他啊，要知道是他我早就去了。我丈夫抱着孩子在阴凉处坐着，我在排队，排了好几十人啊，当时有个师傅在那点名，到谁了就喊谁的名字。自行车放我家的那个人一看我丈夫在那坐着，就问我丈夫："咋在这儿坐着？"我丈夫就说："我爱人在这排队告状呢。"他就到我跟前来了，让我赶紧上屋里去，他说可算是用到他了。我就跟着上他屋里了，他就问我啥事。我就把我在铁路上的情况跟他反映了一遍，他就给我出主意说："你想再回铁路上那是不可能了，铁路的手续也不是一下子就能办成的，你可以找个大集体给你开钱不就行了，你身体也不好，还是找个轻巧活儿。你就找你们铁路领导，让他给你出头。"我回头就找我们领导了，我也没有跟他说我是告状后别人告诉我的，我就说是我自己想的。我就跟我们领导说："我丈夫自己一个人的工资也不够，家里还有老人和4个孩子，我身体也不好得吃药，不上班不行啊，你给我找个大集体公司就行，不管啥活儿，我都愿意干。"领导一寻思也对，站长书记就派工人上区里联系活儿去了。哎呀，领着我找了不少地方啊，找一个单位不行，找另一个单位还不行，那也没招啊，他们也算是挺负责的。后来站长书记想起一个招儿，就派工作人员到二道河子去人家跑运输的地方给我联系活，让我给人家发货的人办手续。这是社办企业，他们发货啥的就用我，来货发货都需要我给办手续。我就在做这个，天天就背个小兜子办手续。来货了，领导就给我支票让我去送，上车站去办，这一下可好了，到时候一个月还开好几百块钱，这可是算给解决工作了。

干着干着，我岁数也大了，工作做得挺好的，领导一看就让我坐办公室了，就相当于升职了呗，这以后就更轻松了。该给穿的给穿的，啥待遇都有，一直到现在还有待遇呢。我丈夫退休的时候我还不到退的年龄，我就说那个活儿让我丈夫干，我正好可以在家看孩子。我们那个工作需要经常请客户吃饭，常常是大鱼大肉的，我还不愿意吃这些，我丈夫就同意了。结果他接过来没有多久就不想干了，其实我那个工作有文化干着正好，因为需要写字啥的，比如支票上填写数字啊，这些都不是可以随便填写的。但是我这个工作需要与人打交道，我丈夫做不了这个，最后我又给接过来了。

9. 不留遗憾，辛苦供养儿子

我小的时候一直很希望能够上学，但是因为家人不让上，我就没上成。所以我就尽量让孩子上学，但是我丈夫呢想让孩子上班，就是学技术。我不同意，因为我没有文化，我不想让我的孩子也没有文化，我想让他们都有文化，不要像我这样。我大儿子赶上知青下乡，去了好几年呢，回来之后就分到了二道河房产处，在房产处干瓦匠的活，反正挺累的，我就没有相中，干一段就不让他干了。我就让他上大学，那时候真没有钱啊，上大学是考的，不花钱，但是也不挣钱啊，家里本该他挣钱的时候他上学了，所以家里还是挺紧张的。那还时候老四毕业分到印刷厂，也算是国营单位，给他买个赛车让他骑着上班。在印刷厂工作就是印刷图书报纸，每天身上都是红的绿的，贼埋汰（特别脏）。他就没有相中，想上大学，他说："不上大学就想干个轻巧活儿那是不可能的，不上大学的话，这辈子就是这样了。"他的意思是上完大学再上班。但是他哥哥是属于公费上学，他是属于自费上的，并不是像他哥哥那样是考上的。刚开始我也没有同意，因为家里确实是没有钱了，我就跟他说："咱家哪有钱啊？"我儿子就让我向其他人借一借。我为了他就咬牙跟邻居借了好几万块钱，他上大学之后我就跟农村人那样，在自己家院子里养鸡鸭鹅狗的，反正是啥玩意儿赚钱就养啥，每天得给这些动物整食物，打扫卫生，跟人家联系怎么卖掉，因为得还人家钱啊。其实，我这一辈子也没有觉得辛苦，别人要是不问起，我根本不觉得苦啊、累啊，我还觉得这辈子挺好的。我三儿子在铁路上班，接他爸爸的班，也是我给办的。他爸爸该退休的时候我家老三年龄并不到，按理说应该是他哥哥接班，但是他哥哥是大学生啊，以后工作会好找。老三不好好学习，总是打麻将，就把学习给耽误了。但是他不到岁数，我就又想办法又托人，最后就给他办了手续，老三上班的时候刚 16 岁。老三自小身体不好，长得还瘦，再加上不好好学习吃饭，老玩麻将，所以我担心他，就怕以后再耽误了。因为老三玩麻将我没少生气，到现在我还不会玩麻将，就是因为每当想学的时候总想起他，我就不玩了。

四、往事如歌 别样感悟

1. 丈夫去世，心中永难相忘

我跟我丈夫感情一直挺好的，我俩很少拌嘴吵架。我丈夫为人正直，积极上进，要不是干得好，他在铁路能转成正式工吗？我现在可想他了，他是害病死的，而且死得特别突然，他是 2009 年去世的，距现在 4 年多了，我总想他。现在我有时候上火啊，都是想他想的。他去世的那个场景我到现在还不会忘。那时候他已经退休了，那天下午他正跟火车站的朋友们在我家喝茶水看电视呢，看着看着就到 4 点了，他说他饿了就让我帮他做饭。我一看刚 4 点，就说还没有到点呢，一会儿再吃吧。他就说："我就是饿了，你还是先帮我做点吧。"我就给他煮了点面条，面条里面又放了两个荷包蛋和几根菠菜。我到现在还忘不了这个情景，我也总跟我的孩子们说。我做好饭端给他，他就把这些全吃完了，把面吃完以后还把汤给喝完了。他还端起碗来给他们那些站友看，跟他们开玩笑说："你看我饭量多大，把这些全吃完了。"那几个老同志还乐呢，说："能吃是好事啊。"就这么地，这是他死的那一天白天。我当时还养了很多狗，我在家养了得有几十条吧，养那玩意下崽子卖钱。我就跟他们这几个老同志说："你们该干啥干啥，我还没有喂狗，我先去喂狗了。"我做完狗食就给狗一碗一碗地放在走廊上，这些狗都抢着吃，一直看到狗吃完了我才进屋。我丈夫吃完饭之后就看电视，他们那些车站的老同志都走了，回家吃饭去了。他看电视可能是看困了吧，就进屋睡觉去了。我是没有时间睡觉啊，我还得给狗打扫卫生收拾什么的，把这些做完都已经是大半夜了。我这时候就眯了一会儿，又起来整狗，边给狗整狗食边给孩子们做饭，那时候还有两个孩子没有结婚呢。老四那时候在汽车厂附近工作，汽车厂离我们家很远，他是搞美术设计的，就给人家设计房子什么的。老二在东北师范大学工作。老四因为单位离得特别远，所以他每天要起得很早，大概 2 点就起床。他吃完饭就上班去了。老大在南关那边上班，还没有走。早晨 3 点多的时候，我丈夫就说头疼。老四这时候已经上班去了，但是还没有到单位，我就赶紧电话联系老四单位，让老四快回来。老四回来之后就送他爸到医院。我家里这边还没有收拾好，我就让他们先到医院，我在家喂狗，打扫打扫，完事之后我就把家门锁上往医院跑。我刚下车到医院，我丈夫正好就要往门诊里推，我儿媳妇儿子都围着他，还没有进手术室。孩子们可能跟他说我到了，他就起来看我，他一看见我跑过来，就上去一把抓住我，告诉我："我没啥事，就是脑袋疼，一会儿就出来，你不要害怕。"我就告诉他："那没事，一会儿就好了，你快进去，我在外面等你。"我就跟儿子和儿媳妇在外面等着。干等也不出来，我们就进去问医生，医生就说够呛了。之后就再也没有出来，我到现在还总想着他。我一般不跟外面的人说这些事情，也怕别人不愿意听。我儿子也总说："我爸也真是的，都白瞎了，要是能活到八九十岁多好，没想到他就突然没了。"

2. 晚辈孝顺，家庭处处和谐

刚来这个养老院的时候我是不愿意的，但是孩子们说我挨了一辈子的累，老了应该享福。我儿媳妇还跟我说："妈啊，你要是实在不愿意在这住咱们就回去，我给你雇个保姆，你要是心疼钱，就不用你出钱，我们几个给你出。"我就跟她说不雇保姆，雇保姆还得你让她干她才干。我主要是因为心疼钱，孩子们挣钱也不容易，我看前面有几家便宜的养老院，1000 多块钱，但是孩子们不让我住那样的，非得在这住，让我不要心疼钱。我现在有自己的退休金，我4个孩子还有儿媳妇们都不让我取这个钱，说用不着我自己的钱，让我自己留着。我在这住一个月2000块钱，都是孩子们出的钱。我孩子都是隔一天来看我一次，其实吧，他们不用总来，他们工作都挺忙的。老二工作单位离我住的地方很近，但要是今天不来，明天就指定来，不然他会受不了的。

我现在就是在享清福。我过生日那天，孩子们说订饭店，我怕耽误孩子们工作就不去，我跟他们说："我到了这个岁数就不乐意吃了。另外呢，我不愿意去人多的地方，人多我就烦。"他们哥几个已经都订好了，他们说："我大哥在深圳回不来，但是他已经给你邮钱了，你为啥不去？一年就这一回。"我还是不去，我考虑到老四是搞设计的，需要经常画图纸，忙得有时候都吃不上饭。我不想耽误小孩工作就不去，我跟老四说："你那么忙就不要来了，吃饭耽误工作，你工作也不容易。"老四就劝我："冬天不怎么忙，我熬个夜就赶出来了。"那意思还是想让我去，但是我还是不去。老二一般比较依着我的性格，就说："不去就不去吧。"就跟他弟弟打电话说取消了，那边老四说媳妇孩子都请完假了，就是想给我过生日，老二就劝他说："咱妈不想去，就别去了。"到底，晚上8点多的时候老四来了，一进屋累得就往床上一倒。其实我那样跟他犟他就不应该来，但他还是来了，还买了很多东西。他刚到屋，媳妇电话就来了，也说我应该出去吃个饭。我跟他们说等到中秋节的时候再去吧。这边老年公寓八九点就要关门了，我就催促我儿子赶紧走，他就好不愿意啊。后来我二儿子跟我说："妈呀，你应该依着我们，就因为你不出来过生日我弟弟回去后都生闷气了。"

我这几个儿子都很孝顺，这几个儿媳妇也很孝顺。儿媳妇了解我，知道我穿衣风格，柜子里好多衣服都是儿媳妇给买的，而且还掉着（换着）样买，我穿那么多的衣服也没有用，还给我买了很多颜色鲜艳的衣服，净是新样式。公寓这边有时候有烤鸭，我挺愿意吃的，媳妇们知道了就买给我，我现在都吃伤了。他们这养老公寓也给洗衣服什么的，但是我儿媳妇都给我拿回家洗，不用他们帮我洗，可能是怕别人有什么病吧，像一些小衣服我都是自己洗。我们家特别和谐，像我们这么和谐的家庭很好，我有4个儿媳妇呢。他们结婚这么长时间，从来没有跟我犟过嘴。我这么多鞋也都是儿媳妇给买的，其实我都穿不了，又不舍得送人。媳妇们知道我喜欢喝茶，就经常给我买茶叶，还净买贵的。我不让她们买，她们总说我不吸烟不喝酒，就喝点茶叶能有什么。而且总是买那种盒装的，我跟她们说我这有盒子，她们就说带盒子的能够防潮，怕我那个不能防潮。她们都挺孝顺的，我很知足了。

中秋节的时候我们凑在一起了，有 14 口人呢。我这儿子、儿媳妇、孙女们都来接我了，这养老院外面停的全是车啊。吃饭的时候我寻思我付钱呢，结果孙女老早就把钱押到饭店前台了。一会儿呢，老三也要去付钱，但是就老三挣得少，他们这些兄弟就说他："有我们几个在，还能让你花钱。"一会儿我说我也把钱给押上去，把他们逗得直乐。我有时候就跟这些孩子说："小时候我伺候过你们，你们孝顺我是应该的，但是这儿媳妇我也没有照顾过人家，人家还对我那么好，我也没有给她们买过啥，但是她们都是这么孝顺我。"这话要是跟别人说，别人都不会相信。我总跟他们开玩笑说，还是儿子好啊，儿子能拐来 4 个姑娘，要是姑娘不都上别人家去了，4 个儿媳妇又拐来 4 个孩子。

3. 养老院中，温情时时都在

我在这住得挺好的，精神状态比在家的时候还好呢。在家有时候得看孙女，还得做饭，但是小孩们工作很忙，就不回来吃了，他们不吃我还总嫌浪费，就容易生闷气。在这是人家做啥吃啥，哎呀，真挺好，反正顿顿不是鱼就是肉，每顿都会有个像样的菜，指定是 3 个菜，礼拜六是荤的，礼拜五是饺子，总是不重样。吃饺子就我能吃，我能吃两碗，完了还缺点儿，我一查有十好几个呢，我又拿碗盛了 6 个，吃了肚子也没事，吃完进去看电视，我这胃没咋地，我老二说："你可真行。"胃好，没留下胃病，这玩意儿要是凉的就不好了。人家还给洗衣服、打扫卫生等。我一般是上午吃完饭就进屋看会儿电视，看完电视就到楼下活动活动，下午吃完饭到 4 点半就下去走走，到别人屋里唠唠嗑。我没有文化，所以不看书，没事就在门卫那边坐着，坐累了就进屋看电视，然后上食堂吃饭。他们有会玩麻将、下象棋的，打麻将他们都会来找我，但是我不会玩啊。我儿子还说哪天过来教我，但是现学就不赶趟了。我经常在这楼上楼下地走，每天要去那个广场锻炼，那边有挂体、卧倒什么的，我就爱玩那些。这边还有那种投球，乒乓球室，玩的挺多的。

楼下几个人跟我玩得挺好的，一天看不到我就难受。我每天10点多都要去麻将室转一圈，因为啥呢，我有个迷糊病，他们看不着我会不放心的，会认为我咋的啦。我走一圈他们就知道我挺好的，有的时候有的人玩得正投入没看到我我就上楼了，等他们回头问我的时候，其他人就会告诉他们，我刚刚来溜达过了，这样他们就知道我今天没啥事，就放心了。我们这些邻居都相互惦记，我们之间经常相互送东西吃。我这里的水果好多都是楼下的住户给我的。我孩子不是总给我买东西吃吗，我吃不完，有时候买整箱的饼干吃。我总下楼，看到别人往外走，我就问他干啥去，他说去超市买饼干，就买我儿子给我买的那样的。他回来之后说小卖部没有卖的，只有一般的饼干，但不是我那样的。我就上楼，我寻思我这边有饼干，他们要买买不着，我还吃不完，我就把这箱饼干给他送过去了。等到中秋的时候，他姑娘给他买了很多月饼，都是没有开封的，还有葡萄，他就装成箱拎上来了，我跟他说我这边还有很多水果，他还不信，非要看看，看完之后才又拿回去。我后来问我儿子这么做对不对，我儿子说我做得对。有的时候别人给我送完酒我就放那儿，我也不喝酒啊，他们有的会喝酒的去买酒，我就把酒送过去。我们邻居的一个小伙子愿意喝酒，我把酒给他喝，他还挺高兴的。

访谈员后记

刘金芳，女，1935年出生于山东省济南市肥城市，上有3个哥哥，分别是刘天元、刘天增、刘天奎，下面有一个弟弟叫刘天祥。1955年与丈夫周长勇结婚，婚后育有4子，分别为周广明、周广亮、周广春和周广东。一次偶然的机会认识了这位老人家，我第一次碰到这位老人的时候，她正在养老公寓外面的凉亭坐着，老人给我的第一印象就是乐观和善。跟老人真正接触之后，我被她的故事感动了。老人的经历代表了平凡人的不平凡人生，她出生于封建家庭，但没有因为家人不让她上学而气馁，用自己的勇敢和智慧去感动家人，感动村子里的干部，使得别人给予她很多学习与发展的机会。因为工作出众，做事干练，她吸引了丈夫，随后与丈夫来到了长春。在长春她又一次用自己对工作和生活的热情获得了领导的认可，同时面对临时下岗的境况，她积极维护自己的权利。她与丈夫举案齐眉，儿孙们非常孝顺，在养老院中乐观与他人相处，真正活出了自我风采。与老人接触的几次，我能深刻感受到老人作为早期职场女性的坚韧、顽强与善良，她的生活热情与事业责任心都值得我们年轻一代学习。

家属工的追求与期望
——张继英访谈录

- **访谈时间**：2011 年 5 月 29 日 14:00—16:30

  2011 年 11 月 25 日 14:00—16:00

  2012 年 2 月 17 日 14:20—14:50
- **访谈地点**：第一次在中建一局四公司老干部处

  第二次在受访者家中

  第三次为电话访谈
- **受 访 者**：张继英
- **访 谈 员**：宋少鹏（中国人民大学中共党史系副教授）
- **整 理 者**：宋少鹏、孟宪斌、渠爽

编者按

她经历过苦难的童年，在女孩不受重视的年代，她极力争取受教育的权利。辍学后，在生产中她积极上进。她与丈夫认识半个月后就领取了结婚证书，之后开始了家属工的漫长生涯。在此期间她生儿育女。祖国大江南北的很多地方都留下了她的足迹。但是家属工这个群体的待遇与她们曾经的付出有很大反差，她们曾经为争取自己的工人身份和应有的退休权益，进行了长期的抗争。我们希望这个群体能为社会所关注和知晓，希望让“家属工”进入中国的妇女史、工业史和中华人民共和国史。

一、家世背景 童年记忆

我叫张继英，出生于江苏连云港，连云港1953年前属于山东。在我出生前，母亲还生过几个孩子，但都夭折了。父母为了把我养活好，按照当地的习俗，一直给我穿左大襟的衣服，一直到12岁，由娘舅家做一套衣服，把左大襟的衣服正过来，变成右大襟。可以说，在12岁之前，我是一直被父母娇生惯养着的。在我之后，母亲又生了4个孩子，两个弟弟和两个妹妹。

我出生前一年，奶奶死了。我奶奶是爷爷的填房，在我奶奶之前，爷爷还娶过一个妻子。这个女人死了之后，就娶了我奶奶。前一个奶奶留下了一个姑娘和一个儿子，那时我都不记事，都没印象。后来听说，大爷不在了，我大娘一个人养不起孩子，就逃荒去了，不久就没有我大娘的消息了。

奶奶没死之前，因为家里穷，就把两间房和4亩埋祖坟的老林地都典当出去了。奶奶死时，只给我父母留下一间屋子。我母亲是一个非常传统的家庭妇女，大门不出，二门不迈。在当时的农村，姑娘家是不能出大门的，到我们这一代就不一样了。我母亲在娘家时不出门，就在家里编草鞋来卖。编5天，我姥爷就担到大集上去卖。当时我姥姥家离街也就3里地。姥爷把卖草鞋的钱替我母亲攒起来，等于给她攒了私房钱。我奶奶死后，母亲就拿出当年编草鞋时攒的私房钱，给我父亲做小生意。我父亲拿着我母亲的私房钱，一根扁担八根线，挑着两个箩筐，赶街串户做生意。就这样，后来把典当出去的两间房子和4亩老林地都收回来了。那时新中国已经成立了，地主也被打倒了，田地都分给穷人了。有的穷人家虽然分了地，但遇了事没办法，就又卖地，我父亲还新买了两亩地。所以说，我父亲是一条扁担八根线起的家。

二、青春年华 追逐梦想

我没上过正规学堂，因为家里穷，读不起书，只在村里上过速成识字班。新中国成立初期，速成班很多，这种班一般办在晚上。冬天在晚上，夏天在中午。我经常是干完活儿，饭都来不及吃就去上学了。在识字班里，学了汉语拼音，学语文和数学，还教唱歌。当时我母亲是老封建，也很固执，就是政府动员也不行，我母亲还是想让我像她那样，按她那一代的样子生活，不让我和两个妹妹出门，想让我们待在家里面，给家里干活儿挣钱，攒点儿私房钱。我就斗争呗，她不让我出去，我偷着跑呗，反正她拦不住我。所以，我去上了速成班，识了字，我的文化程度达到了小学四年级的水平。我两个妹妹胆子小，不敢和母亲抗争，只能留在家里干活，没上过学。我的大弟弟也上速成班，他的文化程度达到了五年级。我的小弟弟上到高中。小弟弟初中毕业那年患上了肺结核，耽误一年，等他高中毕业已经是 1966 年，“文化大革命”已经开始，社会上已经乱了。他要是 1965 年高中毕业的话，或许也能考上大学。

成立人民公社时，父亲不做小生意了，到公社里当主任。在我们大队，不论大事小事、红事白事、谁家里不和了什么的，都是我父亲出面解决。父亲在村里是人人尊敬的人，在公社里干了这么多年，没有人说过他不好。我性格随我父亲，当时大队公社里有什么事，我就办什么事。在生产队干活儿时，我拿的工分总是很高。1952 年，我 18 岁时，在村里加入了共青团。

三、家庭与事业 平衡与抉择

1. 恋爱半月领结婚证，一年后北上长春完婚

我的丈夫叫陶文翠，是转业军人，他 1951 年抗美援朝时候当的兵。1953 年，朝鲜战争结束后，国家的重心转入建设，他们的部队就集体转业，整建制改编为建设工程部的一个工程处。转业后，国家组织安排老兵们回老家找对象。陶文翠跟我是一个公社的，但分属两个村，一个在街南头，一个在街北头。他比我大 4 岁，他 1951 年离家时我还不认识他。1954 年，他回老家找对象，别人就把我介绍给他。他在老家待了半个月，这半个月我们天天见面。那时社会风气已经比较开放，和现在的社会一样。假期到了，他要走了。这一走就是好几千里路，走前他提出要领结婚证，把关系确定下来。就这样，我们认识 15 天就领结婚证了，也没什么聘礼之类的。我这辈子算没白活。

1955 年 5 月，我大弟弟送我去吉林省长春市完婚。陶文翠转业后，单位派他到上海学习木工技术，当时他的单位在长春参加第一汽车制造厂的建设。我们在孟家屯下的火车，陶文翠去接的我们。我和陶文翠在盥洗室结的婚，叫了两个老乡在一起喝了顿酒，睡觉盖的还是他当兵时的黄被子。在长春住的时间不长，因为我第一次出来，很想家，再加上生活上不习惯，完婚后不久，我就回老家了。

2. 富拉尔基开始家庭生活，材料库初做家属工

1956 年，陶文翠的建筑公司调往黑龙江省齐齐哈尔市的富拉尔基区建设第一重型机器厂。陶文翠写信让我去富拉尔基，我就去了。到了富拉尔基，没房子，就跟早去的一个职工家庭挤一间屋子，中间拉上帘子，我家的床支在这边，他家的床支在那边。后来公司又在铁道南盖了新房子，我们才搬出去。当时，陶文翠得肺结核住院了，我一个人住新房子。我是南方人，南方不烧炉子，也不烧炕，我不会烧炉子，烧着烧着就把炉子烧熄了。老头住院，医院不太远，他可以回家来看一看，他又帮我把炉子弄着了。炉子再一着，屋里又热了，屋里就噼里啪啦“下雨了”。因为是新屋子，又潮又冷，炉子熄火后，屋顶上就结了冰霜。烧热了以后，屋顶上的霜冻就化了，水就滴下来了。

在富拉尔基时，我在三处的材料科做临时工。当时老头在十三团，我就到十三团的那个材料库工作。材料库的那个管理员也是山东人。上班后我就带饭，带的就是自己烙的大饼，我们山东人①不都爱吃大饼嘛。大家都在一起说说笑笑。在富拉尔基时，家属出来工作的还比较少。那时，公司还没建托儿所，所以大多数有孩子的家属都没法出来工作。大部分家属是 1956 年去的富拉尔基，很多小孩都是 1957 年出生的。我家老大是 1958 年出生的，当时我没有小孩，就出来工作了。当时也有家属在单位的食堂干活。

在材料科记账的是正式职工，搬运东西的主要是家属工，拉材料，运材料。我在材料科主要是修修砸砸弄弄的，大部分工作是直钉子。那时候钢材紧缺，为了节约，把砸弯的钉子回收回来，然后再把它弄直。后来一直到了四川，我们在现场只要看到钉子、螺丝帽等，都要卸下来回收。对我们这代人来说，企业就是我们的家，把公司当成我们自己的，认准了这个道理。

---

① 1953 年以前连云港属于山东省，所以，张继英一直把自己称为山东人。

除了在材料科做临时工，我还在家属委员会工作。公司有两个家属委员会，铁道南一个，铁道北一个。家属委员会是家属的自我管理机构，家属委员会的成员有四五个人，都是妇女，都是家属。家属委员会的主任也是家属。一个平房选一个组长，负责组织家属工作，一般都会找多少有点儿文化，能够出面张罗点儿事的人。家属委员会属于双重管理，政府有什么事找家属委员会，企业有什么事也找家属委员会。在企业里，工会对口家属委员会。1957 年，家属委员会还宣传过“勤俭持家，勤俭建国”。我去富拉尔基时，把团的组织关系从老家带过来，组织关系就落在家属委员会。我们是家属，不是正式职工，所以组织关系不能落在单位里，而是落在家属委员会。公司的家属里面没有太多的党员，家属工入党要在居委会入。

我 1956 年去的富拉尔基，到 1957 年底呢，国家又动员回乡。当时动员的理由是家里有老人需要照顾，就动员回乡。陶文翠的父母老早就没有了，家里没有人需要照顾，按照政策我不需要走。但是我在北方生活不习惯，也想回家，所以，1957 年我就回老家了，当时我已经怀上老大了。

3. 支援三线迁居四川，困难时期养儿育女

1958 年 9 月，陶文翠所在的建筑公司奉命调往四川支援三线建设，为了让职工扎根四川，公司动员职工带家属入川，说是中央规定的，不带不行，必须让每个家属都带走。都说四川比较艰苦，带上家属，职工就踏实了。所以说，我们家属出来是中央批准的。老头直接从富拉尔基回的老家，1958 年 12 月，我们一家 3 口一起从老家出来，到四川江油县。

刚到江油，住的是牛毛毡搭的棚子，原本是炼铁用的，炼铁取消了，给我们这些新搬去的家属住了。老大是 1958 年在老家出生的，他出生时没奶吃，在老家找了一个人喂他，老大是吃别人的奶长大的。到了四川，没有奶，喂不饱，我最初是打算带着他回去的。但那时不像在富拉尔基，家属出来工作的少，到了四川，绝大部分家属都出来工作了。1959 年，基地还没有托儿

所。我要出去上班，只好把三妹妹从老家叫出来，到四川来帮我看孩子。当时三妹妹才十几岁。没看多久，三妹妹也被叫去上班了。老大才一岁左右，没办法，1959 年初，我又把母亲接到四川来看孩子。母亲在四川住了两年，一直看着老大到 2 岁。当时老家还有父亲、小弟弟、二妹妹，大弟弟结婚成家了。母亲惦记家里，在 1960 年的六七月份回老家了。母亲回去前，我怀着老二，都快生产了，我 8 月份生的老二。当时是国家三年困难时期，1959 年到 1960 年又正好是最困难的时候。在老二月子里头，陶文翠得了水肿病，那时没有粮食，就吃四川的牛皮菜，就是圆白菜，吃多了，得了水肿病。我坐月子期间，猪蹄子都给陶文翠吃，我都忘了我们两人共吃了多少猪蹄子。好在我母亲回老家时，户口还没有迁回去，我母亲的 22 斤定量粮，困难时期养活了我们全家。1959 年母亲到四川来时，把户口从老家迁出来了，三妹妹出来的时候，户口也迁出来了。比起别人家，我们家还算好的。母亲回到农村老家时，地里刚收成完，母亲在地里捡点儿黄豆、红薯、花生，没户口没太影响到她的生活。到 1961 年，分什么都要按户口，母亲就来要户口了。好在熬过了最难熬的 1960 年，到 1961 年下半年情况就好多了。

我生完老二，休了 56 天产假，家属工跟正式工一样享受 56 天产假。休完产假我就接着上班了。当时老头在万县，离江油好几百里路，帮不上忙，没办法。我只能把老二锁在屋里，把老大送托儿所。老二 8 月份出生，满 56 天，到 10 月份，天就冷了，我把老二用小薄被裹起来，捆得结结实实的，锁到屋里，就上班了。那时我们住的地方离单位有三四里地。我每天背着老大走三四里路，把他送到托儿所，然后上食堂吃饭。当时，国家是定量供应粮食，我们是集体户口，一个单位的职工，包括家属、孩子，所有的粮食都在单位里。从 1959 年入川到 1963 年一直是吃食堂，家里是没有粮食的。不管吃什么，菜汤菜团，都在食堂吃，家里什么都没有。所以，我们家属也不能不出来工作。我到食堂吃完早饭，去上班。上完上午的班，12 点下班，午休一小时，下午 1 点钟上班。我到食堂吃完中饭，再走三四里路回家，给老二换了尿布，喂完奶，包好，再返回去上班。下午下班后还在食堂吃饭，吃完饭再管老二，再给他换尿布，喂他奶。有一天，我看着电视里纸尿布的广告，我就伤心了，就想起我家老二小时候。那时候包好以后一放，不管他拉，不管他尿，也不管他饿，也不管他哭，一放就是 4 个多小时。这种样子一直持续到第二年春天，老二也半岁多了。四川的二三月份就暖和了，孩子也大了些，暖和了以后，小被儿也包不住了，怎么办呢？我只好托陶文丽的丈母娘帮忙看老二，陶文丽是我家老头陶文翠的亲戚。每天三四里路，还隔着铁路，我背着老二，抱着老大，到了平路，我领着老大走路，每天就这样上下班。把老大送托儿所，把老二放在筐里，交给陶文丽丈母娘帮忙看着。一直到老二 1 岁多，自己能吃饭，能上厕所了，才送到托儿所。孩子上了托儿所，托儿所就管孩子一日三餐，我就只需要早上把他们送过去，晚上把他们接回来就行了。当时托儿所看孩子的也是家属工。说实话，当时我们工区 500 多户家属，情况都差不多。

4. 城市户口的“农民工”，工地现场做杂工

1959 年入川后，我到 302 工区的现场做杂工。公司当时下属有 301、302、303、304 等工区，还有一个捷运站、一个联合厂，加上机关一共是 7 个单位，每个工区都有家属工。在工地，家属工单独组成班组，一个班大概有 5 到 7 个人，一般不超过 10 个人。家属的管理归公司的家属科，工程处给派任务。当年我是班长，还是考勤员，除了有一年因为家里小孩的事没拿到先进，差不多年年得先进。一般得先进的都是班长，因为班长事事都要带头。

在工地，正式职工一般都是技工。正式工从部队转业后，先送到上海做学徒，学的木工就做木工，学的瓦工就做瓦工，学的抹灰工就做抹灰工，学的钢筋工就做钢筋工，工种是不变的。在四川时，单位也从四川农村招过没结婚的娃子当学徒工，这些学徒工都分到班组，干油漆工也罢，干钢筋工也罢，都有师傅带着，不会随便换工种。家属工是杂工，“什么活都干，哪里需要哪里去”。配合抹灰工时，我们负责挖勺；配合砌砖工时，我们负责搬砖。

一个师傅要 3 个小工，家属工是一个顶一个劳动力啊！师傅抹灰，一把勺子，一个板子，抹完了以后，一下子转过身来，一递板，辅助的家属工马上就得把灰递上去。挖勺、和灰、推灰、搅灰、舀灰都是家属工的活儿。那时没有机械的搅拌机，只有那种圆的不停转动的混凝土搅拌机。那个时候用的是搅沙机，要用人工，砂浆搅拌好了以后就放进小推车里，哪里需要砂浆就推到哪里去。最高的地方有三层楼高，在三层楼的架顶上推车子送砂浆。还拉两个轮子的架子车，到材料科运材料，运上工地，哪个工地要，就往哪里运。家属工干的都是重活儿、脏活儿、体力活儿。职工都是有技术的，家属工没技术。偶尔家属工也会做一些需要技术的活儿，比如烧电焊、刷油漆、轧钢筋。我曾经在钢筋班轧过钢筋，在材料科刷过油漆。钢管拆下来之后都得刷一遍油漆，搭混凝土的模板也得刷。在油漆班时，我没配过料，配油漆需要知道比例。在工地现场，除了用震动棒（用来搅拌水泥）、用刨子、用锯子、抹灰、砌砖这些活算技术活之外，其他的体力活儿我都做过。

学徒工学期满了，可以升为一级工，以后一级一级往上升。过去是八级工资制。家属工是一辈子的杂工，家属工可以说拿了一辈子学徒工的工资。一直到 1980 年进北京时，家属工一直拿的都是学徒工的工资①。1959 年那阵子，一个月 17 块多，干一天算一天，一天也就 7 毛钱。当时亦工亦农，这些农村招来的学徒工，户口得很久才转到城市。家属工的户口是随职工迁到单位，是集体户口，算是居民户口。相比于现在工地的农民工，家属工就是“城市户口的民工”。在 1965 年之前，公司没有招过学徒工，活儿都是家属干的。

家属工进入建筑工地现场前，工地现场几乎没有女工，我们这个单位是军队整体转业的，正式职工女同志很少，有几个女同志也是坐办公室的。在富拉尔基，十三团的材料科有个女的。当时的建筑师十五团与长春的另一个工区的 652 工程公司合并时，过来几个女同志，大都是公司干部的家属。在

① 据我对其他人的访谈，得知当年学徒工的工资是 18 元。

工地现场跑的都是家属工。

家属工跟正式工的区别，从工作服上也能分出来。正式工有正式的工作服，什么样的工种就有什么样的工作服。我干了30多年，从来没有穿过工作服。所谓的工作服就是围裙，还给发一顶帽子和一副套袖，如果是负责搅拌混凝土和倒混凝土的家属工，还会另外发口罩，这就算是我们的劳保福利了。单位每年都会给家属发放一套新的，包括围裙、帽子、套袖、口罩。从江油到北京，差不多30年的时间，在工地上，家属工都是这身装扮。

5. 钢厂停建江油留守，后勤组织家属搞集体农业

1959年入川，是到江油县承建江油炼钢厂。炼钢厂开工时正是大炼钢铁的“大跃进”时期。听说是工程上马时太匆忙，国家考察时出现了误差。炼钢厂得有炼铁的铁矿石，当地出产不了这种矿石，不能就地取材，需要从外地运煤炼焦炭，炼钢厂和炼焦厂是连着的。焦炭炼出了以后，再炼钢。由于规划不合理，1962年炼钢厂和炼焦厂就停建了。炼钢厂停建以后，正式职工都派往外地参加其他工程建设了。建筑行业是流动性的单位，哪里有任务就去哪里，反正四川基本上都走遍了。家属拖家带口的，走不了，就把家属留在江油，当时缺粮缺菜，单位就组织家属搞农副业，家属也没闲着，反正厂子附近有闲地，种粮食也种蔬菜。一切都由单位组织，由后勤管理，都是集体劳动，种出来的菜和粮食都要上交给单位，我们还是吃集体食堂。从事农副业生产的家属仍旧拿工资，工资水平和在工地上是一样的。大概搞了两年的农副业生产，后来没活儿了，家属就待在家里，有一年左右。

那段时间我怀孕生了第三个孩子，1965年4月，三姑娘在江油出生了。

1965年，企业的生产重心全部转移到泸州，承建泸天化、泸州机械厂、泸州555厂和255厂。企业也在泸州建生活基地。1965年8月，家属都搬迁到泸州纳溪。在泸州建生活基地时，修路、挖水沟，这些工作实际上都是家属去做的。搬到了纳溪之后，我回到材料科上班，专门从事劳保用品加工，

包括工作服、手套、围裙、帽子等。1967年夏天，是“文化大革命”闹得最厉害的时候，工地开始停产罢工闹革命，没活儿干，家属就回家了。在家里也就待了两三个月，1967年的秋天，据说是造反派的两派联合，工地恢复生产了，家属又回到工地的现场劳动。再回去的时候，我就不在材料科工作了，到工地现场工作了，家属工的工作内容跟以前在现场一样，是“哪里需要去哪里”。

6. 进京后在工地继续做杂工，参加首都国际机场建设

1975年，公司被借调到北京支援机场建设。为了轻装上阵，把家属留在了四川。当时四川泸天化的活儿还没有完全干完，留了少部分职工领着家属扫尾。老头那时候就是留守人员。主干建筑建设完了，还要铺路，清理水泥块，都要给人家清理干净才行。除了扫尾工程，公司还接了新活儿，即泸天化30万吨的化工厂。人都上北京了，纳溪人手不够，就从江津调了20多户去纳溪。尹德菊（家属工）就是在建泸天化二期工程时受的工伤，掉下来伤了脑袋，得了脑震荡。当时公司分一处、二处，我们属于一处，在江津，现在江津属于重庆市管辖。除了建化工厂，公司在江津还有钢窗厂。接了一个被服厂的钢窗活儿。要在钢板上切出钢窗那么大的料子，用轧铁机轧出窗户挡子。钢窗的任务完成后，家属才往北京搬迁。这个钢窗厂和泸天化二期工程，都是职工领着家属干的，家属是主力。

1974年1月，我在江津生了老四，是个儿子。

大部分职工是1975年借调到北京的，1980年算正式调入北京。家属在1980年也彻底迁到了北京。

到了北京，家属仍被安排到工地现场。一进北京，我们就参加北京国际机场的东跑道建设。从机场工地撤下来以后，又被分配到了北京丽都的工地，我在搅拌站搅灰，把沙子、石子、灰、水送到搅拌机里，当时工地里有了皮带运输机，倒不必用车子向搅拌机里倒沙子。最重的是水泥包，每包50公

斤，那是 100 斤呐，那一天得搅多少抱多少。搅拌机是 24 小时不停运转的，这个车来那个车走，那个车来这个车走，24 小时不停歇的。家属工们就 12 小时换一次班，车走了眯一会，车来了继续干。

另外，我还在北京朝阳区大山子的 751 厂（北京动力公司）、大山子三所实验室的工地上干过。

刚进北京的时候，公司没有房子，为职工在赵家村租的农民房。没有通勤车，都是自己坐 359 路公交车去工地干活儿。一直到 1982 年，公司在望京建生活基地，盖了家属楼，我们才搬进来，一直住到现在。我们这辈子，走了这么多年，走到哪，一切都是单位的。直到搬到北京望京的生活基地后，户口才第一次落下。

1989 年，企业参照北京市的 549 号文，按城镇临时工给我们这些家属工办了退养。根据政策，够 50 岁就可以退，我们这些人基本上都够了，就一起拿了退养的红本了。1989 年我 55 岁了，多干了 5 年。

四、往事如歌 别样感悟

1.40年的转正风波

我家老头陶文翠和我都是1989年退休的。陶文翠是以职工身份退休的，按工资的75%拿退休金，退休时他能拿到90多块钱。我按城镇临时工的身份退休的，退休时拿40多块钱。医疗是按98%报销。2000年，企业把退休职工的养老和医疗移交给了社会，以后，陶文翠的工资和医疗就由社保支付了。交社保后，医疗报销比例是96%。报销比例虽降低了，但更有保障了，养老不再受企业经营好坏影响了。现在，陶文翠这样的退休工人，每月从社保能拿到2700左右的退休金，家属工到今天（2012年2月）为止，只能拿到530元。2000年，我一个月的工资是200多元，此后又涨到300元、350元，每年给我们涨几十元钱，到今天才只有530元。如果交给社会，家属工作为城镇临时工，每月应该能拿到一千七八。在家属工里面，新中国成立前的老党员就有3个人。如果她们是企业的正式工，退休就应该享受离休干部待遇，但这3个人却因为是家属工，只能拿到530元。

因为正式职工移交社保了，我们没移交，我们就觉得有问题。这牵涉到384名家属工。我们希望也纳入社会统筹，享受退休待遇。最初家属中还有一部分人不理解，就说："你们找吧，闹吧，打吧，可别把医疗费打没了。"她们不是担心这500块钱生活费的问题，大伙上岁数了，是担心医疗费也被取消了。按我说，如果不闹的话，恐怕医疗费早就没了。在企业任何保障都没有，为什么呢？企业效益好，有钱才能给你啊，没有钱什么也不能给。被我说着了，1999 年，公司领导开会，要停止家属工医疗费报销。公司这个决定把大家惹恼了，大家都不愿意。大家不愿意，公司就没敢动，想动没敢动。

追根溯源，家属工转正的问题还得从 1971 年说起。1958 年底入川之后，绝大部分家属都出来工作。家属工入川是国家动员的，入川后进入工地现场工作也是有组织有管理的。家属工由家属科管理，工程处负责给我们派遣任务。在工地，家属工的工作时间跟正式工完全一样，正式工加班，家属工也跟着加班。公司每年年底开总结表彰大会，评先进工作者，颁发奖状，也给家属工评先进发奖状，家属工和正式工的奖状也是一样的。我工作后多年被评为先进。

如果说前期公司用临时工是企业自己做主的话，那么到 1965 年，公司用临时工一定是经过劳动部门批准了。为什么？因为 1965 年以后，一切都要凭票供应，需要粮票、肉票、布票。所以，单位用临时工，必须跟地方劳动部门“建合同”，只有劳动局批准，才能补粮票和劳保用品的布票。当时干部和居民的粮食供应是 22 斤，家属工在工地干活儿，属于力工，吃 39 斤粮。只有一线的工人才能享有 39 斤口粮的待遇。正式工里，口粮最高的是水泥工，吃 39 斤粮，家属工是力工，也吃 39 斤粮。所以，家属出来工作，成为家属工，就要补粮，从 22 斤粮补到 39 斤。单位必须向劳动部门申请用临时工的指标，根据指标才能补粮、补布票。而且，1965 年新进的家属工，要体检合格者才能招进来。所以，家属工不是企业私自用工，是国家批准的。

入川之后，职工、家属、孩子都属于集体户口，户口落在单位里，跟着单位走南闯北。刚到四川时，住得分散，是各家吃各家的。1959 年下半年，家属住得集中了，就开始吃单位食堂。一直到 1965 年迁到纳溪，家属工一直吃单位食堂。粮票和粮食都集中在单位里，个人没有粮食，不能单独开伙。家属如果不去上班，就没有粮食呀。所以，我们响应国家号召，到四川支援三线，在现场做杂工，这都是国家安排的，是国家叫我们投入国家建设的。

1971 年，进入“文化大革命”后期，国家建设要走入正规了，国务院下了一个 91 号文件，要把合同工、轮换工、临时工转为正式职工。轮换工就是今天在这里干，明天去别的地方干的工人。但我们单位把这件事给压下了。直到 1973 年，我们才知道有这件事。国家下达的文件，老百姓哪知道。1973 年知道这事以后，大家就找公司，开始造反，把公司经理抬到车上，拉到成都，要求四川省劳动局出面协调。我们单位进四川时还是国家直属公司，到四川以后改为西南建设五公司。单位归了四川，人家该办的没办。一般各单位都护着自己人，就是我们单位不护着。有国家固定碗饭不好吗？省里回复说，已经超员了，国家当时的条件还不允许，养不起更多的人。据说 91 号文之后，国家又下了一个 44 号文件暂停临时工转正。这事在四川没闹成，400 多名家属，每家凑了 2 块钱，上北京打官司，到建工部告状。到建工部后，遇到了他们原部队的老师长在建工部做副部长，发现我们这个单位还没有打散，还是原套人马，中间只是招了点学徒工，人员基本没动，那时候别的单位人员都乱了。就想把我们单位借调到北京来建设首都国际机场。这个师长是带着这支部队转业到地方的，带到长春，带到富拉尔基，再带到四川。在“文革”期间他被打倒，后来调回北京，在建工部做了副部长。家属工到北京上访这件事，促成了公司调入北京。

1975 年，职工们借调到北京建首都机场，家属在四川留守。1977 年还有一个 87 号文，根据这个文件，我们填了表，贴了照片，涨了一级工资。但是，到了 1980 年进北京时，公司没有按照转正的待遇对待家属工，还是按临时工对待。具体为什么，我不知道。进北京后，家属到机场做临时工，单位也是需要向当地政府报批的。公司怎么可以不承认我们是国家批准的临时工呢？

1989 年退休时，是根据北京市 1988 年的 549 文件办理手续的，这个文件将在京企业、各大部委都包括在内。企业从 1989 年开始发放我们的养老金。2002 年之前逐年都有些调整，2002 年以后就一直没动。家属们多次为退养金的事找公司。一九九几年的时候，当时要选举区人大代表，我的单位要推举候选人。我们公司是这个区的大单位，按惯例，都会出一个人大代表。这次选举，我们公司的书记没选上，公司的老头儿老太太不投自己公司领导的票，那年我们公司就没人当选区人大代表。这事是自发的，领导做过什么事，老头儿老太太心里都有数啊。

2. 为家属工待遇奔波

2000年，正式职工移交给社保了，我们家属工再次向公司提出纳入社会统筹，享受退休待遇。公司提出让我们35个人去劳动仲裁机构给我们家属工定性。说如果不这样的话，以后再来找，就走法律程序。这是公司文件的原话。我干了这么多年的临时工，还要定什么性？我办了退养还要定什么性？既然这么说了，我们听公司的。2000年3月，我们向北京市朝阳区劝争议仲裁委员会提请仲裁。大家凑的钱去打这个官司，仲裁花了3万多。他判的是什么东西！说“没什么证据”。我从1959年参加工作，就是集体户口，什么考勤表、工资单都在单位里，我个人哪里有。问我要什么证据？证据你去公司单位要。还让我们15天内去朝阳法院。我们回来一商量，仲裁说我们任何证据没有，15天内上朝阳法院，还得花3万块钱。2000年，每月养老金才200多块钱，我们哪还有那么多钱？所以就没有继续把官司打下去。后来，我们自己的孩子不也在公司上班嘛，就慢慢地帮我们收集点材料。2004年8月，我们向朝阳区法院提起民事诉讼，要求确认我们养老退休人员的合法身份，并依国家政策发放养老退休金。上朝阳法院还不得有人，有证据但没文化，还是没打赢。又开始上诉，上诉到中院，到中院还是维持原判。不服，上高院。高院还维持原判。这官司怎么打？所以说，人家有钱有权，你说老百姓、家属工、老太太你能咋办？就在北京市，都跑了仲裁、朝阳、二中院、高院这四级。哪儿都跑了，检察院也跑了，最高人民法院也跑了。

2009年，我们又去永定门西边那个小旮旯里的最高人民法院信访办，在那里面等了5个月。这5个月当然不是天天在那里，为什么用5个月呢？到了那儿，你填上表，交上去，排队，什么时候能喊到你谈话，等于这个问题结束了。谈完话以后你若等不到消息，还要等到下一个月再去。下一个月去，再领表，填表，再交给他，你还得等。等 3 天还是 5 天，早晚等他喊，谈上话了，这个月你才结束。所以，就花了 5 个月。最高人民法院的信访办把我们的案子再交给朝阳法院，朝阳法院再来找我们，我们三四百人也不能都去啊，就派了 5 个代表。朝阳法院通知我们过去以后，说要给我们补偿。给谁补偿呢？就给我们 5 个人补。给补偿那不就证明你还有错啊，没有错能这样说吗？给我们 5 个人补，我们 5 个人能拿这个钱吗？我拿了这个钱，我在这个家属院里还能呆吗？后来，高院信访办搬到四环路这边，盖了新大楼了。

2010 年的"两会"，有代表谈到家属工这个问题了，提议政府要解决这些遗留问题，我们就感觉有希望了。有了这个希望之后，又接着找，那个高院再没有去了，不想再打官司了，打官司又费钱又费力，就等着"两会"。还上过国资委，中建公司不是属于国资委管吗，上国资委也是到处找，找明白法律的。

就这样，拖到 2010 年 12 月，等来一个 107 号文件。107 号文件把家属工、"五七工"等历史遗留问题交给各地方来处理，要求在 2011 年底前基本解决这个问题。现在，我们在等待北京市的配套文件。今天是 12 月 25 日，北京市相关的文件还没有下发。上礼拜三，我上了趟社保局，社保局说："跟你们单位讲了，你们单位会尽快办。"就推给单位了。礼拜四，我上我们局(中建一局)，局里说，北京市文件还没有下，礼拜五能听到信儿。今天都礼拜天了，还没听到消息。快过元旦了，年底各个单位都忙。我跟大家说，元旦前不要上公司去了，他们都忙，不要影响他们，让单位好好过个节。以前我们这些老太太每天会到公司的多功能大厅坐着，我跟局里的人说，如果过了元旦以后再没有消息，就拉着队伍上局里。局机关在西四环，我就把人拉到四环路上去堵路。现在还有 296 个人。我不打官司了，我没那个精力。这是最后一招，是被逼的。这些年，已经操这么多年心了，打那么多年官司，说实在的，我们现在被惹恼了，你要亏待我们，我们是不干的。我们给这个企业，给这个国家干了 30 年，它亏待我们，我们不服气。我对公司的一些小孩说："你们每走一步路，都是老头儿老太太挣来的，现在你给我们交钱，你该交。这个钱，我没吃你的，是我们自己挣的，这企业是我们创造出来的。"上四环路是最后的法子，说实话，也是气话，我们跟企业几十年了，不想给它抹黑呀，抹黑也是给我自己的脸抹黑呀，这也是气得没法，被逼的。

我们跟企业有感情，企业是我们的家。我们全家都跟这个公司有着密切的关系。老大 1980 年下乡回来后，就进了四公司，80 年代中期才调出公司。我们进北京的时候，老二还在四川读局里办的职工技校，也是与建筑有关的专业。1982 年读完后，被分配到四公司做工人，一直就没有离开过四公司。老三初中毕业后，也进四公司做了两年临时工，后来才调走的。老四四五年前到公司做合同工。

全公司一共 8 个局，可能也只有我们跟着企业干了 30 年。其他公司大多是"五七工"，没有我们吃的苦多。四公司是家属工，"五七工"是职工家属在"五七"工厂里工作，单位成立集体性质的"五七"小厂子。我在社保局碰到过中建一局安装公司的家属"五七工"也在找社保局，她从 1971 年参加工作，不像我们，从 1959 年起就一直跟着这个企业，一干就是 30 年，而且都在现场干。安装是大型机械安装，工人不会在现场安装，安装需要机械。我们是土建，人工可以干。土建活很重，一个人弄不了可以两个人抬，最重的就是 50 公斤水泥包。

2012 年开年后，企业通知我们复印城镇临时工的退养证等材料，说是要给办理家属工、"五七工"退养人员的社保问题。我们就等待着结果。

访谈员后记

张继英，1934年出生于江苏省东海县青湖镇。她没有接受过正规教育，建国后上过速成识字班。1952年，她在自己的村子里加入了共青团。在生产队干活儿时，能够拿到10分。1954年春天，经别人介绍，她认识了现在的丈夫陶文翠，并在一年以后在长春与其完婚。1956年，她跟随丈夫去了黑龙江富拉尔基，正式开始了自己30多年的家属工生涯，她的第一份工作是在材料科做临时工。1958年，她的第一个孩子在老家出生。当年12月，响应国家支援三线建设的号召，他们一家迁入四川江油，从此以后，她成为工地上一名普通的家属工。1962年，公司当时承建的江油钢铁厂停建，她也转而在中坝地区从事农副业生产，此后一直留守江油。1965年，她迁到了泸州市的纳溪区，在材料科加工劳保用品。1970年，她迁到了江津，继续在工地上做杂工。从1958年第一个孩子出世到1972年十几年的时间中，她的二儿子、三女儿、四儿子也陆续出生。1975年，在四川的职工被调至北京参与国际机场建设，而她仍旧留守江津从事工程的扫尾工作，直到1980年调入北京，继续从事工地的杂工工作。1982年，她搬进了望京现在的住所，从此落户北京。1989年，张继英以城镇临时工身份办理了退养，那一年她55岁。此后，她一直在为争取城镇临时工的公正待遇而奔走。

历史总是以其磅礴、宏大而给人带来震撼，但作为历史学科的工作者，深入历史的细处，会发现历史同样可以因细腻和具体而引人入胜。这次访谈，通过一个真实的个案，近距离地接触到家属工鲜活的历史，这让人既振奋，又充满好奇。家属工是当今社会中一个沉默的群体，没有人会去刻意地关注她们，甚至连她们自己也渐渐忘却了那段记载她们生活和工作的历史。张继英是数以万计的家属工中最为普通的一个，但是，在她的身上，我仍旧能够感受到家属工勤劳、奉献、任劳任怨的精神，“企业就是我们的家”，“我们跟企业几十年了，抹黑也是给我自己的脸抹黑呀”，她在访谈中多次提及这几句话，让我们追忆那段历史的同时，也被深深地感动。张继英的一言一行，鲜明地体现了她所属的那个时代的特色。可以说，她们是塑造那个时代的参与者，而自身也带上了那个时代深深的烙印。

就张继英本人而言，她有自己鲜明的个性，我们可以看出，一个小人物在翻滚的大潮中如何生存、如何定位自己、如何实现自身价值。张继英从小就是一个具有叛逆性格的人，面对母亲浓厚的封建意识，她响应政府的号召，反抗封建思想的束缚，从而得到了受教育的机会，并且在村子中加入了共青团。不难看出，她是一个积极融入新社会、乐于接受新生事物的人。她的丈夫曾经是一个军人，转业以后进城当了工人，而她也就成为了家属工，由此我们可以看出，新中国成立初期转业工人是工人的重要来源之一，而普通士兵在转业后被安排到农村去找对象结婚，他们的妻子也就成了新中国早期家属工的一部分。这启示我们，研究家属工问题，不应该只看到她们的现状，更应该注重研究她们的来源，这样就能够从一个更高的视角上去整体把握问题。

此后数十年中，张继英辗转大江南北，从事各种辅助性的工作，工地是她最主要的工作场所，毫不夸张地说，她们从事的是在女性身体承受范围内最重的工作。除此之外，她们还承担了做饭和抚育孩子的家务劳动，而这些劳动，毫无疑问也是国家工业化能够顺利实现的重要保障，家务劳动的“私”领域和国家政治经济的“公”领域是有机结合在一起的。所以，中国工业化的实现，在一定程度上要归功于家属工在“私”领域的无私奉献。当然，“私”领域也得到了国家的重点关照，在孩子达到规定年龄后，国家承担起一部分社会保障和服务的职责，这也相应减轻了家属工的辛劳。尽管家属工担任的并不是主要的工种，但她们的主人翁意识却一点也不输给主要工种的男性工人，她们对工厂有着深深的归属感，将工厂看作是自己辛勤劳动的成果。所以，当国企改制发生后，她们难免会产生一种失落感，同时，也会为国家和企业回避忽略她们应享有的权利而愤怒。

尽管出台过一些文件，但是家属工在退养、退休后的待遇问题，仍旧是当前社会保障中的一个缺憾，尽管她们为社会主义建设做出了重要的贡献，却仍旧无法获取和正式工人同等的社会地位和待遇，家属工的身份定位迟迟无法落实，也让张继英这样的家属工们团结起来，为维护自身的利益而不断抗争着，关于家属工，未完的故事仍在继续……

历史有不同的写法，但生命是平等的，应该得到同样的尊重。通过访谈、记录并阅读这一段生命史，我看到了历史的进步，也感觉到了人性的温暖。从前，在阅读历史的时候，总慨叹个人的渺小和无力，这常常令我感到失望。我们处于一个大变革的新时代，科技突飞猛进，社会日新月异，我们应该如何定位自己、如何实现自身价值？这是一个值得长久思索的命题，而记录和研究生命史，毫无疑问将给我们指明一个值得期待的方向。

她用勤俭和善良支撑起一片天

——唐美武访谈录

- **访谈时间**：2011 年 12 月 9 日 14:00—15:20

  2011 年 12 月 12 日 9:00—11:04

  2011 年 12 月 18 日 14:00—14:20
- **访谈地点**：湖南受访者家中
- **受 访 者**：唐美武
- **访 谈 员**：侯国凤（长沙民政职业技术学院副教授）
- **整 理 者**：侯国凤（长沙民政职业技术学院副教授）

编者按

本访谈资料为我们讲述了受访者70多年的生命历程。从受访者娓娓道来的故事中，我们了解到她的童年生活、婚姻家庭、事业追求、晚年生活等各个方面的情况。她一生跟随丈夫辗转大江南北，独揽家中的所有事情。待子女长大后她才开始自己的事业。直到今天，她还为了家庭一刻也不停歇……中国女性隐忍、无私、奉献的品格在受访者的身上体现得淋漓尽致。

一、家世背景 童年记忆

我是1941年出生的。我的家庭出身是中农，家里有几亩田，父亲在家种田，还做点儿小生意，开了个染布坊，把白布染成蓝色、黑色的。母亲在家里喂猪、喂鸡，鸡下了蛋母亲总是舍不得吃，也没有给我们小孩吃，都是拿去卖了，卖了钱买煤油，晚上要点灯啊，不然就摸黑。我们那个时候有三餐饭给你吃，能吃饱就行了，什么好东西都没有吃过，我小时候哪吃过什么鸡蛋。

我母亲一共生了12个孩子，12个孩子没有全部带活，如果都带活，那我可能排到老八、老九了，中间死了几个。当时上个孩子一岁多就生下一个，这个吃了奶，那个还要喂饭，都是我母亲自己干的，带小孩这些事情很辛苦，也没有请过人。那个时候父亲母亲没有重男轻女，对于男孩女孩我母亲都是一样看待的，但别人都生崽，我娘生的总是女孩，别人就讲闲话。我娘说这都是命，命中就是生女孩。现在想来，那时我娘真是遭罪。现在的人，谁还能吃那样的苦？不过街坊邻居都讲我们家女儿多好，儿子又不管家，哪像女儿这样顾家。我的母亲蛮封建的，12个孩子都是在家里自己生的，自己给自己接生，生完小孩自己又包起来，都没有请人过来帮忙，更不要说住什么医院。人家都讲我们家风水不好，不旺男的，就是男的不好养。我是老五，有3个姐姐和1个哥哥，其实还有一个姐姐是我父亲带来的，早早就出嫁了。听说在我上面除了3个姐姐和1个哥哥，母亲还生了3个儿子、1个女儿，结果都没有带大，接下来还生了几个也都死了，是男孩，随后就是我妹和我弟弟。

我哥哥是1956年死的，他读初中的时候突然一下摔到桌子底下，发羊角风，开始几个月发一次，后来越发越频繁，治病也用了蛮多钱。我们家旁边有条河，他有一年掉河里面，被别人救上来了。那年冬天烤火的时候，他一个人在家烤火，结果火一下燃上来了，把他烧得不行，我母亲做事去了，她在地里干活儿，家里面就我哥哥一个人，结果送到医院里面因为烧伤面积太大，个把星期就死了。哥哥那个时候30多岁了，也成了家，讨了个嫂嫂进来，但嫂嫂在这里一直没生小孩，后来嫂嫂又嫁出去了，她一直都没生小孩，这件事情应该对父母亲的打击也蛮大的，只怪自己儿子身体不好，得这个病，找的这个女的又没有生育能力。再说说我弟弟，弟弟有心脏病，39岁就过世了，剩了我弟媳妇把小孩带大。3个侄子还有一个是瘫子，他是1971年出生的，生下来后不久就发高烧，得了小儿麻痹症，结果到处就医，可是治不好了。今年已经41岁了，还不能自理，还都是他母亲和他住，喂给他吃。哎呀，我这个弟媳妇不容易咧，农村里面讲什么吃五保户，一年就500多块钱，哪里够我那个侄子用？现在我们这些姐妹条件好的就支援一点儿，所以人家都说我家不旺男的。

我6岁的时候就开始读书了，在一个小学里面读书，读了书回来还要帮家里做事。家里喂着猪，要扯猪草、捡柴火，还要挑水，农村里面哪有什么自来水啊，都在河里面挑水。记得我有一次掉到水塘里面了，那个时候我可能有八九岁，正好有人也来挑水，就把我救上来了，多亏碰到一个好心人，但还是喝了蛮多水在肚子里，我也不知道喊“救命”，当时受了很大的惊吓。另外我父亲住的地方是出煤的地方，那个时候我们自己搞煤球，我还要挑煤炭，把事情做了还要去打煤炭，湘潭人就到我们那里去买，块状的卖给湘潭人，沫状的就自己拿来烧。10多岁的时候都是100多斤一担，我们干活儿的都是女孩子一起，做到该上课了就去读书。

上小学的时候，我们打腰鼓、搞文艺节目、唱歌，挺有意思的，我也很喜欢文艺活动。那个时候我们文化课学的内容主要是语文、数学，其他没什么政治课，也没什么文艺课，我们父母都没有什么要求的，他们哪有时间，随我们自己。但是我们姊妹也都蛮听话，每次早上拿着一本书读，家里又没有灯，哪晓得几点钟了，一般农村八九点钟就上课了，只知道邵阳的车子开到联校那里时是 8 点钟，我们 7 点半就开始等了，一直就拿着书在读。作业就是写小字、大字，有大字本、小字本，其他的没有什么作业。

读书的时候，放学回到家干好多活儿啊，偶尔也会出去玩儿，在稍微不忙的时候，就忙里偷闲跟小伙伴们躲猫猫，其他没有什么活动了，又没有看过电影，那时什么都没有。在穿上面也是没有多大讲究的，等到 1949 年，我已经七八岁了，在上小学，那个时候对于新中国成立的概念就是解放了，不穿妇女装，可以穿便衣。穿便衣就是从这里开始的，学校里要游行，每个人都做一套那样子的衣服，黑裤子黑衣服，穿着到街上去庆祝。

我最小的姐姐都比我大很多呢，因为她下面和我上面有几个没有带活。就我妹妹和我弟弟是一起长大的，他们都听我的，我们 3 个还蛮亲密的，其他的姐姐都出嫁了，我们 3 个孩子个性都还很好，也不怎么吵架。我们兄弟姐妹在家里也不吵架、不争东西吃，也没有什么争的，就是三餐饭。小时候记忆深刻的还有就是婚葬礼数，送礼时我们村里一般礼蛮轻的，十一二块钱就行了，家里经济不好的时候就包 8 块钱，到人家家里去吃，还回礼呢，一般会回毛巾什么的。吃的都可以打包，吃的是菜、饼干、桃酥、蛋糕，这些都可以打包回家吃。那时死了人的话就吃豆腐，油炸豆腐，水豆腐，烧豆腐，以豆腐为主。那婚礼啊，葬礼礼仪啊，就是老人告诉我们该怎么样做我们就怎么样做，没有特别的。

那时候大家都很喜欢过年。大人啊，小孩啊，最喜欢过年，因为只有那时候有新衣服穿。我印象比较深的还有就是过年煮萝卜啊，肉煮萝卜，煮一大锅，能吃好几天，好喜欢吃的，平时一般吃不到的啊，平时都只能吃菜园子里的菜。

二、青春年华 追逐梦想

我十五六岁的时候在邵阳读了两年初中，当时正好是“大跃进”，那个时候大家都要去干活儿，规定学生晚上都要去挑矿石，然后去炼钢铁。夜里都要出去，全员出动，可能有10多里路，有的时候走黑路，看不见，经常在路上摔跤，后来有了手电筒就好些了。我读书读到初中二年级后，又到我们那里的一个联校去读，也是蛮有名的，现在都还在，就在那里读师资培训班。

三、家庭与事业 平衡与抉择

1. 待嫁闺中，教书育人

我们那个时候一般到十三四岁媒人就开始说媒了，十六七岁就订婚了，到十七八岁就嫁出去了。我 18 岁的时候就结婚了。

唐美武（1955 年）

唐美武（上一）与同学（1957 年）

唐美武（1959 年）

遇到我老公是因为我的一个堂姐姐，我老公和我堂姐住在一个院子里头。我堂姐家离我们家只有 10 里路，我们家靠着马路边上，在镇上，蛮方便的，车子可以开到门口。他是我那个姐姐介绍的，他在部队里面当兵，比我大 10 岁，当时他没报那么大年纪，后来我知道了，我那个堂姐姐因为这个还被我骂了，我也不是很懂事。

他父亲是工人，好像是工地里的干部，搞工地的，他家弟兄3个，3个儿子，没有姑娘，他是老大。他很小的时候，才十几岁时，1949年就在辽宁当兵了，后来国民党把他抓去了，那个时候不是都要抓过去给国民党做事，挑担子啊什么的，后来新中国成立后就到了解放军的部队，他在南京部队学过两年医学，搞军医的。我老公长得蛮帅，浓眉大眼，我母亲一看就同意了，他从部队回来过，我们在1955年就订婚了，还拍了张订婚照片。

唐美武订婚照 （1955年）

那个时候都说谈恋爱谈恋爱，可我们根本连话都没讲过，我没听他讲过，也没问过我愿不愿意。见了面没有感觉，母亲觉得这个人不错，就看上这个人了，但是他家里条件不怎么样，房子是农村的土房，他母亲蛮厉害的。订了婚后，他一直还在部队，我继续在湖南。几年都没有见过面，就是写信，一个月写一封信，当时大家都不懂事，写信也不会写什么，最多就加一个“亲爱的”。上了两年初中后，我17岁的时候参加了师资培训班，在邵阳培训了半年，又在家里当地的一个小学教了两年书，在农村带小孩，跟小孩打交道。教的内容就是语文数学，教他们唱歌啊，实际上我也是瞎唱，我又不懂什么简谱的，但是一般别人教两遍我也就会唱了。我教书的时候，唱的是共产党的红歌，都是一些简单的歌。那时候我17岁，当了差不多一到两年的老师，也蛮有意思的。那个时候的孩子听话，没有什么调皮的，乡里面的小孩都还蛮听话的，那个时候工作一个月只有一二十块钱。我拿到第一笔钱的时候给了母亲3块钱，她蛮高兴的，还很远从家里到学校给我送菜。

唐美武与丈夫（1958年）

唐美武与丈夫（1960年）

1960年我才真正和他在一起，那年去的浙江金华，在浙江金华才正式结的婚，我们是在湖南领的结婚证。跟他结婚的时候哪有什么嫁妆啊，我母亲那个时候蛮中意他的，所以根本不在乎那些东西，就在县城里面买了最好的5毛6分钱一尺的的确良布，做了件粉红色的泡泡衫。至于彩礼，他们家拿来12块钱，我母亲呢，为了给别人讲得好听点，就说给我28块钱，我自己带着两套衣服就去了金华，也没人送，我就一个人坐车去了。那个时候也不怕，我记得自己是中途在株洲转车去的金华。

2. 父亲离世，艰难的1960年

我父亲是1960年去世的，那个时候正好赶上“三年自然灾害”了。人民公社也正搞“大跃进”呢，那个时候吃饭，每天3两米。3两米的饭，放了水蒸一次，又蒸一次，吃不饱。1960 年蛮苦的，没有粮食，又没有钱，那个时候饿死了蛮多人呢。父亲因为没有饭吃，得水肿病，腿都肿了，那个时候只有中午那一顿到人民公社去吃蒸饭，早餐呢，自己在家里开火，做什么粑粑（方言，饼类食物）吃啊。我父亲死的时候 73 岁。他当时年纪大了，加上我们家的那个房子不是太方便，每次去杂货屋里，都要上一个石头台阶，他不小心跌了一跤，就这么绊倒了，那时候没有办法好好治，一直就那么拖啊，拖着拖着就不行了。父亲去世的时候，我还在学校里面，后来我母亲要隔壁的邻居来喊我，我就请假回家去。那时家里面什么都没有，结果借了一些谷子，钱也是向我的一个堂哥哥借的，棺材是原先买好的，简简单单的，丧事吃的以白萝卜为主，没搞什么蛮隆重的葬礼，搞不起，蛮遗憾，父亲那个时候一走也是甩下一大家子呢。那时弟弟也才八九岁，我大哥在 20 世纪 50 年代的时候就死掉了，只有我们这些女孩操办这些。那时候我刚结婚不久，已经怀了老大。家里还有弟弟和妹妹，都在读书。后来妹妹到附近 10 多里的地方去教书，工作了也还好。后来结婚了，找的妹夫是自己看上的，跟随着把户口迁了出去，现在在北京居住。弟弟就一直在家里务农啊，弟弟体质差，稍微娇气了一点，他结婚后又生了 3 个小孩，大的是个瘫子，其他两个小的都还可以，做生意。我弟弟只活了 30 来岁就因为心脏病去世了。弟弟蛮聪明，家里什么事都会做，做酒啊，熬红薯粥啊，办酒席啊，当厨师啊，又听话，就是命不长，据说是我们家坟山不好。弟弟八九岁就开始膝关节痛，在农村里用了些土办法，吃什么中草药，也治不好，加上有风湿性心脏病，那时候如果去广州动手术的话要 1000 多块钱，1000 多块钱那时候我们拿不出来啊。哪里有钱，后来就这样去世了。

3. 部队随军，勤俭持家

我和孩子他爸一直随军 14 年，从最开始的生儿育女，适应部队里的生活，到一家人平淡却也幸福的日子，孩子们后来慢慢大了。

我是1961年结婚后随军的，当时中央有个文件，只要当了15年兵的都可以带家属随军。我随着他跑了不少地方，到过东北辽宁、浙江、安徽、江苏，每到一个地方，我还是比较习惯的，不过我无论在哪里都还是一口家乡话。我这人耐得苦，坐船、坐汽车、坐火车，我都可以坐，那个时候武汉没有武汉长江大桥，都是坐船，我都习惯。我家老大是1961年出生的。那个时候因为生孩子而没命的事儿也有，但是很少。我姑姑的一个女儿，就是生孩子难产，结果大人小孩都没了。我生第一个孩子时不怕，我想那种情况是极少数的嘛。开始怀孕的那几个月胃口不是很好，看人家吃东西我就讨厌。4个月以后呢，我什么都能吃了。前面妊娠反应不算大，就开始的时候有一点儿反应。那个时候他在浙江金华0054部队，我的第一个孩子是回老家，在家里生的，就是喊农村里的接生婆，花3块钱就可以了，但是第三天给你洗身的时候是要吃饭的，当然生的那天也在你家吃餐饭。当时的接生婆一般都是村子里年纪比较大的老太太，我家的老大和老三，都是在家里接生的，是同一个接生婆接生的。那个时候我在浙江金华随军之后，主要就带着老大，我爱人是搞医的，在部队卫生所工作。我一个人带孩子也不觉得多辛苦，比起农村还好吧，农村还要到地里面做事，还要到外面去搞劳动，我就光带一个孩子，还是要轻松一些。

后来部队又换防了，这时老二也怀上了，部队要迁走、搬家，从浙江金华迁到江苏涟水去。我们就随着一起走，从浙江移防的时候都是坐船，坐到江苏连云港，结果在船上面肚子就开始疼了，这时正好船上的东西要全部卸下来，再由火车托运，船上蛮多家属。到了连云港，晚上12点钟开始要生了，第二个女孩就是在连云港新海连医院生的，1点钟就生了。生了之后，第二天又要上火车走，结果又跟着部队一起走。生老二坐月子的时候，他爸因为要到别的地方去，调动工作，我在月子里面就自己照顾自己，自己到河里面提水洗尿布，叫了一个邻居帮忙，但人家哪会给你洗尿布啊。再说别人哪有那么及时，那个时候还没有什么尿不湿的。

所以老二体质也不好，另外1961年那个时候日子苦，没有什么吃的，只有饭吃饱了才有奶给孩子吃，我没有东西吃，哪来的奶水。生老二的时候，又赶上部队里要移防，移防的时候因为船上没什么吃的，就一家发一袋烧饼，这么大的饼子，把它切成一块一块的，搞面口袋装起的，吃的时候放在开水里面一泡，把鸡蛋放里面吃也可以。尽管我是南方人，但面食我蛮喜欢的。那时候我爱人也不会特别给我买什么东西，都是我自己照顾自己。那时候过一段时间我要回老家一趟，我母亲蛮想我的，我母亲生了那么多小孩，还是蛮疼我的。生了老二后，我就带着孩子回了湖南。那个时候我想这两个都还这么小，不要生了，我母亲就讲："要生啊，管它呢，趁着年轻赶紧生。"乡里老人都这么讲，上面两个都是妹子，一定还要再生个伢子（男孩）。所以生了老二之后，接着就要了老三。

我生了男孩（老三）后身体很不好，感觉很吃亏，生完之后就发高烧，那时腿也有点儿走不得路，不知道怎么搞的，后来花了蛮多钱，找中医到家里来看病，当时我就在湖南老家。中医开中药吃，另外就是搞艾叶子水洗澡，洗脚，热敷。后来治好了，但还一直咳嗽，咳了三四个月，咳得浑身都痛。后来就到部队去找军医看，就打针啊吃药啊，才治好了。

从怀孕到生产，给我影响最深的是生第四个孩子，本来是想只有一个男孩，再生一个男孩就好了，结果生下来是个女孩。不过孩子她爸爸蛮高兴的，当时部队里那些当兵的问他是男孩还是女孩，他说是个女孩，当兵的都不相信，都讲肯定是个男孩，我老公说，男孩女孩都无所谓。怀老四的时候特别想吃橘饼呢，就想吃那个，就自己到部队里的那个服务社买着吃。当时没有什么大的反应。我生这么几个孩子，就生老四的时候吃了一只鸡。其他的，我们家里好像不兴什么，不像有的人生了孩子一天吃一只鸡。当时那是不可能的，我们都没吃过。怀老四的时候，我其实不怎么想要孩子了。我们在部队里面种了玉米，我就挑玉米，把百把斤的担子挑起都没有流产，当时只想把她流了就好，不想要了。后来，幸好我这个老四身体还可以，我原来好瘦的，在生了老四之后就胖了。老四是在医院生的，生完在部队医院我就结扎了。我和他在一起没有做什么避孕的措施，生完这 4 个孩子，觉得有 4 个孩子了，就结扎了。结扎也是我自己要结扎的，不是什么领导做的工作，那个时候是让随便生的。20 世纪六七十年代号召人多力量大呀，随便你怎么生都行。

我母亲 1968 年去世的时候，我正在部队医院住院，生老四后在部队医院住了 20 天，部队医院的条件也蛮好。我老大告诉我，说外婆死了，还告诉我不要做声，不要讲，不然爸爸会骂她啊。老大说："你要做声，爸爸会知道是我告诉你的。"那时候老大也只有七八岁，蛮懂事的。他们是怕我哭，所以不让我知道，母亲是高血压，都没有见到最后一面，知道消息后，我怎么能不哭啊？她为带这几个孩子遭了不少罪呢，不容易啊。在湖南老家的时候，母亲就帮着我带孩子。孩子爸爸是个军人，工作也忙，大男子主义也挺严重，所以他从没有洗过尿布，这么多年他家务事基本上不做，也不怎么会做。所以说女人这一辈子真是不容易，里里外外全部都要操劳。我那时候坐月子就是拿个手巾包着自己的头，有的时候停水了，还要自己去提水，基本上家务事都是我自己做的。

那些年，孩子爸爸一直在外地，工资又不高，在部队里五六十块钱一个月，养一大家呢。江苏啊，安徽啊，随部队迁了不少地方。当地对部队家属特别照顾，不管听你讲话是本地人还是外地人，只要是军人家属，都蛮照顾的。那些地方的鱼很便宜，我记得江苏那个草鱼、鲢鱼、鲫鱼四五毛钱一斤。那个时候，我们就喜欢买鱼吃，那时候猪肉要 8 毛多一斤，鱼便宜些，再一个蔬菜不需要买，当兵的种的有。我这人一向节俭，从小就很少生病，很少有什么感冒啊，流鼻涕啊，都很少有。现在有些老人什么补品吃一大堆，我很少吃那些东西，养生之道我没有，我不挑食什么都吃的。年轻的时候家里不富裕，从吃到穿，对自己都非常苛刻，不管吃水果还是吃菜我总是把好的留给家人，我吃边皮，吃剩的，吃差的。人家讲那也吃不得，这也吃不得，我不管，在家剩菜剩饭都是我的，反正我这个人从来都不会浪费一点儿东西。儿孙们跟着我这么多年，他们常常讲要把剩菜倒掉，我就说你们不吃我来吃，浪费可惜了。穿的方面我也不讲究，都是把儿女们不要的旧衣服改了，缝了，补补再穿。这些年日子虽然好些，但我还是蛮节俭，为了节约水电，我冬天都用冷水，洗了菜的水再用来冲厕所，小件衣服从来都是用手洗。我还记得在安徽淮南的时候，泥鳅只有2毛5分钱一斤，那东西多便宜啊，安徽当地人都不吃，他们讲那有泥巴，但是我买了吃。儿女们都说我持家有方，经济上会计划，生活上会安排，所以那个时候虽然工资不高，但是我一个月还要剩一二十块钱。

记得1967年我从江苏回湖南一次，去看我婆婆，婆家离镇上比较远，孩子们没有在他们奶奶家住过。我婆婆有3个儿子，3个儿媳妇，她一会儿说这个好一会儿说那个好，感觉有点儿难相处。还是自己娘家住着好，孩子们那个时候小，还不太懂事，也没得什么大的印象。孩子外公走的时候，老大还在肚子里面没有生，外婆在的时候她还帮忙照顾老二，老二还有点儿印象。再说长年在军队里生活，隔几年才会回老家。每次回家我母亲都有准备，回趟家不容易，见我回来就买一些好吃的。那个时候经济条件也就那样，也没什么经济来源，买点儿吃的不容易。

在部队里的生活蛮好，我和其他家属一起做伴儿，上午买买菜做做家务，就没事情了，一般下午就聊家常。开始几年我没有工作的时候，主要是带小孩。军队里专门有个干部出来管我们这些部队家属，有的随军家属有什么困难找他们，他们就帮忙解决。在部队里很有家的感觉，有的时候部队组织我们搞活动，帮当兵的洗衣裳，给他们缝啊，补啊，当兵的他们太忙了。部队里的干部还组织我们搞五好家庭活动。我们那个时候在军队里过年，尤其是过八一建军节这些比较重要的节日，就看文艺演出，我从小就喜欢看这些文艺节目。像现在，电视剧我基本不看，总是喜欢看这些娱乐节目，看这些我好开心的，现在我就喜欢看中央台的“我要上春晚”。部队里除了看节目之外还会搞会餐，大家在一起会餐，在部队里一个礼拜起码有几次电影看，那个时候一到放电影小孩子也蛮高兴的，有电影看啊，大家聚在一起玩。

在部队里，我还学会了做针线活儿，原先不会，原先煮饭都不知道煮，都是母亲做，我母亲还蛮能干的呢，我们邻居都知道，都夸她蛮能干的，我是进部队才开始学着做。那时候家属有些是山东、东北的，她们都会做针线活，拆了又缝起来，还会做面食，所以我就跟她们学会了。第一次在部队里做的针线活是双鞋，先是把鞋底子弄好，然后弄帮子，但是那时候鞋帮子和鞋底子我总是怕上偏，有个山东的，现在记不得姓什么了，还蛮好的，总是先帮我把前面后面订好，就不会上歪了，上歪了就不好看了。第一双鞋是给老二做的，那时老大好像是有鞋子的。在部队平时吃了饭没事我就喜欢做针线活儿，就把那些要缝要补的拿来缝缝补补，我也喜欢搞呢，原先这些小孩的鞋子都是我自己做的。在他们小的时候，会在过年过节给他们做新衣服，就是自己买布，那些北方人都很会做，他们给我量好、剪好后我自己缝，那个时候没有缝纫机，我就手工缝，老头子和孩子穿的衣服都是我自己缝的。在北方的时候，那些山东人都很会做，买了布，就在家里缝，不管做什么东西都是自己做，我们南方人很多都不会做棉衣、棉裤，也不会洗。北方人都会做，把棉衣棉裤拆了，洗了，然后再套起来，这样穿着就暖和一些，自己做的棉衣棉裤里面都是用真正的棉花。

我这一辈子跟着他走南闯北也不容易呢，没少吃苦。在家里不管怎样还是有父亲母亲的照顾，要好些。他在家里是不会做家务事的，他很大里大气的，从来都不管家务事，家务事什么时候他都不会操一点儿心，什么买米、买煤，都是我自己搞的。到了安徽的时候，我已经工作了，我离他那里差不多有二三十里路，我们没有住在一起，周末有时候他工作忙，有事不能回来。每次买米，一袋 50 斤的米，都是我自己一个人扛回来的。还有，那时候还烧煤球蛋呢，还不是烧混合煤，都是我自己来搞，他从来也没有和我一起给孩子们喂喂饭、洗洗澡，基本上是我一个人干，他什么都不会做。

几个小孩小时候身体都蛮好的，没怎么生病。只是有一次出麻疹，3 个小孩一起出啊，那个时候我正在百货公司上班，没有和他爸住在一起，住在商场附近老百姓的房子，他不在家，家里面就我一个人 。3 个孩子都出麻疹，我那时也还行，也没有怎么着急，知道是麻疹，是正常现象不要紧，出麻疹每个小孩子都会出，过几天就会好的。几个孩子都还算比较乖的，在外面呢，也没有怎么调皮。就是这个男孩有一次和邻居的小孩打了架，他爸爸就发火了，把他狠狠地打了一顿，好像是因为两个小孩不知道抢什么东西呢，你讲是你的，我讲是我的，两个人就动手打起来了。相比较而言，3 个女孩听话些，男孩子稍微调皮些。我一般不打孩子们，只有他们不听话的时候会责怪几句，4 个孩子中这个男孩比较调皮，也是挨打挨得最多的。我记得老大小的时候要吃东西，没有吃的就哭，她爸爸听着很烦，就打了她一下。我当时还跟她爸闹气，孩子想吃东西你打她干什么呢，我就生气。几个孩子都本本分分踏踏实实的，特别是几个女孩子，几乎没挨过什么打。孩子们读书的时候，好像没有家长会，倒是老师到家找家长访问，问小孩在家里表现怎么样。这几个孩子也许受到他爸的性格影响，因为他爸是军人，大女儿、二女儿都很乐观、积极，都挺正直的，老四也是蛮正直的，乐意帮助人，看事情看得蛮远的。我们没有什么特别的教育方式，对孩子们读书也没什么要求，稀里糊涂地就过来了。随他们去，当时成绩都还可以，都还蛮好，都自己发奋。我那时哪里还管得了那么多，4 个孩子，我煮饭给你吃，帮你洗，就不错了，不像现在人们带孩子这么折磨操心。那个时候，这几个孩子都是随军读书的，读了好多地方啊，在安徽读过，在江苏也读过，我们到一个地方，孩子们就跟着转过来了。

在部队的时候，每到逢年过节就买点肉，包饺子，虽然我是南方人，我也蛮喜欢包饺子呢，喜欢北方的面食。在安徽的时候一个月起码吃 40 斤面，做那个馒头吃，极好的，现在就搞不来了啊，那个馒头像棉絮一样，蓬蓬的，他们吃了都讲好好吃的。那个时候还没有煤气，烧那个煤球呢，火极好的，蒸出来的馒头极好吃的。现在有的时候我也会买几斤面粉做面食吃。过年的时候我会给孩子们做几件花衣裳，还会做其他的零食，比如麻叶①，就是在锅里炸的面食，还另外搞那个糯米。现在年纪大了，做不来了。早些年我还做给他们吃，过年的时候给每个人带上一点儿呢。

---

① 一种面食，有些地方又称焦叶子。

4. 随夫去淮南工作，儿女渐长大

1969 年的时候，孩子他爸作为部队干部去支持地方的工作，到一家医院里当了党委书记，然后我就跟着去了安徽，到了淮南。这个时候 4 个孩子都已出生，我们从来没请过保姆，都是自己带啊。那时中央有个文件，就是要照顾随军家属参加工作，有点儿文化的就到商业部门，文化低的就到工厂工作。我算是有点儿文化的，就安排到淮南洞山百货公司工作，在柜台上卖针织品，毛衣啊，毛线啊。那个时候正好孩子们都能脱手了，大女儿读初中了，最小的孩子也读幼儿园了，所以他们都讲，正好把小孩带大了，我又参加工作了，挺好的。

我工作后和他爸没住在一起，有 20 多里路的距离。老四上的幼儿园，离他爸爸较近，所以这个小的就归他爸管。他那个时候带着这个小的，幼儿园那些老师帮他管，帮孩子洗澡。那个时候他在单位上是书记，那些人也都蛮尊重他的。我在的百货公司，几个人一组，就这样你来接我的班，我来接你的班，两个人一班，蛮好玩的。那个商店靠近一个火车站旁边，附近也有农民居住，有个砖厂，附近的居民蛮多，而且都是市里面的政府机关，那个地方在淮南市也算是蛮繁华的，正处在市中心。

我上班时间是轮流的，今天一上午，或者第二天一下午，反正会有半天的时间在家里，把家务事情处理好，洗菜，买菜啊，都搞好了，所以基本上家里还是照顾得到的。我那时候下班回到屋里，孩子们都睡到一个床上，他们打打闹闹的，笑啊，玩得好高兴的。他们自己读书了，我就给他们做饭。谈到我们的夫妻生活，是蛮平淡的，我们从来没有一起并排走过路，一般都是隔个几十米，我冲到前头去了。他从来没有拉过我的手，孩子都那么大了也没有，我们从来没有一起走过路、逛商店，也没有买过衣服，他不会买，买的也不合适，那个时候买了东西出门不退货嘛。他是一心扑在工作上，我也没有什么意见，无所谓。

他在部队里面是军医，我也不问他什么的。不过我自己什么毛病都没有，人家说的妇科病我也没有，也从来不问那些事，有个小毛病我也不喜欢去医院，想办法吃药就可以了，身体也还可以。

5. 丈夫转业地方，儿女成家立业

1976 年，我们回到了地方，他是所在部队里老干部第一批转业的，那个时候他已经是副团级干部了。他转业回来，本可以转业在衡阳、株洲这些地方，后来要给他转到比较偏远的零陵地区。领导来做我的思想工作，当时我是想不通的，零陵那个地方是山区，就是现在的永州，又不是我们的家乡，那儿也没有亲戚。我们那个老头子讲在哪里都是干革命，他思想好，说随便到哪都能适应，总是说在哪里都是干革命。

他到了零陵地区一家医院，我就在商业部门，分到百货公司，卖针织品、床单、内衣，还是老本行。原来在江苏涟水的时候买鞋还要票的，后来就慢慢地不要票了。说起我自己啊，到这边来也蛮好的，在一个大的百货公司，那个生意非常好！附近农村结婚的都在城里的百货公司买东西。我常常遇到这样的事：有的人不注意，把钱弄丢了，把东西选好了，结果发现钱被人家扒走了，商场里的扒手（小偷）不得了。我们家买的第一个大件是 1979 年还是 1980 年从部队里转业回来买的一个电视机，1000 多块，是夏普的，老乡说这个牌子好，之前他们买了这个牌子的电视机。我原先在商店里就买好了缝纫机，给孩子们做一些衣服，我那个妹妹在北京买不到脚踩缝纫机，2000 年的时候我搬去和老四一起住，就把缝纫机给妹妹了。我现在有时就在超市里面裁裁、补补衣服，所以缝纫机也是我的好帮手。原来给他做短裤子，原先哪里买三角裤穿，都是买了棉布做，其他穿在外面的担心自己做不好，也有在外面裁缝店做的。到零陵后，我们家置办的衣服也不多，军队里面军官都有便衣，就是转业的时候给他买了蓝色的和黑色的呢子布，做了两套衣裳，那个时候买东西还是要用票买的，一般的还买不到呢。他也是蛮节省的，在部队里面就穿部队里的衣服，也没有什么要求，过得去就行了。除了部队里的两套衣服，也没怎么买其他的，也挺持家的，像我们吃饭的时候，那是不浪费一点儿东西的。

4个孩子从军队里到了地方后，大孩子那时候都上高中了。老大又下乡插队，当一年知青后又回来了。她那个时候学习成绩蛮可以的，但是那个时候没有兴考大学，1978年才恢复考大学。老大后来高中毕业后到卫校读了一年，毕业后分到永州地区人民医院。老大还是心态好，现在50岁了，看起来很年轻的。几个孩子只有老大继承了父业，从医。老二上的技校，就是学了模工，在一家大的军工企业工作，后来搞了几年，又拿了会计证，蛮能学。老二是个上进的人，喜欢跳舞，单位的同事都喜欢她，经常在单位里主持节目，后来又转到工会工作了。但是老二后来得了白血病，被病拖累了。老三是男孩子，很讲义气，不喜欢受约束，本来在他爸医院的药房工作，但他自己不想在那儿，后来就自己做生意了，成了自由业主。老四呢，她是在北方读的初中，回南方读的高中，又一步一步考上大学的。老四学习很用功，我从来没有管过她，我只告诉她，你要发狠读书啊，只有这样才能考到外地去上大学。她也蛮努力的，考上了大学。

再后来，我这几个孩子就结婚了。结婚的时候我也没有怎么管他们，只要他们愿意就可以了，我们对孩子们在婚嫁上都没有什么要求的，也没有教过他们，对方的家世啊，对方的彩礼啊，有没有都无所谓，还真就没有一个给彩礼的。我那个姐姐特别讲究这个，重视家里有没有关系啊，说要找什么什么样的。我们倒真没有，就是这么平平淡淡地过的。孩子们结婚的时候都办了婚礼，我也给准备了床单啊、蚊帐啊、箱子之类的，两套盖的被子啊，这几个孩子也都是白手起家的，都不容易。我们对这几个女儿、女婿还都算满意的，都还行，我觉得还可以了。二女婿和老二是同学，一起在益阳读书，高中毕业考的中专，读书的时候并没有谈恋爱，是后来老二单位领导的老婆做的介绍人，才交往的，关系确定后带回来我们才知道。他爸看了觉得还可以啊，我们都是随孩子自己，不是那么注重家庭条件。

6. 丈夫离世，照顾孙儿

我丈夫在1976年部队里转业的时候就发现有高血压了，但还能够工作，生活也能自理。我那个时候还能够上班，边工作边照顾家里。有高血压千万不能喝酒，有时他工作忙，还想喝点儿酒，后来啊，病就越来越厉害了，住了几次医院。1978年的时候就中风偏瘫了。那个时候二女儿才刚刚高中毕业，他那个时候自己还能走，不过慢慢又变厉害了。那个时候儿女都长大了，就只有我照顾他了，我还要坚持上班。他生了病，脾气变得暴躁得很，给他端了饭，时不时还是会发脾气，生性急躁。年纪大了，我叫他出去走走，他不走，他觉得自己生了这个病不好意思，不出去走，他还是有些爱面子。

他这一病就是18年，他是1996年去世的，当时他走得特别突然，是心肌梗死，都没来得及去医院。他走的时候孩子们都不在场，就我自己一个人在家。老四的孩子姣姣3个月零8天的时候他死的，正好那个时候老四生孩子，从长沙回来住了一段时间，刚回长沙几天，他就去世了。他去世我心里挺难受的。他去世后几个月，我北京的妹妹和我那个姐姐一大家子跑到湖南来看我了。其实那个姐姐和我交往不是太多，毕竟我小的时候她已经出门了，他们一起来看我的那个星期就算是交往的最多的时候了。后来我们又一起到深圳玩了一趟，姐妹们都蛮关心我的。我是第一次去深圳呢，孙子5岁多一点也带过去了，在深圳看了动物园，还玩了好多地方。还去了一个外甥女住的城市惠州，刚刚才开发，那个时候这样到处走走，有姐妹们陪我，也感觉孩子爸爸去的那个伤痛好多了。

从深圳回来之后又到了长沙老四家，到处走走，后来就回到家里安排好一切，安心到长沙来给老四带孩子了。大概是在2004年，把永州老家的房子也卖了，那房子两室一厅，还有个阳台，七十几个平方，又不值钱，就卖了2万多块钱。现在我若回永州就去儿子那里，儿子自己盖了房子，三层楼，也蛮好，一般我就回那里去，他家里喂了好多鸡啊，还有狗啊，一天要多少东西吃哦，盖房子的时候也是借一点点钱，现在好多了。

那个时候老四刚生完孩子，她找了个乡下妹子当保姆，不行。她带姣姣，又不能做事，后来我把东西收拾好就到长沙来帮忙了。我是 1997 年的时候来的长沙，姣姣差不多三个多月的时候我就开始带她了，那时住在六楼。老四大学毕业后就分到长沙工作，当老师，最开始参加工作的时候分的房子是一室一厅，后来就是两室一厅的，也是在六楼，后来又好一点啊，分到三室一厅的，还是在六楼。因为一直住六楼，带着姣姣我一直背着上楼的，有时带个小凳子，每天在附近学校那里玩，玩到十一二点回来，给她做东西吃。姣姣小时候，就是白天睡晚上吵死了，总是哭啊哭啊，一个劲地哭啊，后来 1 岁后才好带。我在这里老四在家都不要做什么事的呢，她一个星期上近 20 节课。姣姣睡觉我就抓紧时间洗衣服啊，做饭啊，做各种家务事。

这一个孩子带得比以前带三四个孩子还辛苦，我那时候一个人带三四个孩子真是没这么辛苦，还可以大的带小的。那时候老大都可以带老四啊。现在养孩子更精细一些了，就跟我们那时候不一样。姣姣是我带大的，她上幼儿园基本都是我接送，每天早上送到铁道学院幼儿园，下午又去接。每次送她，姣姣总是说："婆婆你早点儿来接我啊。"那时候学校里面还派了个车，后来就不肯再派车了，就要自己出点车费了。天天都有司机接送，我们自己出钱。我也定时接姣姣，回来的时候就顺便买点儿菜带回来，然后就是回来做家务。姣姣小时候好玩着呢，喂她吃东西，她话特别多。我蛮喜欢吃北方的一些面食，这个和面有点儿难，和面费劲，需要手劲，现在不行了。姣姣喜欢吃我包的饺子，她就不喜欢吃买的饺子皮包的，买的饺子皮太薄，我自己擀的皮稍厚一点儿呢，有嚼劲一些。她就想要我包饺子，有些时候一次能吃七八个饺子，那个时候才一两岁呢。都是我自己包的，给她下着吃。姣姣的奶奶是河南人，会包饺子，但是娇娇不喜欢，因为她们总是放洋葱之类的东西，姣姣习惯吃我包的。几个孙子我带得最多的就是老四的孩子姣姣了，其他那些我没怎么管的，都是他们自己带的，像老大的就是孩子奶奶带。姣姣一直到 6 岁读书了才开始到她爷爷奶奶那边去，那边的学校教学质量好一些，就周末回来一下。开始读一年级的时候，姣姣的爷爷奶奶怕不适应，我就和姣姣一起到她爷爷奶奶那里住了一段日子。姣姣上小学还写过一篇作文，题目是《我的外婆》，说我是世界上最节约的人，家里从来都是黑灯瞎火，因为我要节约电。现在姣姣已经上高中了，好忙的，我昨天还打电话呢，问她："你回不回来吃饭啊？"她没得时间，现在的孩子作业蛮多的。

四、往事如歌 别样感悟

1. 退休安定，善待亲邻

我这个人就是闲不下来，喜欢做事。我总觉得上班好，好舒服的，上班有事干，工作又不是那么忙，还有点儿事情做，在家里面还是有点儿无聊。我这人喜欢和别人交流，别人有个大事小情，我也愿意帮忙。我原先在老家工作的时候，有一个同事魏姥姥是个孤寡老人，跟我关系蛮好，我们一起在百货公司上班。她年纪比我大差不多 20 岁，现在要是活着应该有 90 岁了，去年 10 月份去世了。她没有生孩子，就自己抱养了个小孩，这个抱养的孩子不听话，是个男孩，后来因为犯事坐牢了。那个时候我们都可以接班，因为她是我们百货公司的职工，所以这个抱养的孩子大了就接班也在百货公司上班。但是有一年他拿了我们公司的公款，跑到南京、上海去玩儿，还没有下火车，在火车上钱就被偷了，回来坐了 2 年牢，出来之后我们单位领导还是挺照顾的，就给他安排工作搞搞卫生啊，其实也挺好，最起码能自食其力了，但是这个孩子就是不听话，没搞多久后来又去打架，又坐牢，最后在牢房里面被别人打死了。在牢房里还不就是犯人欺负犯人，老的要新来的洗衣服，牢房里又没有什么吃的，向他要吃的，结果他不愿意，就打架，后来被别人打死了。这个抱养的孩子出了事情，就陪给老人 4000 块钱，还留下一个孙子。这个老婆婆不容易啊，苦了一辈子。我没来长沙前每个星期都会去探望她三四次，给她送点儿吃的，做了好吃的也送一点儿给她，帮她跑银行领工资、买药品、日用品。魏姥姥年纪大了，后来跌了一跤，整天就只能躺在床上，我就帮她倒水洗脚、剪脚指甲。后来我来长沙，只要回永州，上午到家，下午就去看她，给她带点儿吃的，不管在家待几天，总是要跟她聊一聊，讲讲话。魏姥姥总是很悲观，有的时候甚至不想活，我就开导她。她的邻居总是说她有自己的媳妇，她儿媳妇带个孩子，也就是她孙子，在家吃低保，魏姥姥的工资还要给她用，她这个儿媳妇对她也一般般，恨不得她早点儿死去，总觉得魏婆婆拖累她了。有这么一个姐妹也不容易，哎，这个女人也是苦了一辈子啊，以前我去魏婆婆那里，我的孩子们总是讲我爱管闲事，后来他们也非常支持我，有时还给钱要我买东西捎给她，我的女儿、孙子、外孙女都陪我一起去看过她。

唐美武（左四）（2010 年）

我弟弟早年病逝，留下了 3 个儿子，老大残疾智商低下，就靠我那个弟媳妇一个人抚养。我总是放心不下，每年我都要回老家两三次，看他们需要什么，从吃的到穿的到生活用品都给他们置办。另外我还有一个四姐，身体不好，住在养老院，只要回去我也都要去看看她。

我自从1997年来长沙帮老四带姣姣，在这个院子里也住了10多年了，院子里谁家有什么事情我都要去帮帮忙，不说别的，就是看到学校公厕水管坏了，我也会到物业公司告诉一声，让他们赶紧修好。我这人就是一辈子闲不下来，说实话这一辈子也没闲下来，以前照顾4个儿女，等他们长大成人，结果老头子中风偏瘫，这一病就是18年。后来老头子去世了，我就来长沙照顾外孙女姣姣，姣姣长大上了学，我稍微轻松一些，结果二女儿又得了白血病，现在就一直照顾二女儿。不过在这个院子里也挺有意思的，我这人喜欢文艺节目，每天都和院子里的老姐妹一起唱歌、跳舞，每年到元旦晚会的时候都要排练节目，参加学院的元旦晚会。说到这里，我又要说老二，以前我们哪有什么人给组织、排练，都是老二生病后来到我这里，给我们这里的老人编排节目，像《我的中国心》《大中华》啊，好多。这两年老二的状态不好，也没有力气给他们编排了，我也是有的时候参加一下，就当锻炼身体。

2. 老二生病，一家齐心

在所有的孩子中，他爸最喜欢老二。老二呢，脾气好，兴趣也蛮广泛的，会跳舞啊，唱歌啊，主持啊，所以老二这一场病啊，对我影响蛮大的，她自己也蛮受打击呢。前段日子她爸爸单位有几个同事来看我们，都对老二说："你爸爸在的时候最喜欢你了，你千万要坚强一点。"老二性格开朗，心又细，她原来工作的那个工厂，到家里要十多块钱的车费，坐汽车要一上午才能到，每次回来总是会来问爸爸要买什么东西，爸爸一讲要买什么东西，她总是马上到街上给爸爸买好，每次爸爸妈妈提出来要个什么东西，她总是满足我们的要求，心蛮细的。

那个时候他爸其实挺心疼她，希望她离我们近一点儿，想把她调附近一个厂子，后来他爸爸要把她从道县的跃进机械厂调到一个附近的机械厂，也是国企，离永州只有30里路，她不愿意，说和原来那些同事熟悉些，不愿意回来。他爸把她档案都调过来了，结果老二又把档案拿过去了，她不愿意，她还是要在那边。老二单位一个领导的老婆对她极好的，老二生病的时候，住在中医附一，就在东塘，她帮老二洗脚，做姐妹的都没有这么好，她就说老二人好，太造孽，得了这个病。

老二是2002年发现生病的，刚知道生病的时候，其他几个孩子打着车子就开到长沙来，那时候老大还在上班，都过来了，他们神神秘秘的就不告诉我。我着急，我说，你们跟我讲也没有关系，到底要干什么，他们一直没告诉我。过了几天，最后我才问老四，那有什么办法，已经得了这个病，还不是治咯。他们当时到了长沙市湘雅一医院，就直接配型了，没耽误我们的一点儿时间啊。

紧接着就要老四从香港回来，她那时在香港理工大学读研究生。其实老二从另外一种层面上讲还是幸运的，几个孩子中只有老四的骨髓和她相配，不然早就没了。但是配型后也留下了好多后遗症，老二也蛮吃亏。老二是2002年做的手术，手术也蛮成功，后来2003年我和老二又一起去的北京，去的时候老二的状态还算比较好，那次我们到了北京还去了天安门啊，颐和园啊，觉得那是全国人民心中向往的地方啊，毛主席待的地方啊，第一次去就觉得好开心的，很新奇啊！不过那个时候北京的医院看病真是贵啊，我们看了个专家号，光挂号费就要300块，那些专家看了也没有说什么就把我们打发走了。老二现在状态不是蛮好，一咳嗽起来不得了，连端水的力气都没有，一点事情都做不得，都是我来做，我这个当妈的看着真是心疼啊！这几年我们一共去了3次北京，2003年一次，2007年一次，2011年一次。还好北京有亲戚，单位又能报销一些，但还是花了不少钱。老二这个人特别要强，当时她家里面有个70多平方米的房子，房子也蛮好的，家里什么都有，有这个病后，她把冰箱、电视机全换了，全部换新的了。我这几个儿女只有老二最要强，其他的孩子没有她要强，他们几个要随缘一些，所以说一个人只怕病魔。老二最让我心痛啊！她小时候也没吃过什么东西，生她的时候正好赶上部队移防，也没吃到什么东西。那个时候条件艰苦，又买不到白糖的，就给她吃糖精了，一包奶搞得稀稀的给她吃，现在的小孩你看吃什么奶粉，老二什么都没有吃过。她得了病之后二女婿就不管她了，那个男的也是个酒鬼，好起来好得不得了，气起来的时候也把她气得不得了，原先总是气得哭，回来又不跟我们讲，我们也不知道。哎，老二这孩子真是太苦了！还好我们这几个孩子都互相帮衬，我现在就住在老四的房子里照顾老二，她大姐是学医的，平时也过来帮帮忙。

访谈员后记

唐美武老人是同事的母亲，因为年长，更因为其乐于助人，为人友善，在学校的家属院里有着很高的威望。之前因为害怕语言不通，不愿意接受我采访，后来在我的“软磨硬泡”之下，更因为得知我无法完成“任务”后果很严重，为了帮我而同意了我的采访。老人很细心、认真，第一次接受采访前，就在本子上大致记录下了自己的主要经历，还带来很多照片。老人的丈夫是一名军医，她一生跟随丈夫转战大江南北，独揽家中的大事小情，养育儿女。采访中老人乐观、开朗的性格给我留下了很深的印象，从小生活困苦，成家后一人要养育4个儿女，既要操持家务，更要工作，还要照顾瘫痪老伴、年幼外孙女、身患白血病的二女儿，老人一生可以说一刻不停歇，但她却毫无怨言。生活虽辛劳，但从未听老人抱怨生活的苦与累，更多的是看到老人的节俭与无怨无悔的付出。

她有一颗感恩的心
——郭杏珍访谈录

- **访谈时间**：2011 年 10 月 21 日 15:40-17:15
  2011 年 10 月 22 日 15:30-17:26
- **访谈地点**：第一次在中华女子学院办公室
  第二次在受访者外孙女家中
- **受 访 者**：郭杏珍
- **访 谈 员**：盛莉（中华女子学院教师、社会工作师）
  张小红（中华女子学院教师、助理研究员）
- **整 理 者**：盛莉（中华女子学院教师、社会工作师）

编者按

她出生在一个重男轻女的家庭中，对生活中严重的男女不平等现象有着切身的体会。新中国成立之初，她随丈夫来到了北京，也得到了工作的机会。她兼顾着家庭和工作，虽然很辛苦，但她从来没有想过要放弃工作。“我那时候要（不工作）回家呢，就是一辈子的家庭妇女，还得再伸出手问我孩子要钱。”“现在我自己想给谁买什么就买什么，都不用问别人的意见。”朴实的话语体现了一个女性自强自立的追求。“我要感谢党感谢毛主席，要不是毛主席解放妇女，旧社会三座大山会一直压在我们妇女头上”，这是一位女性走向社会、经济独立、有自主权后发自肺腑的声音。此外，她详细地描述了新中国成立初期，建设首都的人群来北京安家的种种艰辛，并为我们讲述了集体化时期北京市托儿事业的情况，这些都是非常珍贵的历史资料。

一、家世背景 童年记忆

1. 我成长的那个社会女性地位低

我叫郭杏珍，1934 年出生在河南洛阳伊川县。我出生在一个大家庭里面，我奶奶一共生了 4 个孩子——我父亲、二叔、三叔、姑姑。光是我们家就有兄弟姐妹 4 个，我二婶生了 3 个闺女 1 个儿子，我三婶生了俩闺女俩儿子——这样我们这个大家在我们这一辈一共有 7 个女孩，5 个男孩。我们家男孩本来就少，后来我两个哥哥还都没了。我大哥是老师，现在已经没了（死了）；我二哥身体一直不好，在抗日战争的时候为了跑日本（躲避日本人）跑到山上后死了。但是几个女孩身体都特别好，现在就剩下我和我妹妹了。我妹妹比我小 3 岁，原来在洛阳工作，现在退休了。

我生长的那个社会，是看不起女性的，我们老郭家虽然文化人挺多，但终究也是半封建家庭，也不喜欢女孩子，不拿女孩子当回事儿。我母亲生了 4 个孩子，头两个是男孩，下面两个是女孩。按理说，我是头一个女孩子，我妈妈挺高兴的，可是家里不喜欢，所以生病了也不给瞧。我小时候得了哑巴风病，挺大了都不会说话，也不会哭。我奶奶就说："不给她做衣服，先给两个男孩做。"意思就是我活不活都不管了，我爷爷也不给瞧。后来还是我姥姥和我妈抱着我找了一个土大夫，在我耳朵背后割了个口子——当时说如果好了就抱回来，如果不好那也没法了，就扔到地里头。我觉得我还算是挺幸运的，我姥姥一看我还有气儿，就把我给抱回来了，我总算是幸存下来了，只是到现在耳朵后面还有疤痕。还有一次我端着碗吃饭，下台阶的时候摔了下去，碎了的碗片在下巴上割了一个大口子，当时家里人也没给瞧大夫，就拿老人吸烟的那个烟丝摁到伤口上。

当时的社会就是这样，重男轻女思想特别严重。我二婶子生孩子的时候我就有桌子那么高了，已经开始记事了。我记得如果她生的是小子，我奶奶就挺高兴的；如果生的是个闺女，我奶奶就抓着那个孩子说："嘿，一个丫头。"就弄块布包着，挺不高兴的。我还听说一件事，是我们郭家老辈子的事了，前辈一个人，生了个闺女却被扔到房子上，他们家就不想要这个女孩子了。孩子她妈在屋里哭，孩子他爹愣把那孩子扔到房子上了，这都是听我奶奶告诉我的，那时候想要男孩子，生个闺女不想要，这就是旧社会，重男轻女！

那会儿，女人也没有什么卫生可讲，根本没人讲这个。生孩子都是自己家里人给接生，没有产婆，婆婆给儿媳妇接生，大嫂子给弟媳妇接生。孩子就给生到炉灰上，弄点细炉灰给你搓搓，把孩子生到地上，上头就铺着稻草。你生完孩子连裤子都不让穿，让你在稻草上坐着，给你盖个单子——冬天盖个被子，夏天盖个单子。像我二婶她们，生孩子不是生在地里头，就是生在地下——用落灰铺到地上，把孩子生在上面。这样你不得病才奇怪呢！所以说为什么有的孩子得四六风（新生儿破伤风）死了，这都是不干净、不讲卫生造成的啊！现在都有消毒什么的，那时候哪有啊，要想起那时候，妇女真是太受罪了，要穿没穿的，要吃没吃的。

就拿来例假来说，不怕你们笑话，我们那时候来例假，也没有什么卫生纸，都用那破布，用完了就洗，然后就挂到门后头不让人见，也不能见阳光，都说这是见不得人的东西，就怕被人看见了……现在你们这年轻的敢那样吗？这样子下来女的怎么会不得病啊？这就是为什么过去我二奶奶一辈子生了12个孩子，一个孩子都没活下来的原因，她不讲卫生啊，她生孩子剪脐带的剪子也不消毒，所以孩子也不容易活下来。

像现在，电视里头成天广播那广告，护舒宝啦什么的，当时是想都不敢想的事情。当时那些东西就不能让人见，觉得那是丢人的事情。在过去老戏里说啊，女人的手不能露出来的，像《牡丹亭》里那女的，小姐和丫鬟在花园里，拿手捡扇子，手露出来了，叫别的男的看见了，这就不行了，就是不好的了。像现在，女的一穿泳装就三点式，恨不得全露了。不过我还真接受不了这样的女的。现在也都开放了，像上学，到初中男生和女生就分开上生理课，老师会告诉你例假是怎么回事。我小的时候第一次来例假就害怕死了，都没敢跟我妈说，都不知道怎么回事，最后把我那床上给弄脏了，我妈才过来告诉我的。我家的俩闺女也是这样，我当时还是特别封建，大闺女来那个（例假）的时候，也没早告诉她。像过去穿的中山装都要把扣子全扣上的。还有我奶奶说女孩子不能跑，不能踢着屁股跑，走路都得慢溜溜的，稳稳当当的……总之，当时就是对女的挺严的。

那时候在我们家，我哥哥他们那些男孩子就能过生日，我们是女孩子就不能过生日。给我们过生日的就只有我妈妈，她心疼孩子，就会在我们生日的时候给我们煮个自己家养的鸡下的蛋，就算是给我们过生日了。所以我现在还记得我的生日——我妈妈给我煮鸡蛋吃的日子就是我的生日。我哥哥他们过生日就和我们不一样，过得特别隆重：一过生日，就做油锅，炸东西，弄红项圈什么的。

有时候家里来了客人，就会拿了东西招待客人，这些东西男孩子能吃，女孩子就不行，连看都不能看！如果有人给我们一口吃，我们就能吃；不给我们吃，我们就不能吃，没有说伸手要吃的。过年过节的时候，家里都会炸东西做点儿好吃的。如果当天的吃不完，剩下的我奶奶就拿走了，都锁起来。之后我哥哥、我叔叔他们还能吃点儿，我们就不行。有时候我妈妈就会偷偷给我们留一点儿。

读书也是这样子，在我们家，只有男孩子才能读书，女的就不能去上学。你要说我们郭家太封建吧，可其实我们家也算是挺有文化的，爷爷是个有点儿文化的人，曾经在村里头领着工人治渠，修完了村里的渠浇地；我二爷是种庄稼的；我三爷爷也有点儿文化，过去在税务局干点儿事儿；我四爷爷是抽大烟的——那时候很多人家都种大烟，也就是罂粟。我姑奶奶也是有文化的，在郑州教书。可是我们这辈人就只是让男孩子上学，女孩子家里就不让读书，当时我们那县里有小学，初小、高小和中学。我哥哥他们上的就是公家的学校，而我就只上2年学，家里就不给上了，我也不敢说什么。但我的一个叔伯姐姐，她胆子大，脾气厉害，就不顾家里人的反对，就是不吃饭也要上学——她也敢和家里人闹，家里人不让她吃饭，她就说："不吃饭我也要上学去。"最后她去了离我们那儿3里地远的学校去上学，没有饭就拿点儿红薯去。她后来还参军走了，先是去海南当兵，后来到了山东，现在也退休了。我胆子小，不敢像她那样叫家里人送我去上学，所以我就只上了2年的学。我还是到后来工作后，跟着组织学习和自学才有点儿文化的。

还有就是名字，我原来不叫郭杏珍，新中国成立前我们都没有正式的名字，那时候他们就"大妞""二妞"这么叫我们，像我妈、我婶也都没名字。新中国成立后写户口的时候，才给我取名叫"杏"。新中国成立后在每家门口搁一个小房子形状的小木头板。这家多少人，都在这上面写上名字。家里人都现起的名字。我妈姓钟，就叫钟敬芝；我二婶也没名字，她姓姚，叫姚慧芝；我三婶姓梁，叫梁仲芝；我四婶叫刘惠忖——姓倒是都知道，就是都没名字。我姐姐叫郭爱珍，我叫郭杏珍，我妹妹们叫郭素珍、郭秀珍、郭松珍、郭婷珍。我奶奶就不愿意生女孩子，就"大爱二杏三妮四秀五松六婷"——第六个就要停住了，不让生女孩子了，结果最后又来一个女孩，老七叫"爱雪"。

那时候嫁到别人家当媳妇可辛苦了，尤其是我母亲还是大儿媳妇，就特别地受气——当老大的就得做在前头，吃在最后。我妈底下有两个婶子，因为三婶子家是老大夫，挺有钱，所以我爷爷都挺看得起她们家的；我二婶子和我母亲的娘家都穷，都是种地的，我爷爷就挺瞧不起的。

我母亲平时除了在家带孩子之外，就是做饭、磨面，家里人多，事也特别多。我家是爷爷当家，那时候候我们家是吃总饭（一起吃饭）。那是一个大家庭，几个叔叔婶婶还有孩子都一块儿吃，光孩子就有7个女孩5个男孩，二十几口人，所以做饭也是非常辛苦的。平常就是我母亲妯娌三个包了这些活儿，你三天我三天轮着干活儿，我做三天饭你就给我帮厨，你做饭我就给你帮厨，直到1958年开始吃食堂的时候我们家才分开吃饭的。除此之外，她们还得下地干活儿，或者是在家纺线织布卖钱。我6岁的时候就学纺线织布了。虽然年纪小，也都得干。那时我个子小，够不着纺车，就身体左右来回晃着织，不干不行。纺了线卖了钱，这样起码在过年的时候，就算是粗布衣服，也都还能给我们做上一件新衣服。一到人多的时候，我母亲就得做几十口人的饭，一做就做一大桌。她就会把我们放到屋子里，边收拾边看着孩子。

听我母亲讲，在她刚结婚的时候，连小叔子的衣服她都得做，还要带到娘家去做——婆婆给你棉花带回娘家纺线，纺完以后织成布，做成衣服，再拿回婆家。那时候我母亲回娘家也是一边哭一边帮着干活儿。婆婆估摸着她东西该做完了，就叫她回来，一天都不叫她歇着。可是我母亲那么辛苦，到50多岁的时候，有一次病了也不给瞧，就连点像样的汤都不给喝。有一次老家来了唱夜戏的，我父亲就对我母亲、二婶、三婶说："今天晚上给你们放一天假，你们看戏去吧。"给她们3个放了假看戏去了。结果等我母亲回来，因为我父亲弄不了孩子，孩子哭得不行，就噼里啪啦把我母亲打了一顿。这些都是我母亲给我讲的，说我们家人不讲理。

我二婶也是，在她刚结婚的时候，她本家的一个弟弟上我们县里头去了，就说："叫我二姐跟我走吧。"我奶奶说："啊？你什么人我就让你领走啊？"我二婶就给我讲了，说："你奶奶太不讲理了，那是我弟弟啊，我本家的弟弟啊。"其实她就是不想让你走，就找点儿理由。等于婆婆在家说了算，儿媳妇就得跟孩子一样，要听话。让你往东，你就不敢往西，就算是自己本家的弟弟来接也不能走，就是得在家里干活。

跟我小时候相比，现在我就感到特别知足。那时候女性真的是深受压迫，是党和毛主席给我们这个权利，给我们妇女走出小门小户的机会。比如说现在，你有自己的收入，假如你要开支，你想给谁就给谁。要是在旧社会，你就得伸出手跟孩子要钱，孩子说过几天再给你吧，你就不高兴了，对不对？

我现在有自己的退休金，想开支的时候就可以自己去开支！这要不是党和毛主席解放了我们，成立了新中国，我们的生活能这样吗？所以啊，人呢，就得知足，不知足不行！想想那旧社会，想想我跟我母亲的差别……我要不爱吃煮的饭，我就想想我母亲，想想那些老前辈，他们是吃白薯叶长大的，然后就会把这饭给吃下去了。

2. 动荡年代的艰辛生活

日本鬼子来的时候我 8 岁，我亲眼看见日本人穿着大皮靴子。我们那儿也算是个小县城吧，就在山下，日本人来了我们就跑到大山里头住。山上也没有条件讲卫生，那边是喂马的地方和厕所，我们就在这边支个锅做饭。在山里头还得种地，不然就没有粮食吃，有时候就弄点儿野菜煮到锅里头。最苦的就是山里没有盐，我们吃不上盐，特别苦。

后来住了一阵子后，这边是做饭的大锅，那边还有蛆，都有一寸那么长——你们都没见过，现在旱厕里出来的是小蛆，那个蛆的大尾巴都像小蛆那么长了，就爬到我们做饭那地方。

那时候我妗子（舅妈）跑到沟里头生孩子。由于山上卫生条件不好，孩子肚脐上都长蛆了，蛆在肚脐眼儿那里拱（蠕动），孩子难受就哭闹。正好国民党的飞机轰炸日本人，飞机在上面飞，底下日本人追着。跑到山沟里在一块儿躲着的不止一家人，还有好几家人呢，可不敢让孩子哭，只好把孩子捂着。亏了不错，那孩子还没给捂死，现在那个妹妹还活着，比我小几岁。

在山上吃的水也少，井水很深，在上头看那井水，就像盆子大小的一个亮点，打水的大轱辘绞一圈半才吃上那水。那时候我奶奶就看着我们这些孩子，其他人还得去地里弄粮食，没粮食还得种。日本人来了就赶紧跑，日本人走了就赶紧下地，去地里收庄稼。

跑日本是我亲身经历的。我们那都是庄稼人，都赶紧做饭，吃完饭好下地。我们家里也刚熬完这一锅大白米粥。一敲锣，日本人要进村了。人们起来就走，有的人拿个罐子盛点儿做好的饭。等日本人走了，大家从山上回到家时，一锅大白米粥一点儿都没了，都让人给喝了。最坏的是汉奸，他领着日本人去村里。我们家的老母鸡孵小鸡呢，那种鸡蛋他不能吃，他们就都给扔了一地。我妈妈她们都纺线织布，他们把那织布机上的东西也全给你揪了。他就祸害你。

日本人撤走之后，我们那儿的人都得了一种土病——我们叫“疥子”，有的是干疥，有的是湿疥。跑日本回来之后，我们全家也都得了这个病，长大紫泡，特别痒，痒得不行，浑身都长，最后还拿火烤。人们说那是日本人放的毒，据说不光是在河南，像山东等好多地方都得了这种病。

还有就是在我小的时候，有抓壮丁的，那时候到我们家来，说得出一个壮丁，我爸他们哥儿 3 个都不愿意去，最后还是我爸爸去了，他在国民党那待到 1951 年才回家。

二、青春年华 追逐梦想

1. 父母包办婚姻

我小时候没那个胆量和家里人争读书，不过新中国刚成立的时候我也想离开家出去。那时候解放军都到我们村了，就在村外住着。那阵子我奶奶就不让我们出家门，谁都不能出，就怕我们出门后参军走了。也因为那时候受国民党宣传的“八路军共妻共地”的影响，所以我奶奶坚决不让我们出门。

我们那时候的女孩子很早就结婚，要是年纪大了都没人要。我也是这样，不到18周岁就结婚了，我大女儿现在已经59岁了。我的婚姻可以说是我妈妈一手包办的。那时候我们家的街坊是一个邮局工作人员的家属，就给我介绍了一个对象。那时我的丈夫是跟着部队南下回来后，转业到河南，然后在邮局工作，父母都不在他身边。我妈妈就看上他这一点，说：“我受了一辈子婆婆的气，就不愿意再让女儿受婆婆的气了。”

我们是1951年的时候开始谈对象，1952年就结婚了。他比我大10岁，是土八路，穿的“踢死牛”的鞋。我那时候身材也小，到县城登记，政府工作人员说我不像18岁，还不给我们登记。

当时为了我的婚事，我爸和我妈还闹了意见，分居了半年。我爸爸不愿意我嫁给他，但我妈愿意，我妈就说：“他家里没别人，就他一个，我闺女进门就当家了。”其实开始我也不愿意，觉得他比我大那么多，又是个土八路，穿一身灰衣服。但我觉得不能让我妈着急，她受了一辈子苦，我哥哥死了，我妈妈黑天白夜地哭，她一哭我也跟着哭，所以我不愿意叫她再伤心，我就同意了，就结了婚。

我们是 1952 年阴历正月十一结的婚。我们住的房子离我娘家有 20 多里地。当时我爷爷奶奶也没有东西给我当陪嫁，倒是我丈夫给我买了件蓝洋布褂子和一条黑洋布裤子。被子是他们单位的旧被子，公家的小床——一张桌子就是一张床，做饭是好几家子一块儿做。那时他们办公就在地主家里，前面是营业室，后头住人。我丈夫那时候是在邮局的一个小代办所当站长。一到晚上那邮车——大马车咕咚咕咚都回来了，早上又都走了。

结婚那天就是换身衣服，上邮局开个会——那时候结婚兴开会。开完会他回他们单位，我回我家。过了三四天，我二叔和我舅舅才拉着车给我送到他那儿。我去的时候就有个小包袱包着点儿衣服，没有别的。我也小，什么都不懂，噘着个嘴，就不愿意留下来。我说："二叔，走！"我丈夫说："你这人怎么这样，二叔来了连顿饭都不让吃就走啊？"我二叔说："别这样，已经这样了，你别闹啊！"后来我二叔就走了。我丈夫就把我包着两件衣服的包袱给藏起来了。过了 7 天，我娘家雇了个小毛驴接我，我才回的娘家。那时候我不愿意，也害怕。那会儿回家，娘家人净劝："得了，你已经都这样了。"我结婚的时候有结婚证。我脾气也拧着呢，到北京后有一回我们俩吵架，我把结婚证撕了。

其实之前我从来没出过门，在姐妹中就我胆子最小，我和姐姐妹妹们去地里看庄稼，人家让我看菜园子，我就不敢干别的，我就坐在那里看——都说我小时候老实。我胆子小，不敢乱跑，听话，结婚也听话。我的叔伯姐姐就不这样，她脾气不一样，她要是跟我们一块儿看庄稼，脚踢着屁股就跑了（形容溜得很快）。当时我二婶给我这个姐姐包办了一桩婚姻，那人长得特别难看，还比我姐姐大十好几岁——我姐姐只比我大 3 岁——我姐长得挺漂亮，头天她坐轿子结婚，第二天就跑回来了。可是那时候没办法，就得听父母的，最后她赌气参军走了，自己离的婚，我们家人都不知道。总之啊，我嫁给了我丈夫，虽然也是吵吵闹闹地过日子，但总归是和他过了一辈子。

2. 随夫携女支援北京

人都说夫妻感情越不好的就越生孩子，我1952年10月15日生了头一个孩子，当年结婚当年生孩子——我1月份结的婚，那年是闰五月，10月份生的孩子。那时我住在娘家，人家都说不让在娘家生孩子，我就在县医院住了一个月。10月30日的时候，我丈夫接到了邮局的调令——当时号召全国支援北京，让我们调北京。那时伊川县邮局就两个党员，一个是局长，一个是我丈夫，所以组织就决定把他调出来。那时我还在坐月子，他们都不敢跟我说这事，我也不知道怎么回事，就看我妈一看到我就流眼泪，我就问她说："妈，你眼睛怎么回事儿?"妈妈说："没事儿，眯住了（进东西了）。"她都不敢跟我说。我丈夫那时候也说："不行，我们不能走，我们孩子太小，还没出满月呢!"最后到快到12月份，孩子出满月，40天大的时候我们就到北京来了。

那时候我刚18岁，又是生头一胎，就想让我妈跟我去北京，可是我奶奶不让我妈去。我丈夫去求我奶奶："奶奶你让妈跟我们去吧！要不去，把那孩子糟蹋了怎么办啊？这孩子才刚满月啊!"就跟我奶奶求了半天，我奶奶说："得了吧，看在孩子的面子上让你妈去吧。"这才放我妈出来了。

我妈妈一辈子都没出过门，赶集都不让去，买个针、买个线也不行，都是别人帮着买。即使去买东西，我奶奶也专门派一个人跟着。这一想我要上北京了，上皇帝待的地方，我妈就哭，就舍不得，最后还是跟我们去北京了。

1952年的交通可不方便了，先是邮局的大马车给我们送到洛阳，就是现在龙门石窟那个龙门山，都是土路，没有平的路，还有好多大石头，一边是山，另一边是水，中间是路。而且那年特别冷，我跟我妈就抱着个孩子，我们3个一起走的，冻得我们直哆嗦。我丈夫去开封管理局办手续，我在洛阳待了3天。那时候也不知道带什么行李，就带了俩被子，我妈给我带一个大铁锅一个篮子，我们就抱着孩子等着。我丈夫办完手续，我们就坐火车走了。

火车特别慢，坐了一天一夜。我妈妈还晕车，在车上吐得没办法，我还担心把孩子折腾出事。到北京都夜里 12 点以后了。

我们是 12 月份到的北京，正是一年最冷的时候。那时候还不是到北京站，是前门车站。我下了火车后都傻了，不知道上哪儿去。老头子也不知道该怎么办，就找旅馆，可找了好几个旅馆都住满了。没地方下脚怎么办？我们就抱着孩子在那大街上站着。最后运气还算不错，找到了一个蹬三轮车的老乡给我们送到里仁街的宿舍。从前门蹬三轮车蹬到那里，夜里走的黑道，挺远的，拉到那儿的时候鸡都叫了。当时我们也没有什么东西，就弄个小斗篷包着孩子，最后还是冷，没办法了，我跟我妈就拿个被子给孩子包上。我妈每隔一会儿就扒开被子看看，摸摸孩子的脸还有没有热气儿，就怕孩子给冻死了。

最后我们是住在右安门，到了那里，宿舍都是新盖的平房，墙都还是湿的，门也刚油漆完，空荡荡的一个屋子，里面什么都没有，冻得孩子直哆嗦。我那时候也小，才十七八岁，一进那屋看见没灯也没水，吃水还得挑水去，没水管子也没灯，连床都没有，我就哭，就说："我在老家哪过过这样的日子啊，说是上皇帝待的地方，这皇帝待的地方都这样啊？"他说："你别哭了，老哭怎么办呢？"

后来我们就去传达室，问管理员拿 4 个方凳子，3 块铺板，2 个大凳子，用大凳子把铺板支起来就成了床铺，他们还给弄了个三条腿的锅炉子，让我们烧煤球。我说："也没灯也没水，这日子可怎么过啊。"

第二天去买东西也没地方买，不知道去哪儿买。后来问了人之后，就上天桥买一个烧油的洋油灯，有一灯芯，有一罩子。当时没米也没面，什么东西都没有。我妈还不错，拿一块从老家带来的白布，缝了两个口袋，就让我丈夫买面去了，又弄了个瓢叫去买点儿油。我那时候就哭，说什么都要走呢，真不愿在这住了。当时的条件就这么困难，要灯没灯，要水没水，吃水得挑着，我们还特地买了两个大桶盛水。就这样一直待到 1953 年才安上灯，水管子也安上了。

那个时候到北京也没有安家费什么的。别人还都知道托运东西，我们原来也有个自行车，但是没托运，因为根本不知道托运这回事。那会儿可傻了，就觉得是老党员，就要给公家省着钱花，所以我们所有的东西都是自己置办的，被子也是自己做的，就只用了公家给的铺板——那时候真苦。我到现在还记得很清楚，我们来的时候，我老头子才拿 47 块 5 毛钱。他们单位还给他放了几天假，帮着我们买点儿东西。后来我们就上天桥，买个锅啊，买个碗啊，什么都得有啊。到 1956 年就好了，有了个合作社，方便了我们买东西。

刚到这里的那个冬天，我们遇到了沙尘暴，一刮风，沙子都往脸上打。我们上外头接点儿水，上井里打点儿水，回来的时候那手都粘到那门把儿上头了。当时也没有楼房，没有汽车，可受罪了，吃的菜也没得买，那几年我真饿啊。那孩子还真不错，没给冻死。多亏我妈跟着来，要没我妈还真不行。我妈穿着大棉档裤子，把孩子往里一装，脸对脸，孩子在我妈妈怀里头搁着，怕给冻死了，那么冷的天。可惜我妈死得早，要不是死得早，孩子真能孝顺她。

我妈妈过了春节以后就回家了，给我一个人撂在这了，一个人看着孩子。那时候我丈夫跟着火车队寄包裹，东西特别多，经常一走就是一个礼拜，就给我一个人扔在家里。我就一个人抱着孩子，孩子有病了，孩子哭我也哭，都不知道该怎么办？连路都不认识，可是那也没法子，你还得过日子啊，我们就吃馒头喝凉水。我有个亲戚来了，看见我们这样，就说："你这样可不行啊，这将来对你身体也不好，光吃馍喝水哪行啊？"那时候我也不会做饭，煤球炉的火也生不着——在老家谁烧过那火啊。那火生不着又灭了，没有办法，我们就只能吃馒头喝凉水——所以现在上哪去我都不害怕，都锻炼出来了。

刚到北京时，邻居说的话我们都听不懂，我们上人家家里借个刷锅的刷子咱们北京叫"炊帚"，比画了半天人家也不知道你要借什么。没有刷锅的刷子，也不知道上哪买，就买不着，上人家那问，他们说话也听不懂，都是南腔北调的——全国支援北京，全国各地都有人来，山东的、山西的。我们在北京认识的人少，后来慢慢地大家就都熟了。刚来的时候那一排就有两三家，我们那一排房子住8户人家，最后都住满了，都是年轻的，20多岁，岁数大的很少，只有咱们老北京的搬过去一个老人。

那段时间多亏了我妈妈，我们的日子才熬过来。直到现在我们居委会的同事都说："哎呀，老郭，你们来的时候，我可羡慕你们了，你们有个妈跟过来，我就没有。"我妈跟着我来了，她就羡慕我们。这慢慢地，后来就熟悉了。1956年的时候，孩子就大一点儿了，我能出去干点儿事情了，也是他们帮忙给我找了点儿事情干。

我妈第一次来北京是1952年，再来就是1956年了。我生老二的时候，把我妈接来了，我妈还带着孙子来了，她不舍得她那孙子，那是宝啊！我原来没有体会，现在我的孙子大了，我也体会到了。那时候我还说我妈："你上这来还带着他，你伺候完你孙子再伺候我呗？"现在知道了那话不对，不该那样说，可是当时就不理解，现在知道了，老人真的是最疼下辈人。

3. 女性也是半边天

我们刚来北京的时候就赶上了"三反五反"，单位不让我丈夫回家，让他住在单位，在单位开会，办学习班。就和后来的"文化大革命""斗私批修"一样，只不过那时候叫"三反五反"。不过我丈夫没受什么影响，因为他根正苗红，是土八路。老伴家挺穷的，他是山西人。不过他不怎么管家，开了支就把工资全交给我，我爱怎么花怎么花，就是一夜花完了也不管，不花他也不管。那我就得有计划地过日子。那会儿没计划过日子的同志，邻里都瞧不上，就觉得这人不会过日子。

我经常发了工资就计划计划怎么花这钱，该买粮食买粮食，该给孩子添点儿什么就去添点儿什么。有时候能有些富余，我就存起来，这就是为什么我们后来有的人没钱了，就会想着上我那儿拿几块钱。我就是这种人，宁可自己少花点儿，也要攒点儿钱，你总得有些储备，万一出了意外怎么办？像我老公公有病，快不行了怎么办呢？我丈夫就带着老二回去了，那是头一次带着老二回去，又碰着下雨，那时候交通也不方便，就在家待了一个月，结果那日子里他爸还好。他回来以后，家里就来电报说老人去世了。我就自己拿出之前存的一点儿钱，再跟街坊借一点儿，就给家里寄了90块钱——那时候90块钱算不少了。当时我们也困难呢，他走的一个月算事假，邮局一个月没给他开支，那你说我们怎么过啊？我上单位去借钱，就宁可我去借钱也不能让他丢面子。当时就有很多男的上单位去申请补助，到单位里哭鼻子抹泪的，我就觉得不能让他没面子，所以就全靠我那点儿工资过了。没办法，那能怎么办？省呗，我们就吃馒头吃咸菜。

有时候就算我们是算着过日子，一到月底，不是得借粮票就是得借油票，也挺困难的，关键是孩子多，吃得也多。不过我把家打理得还算不错。

有一次，我大女儿的同学从上东里口回来，说老家来人，想找个好一点儿的衣服，就穿我们家大女儿的衣服。那都是这么高（比划，一米四五左右）的小姑娘了，她就没有好一点的衣服啊。那家有7个孩子，却只有一个人挣钱，就他们的奶奶一个人挣钱。不过最后还算不错，她算是邮局家属，就到里头干了顶替，她奶奶还拿个退休费。那时候很多人吃一点儿苦就不愿意上班了，但是我有这个决心：我不回去，不回家里去靠别人养着。

虽然我丈夫比我大10岁，但是他还是挺听我的，家里基本上都是我说了算。反正咱也不给他添乱，你发了工资把钱交给我，我就把家给你安排得挺好的，就算你一走好几天，孩子大人也都有穿、有吃，我都给安排好。他给家写信、寄钱，有时候还是我给他写呢。

我给我们家寄钱，也得往他们家寄钱。有时候我觉得我做的也算对得起老头子了。我那时候不愿意跟他结婚，不喜欢他们家，但是这事儿，我该做的还是要做。那时候他奶奶还活着呢，就经常给他奶奶撕一个上衣的布，给我婆婆撕一个上衣，然后给寄回去。我是这样做的，是我自己一针一线缝起来的，锁一个扣眼我也忘不了，做一件衣服，把扣眼锁完了，扣子钉完了，然后把棉花都扫干净了，再给叠得整整齐齐的，那会高兴着呢！那时的灯都是特别小的灯，刚安电灯，好大的一个灯罩，我够不着，就到桌子上做，桌子上搁个凳子，我在上头干，老头子回来了就帮我絮棉花，那时候也挺高兴的。总之就没闲着。

其实我挺要强的，我是1952年来的北京，1953年人家邮局盖房子，我就跟我妈推着孩子去给人砍砖。盖房拆下来的旧砖，要把上头那洋灰都砍下来，然后再用这砖建新房——我就去干那活儿，只要没有事儿我就去干，这活只要你干就有报酬。

我原来不是上到二年级了吗，后来又去自学了，其实也就是工会组织宿舍里的人，有文化的人就当老师，都是岁数大的给组织，也没有专门的教室，就是工人干活儿的大木头板子，用砖支着，然后中间你一排我一排地坐着。那会儿我都抱着孩子学习，要不是坚持学习下来了，都不好意思给人看我写的字。现在写个信啊，给家人寄个钱啊，寄个什么东西，算个开支什么的，全都是我的事，我都自己来干，那么多年了，就没丢下学习这件事，就老学这写那的。当时我们学习带着孩子，把孩子推着小车搁到一边，老师就在那讲课。再后来，工会给办了各种学习班，其实不是工会给我们办学习班，而是在给我们找工作。当时工会组织人下来给我们扫盲，然后就跟工厂联系，给我们找工作。最后找到个玩具厂，做玩具，就在我们院里给腾出一个大屋子。那会儿玩具就是长脖鹿、小白兔、大公鸡，外面是大绒布的，都是拿锯末，他们负责往里装，装完了我就缝。工会说了："你们不是有孩子去不了工厂吗？那就把工作给你送到炕头上了。"其实那时候工作可好找了，我去了好多地方呢，糖厂当时也要人，邮局也要人，电信局也要人，我还差点儿上长途局了，当时还照了快相，准考证都发了，可我这孩子就没地方搁呀。我跟她爸爸早晨起来转了一天，没找着一个合适的托儿所，那这样我能怎么办呢？我只能不去了呗，最后才在家里干加工活儿，干计件。这样一来也不耽误照顾孩子，中午还能回来给孩子做饭。

1956年的时候，孩子大一点儿了，能送托儿所了，我也就正式地参加工作了。那时候孩子送托儿所，公家还给报销呢。像我们上班的吧，棉衣服，拆被活，公家都给报销，也挺好的。像我们洗头，都还发头票、澡票，也算劳动保护的一种，有时候我们就攒几个头票烫个头。

我刚开始工作时去的是邮局的幼儿园，那是个一直到现在都还是挺不错的幼儿园。原来叫东风托儿所，还得过区里、市里的奖，现在叫北里幼儿园，是挺好的一个幼儿园。我的工龄也是从这时候开始算的。不过上幼儿园干了几天我就不干了，因为我觉得在家是看孩子，出去还看孩子，就不愿意干这活儿。然后我就上工厂，装书折页，算是计件工，做得多的就多拿点钱，不做就没有钱拿。

在工厂印的是什么书我倒记不得了，只记得都是挺硬的皮儿，大壳板儿纸剪好，有模子，往模子上一摆，刷上胶，用锤子砸死，最后装上我们折的页子，折里头。那时候一大屋子的年轻人就围着车间里的大胶锅转，大六月天的，都得守着那胶锅，那胶凉了就不能用了。虽然那时候挺苦的，可是我们干得可有劲了，一边说一边乐，砸的砸，贴的贴，这边搁一块儿，那边搁一块儿，把这死角都粘好了，拿锤子砸完了，搁到这中间。有时候想想，觉得这生活跟过电影一样，也挺苦的。不过就算那么辛苦，我也挺知足的，一个月能挣多少工资我就买多少东西。我记得我给大女儿买了毛衣，给我侄子买一身衣服，给我二姑又买一个外套……过的是自给自足的生活，还挺满足的。再后来，工厂又给我抽调出来了，让我建新幼儿园，从那开始我就一直待在幼儿园里了，足足待了 25 年。

4. 烦琐而忙碌的工作

我们那时不仅有幼儿园还有托儿所，而且数量还挺多的，不过到现在都合并了。当时我们园子建的就剩下一个幼儿园、一个托儿所。当时的托儿所里有大哺儿室、小哺儿室。因为那时候产假是 56 天，生完孩子 56 天产假就歇完了，就得上班了。我生大儿子的时候还是计件工，还没有产假。7 点生完孩子，7 点半就过去上班了。生小儿子的时候，就是休了 56 天的产假才上的班，小儿子也是 56 天就送去托儿所的。刚 56 天的孩子搁一块儿，两三个月大的搁一块儿，还有一岁的也都搁一块儿。孩子满3岁就出托儿所了，最迟也是3岁半，就上幼儿园去了。我主要是在托儿所里工作。托儿所都有小床，就给孩子们一个人一张床，让他们都在床上躺着。大一点的孩子呢，他就有个摇椅啊，让他们有个地方待。过去托儿所小班的师生比例就是1比8，即一个老师看8个孩子，中班的就得有20到30个孩子，大班的都是40个孩子。当时托儿所还管孩子们的早、中、晚饭。刚开始的时候，我大女儿也可以入所，她就带着她妹妹——算家属——就在我们那园儿待着。一个孩子是2块5毛一个月——刚开始2块5毛不吃饭，到了后来，有饭了，孩子们就中午在那吃一顿。

当时的托儿所基本都在单位里，有很多的妈妈早上上班之前就把孩子送到托儿所，中间还可以回来喂奶。像我们那个托儿所，就都是厂里工人的孩子，父母早晨起来就把孩子送我们这了，到10点钟妈妈们就过来喂顿奶，下午3点再过来喂一趟奶。过去都吃母乳，虽然也有牛奶，但是不多，国家轻易还不给拿，当时咱们国家是有病人或是托儿所的孩子需要照顾才给奶喝，有病人的还得有大夫的证明，证明你有病，或是需要营养，才能给你，不然还拿不到。我们就是托儿所给订牛奶，集体订的牛奶，不过还是以母乳为主。孩子们都有自己的奶瓶子，给他们喝牛奶的时候，我们就弄个大钢精锅给孩子消毒奶瓶，消完毒之后，就让孩子个人吃个人的。由于孩子太小，也有像我一样拿两瓶子奶喂孩子的。

其实国家对幼儿的照顾还是挺多的，六几年的时候，是我国困难时期啊——三年灾荒，没吃的，国家为了照顾幼儿，就给幼儿园托儿所供应豆腐，别的地方没有供应的。我小儿子可能就是当时吃多了，现在他不爱吃豆腐。那会儿也没有尿不湿，用的都是尿布，条件好一点儿的时候就集体给买点儿豆包布①，有的就是自己带的尿布，哪有尿不湿啊，也都不知道什么叫尿不湿，都是阿姨给洗尿布，给刷裤子。

① 纯棉做的纱布，一般是白色的，透气性较好，较为柔软。

我带班带得少，主要是做保健工作，就是每天早上孩子进园的时候给孩子试表。一进大门是个传达室，传达室旁边有个小屋，小屋就是保健室。反正条件也不好吧，我们就在传达室试表，有的孩子查出有病的话就得隔离。后来我又上食堂当保管员，当采购员。有时候班上没人我就上班上去，那时候净干这些了。总之，哪忙就上哪儿吧，有食堂的老师请假的，我就上食堂帮着做饭。

除了这些，我们还得给托儿所的孩子拆洗被子呢。当时孩子们入园子是要带着被子枕头入园的，如果没有这些还不让孩子入园，然后一用就是好几年，等孩子退园再拿走。这几年间，这些床单枕头的洗啊，晒啊，都是我们的事，谁值班谁就洗这些被子。不像是现在，都是家长带回去洗的，以前都是我们在洗。

当时我们还一个礼拜查一回卫生，主要是厨房参与查卫生，各班都查。一到查卫生的日子，被子、枕头都得洗。像那枕巾，都给我们配班的洗——主班是代课的，就光代课，教孩子们学东西啊什么的；配班就是洗衣服，给孩子洗手，开饭的时候给孩子盛饭、端饭，还在厨房帮点活，包括给孩子热奶、煮奶，这是配班干的活。那时候小班的孩子需要奶，我们就给他热奶啊，消毒奶瓶，消毒毛巾，这些都是配班的事，就挺烦琐的。主班主要是备课，该教唱歌的时候你得去学音乐啊，该教什么你都得先去学，你就有责任先把要教的东西学好。不像现在，老师都是有文化的，那时候托儿所条件比较差，只要有点文化的就带孩子了，就给孩子上上课，讲讲故事。

唐山大地震那会儿，光顾着孩子，我也挺遭难的。给孩子搭防震棚时，一块很宽的木头被我踩掉了，我一下子就摔下来了。当时我们在人家门口搭的架子，人家在园子里就听见我摔下来了，可是什么事都没有，那得多皮实啊！回来后弄了些大药丸吃，就没事了。那时，大家都住防震棚，夜里两三点钟地震，穿起衣服，也不管家里了，就往园子里头跑，到园里头上夜班啊。我们大班小班都有孩子，那时候都是三班倒，有的父母上夜班了，孩子在家没人照顾就送到园子来了。我们就赶紧去抱那孩子，把孩子弄到院子里，弄到菜棚子里头，赶紧先把孩子安置好才顾家里。

第二天哗哗下雨，最后在西街小学的空地里搭了一个棚子。搭地震棚子，我们还上木材厂去向人家求援，求援要木材回来搭棚子，最后在北京四幼的门口搭棚子。还挖防空洞，捡砖，这些活儿都干过。那时候不是女同志都挖防空洞吗？备战备荒为人民！所以我们托儿所门前也挖了个大地洞，跟那个副食店通着呢。反正这一生，该干的都干了。

5. 新时代女性要自立

要说出来工作后，家庭和工作两边都得顾着，生活也有很辛苦的时候，但我从来没有想过要放弃我的工作，回到家里单管家务。就觉得这人吧，别人都劳动，你也得参加劳动才行啊！我生老四的时候，我妈就没来，我就自己照顾我自己。咱又没有条件找人，那时候也不许找人，哪有工人阶级找保姆的啊！结果，老头子说了："得了，你别上班了，你太累了，就别上了。"我说："不行，孩子有个大（会长大），是不？孩子不能老小吧？"我要不是这样坚持着工作，能熬到现在一个月拿 2000 多块钱（退休金）吗？我要那时候回家，就是一辈子当家庭妇女呢！现在还得再伸手问我孩子要钱，是不是？现在你要是没工作不就得跟孩子要钱吗？现在我自己想给谁买什么就买什么，都不用问别人的意见。

所以我说了，现在的我特别知足，我要感谢党感谢毛主席，要不是毛主席解放妇女，旧社会三座大山压在我们妇女头上，甭说是钱了，像我妈吃饭都吃到后头，干活儿干到前头——到老家吃煮白面条，先外头人吃，后孩子们吃，最后才轮到这媳妇吃饭，但就只剩下一锅糊了。你说现在这当家做主的，谁给的福，谁给的权利？是吧？这不毛主席和共产党给的吗！现在国家 60 周年大庆，奥运会，我都去值班。街道的人问："郭妈妈，你能值班吗？"我说："能。"干吗不能值班啊！我为国家出点儿力，国家也给了我权利啊，现在拿那么多退休费，是不是？我值班还给我发了一个大蚕丝被，这叫劳动所得啊！所以我现在就感觉特别知足。

6. 邻里团结共组互助会

我们那时候有一个组织，叫互助会。比方说你拿出 5 块钱，我拿出 5 块钱，你现在有事了，这钱就你花，我要有事了这钱就我花。我还管过这钱，我负责收钱，你 5 块，他 5 块，我都记上账，把钱存银行里头，到一年了，取出利息，给大家买点儿糖啊什么的。这个组织就叫互助会。

在一开始我还没有参加工作的时候，我们街道上过去的家委会就有互助会。当时全国各地的人都来北京了，都是拉家带口的，工资又特别低，家里生活都很困难。我丈夫当时来的时候一个月拿 47 块 5 毛钱，还算高的。有的人家不止一个孩子，而是两三个孩子，真是非常困难，所以家委会就成立了一个互助会。互助会里有一个人出头，所有的职工发工资，就都把钱给他，一人 5 块钱存上。保不齐谁家就会遇上点儿事情：这个月你家小孩子生病了，下个月老人有事儿了，就拿出钱来让你花了。生活好一点儿的，就先不花互助会的钱，先让给别人花。我就是轮着两期没有从互助会拿钱，最后一次性就能拿得多一点儿，第一期我给老伴儿买了一辆自行车，第二期我给自己买了一块上海表。后来我到了单位，就由我负责管理互助会。我有一个小本儿，到每个月我们开支，都留上名字。而且也不是谁都拿出 5 块钱。比如说有的人孩子多，他就拿出 3 块钱，我的孩子少，我就多拿出一点儿。谁存得多拿得也就多一点儿，让大家都平均了。

那时候三块五块就能顶个事，这样就能解决不少问题。要是谁家的孩子有个毛病，从互助会拿个 10 块 20 块钱的，都能顶点儿用，那就叫互助会。那时候大家也都乐于接受这种事情，因为谁都会有难处的时候，真的是大家都没有钱。

7. 生活总是有苦有难

1972 年，我那老头子病了，一病就病了 15 年。他是 1972 年 10 月得的病，那时候各单位都挖防空洞。每天学习完了，中午大家在食堂吃饭，他没在食堂吃饭，打算骑车上外头吃饭。结果没出大院儿，就被防空洞的砖头绊着摔了，摔完以后就起不来了，颈椎就凸出来了。在宣武医院做了一回手术，做了一个减压，住了好几个月的医院。他在医院住的几个月我都没出医院门儿，连衣服都不换，就在人家医院的厕所洗洗澡换换衣服。没办法，当时老头子在医院里头开完刀后没有人管啊，从 10 月 7 号住到医院，一直到 11 月底才出院，就我一个人陪着。现在想起来，当时的生活真是不容易啊。结果他那手术还没做好，好了一段时间又犯了。1973 年，他养得好一点儿了，到了 1974 年他就能活动了。那时候刚好邮局盖房子，就让他上南院值班，结果下雨天路滑，又摔了个跟头，摔这个跟头之后就不能动了，只能待在家里。其实你看着他也不像个有病的人，可就是动不了。

那之后几年，因为老伴不能上班了，收入也减半了，但是底下孩子还是该上学上学。我除了上班还得照顾我老伴，当时他都动不了，成天待在屋子里，我们三四个人就轮着背他。当时正好大小子毕业了，就在家伺候他。当时我们给他买个轮椅，成天我们娘儿仨背着他，从床上背到轮椅上，从轮椅背到床上。因为他是颈椎受伤，压迫到神经，手都拿不了筷子，我们就一口一口喂他吃饭。

有时候我就拉着他的手让他锻炼，架着他走。当时白天上班，晚上回来伺候他，我上班的时候还老惦记着家里，心里放不下，就怕他在家里有事，要找我。到现在有时候干事我毛毛叨叨的，就是心里头抛不了家里头。为什么我不提前退休呢？我真没办法提前退休，不然这家谁来养呢？那会我在托儿所当了所长，管着一个大园，分 3 个园子，一共有七八十个人。

后来我还当上工会主席，就老说出去参观，上别的园参观去。我实在干不了了，就写了个申请，办了提前退休，回家伺候他。虽然儿子高中毕业了，能在家里帮忙照顾着，但是我不能耽误孩子的前途啊。我就说我干脆写申请退休得了，然后让儿子接了老头的班。可是我写申请，单位也不愿意让退，写申请之后好几个月他们才批准的。那会我还不到 50 岁，为了在家伺候他就办了提前退休。其实我应该是 55 岁退休，我是 10 月份满 50 岁，可 7 月份我就退休了。按说我现在的工资还低呢，要不是当年提前退休应该还能高点。

那时候还能接班呢，老三到邮局去了，接父亲的班。老二就在玻璃技校，那时候老四还没上班，还在上高中呢。

后来我就退下来了，退休前还培养了一个年轻所长，给他培养出来我才退休，你不培养出一个人还不能退下来。到现在，接我班的所长 50 多岁了，还跟我关系挺好的。把他培养出来了之后我才写申请、办退休。我 1984 年退休吧，老伴是 1987 年去世的，我在家伺候了他 3 年半。

老伴去世以后，我就上居委会了。他是 1987 年的 1 月份去世的，到了 6 月份我就上居委会了，是居委会派出所找我去的。去之后，我一个是当了计划生育主任，干了 13 年；还有一个是纪检委员，党支部里头的纪检委员，所以我们的关系都搞得不错。那时候我们买衣服都买一样的衣服，到现在还是那样，就算退下了，我们都还经常通电话、聚会、玩。一直到 2000 年，居委会要招年轻人了，我们就都退下来了。

8. 轰轰烈烈的运动

我刚参加工作的时候，看我们书记都是党员，就迫切想要入党，老想接近这些党员，那时候我就总依靠我们书记，她就给我讲一些关于党的知识、入党的条件什么的。

可我一直担心，因为我的社会关系不好，我爸爸是国民党。那时候抓壮丁，我爸爸他们哥儿几个都不愿意去，没办法最后我爸爸就去了。出去后跟着傅作义在内蒙古绥远部队。我哥哥是一个教师，在“文化大革命”中也被打成了右派，后来才平反。

不过我还是写了入党申请，写了 10 多年，组织上就总不批我。我觉得自己确实挺努力的，在工作等各方面都挺靠近组织，可上面就总是不批准我入党，我就跟我们书记讲了。书记就说：“因为你条件不成熟。”我自己就这样想：“噢，我条件还不成熟。”到了一九七几年，我的入党申请表也填了，照片也交了，说是七一党的生日就要发展我了。可是到了开大会的时候，人家都上台宣誓了，怎么没有我呢？我心里非常着急，我就找组织部，问他们是怎么回事。组织部的人就跟我说：“你哥哥是右派吗？”“哦，是吗？我真的不知道。”我说我都出来了，家里人有好事儿跟我说，这种事情他们都不跟我说。

其实我 1952 年就从家里出来了，家里发生了什么事情，我是真的不知道。在发展党员进行社会关系调查时，就说我哥哥是右派。我的反应就是赶紧回家给他们写信。家人说：“家里头的事儿，好像不是什么光彩事儿。”就没有跟我说这个，于是我就如实地给组织汇报。到了第二年，才给我解决入党问题。

在入党的问题上，那时候是非常重视家庭关系的。我觉得我那时候也是很迫切地要求加入组织，依靠组织。我觉得在旧社会，我们受三座大山的压迫，但是新中国成立以后，妇女翻身当家做主，我们自己也有了工作，就觉得是党将我们从水深火热之中解救出来。那时候我们相信党、相信毛主席，愿意向组织靠拢。当时有句名言是：“出身你不能选择，道路你可以选择。”

过去我脑子也特别单纯，反正我没做什么事儿，我十几岁就出来了，我家庭的事情我也左右不了。党和毛主席给了我工作的权力，我就好好工作。虽说人的能力有限，但是我以后一直就是踏踏实实地工作。

那时候凡事都开会，开会组织我们上中学、大学，看“大字报”，还经常参观批斗大会，北京大学我们都去过，也经常上清华大学。老师都站在桌子上，挂个大牌子。我们单位虽然是小单位，但也是轰轰烈烈地开展过“文化大革命”。因为我这个人不爱邋邋遢遢，那时候就有人说：“老郭不像贫下中农。”我说：“我怎么不像贫下中农了？”那些人就让我开证明去，我就写信回家开证明。结果证明一开来，上面全是我们姓郭的名字。他们又说：“这不是真的，这都是你们家的人。”我就想，这怎么办啊？大队、小队确实都是我们家的人。最后我又写信回去说：“一定要盖上公章，没有公章不行。”最后，开了一个带公章的，算是证明我是中农。其实当时我也觉得挺害怕的，我看见那些人都被剃头了，我自己家又有国民党，社会关系不好，我八爷爷、四叔他们，解放的时候都跟着青年军上台湾了。我自己就合计，开个证明，证明我是贫下中农，这样我自己心里才踏实。

解放洛阳的时候，我四叔就跟着国民党部队上台湾了。当时我们一家子都跑到洛阳了，我四婶在洛阳生孩子，没有地方住，就在人家的菜园子里搭了一个草棚子，底下铺着好多草，就生到人家的菜园子里头。我的小弟弟（堂弟）生下来就是落在地里的菜根上，脑袋上还扎了个窟窿，到现在还能看出来。就这样，也不让我四叔和家里人见面，我四婶生孩子的时候都不让回家看看。后来回家打了个招呼就走了，跟着上台湾了。新中国成立后他们才从台湾回来，也把我八爷爷的骨灰拿回来了，我八爷爷是在台湾死的。

我三叔还参加过劳动改造。我爸爸得了骨癌，也不敢上北京来医治，就说：“我不上你们那儿去，因为我自己成分不好。我姑爷是共产党，我是国民党，我不能给他们添麻烦。”那时候他就在家里参加劳动改造，也不能随便上哪里去，要去哪里都要开证明，就在家里劳动。我回去过几趟，看见他成天干活儿，每天早晨把家里的粪便都归置完了，就上地里，种菜挑水，接受贫下中农再教育，大队里头都觉得他表现不错。

其实我爸就是当年抓壮丁的时候，我叔伯们都不愿意去，我爸才去的。后来傅作义的部队进北京的时候，也想让他留在北京，可他不愿意留，1950年前后就回老家了。后来问起我爸爸：“你怎么不留到北京啊？”他说：“得了，回家，回咱家踏实，不干那些事儿了。”到1957年阴历十月的时候，我爸爸胳膊上得了骨癌，去世了。我爸爸去世的时候，我回河南老家了，反正就听说他在队里表现不错。我爸爸走了，留给我母亲4个孩子，虽然说有我爷爷当家，有口饭吃，我们还不至于饿死，但是我妈妈养活我们4个孩子也确实挺困难。

还有我哥哥，他就是因为在“文化大革命”中一句话没说好，就倒了大霉。他当时在县里当老师，在县里开大会的时候，说了一句：“你看共产党好是好，就是我们家人多，吃不饱。”就说这么一句话，被人家汇报上去，人家就说他对社会不满，我哥哥就被打成“右派”了。我哥哥是1986年去世的，后来才给平反了。

“大跃进”是1958年，那时候我已经参加工作了。老家来人都说“大炼钢铁”，说是把家里的锅都交到单位了。那时候国家的口号就是建设社会主义，改变“一穷二白”的面貌，建设一个单位不容易，家里有什么都往单位拿，大家伙儿往一块儿凑。我们在幼教部门也是这样，家家都献东西，你拿个锅，我拿个盆，他拿个擀面杖。

那时候大伙儿都热火朝天地干，都拿国家的事儿当自己的事儿，把自己家的东西给国家贴、给公家贴。那时候我们也都一心一意地扑在工作上，没有谁偷懒，要讲钱的，当时从来不讲钱，都讲为人民服务。那时候我们幼儿园里有一个家长，脑子不太好，有病。他的孩子没有人管没有人接，我就把孩子带到我们家过夜，晚上还把我们家的床都尿湿了。我们幼儿园过一个小节日，都是我们办公室几个人，书记啊、会计啊，自己拿点儿钱，买点儿东西，然后就给老师们开个联欢会、茶话会什么的，凝聚人心。当时我们就是靠自力更生，没有钱赚，都是老师往里面赔钱。

“文化大革命”的时候，我们虽然是幼儿园，但也学习毛主席语录，早请示、晚汇报，背诵《纪念白求恩》《为人民服务》，每次开会之前必背一次。我们幼儿园大班的孩子、中班的孩子都参加，只有小班的不参加。当时专门弄一个屋子，挂上毛主席像，跟毛主席请示。那时候我们幼儿园也要写“大字报”、开批斗会，还在我们幼儿园里揪出了好几个反革命。

那时候我们那儿有一个粮食店，粮食店里有一个老高。老高的服务态度特别好，比如说谁家的孩子去买东西，他不光卖给孩子，还把东西送到家里头。要是你买东西没拿钱，他就给你垫上，或者叫孩子先把粮食拿回家。有一次，一个街坊的孩子拿着粮票去老高店里买面，结果把10斤粮票给弄丢了，孩子哭着不敢回家，还是人家老高给垫了10斤粮票，给买了面，又把孩子送回去了。老高就是那么好的人，可是他一看见“文化大革命”剃头，把他们粮食店对面的一个女同志的头给剃了，这儿一刀，那儿一刀，他很害怕，他老是为人民服务，就怕人家说他是拉关系，自己上吊了。

还有我们原来幼儿园的书记，她的丈夫是“541”印钞厂的老工程师，他们家的条件挺好的。但那时候的人就是找你的毛病，看见人家家庭条件好，什么都有，就好像有人气不忿了，就批斗人家。最后我们幼儿园革命领导小组的人在一块儿研究说：“咱们的书记不能交给别人。”学校来人要把我们幼儿园的书记拉走的时候，我们都说不能拉走，她都快60岁的人了。我们就对那些红卫兵小将说：“这是我们的人，她有这样那样的错误缺点，我们自己批斗。”就这样我们把这个老书记给保下来了，最后就是大伙儿在一起进行了一些批评。

那时候红卫兵都搞串联（指“文化大革命”期间各地学生到北京），还组织我们给他们捐被子。我们住的那个院子里就来了好多串联的红卫兵，各个街道也都有串联来的人。街道的人上家里来，告诉我们都需要什么，我们就把自己的东西拿出去。我遇到了一个南方来的老同志，来北京的时候就穿了一双凉鞋，离开北京的时候天气挺冷的了，我就给他买了一双鞋。但是我没有让我的大女儿去参加串联，我跟她的老师说我们孩子太小，她还得帮着我上班，得让她照顾弟弟妹妹，不让她去串联。“文化大革命”那时候还老是出去游行开会，如果是上班的时候开会，我就跟同事们说：“你们都出去开会，我在家上班，我帮着你们看孩子。”如果是晚上下班了要开会，我就说：“我值班，你们去开会吧。”那些年轻的红卫兵在一起开会，不是批斗这个，就是批斗那个，到工厂去批斗“走资派”，写“大字报”。

原来我们托儿所的老所长，被定为“走资派”，写他的“大字报”让我去签名，我说我不签，我让孩子帮我写一张他的“大字报”，揭露他的资产阶级思想。其实现在看来，穿得好一点儿，吃得好一点儿，就是那时候的资产阶级思想。

“文化大革命”的时候，毛主席最新指示下来了，说都得游行。我们还要带着孩子去游行，冬天的时候，孩子们穿着棉袄也得跟着游行。毛主席去世的时候，广播播了。我当时还没有退休，单位组织我们去悼念，街道也组织，我们都去了。我们对毛主席真是有感情，过去咱们妇女没有权利，三座大山压在头上，是毛主席解放了我们。穷人翻身了，跟着毛主席人人都有饭吃。毛主席南征北战，牺牲了多少亲人，共产党又是为了谁啊，怎么能不拥护毛主席呢？我对周总理的感情也很深，我还见过总理一回，那时总理不知道是接见哪国的来宾，我们作为站在街道两旁欢迎的群众，下午一点多集合，早早就排队站在西长安街上。那时候我才 30 多岁，都叫穿漂亮的衣服，我还特地买个裙子。其实那是政治活动，就是在一个单位中挑选几个思想比较进步的人去，思想觉悟不高的人还不能去。参加欢迎的人不管下多大的雨都得在那里站着，穿着干净衣服，鞋子进了水也得站着。周总理去世的时候，各个单位都设了灵堂，我们那小托儿所也设了一个小灵堂。天安门，我也亲自去了，哭得一把鼻涕一把泪，比跟自己家人去世哭得都伤心。

我女儿那时候不上学，就成天拿个毛主席语录读。我们那时候照相都是拿着语录放在胸前，早请示、晚汇报都是常事，家家挂毛主席像。那时候成天抢毛主席像章，我丈夫去广州、西安，带回来一些大像章、小像章，大家都抢，有时候拿钱买，有时候就白给了。

我的大女儿后来参加了知识青年上山下乡。她们整个学校都去了。那会儿的孩子都很单纯，一听说能给个军大衣、毡绒帽，那高兴得不得了，都去上山下乡。我女儿的一个同学，没有被批准上山下乡，哭了一天，最后才又让她去了。回来的时候，这个孩子得了一身风湿性关节炎。

那时候上山下乡是毛主席指的路，都得去。我女儿她们是上兵团，有很多都是上山下乡，说这是毛主席指的路，都得支持。有些家长不愿意孩子去，因为太远了，又要离开北京。这是实话。那时候都挺积极的，都愿意叫孩子出去锻炼锻炼，她爸那意思就是干脆让她上内蒙古得了，内蒙古不远，还算是北京军区的，要是去黑龙江，那就不算北京军区了。可我们的闺女积极着呢，就说：“不行，就得听毛主席的，指到哪走到哪，让上哪上哪。”我们又给她讲啊，黑龙江可什么都没有啊，特别困难，可她还是坚持去了黑龙江。我有亲戚出差去了黑龙江，看见她后回来说苦啊，我女儿她就没敢跟我说过一回苦，就怕我惦记呢。在那里馒头掉地下都成黑的了，就跟那地皮一样，苦着呢，要不我们那亲戚从那回来，就说：“哎呀，孩子在那，真不如让她上农业连。”那时候也有工业连、农业连，可她去的是煤矿。有一次她帮助装车，装煤的时候胳膊还摔着了，她都没告诉我。我们就给她多带点儿棉衣，还老给她寄东西，当时也没什么好东西，就弄点芝麻搓成芝麻盐儿给她寄去，也没有什么菜。光棉鞋就给她捎多少双啊，她那老下雨，老是湿的，那鞋一烤就烧了，那怎么办？只能老给寄棉鞋。她们那儿也没有咱们北京那收音机、广播什么的，没办法，我们就给她买了一个小收音机——那时还叫半导体，60 块钱给买了一个，捎了过去，让她听听毛主席的声音。我们家是两个人工作，还算有点条件吧，就给买了。有的没条件的，就没有办法了。她 1969 年走的，“文化大革命”的时候基本上没在北京。

当时她装煤时把胳膊摔了，干不了矿业，就干农业了。干农业后，我们亲戚出差到那儿一看说：“孩子挺可怜的，在农业上干活儿呢！还不如上咱家干农业，咱家也是农业。”我们那时候也是有农业的，我说：“那等她回来跟她商量吧，我得尊重她的意见，不能强迫孩子。”我就和女儿说：“你先回家看看吧，合适你就去，不合适再说。”后来她就回老家了，就转回来了。

一九七几年她就回来了，回到洛阳。等于也上山下乡了，还是务农。不过她上山下乡的地方是我的家乡，我的妹妹、哥哥都在那儿，没几天就给她找工作了，所以她跟着我嫂子干了几个月农活儿后，就给她找到银行里了，然后就一直在农业银行里工作，直到退休。虽说退休了，现在还是有聘她出去当管账的，是会计吧，现在还在那儿上班，忙着呢。

9. 子女成家立业

我到北京那会儿医疗条件就挺好的了。我12年生了4个孩子，正好一轮。老大属龙，老四也属龙。我这4个孩子，只有老大是在河南生的，其他3个孩子都在北京生的。老大是1952年生的，老二是1956年生的，老三是1959年生的，老四是1964年生的。大女儿那名字还挺有意义的，她叫缑伊京，“时候”的“候”再加一个绞丝儿，“伊川县”的伊，叫伊荣。不过现在不叫伊荣，因为刚生了她就说上北京来，我父亲给起名字，说那是从伊川县上北京啊，伊川县生的孩子到北京，这是最光荣的，就叫伊荣。可我们是封建家庭啊，我奶奶不让叫，我奶奶说不像男孩名，还说我们家有个姑奶奶叫荣，冲了，就不让叫，于是我爸爸就把伊荣改成了伊京。从伊川县到北京，缑伊京，所以说这名字挺有意义的。老伴姓缑，叫缑振德，是个很少见的姓，北京都没有几家，反正小时候带着他们看病，人家都不知道这姓。这姓还真少，百家姓里倒有，山西有一个地方都姓这个姓。

老大是知识青年，参加了上山下乡，最后是在我老家那边的银行工作。我大女儿上东北后的这几年，她爸就病了住院。她爸爸是1972年得的病吧，10月份住的院，12月份她回来的，回来后她就在家伺候，伺候到第二年的春天。但得让她走啊，不能不让她走。她就回来了一趟，还是在当兵期间。1973年她又走了，走的时候她爸爸哭，她也不愿意，她说：“舍不得我也得走啊，我有工作！”她那时候也挺积极的，说：“我不能在家，在家伺候了半年，回去这就得工作了。家里能怎么办呢，就凑合呗……”我们家的孩子们都挺孝顺的，我们院里人也都知道。当时她爸生病的时候，我没人商量，我就这仨孩子，跟谁商量啊，得了，我就得听大夫的吧，大夫说不用做手术，我就说：“不行，你们治病救人，我相信你们，就是给他做死我也不讹你们。”这才给他做手术，手术后就一直在医院待着，谁都没让去，一直到大女儿12月份回来才出院，我才开始上班。老二是技校毕业，分到玻璃总厂，现在她也退休了，不过现在有人聘请她，她爱人是工人大学出去的，现在成工程师了。老三是大儿子，1959 年生的。老四在城管工作，今年 47 岁了。

后来子女的婚姻啊，我也不管了。只要你们愿意，我不管，我说："你们高兴就好，是你们跟他过一辈子，不是我跟他过一辈子，好也是你们过，不好也是你们过，我不干涉你们的婚姻。"所以，我就感到特别知足。我永远感谢党，永远感谢毛主席，从那个半封建的社会把我救了，把我给解放出来了，你看我现在拿着 2500 多块的退休金，没有多少文化，你拿这么多钱，这是谁给你的权利，不是共产党吗？

三、往事如歌 别样感悟

1. 人知足方能常乐

我这人吧，就挺会知足的，所以我的生活也挺快乐的。像金钱之类的，我就不是很在乎，有多少钱就花多少钱，没有钱就花少一点儿。我的孩子们、孙子们都挺孝顺的。别看我瘦，我现在身板还硬朗，自己还能到处去玩，上海世博会也去了，云南、海南、大连、青岛、西安，这些地方都去玩过。我走路走惯了，现在就算走三站五站地也没问题。当时在上班的时候经常跑，那时候上着班，家里搁个病人，心都在家啊，吃个饭都不能踏踏实实地吃，都是回去吃的，给老伴儿盛一碗，给他先扒拉着喂，他吃完了我就赶紧收拾收拾走了，去上班了。那时候我就特能跑，直到现在。庆祝党的生日那时候，居委会给每个人发了一箱奶，从居委会拿到我们住的地方有四站地，我也就这么拎回来了。我这人就是能走，经常锻炼。像带孩子，现在的父母都是买现成的衣服，我们那时候还得做毛衣毛裤什么的，现在就没几个人能做了。我前段时间还打了三条毛裤捐给了灾区，不过现在我得戴着眼镜干活了。我打的毛衣和那买的毛衣不一样。现在灾区挺多的，我那孩子、孙子们也穿不了那么多，所以我打了之后就给捐了。说句不好听的话，咱们都这么大岁数了，国家这么多灾难，也不能帮上什么大忙，就做点儿力所能及的吧，所以就打毛裤捐了。国家多好啊，现在国家为了照顾我们老人，坐车也不要钱，上公园也不要钱，是不是啊？这不咱国家条件好了嘛，国家就跟咱家庭一样，大国小家都一样，是不是啊？

2. 感谢党给了我们美好的生活

我的生活万幸的是什么呀？我没下岗！要是下岗那就难了，我没下岗，这就是万幸。这几个孩子也都没有下岗的，这就算不错吧，是不是？人就得知足，这就不错。4个孩子都没下岗，这都办了退休了，都拿了钱了——这都多亏了共产党！

我们得看大方向，你别光看那小问题，哪个年代，哪个朝代没有错的啊？都是正确的？都是全为老百姓着想的？没有吧！这是我的脑子（思想），虽然我没有知识，没有什么文化，我就是这样想的，咱们得看大方向，这马路、这桥，要不是共产党领导，能给修得这么好？像这汽车，那旧社会有那么多汽车吗？是不是啊？咱现在家家有汽车，你得比，你不比能知道好啊？过去买辆自行车还要票呢，现在家家有电视，是不是啊？当然当时咱们是有困难啊，毛主席说咱们欠人家债，得还债，咱不困难些，不勒紧裤腰带怎么还人家债？那大家小家是一样，你家里有债你不还，你不勒紧裤腰带你怎么还啊？毛主席就是这样做的，咱还清人家的债，咱国家现在也好了。那时候说“电灯电话楼上楼下”的，这在以前都是歌谣，现在都实现了。我就是这样想的，共产党怎么不好，电视天天提醒你别犯错误，连穿衣服都提醒你，明天天气不好，多穿衣服，这不是很好吗？现在你说吃的喝的全都有，这不都是党带给我们的新生活吗？我这样想，就觉得心宽了，知足了，这样身体才能好，我要乐观地生活。

访谈员后记

接受了妇女口述史项目培训、明确任务要求后，我一直在寻找生命历程鲜明、愿意接受访谈的老人。一位热心的好友跟我们说，她的姥姥如今70多岁，是从河南随丈夫进京的，退休前在街道工作，曾经当过托儿所的老师。当时对于苦无访谈对象正茫然的我们来说，这真是一个好消息、一场及时雨。通过电话联系，我们把第一次访谈定在了学校的一间办公室。一开始我们还略有担心，担心我们年纪轻、资历浅，担心郭杏珍老人是否愿意向我们诉说。刚见面，老人一句："孩子，你们想知道些什么？"立马把我们不安的心抚平了，我感觉见到的仿佛就是自己的姥姥。向老人介绍了我们访谈的意义、目的和形式方法后，一切都很自然，老人从年幼时的所见所闻所历所想开始，向我们展现一位从旧社会走出来的时代女性的人生篇章。

通过对访谈录音的转写和整理，我渐渐意识到，老人的叙述围绕柴米油盐、家长里短，她的人生经历看似平凡忙碌，却是中国城市化建设初期中，从农村来到城市参与城市建设，做出积极贡献，并在其中不断实现自身价值的女性工人阶级的典型缩影。老人不仅积极学习、积极参与社会建设，还挑起家庭的重担，年轻时独自养育幼子，年迈时照顾体弱的丈夫，她那副坚忍不屈的肩膀让我由衷地钦佩。

感谢好友的引介，感谢郭杏珍老人的倾情相诉。

勤劳朴实谱华章
——许秀荣访谈录

- 访谈时间：2011年11月9日 14:00—15:20
  2011年11月26日 15:00—15:45
  2011年12月15日 16:00—16:40
  2011年12月22日 15:00—15:45
- 访谈地点：北京市受访者家中
- 受 访 者：许秀荣
- 访 谈 员：张柳（北京师范大学高级分析员）
- 整 理 者：张柳（北京师范大学高级分析员）

编者按

受访者是一位土生土长于老北京胡同里的女性。她为我们讲述了老北京胡同里回民的精神生活，这些都是非常宝贵的历史资料。在受访者的生命历程中，无论是她的家庭生活，还是她的职业选择，都让我们看到了一位吃苦耐劳、隐忍坚韧的伟大女性形象。如受访者一样千千万万的女性，正是社会发展进程中的一股坚实力量。

一、家世背景 童年记忆

1. 我的父亲

我爹名叫许玉坤，我爷爷有一个兄弟，是哥俩儿。爷爷兄弟的媳妇，就是我叔伯奶奶，婚后一直不生养，总是要不上孩子。我亲奶奶当时已经生了4个儿子，叔伯奶奶就跟我亲奶奶说："你有那么些孩子，我一个也没有，你给我一个吧，行不行？"奶奶就说："哎，说什么给不给的呀，你要哪个，你挑，你自己挑一个吧！"我爹在4个孩子中最小，排行老四，结果叔伯奶奶就把我爹给挑过去，做了继子。

过继给叔伯奶奶家以后，我爹就跟着爷爷一起赶羊、做生意。羊行的生意是怎么回事呢？那时候没有火车和汽车，有人从内蒙古买了羊群，要找人从内蒙古把羊群赶回北京啊。爷爷家里就是做这个生意的，帮有钱人赶羊群，从内蒙古赶到北京后，再把活羊卖给人家，自己也宰羊卖鲜肉。来买羊群和羊肉的都是回民，回民非常讲究清真，不是清真的绝对不吃。爷爷家做羊行生意，其实就是和回民做生意，所以自己也就按照回民的风俗习惯生活，也把自己当作回民了。根儿上不是回民，但做回民生意，和回民打交道，也就随了他们的规矩，全家子就都成回民了。我爹跟着爷爷内蒙古到北京之间来回跑，爹总在羊群头里走，爷爷在队尾轰赶着羊群。

我爹过继到那边的叔伯爷爷奶奶家后，哎哟，后来叔伯奶奶自己又生了4个小子，没有姑娘（指女儿）。亲生的4个小子长大了，也和爹一块儿，跟着爷爷赶羊、做生意。自从奶奶有了自己的孩子了，爹就经常挨打、受欺负。

有一次，我爹挨了打，从家里跑了出来，不敢回家。就在街上蹲着，晚上有老街坊从那儿路过，发现了："哟，怎么在这儿蹲着啊？我给你送你们家去吧。"这么着，就被送回我亲爷爷奶奶那儿去了。后来，叔伯奶奶就来家找人、道歉了。她对我亲奶奶说："你看，孩子不听话，哪有不挨打的？挨了打不敢回家了，就让人给送这儿来了，多不好呀，对不起你们了。"我亲奶奶说："没事，孩子嘛，孩子不听话，哪有不挨打的？没事，他要是愿意跟你走，你们还把他带走。"爹说："我不想跟他们回去了，就想在这儿待着。"但最后还是被带回去了，家里面的羊行生意也不能缺人手。

许秀荣童年居住的院子 （2011 年）

我爹在家里面一直受气，叔伯奶奶特别厉害，不喜欢爹，其他 4 个孩子对他也不好。这些孩子从来不叫爹一声大哥，就叫大爷（"大爷"重音在后头，老北京称呼男性的一种尊称，有老爷、老板之意）。他们也常给我爹找麻烦。

从内蒙古赶回北京的羊群，会自己留些羊宰了卖肉。我爹跑内蒙古回来，在家里也要帮忙剔肉，拿着刀，把剔下来的羊肉放到笸箩里，笸箩是用柳条编的。其他4个孩子给我爹使坏，跑到奶奶面前告状，说我爹剔肉时，刀掉进了笸箩里，把笸箩给劈坏了。奶奶特别厉害，听了非常生气，就开始骂。其实，我爹根本没有把笸箩劈坏。

我爹没读过书。最早在马甸农村住，后搬到了新街口大街，一直做羊行生意。后来我爹成了家，也是做羊群的生意。我记得爹总是去内蒙古，一走就是好几天，不分白天黑夜地赶路，不坐车，不睡觉，就靠走着，很辛苦。

爷爷一家子，我爹和他4个弟弟，都给人家从内蒙古往北京赶羊，以做羊行生意为生。那时候还有个笑话呢。听我大爷（父亲的兄弟）说，晚上赶羊遇到过"鬼打墙"。夜里赶路，走一宿都没走出这块地儿，原地绕圈，就是走不出来。天亮了才发现，哟，怎么老在同一块儿地方转悠呀！晚上赶路，还遇到"小鬼"，黑不溜秋的，个头儿不大。"小鬼"问我大爷："你看我像人啊，还是像神啊？"我大爷回答说："我瞧你像王八蛋！""小鬼"说："啊呀，好丧气呀，好丧气。"转脸就跑了。这都是我小时候大爷讲给我的故事。

爷爷、爹，几辈子人一直都做的是羊行生意、羊肉生意，所以我们家在吃饭、生活习惯上什么的，恨不能比好多回民还讲究呢。

我们在家里都是管父亲叫"爹"。爹是在我怀里闭上眼睛的，死的时候非常高寿，差一个月就满100岁了。回民的身体都好，和我们吃牛羊肉有关系吧。

2. 我的母亲

母亲名叫李玉清，七十几岁去世的。名字是在母亲死后才起的，之前就叫许李氏。那时候女的没地位，都不起名字，死了要立碑了，才给起了个名字。母亲也是土生土长的北京人，一辈子都住在新街口。

我姥姥死得早，有两个女儿，没儿子。我妈她们姐儿俩，从小跟着我姥爷生活。女儿长大了，就有街坊找我姥爷说媒："我给你两个姑娘找个主儿，有钱人家的，嫁过去受不了气，享福去的！"那会儿啊，买卖人口的特别多，现在叫“人贩子”“拐卖人口的”。姥爷怕女儿被人贩子骗了去，觉得要嫁给穷主，不给富主。要是嫁给了富人家，赶明儿买点东西去看人家，人家兴许都瞧不起你。可那个街坊总来家里找，天天来，非给说和亲事。

我姥爷就找到我奶奶家了。姥爷家和爷爷家都住在新街口，是街坊，就住门对门。姥爷找到奶奶，说：“跟你商量点儿事。”奶奶问什么事，姥爷说：“我呀，没有老伴儿，拉扯着我这两个姑娘长大。你们家不是有哥儿 5 个嘛，我的这俩姑娘，给您一个，挑一个给您儿子做媳妇儿。另一个姑娘，您帮个忙，给我找一个主儿吧。我呀，不找有钱的，只要人家家里吃得上饭就行。”就这么的，奶奶把我母亲留下了，和爹成了亲。我的姨儿呀，就是我母亲的妹妹，嫁给一个掏茅房的了，就是过去背粪桶的人，家住在西直门里头。姨儿嫁过去也受气，男的家里有一公公，没婆婆，还有一个叔公。这叔公呀，人不老实，老摸摸她那儿呀这儿呀的，我这姨儿不答应，在那边总受气，后来得痨病，死了。

母亲嫁过来后，一直在家操持家务，没出去干过什么活儿，就是整天待在家里，照顾我们这些孩子，每日做做家务。有时也在羊行帮忙算账、记账。

母亲人善良，脾气也好，和街坊四邻的关系特别好，愿意帮助别人，别人也愿意帮助她。小时候家里的日子不好过，家里孩子那么多，困难的时候，向街坊邻居什么的借钱、借粮，他们都特别帮忙。

胡同里住的有回民，也有汉民，关系都挺好的。和回民的街坊关系肯定更好一些，做了些什么吃的，也会送去给人家尝一尝，从来不吃汉民的东西。我母亲不爱串门，你看我也一直不爱串门。母亲从不爱说些家长里短什么的，平常在胡同里见着街里街坊的了，互相打招呼，不怎么走动，不说别人闲话。跟你好了，说点什么，传过去了不合适，别再有矛盾什么的。日本人在的时候，更是特别地小心。

3. 童年忆往

我是地地道道的北京人，生于 1924 年阴历五月二十四，出生在老北京城马甸的农村。父亲和母亲都是北京人，也都出生在北京，一辈子住在北京。小时候曾经听我奶奶说，老家是山东。

在我五六岁的时候，父母送我进了私塾。私塾就在马甸的农村，离家很近。私塾只有两间屋子那么大，有男学生，也有女学生，大家在一块儿学习。我们每天念的是《三字经》《百家姓》，我现在还能记得“人之初，性本善，性相近，习相远”什么的，多了也记不住了，都忘干净了。

私塾的教书先生厉害着呢！手里拿着一个藤子棍儿，走到哪儿都拿在手上。要是有谁不好好念书、背不出书来，他就拿那根藤子棍敲谁的脑袋。所以大家都特别怕他，特别害怕被他叫到背书，背不出来，就得被骂、挨打。男学生们特别淘气，老挨先生的打，他对女同学比对男同学要好点儿。我没有被他打过，但是也挺怕他的。

我很少和先生说话，因为他太厉害了，我们都怕他，离他远远的，放了学就跑回家了。有一次，先生让我背书，我没背出来，急得就哭了，怕他会打我。结果他没有打我，也没有骂我。

在私塾只读了 2 年书，父母就不让我继续念了。我非常想念书，喜欢去私塾学习，可是家里有了弟弟和妹妹后，母亲照顾不过来，要我在家帮着看弟弟和妹妹。就读了 2 年的书，学的那点儿东西早就忘光了，就是个文盲。小时候看见其他孩子能上学，心里挺羡慕的。我现在虽然能认识点儿常用的字，但是有时候自己就想，要是能认识字，看得懂那些字的意思，该多好啊。

后来岁数挺大了，街道组织扫盲，我才又开始学习识字。扫盲后，现在眼巴前的（即常见到的）字、不算太深（即“难”）的，一般都认得出来。上扫盲学习班的时候挺高兴，但是学得特别慢，毕竟岁数大了，早晨学的字，转眼的工夫就给忘了。

我妹妹后来念书也不多。妹妹上的是回民学校，每天上学的课也和汉民的不一样，上午半天学汉字，下午半天学经字。回民要学习回民的文字，才能读我们的经文。

我们家的3个孩子，就我弟弟学问大，他是工程师，读了大学，我和妹妹都没念几年书。我们那个年代女人都不读书，认识那么多字有什么用，最终还是要嫁人生孩子的，所以父母都不送女孩子去读书。那时候也不觉得什么，别的女孩子也都不读书。看见弟弟去学校，心里觉得难受，不过也不怎么觉得委屈、不公平，就是挺羡慕弟弟的，心里面挺喜欢读书的。

别看我不识字，我能打算盘，会用算盘打个加减法，但是不会除法。家里开羊行的，我能帮忙算个账。爹把羊从内蒙古轰回北京后，谁家买你几头羊，剩下几头羊，宰了羊卖肉卖多少钱，这些账不难，用不着写字、写账单，几斤几斤的，你得加呀、算呀，我都做得了。简单的记账，我一个人都做得来。我爹得去跑内蒙古轰羊，我母亲跟我在家里，人家来取羊、拿钱、称羊肉什么的，我能帮忙做这些事情。

我用算盘用得挺好的，学得也快，都是母亲教我的。母亲虽然一天书没读过，一个大字不认识，但是算盘用得也很好，非常聪明。母亲教我也挺快的，我没用多久就会用算盘记账了。羊行的账都是我帮忙记的，从来没有记错过。

有人夸我聪明，我特别高兴。有一次，有个买羊的人来找我爹，说我们少给了他一只羊，爹问我是不是算错了，我说："不可能!"那个人特别厉害，爹也怕得罪他，就答应等过几天再补给他一只羊。没过两天，那个人就跑到我家，告诉爹说他找到那只羊了，是他弄错了。从这以后，爹从来没有怀疑过我的本事。

小时候，因为看孩子、抱孩子，我净挨打。我那时候也小，要我看弟弟妹妹，我也不会呀，有时候抱着、背着，没抱好或者没背好，不知道怎么着，就摔跟头了。那时候年纪太小，经常摔跤，把身上擦破了、流血了，回到家还要挨打。

我的弟弟跟着父母亲住在新街口大街的老院子里，直到给父母养老送终。前不久房子拆迁了，刚刚搬了家。我妹妹嫁人后，现在住在洋桥。妹妹和弟弟都还在，一直走动着。

我不会做饭。从小在家里照顾弟弟妹妹，帮助爹记账，母亲没有让我做过饭，所以我到现在也不会做饭。当初说亲的时候，我老伴的姐姐来我们家里提亲，我母亲说："我姑娘哪都好，就是一样，可不会做饭。"我这个大姑子（丈夫的姐姐）可会说了，她让我母亲放心，嫁过门去，不让我干一丁点儿的活儿，不用洗衣服、做饭。

在家里虽然不用做饭，但我经常刷碗。记得有一次，我刷碗的时候，手滑没拿住碗，把一摞碗都给摔碎了，我撒腿就往院子外面跑，特别怕我母亲打我。我爹就在后面追我，喊着："不打你，别跑啦，回来吧。"我跑到邻居家躲着，爹来接我回家，回到家真的没打我。

小时候，日本人在街上到处抓花妞妞（指年轻妇女、女孩儿）。为了不被日本人抓走，我还有个假头套，白天戴着上街，就不容易被认出来是女孩子了。到了晚上，我们再把假头套藏起来，一直到十几岁都这样。

我六七岁的时候，村子里面越来越乱了，为了躲日本人，一家人从农村搬进了城里。爹在新街口大街认识一个卖肉的回民，他愿意帮忙找房子。他告诉爹："在新街口四条给你找了个地儿，胡同里的四合院。但就有一点儿，那房子闹鬼，院子一直锁着，好几年了，没人愿意住在里面。你敢住不敢住？"我爹一听有房子，立马说："我敢住！"因为闹鬼，正好也不要房钱了。爹说敢住，人家就开了院子的锁，一家人就搬了进去。

因为长时间没有人住，院子里的草都长得有一人那么高，住进去前，我们先在院子里拔草。院子挺大的，除了父母和我们 3 个孩子外，大爷、大妈和他们的儿子、女儿和儿媳妇，也和我们住，大家住在一个院子里。胡同里还住着不少回民。

二、青春年华 追逐梦想

1. 奉父母之命成婚

我23岁那年结婚了，老伴儿叫侯信福，也是回民，住在西单辟才胡同。在当时，23岁结婚就算年龄比较大了。那个时候不谈恋爱，也不能自己找对象，都是靠别人给说媒。我的老伴儿就是朋友跟我的父母说的，我当时什么也不知道。只要父母同意，就行了，做子女的只能听从父母的安排。那会儿婚姻都是包办的，结婚前谁也没见过谁。

结婚的那一天，我被接到了西单，老伴儿的家里，这才和老伴儿见了第一面。老伴比我小3岁，那时候讲“女大三，抱金砖”嘛。结婚前不仅没见过面，也不知道他是干什么的、人怎么样。我什么也不知道，而且也不能问父母。就是问了，他们也不告诉，什么也不跟我说。所有的事情，父母全都包办了，定日子、请人、办事、娶亲，我只是偷偷听别人说，大概知道个日子，其他什么也不清楚。父母不会告诉你，更不会听你的意见，问了也白问。

嫁过来后，我就在西单辟才胡同里住，自己有几间破房，后来拆了，借了北京大学边上的两间房子住，因为是借的，后来就还给人家了，现在住在宣武门这块儿的胡同里了。一辈子大部分时间住在胡同平房里，现在反而住不惯楼房，不自在。

虽然结婚的时候穷，我嫁过来的时候也用了3顶轿子，从新街口把我接到了西单的婆家。一顶红轿子，两顶绿轿子。红轿子给新娘子，两顶绿轿子，接亲的一个，送亲的一个。我婆婆坐在红轿子里去接我，等回来的时候呢，换坐绿轿子了，红轿子给我坐啊。我母亲呢，坐另一顶绿轿子里。等快到西单的时候，我婆婆的轿子就要快走，赶在其他人的前面第一个进家，要提前回家里送话，让家里人赶紧准备着。

下了轿子后，进到屋里要吃饺子，饺子是生的！一定要吃，外面有人会问你“饺子生的熟的?”“生不生啊?”你就得回答：“生!”意思就是让你嫁过来后，早生贵子，多生孩子。然后进屋后，认认家里人，看看这位叫什么，那位叫什么。给长辈磕头，磕了头，长辈给钱。

我们那会儿，家里出嫁姑娘，要请人运送嫁妆。娘家陪送的嫁妆，也叫妆奁，一般人家的女儿出嫁，随身使用的东西一样儿也不能缺，新房怎么摆，要随着姑娘的心愿，娘家要给出嫁的女儿准备好齐全的嫁妆。

我们家里陪送了一对大樟木箱子，装着衣服、梳妆台、茶具、玻璃什么的，都是随着轿子，要送到男方家里的。这么些东西，要运到婆家去，就要请“窝脖儿①”了。“窝脖儿”必须是双数，吉利啊，有4台的、8台的、12台的，多的还有16台的呢！姑娘的嫁妆，有的放在箱子里头，有的放在箱子上头，用绳拴着，捆牢，然后扛到肩膀和脖子上，一走就是几里的路，中间要休息，也只是用拿在手里的一根拐杖一样的木棍，撑着身子休息一下。

“窝脖儿”们送嫁妆得特别地小心，不能出差错，不能碰坏或碰碎东西，必须平平安安地把嫁妆送到男方家里，皆大欢喜，这样才会得到男方给的喜钱。

我家老伴儿脾气不好，结婚之后我们常常吵架，结婚的第三天就被他打了。后来的日子里，我们也是经常打架。他骂我，我也骂他；他动手打我，我也打他。我打不过他，当然是男的力气大啊。现在的年轻人多好啊，搞对象都是自己搞，两人投缘，再结婚过日子。那时候不成啊，父母包办婚姻，我可受了不少气。

---

① 指为人搬家或代人送嫁妆的人，在老北京七十二行中叫“窝脖儿”。

老头脾气不好，也常和外人吵架。老伴儿结婚前在电话局有份工作，给人家装电话，多好的一份差事啊。他有一个亲戚的姑父，在电话局当一个小头儿，才有了这份工作。但是，由于老伴儿因为装电话的事儿把人家给打了，于是辞职回家，不工作了，整天在家待着。没了工作，一家老小吃什么啊，我就只好在街道上班、干活儿，一个礼拜有 3 天的时间在工厂干活儿，其余时间在街道工作，后来也管计划生育工作。后来，老伴儿找到工作了，我还一直干着活儿，家里孩子这么多，生活困难，钱不够花。

老头净打我，打从刚结婚的时候起，我们三天两头打架。胡同里居委会的人、主任、书记都管，调解矛盾，劝我老伴儿。

他爱喝点儿酒，喝不了多，喝一点儿就醉了。醉了你倒是睡觉去啊，像相声里说的，喝醉了睡觉，不惹事，多好啊。他不是，他喝醉了找茬儿，吵架，动手打人，家里都吃不上、喝不上了，还成天穷打。

有一回啊，我公公死了，过“百天”的忌日。回民讲究这个，什么 7 日、40 日、百日的。我呀，在家里拆洗东西。我想，这过百天呀，家里来这么多人，拆拆洗洗，干净点儿，别让人家笑话。我在家里干活儿，老伴儿在屋里喝酒。我说：“你呀，别喝酒了。”他就骂我：“我喝你娘的啦!”他骂了我，我就骂他，我俩就打起来了。也是因为他喝点酒，哎哟，追着我在院子里，跑着打我。追着我跑到街坊屋去了，都跑到别人家了，还要打我，打得我身上都是青的。我就说：“不管这次说什么，非得离婚，不离婚不行!”我们当时的街坊杨家，就住我们家对门的院子，把我劝到他们家去，劝我别离婚。我说不行，这回说什么也不行，日子没法过了，必须离婚，不离婚不行。

我的大姑子，人特别聪明，可是一个“大了”(“了”字读“liǎo”，指有本事、能主事的人)，特别能干，她在西单剧场旁边有家毛衣店，还有两个门脸儿（小店铺)，除了织毛活儿（织毛衣)，还卖些吃的、干果什么的。

大姑子来家里，就劝我。她说：“得了，他骂了你什么，就全当都是骂我的；你身上打得这些青啊紫啊的，你就当是我这个姐姐打的了。姐姐给你跪下了，你别气了。”她就跪着，说：“你不同意，我就不起来。”大姑子有钱，又能干，街坊四邻都知道，大伙儿也都帮着说话："得了，大姑子都给你跪下了，你这就挺了不起了，别没完了。"就这么着，才完事。我的老伴儿啊，脾气实在是不好。看着现在的年轻人都是自己恋爱，这样好，自己挑合适了再结婚，不像我们那时候，包办婚姻，遇上个好人家，算是你有福气了。

2. 生儿育女

我有 8 个孩子，5 个儿子，3 个闺女。8 个孩子都在西单出生的。大儿子侯峻峰，1946 年出生；二女儿侯峻岚，1948 年出生；三儿子侯峻岩，1950 年出生；四女儿侯峻岫，1952 年出生，从小患小儿麻痹，腿有些毛病；五儿子侯峻岐，1955 年出生；六儿子侯峻岳，1957 年出生；七儿子侯峻凯，1959 年出生；八女儿侯峻峪，1962 年出生。

回民家庭就是孩子多，胡同里有家人姓杨，就是我们街坊，家里有 11 个孩子呢！那时候不知道避孕，家家孩子都挺多的。不过，我家的 8 个孩子已经算多的了。生第八个孩子的时候，我已经 49 岁了。那年头，没有条件避孕，有了就生。生到第四胎的时候，有人劝我做手术绝育。我老伴儿的一个最要好的朋友，是北京二院的外科主任，叫张志贤。他和我老伴儿的关系挺好的，吃喝不分，常来家里喝酒吃饭。他参加过抗美援朝，被炮弹打瞎了一个眼睛。但是他的医术特别好，桌子上放一摞纸，他拿把小刀，你说切几层，他用小刀一划，就能划透几层纸。他老鼓动我，让我去做绝育手术。那时候大多数人不做绝育手术的，大家都不知道。

公公婆婆有 3 个孩子，两男一女，我老伴儿在男孩儿里排老大，还有个弟弟。我的兄弟媳妇生到第五个孩子的时候，做了绝育手术。手术后她落下了腰疼的毛病，现在想想，准是手术后没休息好、着凉了造成的。当时她就告诉我，做手术不好，做完后腰疼，劝我千万不能做。要知道，万一我也腰疼，就干不了活儿了。在街道干中草药、美术厂的这些个活儿，累着呢。要是手术后做不了工了，就不能赚钱养家了，一大家子人，吃什么啊。所以，我也不敢做。一直生了 8 个孩子，一个比一个大两三岁。

我当年生孩子，都没找接生婆，都是自己生的，只有最小的老丫头，是在医院生的。我婆婆和我们街坊的一个老太太，姓白，帮忙接生、收拾。我感觉要生了，婆婆就赶忙找布、找纸，铺好了，让你躺在上头。工具什么的，都是自己准备，也不懂消毒什么的，没有这么多讲究，7 个孩子，都是这么生的，也没怎么着，都算健健康康的。

那时候，条件好的就找接生婆。我们家没钱，穷啊，请不起接生婆，就靠着邻居帮忙。那时候苦着呢。所以，现在我看见孩子们倒剩菜剩饭，我就舍不得，让他们别倒饭。

3. 与公婆同住

结婚后，家里有两间半的房子，我和老伴儿住北房，公公婆婆住南房，还有个东房，租给了姓白的老太太住。

我公公是被捡来的。我爷爷公（公公的父亲）是抬杠的，就是给人抬轿子、抬死人的，家里死了人，请抬杠子的把人抬到坟地埋了。一次，爷爷公抬死人去十三陵的路上，看到我公公被扔在路边，爷爷公捡回了家，当自己的儿子养。

公公也是回民，人爱干净，特别勤快。他卖烤白薯，天天推个车子出去，走街串巷地卖。他的车子可干净了，车子上放着炉子，炉子里面烤的是白薯。车子弄得特别漂亮，白色的围子（布帘子），围着小车，总是那么白。老头人也特别好干净，从来穿的是白边的黑鞋，扎着腿带，鞋上、身上连一个泥点子都没有，特别讲究。

我这公公人特别好。天冷了，我公公给我们糊窗户，用黄色的小窗户纸，把屋子里的窗户都糊上、封好，风就进不来了。我扔在屋里的孩子的衣裳，洗干净了，来不及叠，公公帮我一件件地叠好。要是有没洗的衣服，他就帮我洗好了，还抹平了、叠好了，放起来。

公公人挺好的，但是婆婆不行。婆婆爱玩牌，每天除了做饭，就是出去玩牌，其他什么也不管，全靠公公管。

公公卖烤白薯，每天推着车去街上卖烤白薯，晚上回来，每天给婆婆1块钱，用来让婆婆买菜。卖烤白薯也挣不着什么钱，凑合着生活，也就是够吃饭、吃窝头的。

和公公婆婆一块吃饭的时候，买2斤玉米面，蒸窝头。窝头蒸完了，还没吃呢，刚掀开锅盖，婆婆就跟我说："我们晌午啊，就弄点'一粥熟'吃就得了。"什么是"一粥熟"呢，就是稠粥，搁点白菜叶子，搁点盐，熬出来的粥就叫"一粥熟"。她那意思就是说啊，窝头你不能往饱里吃，留着点儿，晚上还得吃一顿呢。她也不直接说不让你吃，但是话说出来你自己就明白了。2斤面蒸这么多窝头，一个掰成两半，吃半个窝头，盛一勺"一粥熟"，就得了。吃不饱！那个时候的粮食香啊，窝头蒸熟了，掀开锅盖，满院子都是香味。不像现在的粮食、蔬菜，都用化肥，不是以前的味道了。

4. 我与老伴儿

结婚后，老伴儿一直在家，倒腾点儿小买卖。和街坊姓白的老太太一起，那会儿跑跑张家口、河北，从外边买了东西，再拿到北京这边卖，一买一卖，赚点钱。记得那时候还卖过鸡蛋，从张家口买鸡蛋回来，那边的东西比北京便宜，运到北京这边再卖，倒腾些东西，来回地卖货赚钱。

一直到我有了老三，老伴儿才找到一份在北京动物园饲养动物的工作。之前的几年，基本在家待着，生活挺困难的。

我这公公卖白薯，挣不着什么钱。开始的时候，婆婆买菜，做全家人的饭，我们还能和公公婆婆一起吃。后来，老伴儿一直不工作，不上班，家里没有收入啊。我婆婆就不管我们了，说自己吃自己的吧。打那以后，我们就单吃了。

那时候已经有孩子了，我就经常带着孩子，回我娘家吃饭去。那会儿街上还有“铛铛车”呢，车头里有一个人脚底下老踩着，街上有轨道，发出“当当当当”的声音。我们就坐那个回家，早上起来，一大早我就带着孩子回娘家吃饭去，老伴儿也跟着一起去。

你别瞅我老伴儿没文化、不认字，看看是什么动物、有什么病、怎么能治好，他都行。养鸟的老人里，一提起他，大家都知道。他没念过书，大字不识，可是有技术。动物园的动物要出口或者运输，需要装车，谁都没有办法把动物赶进车里去，我老伴儿一来，总能想出办法，把这些动物弄进车里，挺有意思的。

有一次，我妹妹生孩子，我去看她。见着我妹妹的一个小姑子，她知道我老伴儿没有工作，就说：“大姐，怎么不让大姐夫找个动物园上班的工作呀？动物园正招人呢。”我说：“哟，没听说啊。”她劝我：“快回去，让大姐夫去试试吧，准行。”我就回家告诉老伴儿说：“你一天到晚净瞎跑，你呀，上动物园考试去吧。”然后，他就去了。到了动物园，人家说：“哟，我们考试昨天已经结束了。”我老伴儿就站在那不走，站着瞅笼子里的几只大雕。人家问他：“你看看这是什么？”老伴儿就说出来这 3 只雕都叫什么品种，都是哪儿出的，其中一只还有病。动物园的人就问他：“你怎么看出来的呀？”他说：“你们找兽医看看这只雕吧，给吃点药，就能好了。”老伴平时喜欢动物，也好养鸟。别看他没有文化，自己的名字都写不了，这方面挺懂的，有点能耐。动物园的人就告诉老伴儿，说让他回去听通知吧，到时候会给去信的。那时候没有这么多电话，都是靠写信的。结果第二天就来信了，让他再去动物园一次。到了动物园，人家就考他问题，他就回答。说完了，动物园的人说：“那你就来三贝子花园上班得了。”那会儿叫三贝子花园，还不叫动物园呢。他们说：“你回去归置归置，有什么事情，尽快安排安排，明儿个你就上班来吧。”就这么着，他就去了动物园上班了，是正式职工，一直到退休。

老头那时候每月挣 30 块钱，养活一家子人，生活很困难。那时候可难了，每月 30 多块钱根本不够，经常借钱。每月的几十块钱，再给婆婆 2 块钱生活费，还了上月里借别人的钱，剩下没几个钱了。到了月底，又没钱买吃的了，就再向街坊去借，那时候街坊关系好，大家都帮忙、照顾。去谁家借去，只要人家够吃，都会借给你。虽然穷，人和人的关系特别好。

北京三贝子花园老照片 （拍摄年代不详）

现在老七接了他爸爸的班，也在北京动物园工作，算是子承父业吧。

老伴儿有一次上朋友家吃饭，在三里河那边。结果就出事了，在朋友家里昏迷了，被人家给送医院了。在医院抢救后，成半身不遂了。出院的时候，用车拉来的，走不了路，动活不了了，几个人拎着褥子的 4 个角把他从车上抬进屋子里，放到床上，就这么回家来了。从此以后再也没走过路，在床上躺了 7 年，一直到 1994 年去世。

半身不遂这个病可受罪啊，病人不会动！就在我现在住的这个屋子里，我照顾了他 7 年。他整天躺在床上，吃喝拉撒都要人伺候。他也不老实，一会儿说“我想起来”，我就得把他抱起来，放沙发上坐着。坐不了一会儿，他累了，又喊“我要躺着”，我再给他抱回床上去。

开始的时候，我一个人管，抱他，伺候他。后来我岁数也大了，抱不动了，一抱他我也摔。没办法，我家儿媳妇就过来帮我照顾。后来，就是我儿媳妇抱老伴儿了。我老伴儿搂着儿媳妇的脖子，儿媳妇拉着他裤腰，往上这么一悠，就给抱起来了。

我以前特别讲究，爱干净，屋子里收拾得很干净。有几次我们打电话，把二院的医生叫到家里，给老伴儿看病。医生一进屋，就问我："病人在哪儿呢?"我指着床上的老伴儿，说："这不是嘛！躺这儿呢。"医生说："哎呦，屋子里这么干净啊，哪儿像家里有病人的啊，我还以为是谁睡觉呢!"

1957年，通过人介绍，我也来动物园上班了，老头那时候已经在动物园了。老头算是正式工，我就是个临时工。我们虽然都在动物园，但是地方很大，各干各的，见不着面。他养他的动物，我在食堂卖水、卖小吃，扫段儿(扫街)，安排什么工作就做什么工作。

我卖过水。动物园有商店，游人来逛动物园，我们就卖水给来动物园的游客。大瓷白茶碗，一摞儿有20多个，放在我一只胳膊上，两手拿着茶壶。谁要了茶水，我就给谁把壶和碗送过去。人多，不可能一个碗一个碗地送吧，我一次能拿20多个碗，手里还提2壶水。

我还做过山楂糕。把山里红（山楂）洗干净了，放锅里煮。等煮熟了，捞出来，擦干了，放在箩里面，用手把山里红碾碎了，山里红的籽儿啊、皮儿啊、把儿啊的，都给留在箩上了，透过箩的小眼儿，漏下去的都是细的山里红汤了。放些糖进去，搅匀了。拿木头板子钉起来个木头盒子，上面铺上布，把山里红汤倒进去，等凉凉了就冻上了，成了山楂糕。在动物园里，就这么切着卖给游客。

最累的是扫段儿。我是临时工嘛，人家让你干吗你就得去干吗，安排你去哪儿，你就去哪儿。在动物园扫段儿，就是把园子分成一段一段的，分派给大家，每人就负责那么一段。那会儿干扫段儿的活儿，我就回不来家了，住在集体宿舍里。扫段儿都是夜里干活，早晨3点多就起来扫了，扫到6点多，动物园快开门的时候，就不能再扫了。游客进来之前，必须扫完。白天，我背着个桶，拿着个笤帚和夹子，捡地上的垃圾、烟头、废纸，放进背后的桶里，就是捡垃圾。

扫段儿的时候，我还带着我们家老六，老六打小是小儿麻痹，在家没人照顾，我就把她带到动物园，和我一起住在动物园的宿舍。扫段儿的人都是妇女，也有带孩子来的。我人缘好，我扫段儿的时候，把孩子给别人，帮我看着。半夜起来，3点多钟出门了，去扫段儿。到早晨7点多钟，有休息的时间，我就赶回宿舍，给孩子送点早点，我自己也吃点东西。休息时间到了，我把孩子锁在屋子里，出去接着干活儿，到晚上5点才下班。中午11点到12点有吃中午饭的时间，我再回去宿舍，看眼孩子。

我在动物园工作了两三年的时间，其实都快转成正式职工了，因为家里孩子越来越多，照顾不过来，就辞掉工作回家了。

孩子们在家里头太淘气了，把枕头、被子都拆了，枕头里的荞麦皮被撒得到处都是，桌子上、地上、炕上，经常把屋子弄得乱七八糟的。婆婆虽然在家里，但是也不管事，孩子的事情她不插手。

5. 到街道工作

1960年，把动物园的工作辞了以后，我回到了胡同里，在街道找份工作，做了红卫医。离家近，可以照顾孩子们，也能挣钱贴补家用。

街道总共挑了我们8个人，做街道卫生站的“红卫医”。送我们去护国寺的中医医院学习，学按摩、打针。还送我们8个人去西单大街的医院学扎针灸。学习回来后，我们在街道卫生站工作，白天给人扎针灸、打针、按摩。

街道有个卫生站，居委会给专门腾了个屋子，有8张床，来了人可以躺着打针、按摩。打针、针灸、按摩，这些我都会，我也能给人抓中药。我们8个人，2个人值一天班，轮着看病。我每个星期差不多去2天。

街道还专门请来个老中医，主要是他给人家瞧病、开药。我们这8个红卫医，其实都属于“赤脚医生”吧，别看学习过，但还是不行。老中医手把手教我们怎么给人瞧病、治病、扎针，我们跟着他学，学会了之后，就在街道，轮着班给人扎针、按摩，也就是做些简单的事情。

这个老大夫瞧得好，挺有名气的，好多人来我们这瞧病抓药呢。我也能抓中药、扎针灸、打针，都是在那个时候学会的。那时候，我还会做山楂丸。我们这胡同里的好多老人，我都给他们扎过针灸呢。

在街道工作，虽然挣的钱没有动物园的多，但是离家近，能照顾孩子们。后来，我又有了老七和老八。

一个星期除了做2天的红卫医，我还在街道找点其他的活儿干，多挣些钱。做过好多呢，给厂子做药、给美术厂加工鸭蛋壳、刷烟囱，都挺累的，不容易。

那时候有个“五七”工厂，收中草药。街道就组织妇女加工中草药，簸药、筛药、制药，加工好了，我们蹬着车把药送去工厂。把山楂、蜜掺在一起，搓成团。每礼拜去工厂三四天，每月到街道居委会开支（领工资），有十几、二十来块钱，后来多的时候能有30块钱呢。我们干活儿的大多都是家庭妇女，一般干2个钟头的活儿就让休息10分钟、一刻钟，干加工中草药的活挺累的。这些妇女都是在胡同里住着的，一到休息的时候，好多人就往家里跑，回家看看孩子。

厂子就挨着我们家后院。从后院屋子的窗户，能听见工厂里的人干活儿。我早晨出门的时候，都给孩子们安排好了活儿，安排谁做饭、谁买菜、谁扫炉子、谁收拾屋子，让大的管着小的。我中间休息的时候，跑回来检查，发现谁做得不好，就打他们。孩子们透过后院屋子的窗户，听得见工厂里的声音，只要听见有人喊“休息喽”，孩子们就赶紧开始干活儿，怕我回来打他们。

我也给美术馆做过活儿。街道安排我加工鸭蛋壳，有人负责洗鸭蛋，有人负责把鸭蛋抽空了。我就是抽鸭蛋的。拿个针头，扎个眼儿，伸进鸭蛋里面，把鸭蛋清和鸭蛋黄都抽出来。然后，旁边有人往上面画画。其实就是在鸭蛋壳上画画，小手工艺品。

我现在每个月从街道领的退休金，就是美术厂给的钱。从最早的几十，涨到几百，去年一直是 900 块钱，最近刚刚涨了，有 1000 多块钱了。

街道也派我们去刷烟囱，就是老百姓家里生火、做饭用的烟囱。开始的时候，我们用刷子刷漆。拿个大洗脸盆，使汽油、松香、甘油，按照比例，兑在一起，多少汽油配多少松香，配多少甘油，这些我都会。把这个盆子坐在更大的热水盆里，汽油、松香、甘油这些个东西就化了，掺在一起了，搅和匀了。拿刷子蘸上漆，往烟囱身子上刷。先刷烟囱的两头，再刷身子。刷完了，放在一边晾着，等它风干。

再后来，嫌拿刷子一个一个地刷漆太慢了，干脆把兑好的漆倒进一个大的槽子里，拿着烟囱，在漆里面滚一圈，烟囱上就全都蘸上漆了。这办法就快多了。

干这个就是为了多挣钱，但其实刷个烟囱也没几个钱。1 根烟囱给 7 厘钱，100 根才有 7 毛钱。也没有那么多烟囱给你刷，刷完了一批就没有了。

1980 年以后，我还管街道的计划生育工作。你说逗不逗，我自己家里有这么些孩子，还管别人家的计划生育，说起来挺好笑的。管计划生育的工作，一般是在晚上。白天人家都出门上班了，家里没人。等到了晚上，吃完饭了，我就出去，到胡同里挨家挨户地串一串、走一走，去家里和人家聊一聊，劝人家不能再生孩子了，去做绝育手术吧。多生孩子，一方面国家要罚款；另一方面自己也吃亏。每次记下来都去了谁家，第二天向居委会主任报告。

三、往事如歌 别样感悟

1. 忘不了的老街坊

在西单胡同的老院子里，有一姓白的老太太，有两个女儿。她和我们家是街坊，这老太太是做生意的，往张家口那边跑。张家口那时候缺烟花、火柴，什么水桶、容器都缺，老太太就从北京运到那边卖。张家口的鸡蛋比北京的便宜，老太太在张家口买了鸡蛋，拿回来北京卖。她老头，当年被日本抓去给弄死了，剩下她和2个女孩儿。这再早呢，我就不知道了，就听说老头给抓走了，搬过来的时候，就是这老太太一个人，带着俩孩子。

住在胡同里，街坊四邻的，平时相互都照顾着，关系挺好的，帮了我不少的忙。街坊邻居都知道我们家里困难，孩子又那么多，有什么新的破的衣服，都给我送来。破的衣服我也要，就是得补一补、改一改。我白天在街道上班，哪有时间做针线活儿啊，邻居白老太太就帮我。我婆婆不让老太太帮我，她就偷偷帮。晚上等婆婆睡了，我悄悄地把衣服给老太太送过去，放在她屋窗台上，敲两下她房门，就赶紧走了，她开开门把衣服拿进屋。第二天早起，她把改好的衣服放到我屋外的窗台上，再敲两下我屋的玻璃，我就悄悄地开了门把衣服拿进来。她帮了我好多忙，要不然，我一个人做8个孩子的衣服，怎么可能做得过来啊。

街坊邻居给我衣裳，我就给人家布票。谁家给我的衣裳多，我就多给她点儿布票。我们家里穷，有布票也没钱买新布，不如和别人换点儿旧衣服。

许秀荣（前排左二）与亲属合影 （2011年）

胡同里还有个街坊，她和我一起在街道做工，我们在厂子里干活儿，她在街上挨家挨户地收东西。她男的（丈夫）是个裁缝，做衣裳的。她挨门串的时候，看见谁家有衣裳破了、准备扔的，她就给我捡着，给我留着，还告诉人家说："别扔，都给许秀荣拿去。"她洗干净了，让她男人给补补，弄好了拿给我。我啊，人缘挺好的，大家都愿意帮着我，街坊一说起来，都说"给秀荣留着""她家孩子多"。衣服再破，甭管哪儿开了、斜了什么的，这个裁缝都能帮我补了，我就省得弄啊。我这么些孩子，谁能穿谁就穿。这些邻居、街坊，都对我特别好。

2. 回民的葬礼

我们老头死的时候，丧事儿办得可热闹了。街坊都说："要盖宣武门啦！""宣武门就没办过这么大的白事！"我们是回民，杀了好些的牛啊、羊啊，亲戚、朋友、街坊，人多，来了好多的人。

回民比较讲究这些忌日。从坟地回来的当天晚上，第一个“7日”“40日”“百日”，周年，这些日子都要办得特别热闹。周年办完后，第二年就不再办了，等到第三年再大办。都是有讲究的。有钱的就办得大，钱少就办小点，但是都是要办的。

老伴儿死了后，停尸就停在我家的厅里，头朝北，脚朝南，盖着一块干净的白布单子。那时候这几间屋子是通着的。来的人从东屋门进来，看看老伴儿，他就躺在屋里的床上，然后从西屋出去。

回民讲的是土葬，入土为安嘛，忌讳火葬。死在哪儿就埋在哪儿，三天内就得埋了。我们准备了好多的饭菜，还专门请了阿訇念经。

3. 回民的斋日

在胡同里住着回民和汉民，大家都是好朋友，但平时各在各的家，不怎么串门，我们没有这习惯。当然，回民和回民的关系更近。我家里缺什么了，上回民街坊家去找、去借，不能上汉民那找去，汉民吃猪肉啊，回民不吃猪肉。

以前，回民的传统节日我们都过。斋月里把斋，封斋后，白天的时候呢，不吃饭，不喝水，连吐沫都不能咽。到下午吧，等太阳落了山，5点多钟，就可以吃饭了。那会儿啊，有专门的人打梆子，他一打梆子，“砰砰砰”地一响，你就知道到点了，那是在告诉你，可以开斋了。开斋了，就能吃饭、能喝水了。有的时候是夜里开斋，把一宿斋啊，到了夜里4点多钟起来，做饭吃饭，就吃一回，然后就睡觉了。第二天一天都不能再吃一点儿东西，等到晚上5点多钟再吃。

以前的时候，一个胡同里，都是回民。我家里炒点儿这菜，你家里炒点儿那菜，互相给送去。你尝尝我这个，我也尝尝你这个。夜里开斋的时候，就跟白天似的，大家做饭、串门、吃饭，谁家的院儿里都亮着呢，就跟白天一样。

后来我就不把斋了。我不跟他们一样，我要上班干活儿，做不了。又有孩子，要喂奶。不像那些老人，他们白天没事，可以睡觉。我是上班的人哪，把不了斋，白天那么累，都是力气活儿，晚上不睡觉、白天不喝点儿水，受不了。

4. 京城养鸟人

好多老人好养鸟。有钱人、穷人都有好养的，有的拉车的还有养鸟的呢，当然养鸟的人里还是有钱人多。养鸟的讲究可大了，有为了毛好看的，有为了听声儿的，有为了要把式的。现在不也有好多市场，卖鸟什么的，过去也多，喜欢的人多啊。

我老伴儿喜欢动物，虽然不识字，但是在动物方面特别有本事。要不然在动物园干了这么多年，一直干到退休呢！好多养鸟的人，家里的鸟有了什么毛病，都爱找我老伴儿瞧瞧。我老伴儿也爱给人家看，一看，嗨，还挺准的。现在你在养鸟的老人里面提侯家，好多年纪大点的人都还知道。

有的鸟可聪明了，会学话。养这种鸟，要是脏了口，就不值钱了。“脏口”啊，就是不能让鸟学骂人、说脏话。挺逗的，所以平时说话都得多加小心。

访谈员后记

访问许秀荣女士，是为了完成中国女性图书馆的妇女口述历史项目。我选择的访谈对象都是生长在老北京胡同里的女性。之所以选择这一课题，主要是出于自己对这座城市以及胡同生活的特殊情结，更是出于对胡同文化没落的时代危机感。希望通过对老北京四合院里花甲老妇人的探访，记录下她们珍贵的记忆和财富。

小胡同，大历史。纵横交错的胡同是古老北京的名片，它们记录了时代的变迁，浓缩了历史的精髓，是老北京人文化和生活方式的缩影。但随着现代文明的飞速发展，这些承载着丰厚历史文化的胡同数目不断减少，很多胡同已经湮没在记忆的深处了。

事易时移，旧貌换新颜，众多往事皆化为往日云烟。翻阅现有为数不多的研究老北京胡同文化的书籍，不难发现，这些文字仅仅围绕胡同中的名人故居，而世代生活在四合院里的普通老北京市民的珍贵记忆被岁月湮没，其中女性的声音更是一片空白。

经过数十年的人事变迁、拆迁改建，如今的北京胡同四合院多已残破不堪，今天的年轻人更愿意居住在楼房、小区里，胡同里的故事亟待整理收集，世代居住在胡同里的花甲女性的生命历程，更是亟待拯救。

寻找一直生活在老北京胡同里的百岁妇女，远比想象中的困难。现保留下来的老北京胡同越来越少，胡同出生、长大、在世的八九十岁的老人中，很多都被子女接到楼房里居住了。

在受水河社区居委会的帮助下，我顺利采访到了许秀荣女士，共完成了4次访谈，录音时长共计3.5个小时。

许秀荣女士是土生土长的老北京人，出生在北京的农村，读了2年私塾后，被迫辍学回家，帮助母亲持家、照顾孩子。为了躲避当年的日本人，7岁时全家搬进新街口大街胡同里的一个老院子生活，院子被传闹鬼，发生了许多趣事。一直住到23岁，许女士嫁到住在西单胡同里的侯家，和丈夫及公婆一起生活。后虽辗转搬过3次家，但都没有离开过胡同的四合院，至今仍然居住在西单宣武门内大街的胡同里。子女都希望能把许女士接到楼房居住，但许女士只是在冬季最冷的时候到子女家短住几周，天气稍转暖了，还是要搬回来住。

许秀荣女士是回民，父亲家是做羊行生意的，丈夫家也是回民。所以，一直保留着非常传统的回民习俗。许女士生有8个子女，除最小的八女儿在医院出生外，其余子女都出生在四合院里，由婆婆和邻居帮忙接生。8个子女都由许秀荣女士抚养长大。结婚后的10年里，丈夫一直没有固定工作，即便是后来在动物园工作，收入也难以维系家用。

为了养家糊口，许秀荣女士一生做了很多份工作。1957—1958年，在动物园做临时工，打扫过园子，做过商店卖水的服务员、制作过山楂糕、卖过商品。眼看马上就能转成正式员工，由于离家太远，家中其他孩子实在无人看管，不得不辞职回到街道工作。1960年，通过选拔，许女士成为街道的红卫医，在街道医务室做针灸、抓药、看病的工作。同时，许女士也做过街道组织的加工中草药、手工艺品、刷洗烟囱等零散工作，用来贴补家用。

除了回忆在胡同生活的点点滴滴，资料还呈现了一位老北京女性在胡同四合院里成长、结婚、持家的心路历程。许女士是一位没有受过太多教育的普通女性，说不出女性主义、父权文化这样的概念，但是她的语言和行动，却展现出一位女性的自立、智慧和坚持。她声音响亮，目光坚定，在访谈过程中，一直笑忆人生，思路清晰，开朗健谈。在历时两个月的访谈中，许女士毫不保留地向我展现了她的人格特质。

本书从开始访问到完稿，用时半年。中国女性图书馆妇女口述历史项目组负责人李洪涛老师、陈佳男女士一直给予持续不断的支持和指导。同时，受水河社区居委会马迪迪女士也对于访谈的实现和完成提供了帮助。许秀荣女士不识字，其子女将初稿及终稿读给许女士，在他们的协助下，文章的校对和修改工作得以顺利完成。在此，一并致上最诚挚的谢意。

八十四年经纬梦
——郝佩兰访谈录

- 访谈时间：2011 年 9 月 6 日 15:00—16:30
  2011 年 9 月 9 日 14:00—15:00
  2011 年 9 月 23 日 15:00—16:00
  2011 年 9 月 25 日 15:00—15:40
- 访谈地点：海淀区某社区老人活动室、受访者家中
- 受 访 者：郝佩兰
- 访 谈 者：刘亚娟（复旦大学历史学系博士研究生）
- 整 理 者：刘亚娟（复旦大学历史学系博士研究生）

编者按

从受访者80多年的生命历程中，我们看到了她丰富的阅历。受访者有着较好的记忆能力，她的家世背景、童年生活、事业追求、晚年生活等都跃然眼前。而且很多都是非常宝贵的历史资料，诸如北京的民俗节日；新中国的女性是如何走出家庭走向社会的；新中国成立后特种手艺的创办经过；居委会工作的开办经过……正如访谈员在后记中所言，“受访者的生命史或许就是大多数同一时期女性的写照，没有跌宕起伏的剧情，而是平淡却不平庸的真实”。

一、家世背景 童年记忆

1. 家世背景

我叫郝佩兰，出生在现在海淀附近的倒座庙，后来大了点儿，家里就搬到了大井胡同。家里还有2个哥哥、1个姐姐，我是最小的。我母亲生我的时候41岁，父亲比母亲大20岁。我小的时候听说父亲家里原本挺有钱的，是大门大户，但是因为他赌博后来把家败了，这才从定县来到北京，和我们家的一个亲戚一起卖馒头。后来生意做得不错，有了几个小钱儿，也置了一个院子，所以我出生的时候就住的是不小的房子，家里还算不错。

家里虽然是做生意的，但是都挺注意我们的教育，我两个哥哥都上过私塾。大哥结婚以后，有了孩子，就得奔生活了。我二哥也要奔生活，就跟着父亲卖馒头，他白天出去摆摊，晚上回来以后吃完饭就坐在床上，在饭桌上写那个墨笔字，写得好着呢。后来我也跟着他学上了，他写得有点儿剩纸什么的，我也跟着写，后来人家说，我写得也挺好。我还记得小的时候，我那老母亲把那旧棉花给择了，把疙瘩什么的都给弄了，完了就放到那个棉鞋里头。做棉鞋放棉花不能放新棉花，就放那个旧棉花，她点一个煤油灯，就干那个活儿。我那俩哥哥就借着这煤油灯说书，很厚的小说，什么《隋唐演义》，什么《黄巢造反》，又说又唱。母亲瞧书，我也坐在那儿听，就这些书什么的，我也知道不少。

我七八岁时，就被送到附近的公立小学去念书，作为一个女孩子，也很难得。你看咱们海淀这儿，开放早，尤其又挨着北京大学。记得我小时候，老母亲拉着我去一个莘庄大胡同，胡同里不知道是谁家的房子，有那么几间空着，有椅子、凳子，也有人在那儿讲些东西，那会儿好像有点儿“地下”的意思。老太太就拉着我一起听，耳濡目染，也受到不小的影响。所以我的母亲，尽管没念过书，但她知道我该上学了，就给我缝个书包，让我去上学。那个公立学校特别近，出了门口就是，就这么的上学了。

我上小学的时候，那个公立小学挺不错的，收了不少学生，那时候上个公立小学也不是一件简单的事儿。我记得学校里还有一些好玩的东西，例如“盘梯”，跟个梯子似的，横着架起来，这边这个人一压，那边就上去了，还有滑梯。我们一大家除了我是女孩之外，家里还有一个大姐。大姐没有读书，自来到北京之后就做点儿针线活儿什么的，她 18 岁就结婚了。我觉得我们家的确是比较开明的，相比较而言，我姐姐家（姐夫家）还是地主呢，可是几个外甥女都没有我这么好运气，打小就没读过书。

新中国成立后，我也看了不少老书，《红楼梦》我都看了，那会儿还看《林海雪原》。这点儿读书的经历和知识对于我来说受益不浅，在我日后的工作中发挥了很大的作用，直到现在，我能够分析这社会上的现象、人和事，也都得益于此。上了 3 年学之后，日本人来了，也就停了，因为母亲身体不好。我后来读书就断断续续的，在那个半日制的学校又上了 2 年。

我们家在我小的时候生活还算可以的，但穿不上什么好的。我就记得那时候身上会长虱子，一冬天都穿着棉袄，等到天暖和了，有单裤穿单裤，一个裤衩裤裆后面顺一溜都是虱子，长了一年的虱子。尤其是日本人来了之后，老百姓就比较苦。虽然比较苦，但我那时候也没挨过饿。吃个豆饼，吃白薯干儿粥，还能过得去。母亲身体不好，52 岁就去世了，后来我就跟着父亲和哥哥一块儿生活。我的家族算是个挺大的家族。我大哥有仨儿子，二哥有 4 个儿子，姐姐有 3 个姑娘。

2. 童年记忆中的庙会场景

我记忆中，过年过节的时候大家都喜欢去赶庙会，也挺有意思的。老北京的庙会，我去过的、听说过的还真是不少。首先是这个妙峰山，就是咱们西边挺高的一个山，上头有个娘娘庙，每年的四月，具体说是阴历的四月初一到四月十五就有庙会。妙峰山的娘娘“照远不照近”，这是老百姓留下的一句话。为什么说她照远不照近呢？远的地方呢，听说这妙峰山灵着呢，没儿子的没孩子的去那儿套娃娃去。我那会儿小，我大哥那会儿就 20 来岁，他年年都去，那时候父母还在，大哥就去给父母讨个福寿。一般是头天晚上就走了，到那儿以后呢，就一宿在外头，吃点儿干粮，第二天早上就上去烧香。这烧香的人特别逗，有诚心许愿的，比如给父母许愿的，给其他亲人许愿的，希望亲人早点儿康复的，就从那老远的地方开始，一步一个头地磕，也有五步磕一个头，一直磕到上边去。庙会是从初一开始，好像从城里头过来的表演的人，赶着大车，有练棍的、打鼓的，他们叫“打文场”的，“呛呛呛”，在跟前就特别震得慌，还有唱的。他们一边走，有的就随着练练，让大伙看看。这是上妙峰山时的一景，新中国成立以后，就这些年啊，到了四月初一，就是放粥、放馒头，谁去了就白吃。

回来的路上还有卖那个桃木棍的。这桃木棍有什么说辞呢？据说桃木棍是辟邪的。这回来的人，一般都会拿回来一根桃木棍，再跟那儿买一块红黄色的方布，包在脑袋上。脑袋上还插着绒花儿、福字儿什么的，好些样的，反正得带几样回来。当时卖的小玩意还有麦梗编的那个小花篮，各种装东西的小笸箩似的，那种东西。

当时的人都还挺信这娘娘庙的，我记得小时候，我一个嫂子要生孩子，生不下来，我母亲啊，在我家院子里，冲那西北就给妙峰山的娘娘烧香、磕头、许愿。妙峰山是一个北京的老庙，那会儿香火也挺盛的，我童年的时候，记忆很深的。

还有一个庙，就在海淀这儿，原来有一个老虎洞，老虎洞西口有一个地方叫青龙寺，那也是一个庙。那个庙是从腊月十五开始到三十，三十还有那么一天，就完了。那时候那庙，它不像妙峰山，里头有卖茶汤的，拉洋片的。什么是拉洋片的呢？就是摆几个小凳，你坐在那儿，往那小镜子里一看，有化妆的、唱戏的，就跟那种小电影似的，当时就觉得挺新鲜的，年年上那儿看。还有一个席棚，专卖画，有穿旗袍的大美人，都给印下来了，也有印的老寿星。还有卖四扇屏儿的，好比那个黄巢造反，一个方格讲一段故事，一段一段的，到最后那一段，黄巢就被杀了，故事也就完了。我还记得上面写的是“黄巢造反，血流三千里……”。

再有一个就是大钟寺。大钟寺是从正月初一到十五这 15 天有庙会。那时候也没什么事儿，有老太太带着，仨一群、俩一伍的就去了，也不太远。平常就走着去，不愿意走的，就坐小轮车。大钟寺里头有个大钟，寺里的楼是圆形的，从底下上去，一级一级的。那时候也没有电灯，黑咕隆咚的，然后转几个弯摸着上去。到了上面，就会看到一个泉眼，我们都是用那个大铜子儿，对准泉眼往里面扔。就这么一天啊，那大钟底下的铜子儿能铺一层。还有套竹圈儿的，做买卖的摆上好些个泥做的小猫小狗，套着的就可以拿回家了。也有那轱辘球的，就是在最上头搁一个球，“叽里咕噜”，球轱辘到哪儿，那儿有什么，你就可以拿回家。

我记忆最深的还是那儿卖的大糖葫芦。拿柳条穿着大山里红，然后蘸上饴糖，得有 1 米多长。我们小孩从庙会回来的时候就扛着一串糖葫芦，可高兴了。也有把那山里红穿起来，套在脖子上的，一下到这儿（胸前）。我还记得有“噗噗噔儿”，就是跟那瓶子似的，特别薄，不是现在那种塑料的，而是玻璃的，一吹“噗噔噗噔”，吹着吹着，“噗噔”就碎了。

3. 记忆中的节庆风俗

咱们中国有五月节、八月节（八月十五），还有就是一个春节，这个春节是个大节日。那会儿按我家来说呢，还算是能吃得上饭，条件还可以。五月节我们家包粽子，我们小女孩把那纸壳叠成现在那粽子的棱，再拿那个花线给它缠上，有时候戴在脑袋上。五月节是要一家团圆的，炒几个菜就算过节了。到了八月节呢，应该是一个丰收节，就过得比较隆重了。一般我们家会买点肉，我哥哥他们做买卖，就给我买回来什么葡萄啊、梨啊、苹果啊。到晚上的时候，把这些果子搁在院子里，就开始“拜月”。拜完月以后呢，大家就围着个盆儿什么的，有橘子、饺子什么的，孩子就凑来给大家分了。八月节也可以说是咱们中国同庆的一个日子吧，能够吃得上的过过这节，真正穷的就不好说了。我记得小时候就亲眼见过，到了冬天，有的人在马路边上走着走着就倒在那儿了，就死了。夏天呢，我也亲眼看到的，老太太走着走着倒那儿了，3 天后还在那儿呢，眼上生蛆，后来才被人收敛起来了，真是穷啊。我们家呢，就算一个下等偏上点儿的，反正吃得上饭，就过这么一个八月节。

大节呢，就是春节。小孩都说呢，“送信的腊八粥，要命的关东糖”什么的。腊月二十三呢，要祭灶。就是要粘着老灶爷的嘴、牙，你别张嘴，“上天言好事，下界保平安”。我们家有个灶王槛，一张纸，上面画着坐着的老两口，美着呢，也挺有意思的。二十三就把它给烧了，让它上天去了，让它聚会去。好话你多说，坏话你少说。年关越来越近，穷人就越来越吃不上饭，因为逼债的也要来了。一般的穷人虽不好过，但也特别讲究一年一度的春节，不管有肉没肉的，年三十晚上都得包 顿饺了吃。我们家还可以，婆婆家包饺子没有白面，就吃白棒子面，等一下锅的时候，全都化了，成了粥了。反正也得吃点儿好的，买个猪头。“二十八把面发，二十九蒸馒头，三十儿晚上熬一宿”，这小孩小的时候点着灯笼，也都是老人灌输的吧，这一宿比较黑，没有月亮。诸神下界，天上的神仙都下界了，没有鬼，那会儿是迷信，哪儿都敢去。穷人家的孩子，买一个大的纸做的财神爷，家家送，送“财神爷”了，“送财神爷来了”，谁都得要，得给一个钱儿，谁也不说“我不要，不要这财神爷”，一直送到“接神”的时候。什么时候接神呢？就是三十儿夜里。

有些人家还很讲究，要踩那个芝麻秆，“嘎嘣嘎嘣”，让它响，这叫“踩岁”，也是为了辟邪。我那个老母亲，讲究“五碗供”，就是现在的大月饼，总共5个，一个比一个小，从边缘四分之一处画一个圆圈，有个颜色。弄5个碗，里面搁上米，上头盖上红棉纸，把这月饼搁在上头，从上到下，越来越大个，最上头还有一个面做的桃，桃尖儿还插着一个供花。这供要花不少钱呢，那时候有一个点心作坊，一个月上我们那儿打一回钱。一个月给他5块钱，这5碗供要花50块钱，到了过年的时候，就有这供了。我那大姐她们家有个佛堂，那蜜供得有1米高，上头抹上蜜，冬天不是冷吗，搁在佛堂里头，它也化不了，就上那个供。有上蜜供的，有上月饼的，这年也是过得红红火火的。我们小孩不许胡说八道，只能拣好听的说，也不能摔盘子摔碗。

大年初一穿上干净的衣裳，张大妈、李大婶儿的都出来了，那时候都讲究请个大蹲儿安：“您过年好!”见面就问：“您过年好。”男的都是给上一辈儿拜年，什么叔叔婶儿大爷，进门就磕头。那老太太就在那儿坐着：“一顺百顺，顺顺当当，多挣元宝。”坐在那儿老说这吉祥话。

初一是正日子，初二是祭财神，婆婆家比较穷，我那老公公，别的神都不祭，就祭这财神，就给财神磕仨头。娘家一到过春节的时候就宰鸡，买一些下水，就是肠子、肚啊，泡海带，弄一大锅。等到大年初一，也不做饭了。对卖馒头的来说，那是一个好的季节。穷人自己蒸不了，没那么些面，就买馒头，有钱的也有买馒头的。买了馒头搁在筐里冻上。初一吃饺子，我们那老太太是初二吃素饺子，初三吃点儿别的，到了初五就“破五”了，还是饺子，煮俩破饺了就算破了，这大节就算过去了。等到十五的时候，就又是一个小节。要放炮，甭管多穷，把咱们的穷运崩崩，把咱们的晦气也崩崩。十五也是吃饺子的日子，要是家里有点儿地的，就该干活儿了，一年到头也没个像现在一样的双休日。

二、青春年华 追逐梦想

1. 我的婚姻经历

我二嫂头一年生了一个男孩，那会儿我 12 岁。第二年，她又生了一个孩子，那时候有点儿讲迷信。有一天，我们家那墙外头有点儿亮光，那也许有长虫（蛇），也许有刺猬，但我那二嫂子觉得挺新鲜的，就扒着墙，冲着那儿瞅瞅。她当时生孩子还没过满月呢，就着凉了，不到 3 天她就死了。她死了以后呢，就扔下我这个侄子，谁看着呢，就让我看着了。你说我当姑姑的，也是挺疼侄儿的。他就觉得我是最近的一个人，我二哥也就靠着我了。我还有一大哥，大哥屋里头还有俩孩子，我也顾不了他们，我就照顾这个侄儿吧。过了几年，等我到了 16 岁，外面有一个老太太，说遇到一个主，挺好的，跟我一边儿大的男孩子。她没跟我说，是跟我哥哥他们说的，人家那头上这儿来瞧瞧我，也挺满意的，于是就下了定礼。我记得是一个首饰盒，里面有戒指，还有镯子。那时候是 7 月份，下了定礼以后，我二哥坚决不愿意，他想让我晚一点儿结婚，多给他看几年孩子。后来他也拗不过我父亲，因为我父亲那会儿已经 70 多岁了，觉得我也到了岁数了，就订下了。

整整一年以后，有一天早上天还黑乎乎的，就听到有人叫门，我大哥就出去开门，人家就把未婚夫病逝的事跟他说了。是他父亲来说的，他父亲还想让我到那儿去看看。我大哥就把定礼还给了他父亲，说："你把东西带回去，也没结婚，咱这事儿就算是到这儿吧。"我觉得我大哥这样做也是对的，后来就算是过去了。我自个儿呢，心里也有点儿不舒服，但是几天也就过去了。过去之后呢，我现在这老伴儿，你说巧了，我这儿的未婚夫死了，他那儿也死了一个。他第一次婚姻是父母包办的，他不同意，就跑了，是他那二妹替他跟人家拜的天地。过了 3 天，他又回来了。我那婆婆，就千方百计地让他那儿子跟儿媳妇同床。可他就不干，这老太太把这屋门一锁，你甭想走了。第二天早上，老太太揭着窗户这么一看啊，好啊，他儿子在那大笸箩里头团着睡觉呢，那媳妇儿在床上睡呢。你瞧，千方百计地想往一块儿攒，怎么也攒不到一块儿。那女的也痛快不了，心里不舒坦啊，过一年就死了。这女的死了以后呢，我们两家其实离得不远，我住的是大井胡同，他住的是三角地那儿，彼此都知道，谁家死了一媳妇，他这媳妇结婚的时候就没跟他同床，但是当时也没理会。

后来我未婚夫死了以后，没人给介绍，也没人给问问什么的。有那么一个半个的，可是一说这事儿，人家就不同意了。人家说我是克星，把未婚夫克死了，就说我这人命不好，人家不要我。又过了一年多，我都 18 岁了，我那街坊一想，这两家倒合适，那儿死了一个，这儿死了一个，给说说吧，看同不同意。一说呢，他那儿也挺同意的。我记得我们家那时候做买卖，我那婆婆还上我们家来买过东西，我给她拿的，她就趁机看看我。他们家也没什么意见，我们家还能有什么意见呢，我父亲那会儿都 78 岁了，我父亲就愿意，早点儿出去得了，看着我结了婚他就踏实了。这样呢，就算行了。然后就是算日子，看几月结婚合适，正七月、六腊月。就是正月也行，七月也行，六月也行，腊月也行，最后就挑的七月。其实我跟我这老伴儿，你猜怎么着，我小时候看见过他，他爱跟小朋友一块儿弹球。我瞅着，黑不溜秋的，长得倒是不难看。后来大点儿了，上报社工作了，还行。个不算高，比我稍微猛一点儿。这样呢，我们就结婚了。

结婚当天下大雨，七月正是下雨的时候。我坐轿子，轿子都用红布围上。抬着我绕了一个大街，还正经八百地结的婚。我大哥、二哥压轿，这边大哥，那边二哥。那时候结婚呢，得有点儿嫁妆。我那时运气真不错，正好是日本投降的那一年，什么东西都降价，东西便宜着呢。那时候讲究，盆景、帽镜、茶叶罐，桌子上摆的都是，买了不少。两只箱子，箱子里倒是没什么东西。哪能跟家里要什么，家里也挺不容易的，俩哥哥养活着几个孩子。什么也不要，你爱给什么给什么。那时候嫁妆都得讲究几个窝脖儿，什么叫窝脖儿呢，就是个板子，这板子上摆着所有女方家里陪送的东西，刚才我说的什么盆景、帽镜、棕罐、胆瓶，有不少摆设。4 个窝脖儿搁在上面，人家也会捆，都给拢好了。两人这么一抬，底下这人呢，一低头窝着脖子，送到婆婆家。

还有就是那时候穷人家有的结婚特别早。我那时候有个邻居，那姑娘才 14 岁，她父亲原来是抽白面儿（吸毒）的，她妈是瘸子，她还有一个弟弟。这抽白面儿的就把这姑娘卖给一个蹬三轮儿的了，一个蹬三轮的养 3 个儿女也够难受的了。后来这姑娘 14 岁就嫁出去了，嫁给一个剃头的，这小姑娘哭得很伤心的。也是坐轿子，人家来就给抬走了。像那说相声说的，这姑娘坐在轿子里不能乐，得哭两声，还真是对。那轿子一临门，女方这家里就把门给关上了，要让吹歌，吹一会儿：“行了，天不早了，您把那门开开吧。”这轿子才进去，进去把姑娘抬走了。结婚后有的当天回门，有的第二天回门，当天回门的就是下了轿子，拜了天地，完了一会儿就回门，晚上才回去。穷人家那婆婆家什么都没有，要去借，穿的大褂、衣服、镯子，等一回去就都给扒了，没钱啊，这男方没钱。女方更没钱，这时候说实在的，都没钱。后来日本人来了，吃不饱穿不暖的，苦死了。眼看着就是揭不开锅，就腌点儿咸菜，我们这一到冬天就腌了一大缸芥菜，一冬天就吃这个。有时候买点儿豆腐，雪里蕻炒豆腐，生活方面大致就是这样。当时一般 15 岁到 17 岁结婚，到了 19 岁就觉得大了，一说 20 多岁了，就好像嫁不出去了。

那时候说亲，一般也是找门当户对的。新中国成立后，有好多姑娘上了大学以后找一个工人，也不算少数的。那时候有钱的少，基本上也没人说一定要找有钱的。但是确实有一些妇女因为夫家的出身不好而受苦。我爱人有一个妹妹，她找了一个富农，结了婚以后，受了大罪了。她有俩姑娘，俩男孩，“文化大革命”的时候就挨打，我那小姑子和那男的，一块儿在院子里跪着，把他们打得死去活来的。我那大外甥才十二三岁，蹬着自行车到西单那边饭馆讨泔水喂猪，那么点儿的孩子吃不饱穿不暖的。看见我说：“我妈妈熬了一锅棒子面粥，让我们喝。这棒子面粥好了，我们刚坐在那儿要喝那粥呢，我爸爸回来了，端着这锅棒子面粥就给倒在猪圈里了，喂了猪，结果猪就给烫死了。”他们那会儿挺惨的，俩男孩俩姑娘，我就挺怜悯他们的，有时候我们这儿好赖都是有工作的人，发点儿油什么的，我也挺惦记他们的。他们的粮食也不够吃，用粮票，孩子一个个都饿得不长个儿。但是出身对女的影响也不一定都很大，像我姐姐先是嫁了一个地主，后来他爱人去世了，她运气很好，新中国成立后她提供几个屋子，“地主献金”，也算是有贡献，后来一直到“文化大革命”都安全度过了。倒是我的外甥女，因为嫁了一个国民党军官，后来受了不少苦。

我结了婚之后，我爱人不是原来娶过一个嘛，所以被子、褥子没有新的，都是旧的。旧的就旧的吧，我这人容易知足，要不然怎么老觉得高兴呢。婆婆家有十几亩地，自己有房子。我去了以后，喂猪什么都干。在家我没干过什么，有俩嫂子，人家把活儿都干了。可是到婆家呢，就得老老实实干活儿了。我记得那时候挑水用的两个大铁桶老高老高的，沉着呢，我天天早上挑水，挑完了以后再上班去。我觉得这身板可好了，也是练出来的。这人啊，也应该锻炼锻炼。

我爱人他就在外面，在报馆、印刷厂，反正也去了不少地方。那时候他呢，穿的裤子就像现在似的，西式裤子。裤腿上有一道缝，可是这裤子呢，这两条裤缝呢，就得明针明匝，那会儿哪有机器啊，我就拿手给他一针一针地缝，还做鞋。我婆婆呢，她是个农村人，莘县的，她不是北京人。她要是北京人，要遇见我啊，可能就会觉得我不太懂礼节。好像北京好些个满族人，觉得汉族姑娘不懂礼节，我上她这门里头呢，她没有这种礼节，你只要把这全部家务给应付了就得了。这满族人啊，天天起来得给公公婆婆请大墩儿安，我们家人没有过，从这点来说，挺让人痛快的。

我进了门之后，你猜怎么着？这老太太之前不死过一个儿媳妇吗？哎哟，拿我这儿媳妇儿可当回事儿了，可高兴了，特别满足，就怕我再跟她儿子生气。给我做裤子，花套子、裤子的花边，都是她亲手做的。老太太手工好着呢，她要是绣那个花儿啊，都不带使什么画，用什么样子，她就拿手指甲那么一画，一会儿它就出来了。老太太特别聪明，她就是没有文化，小脚，我也觉得她怪惨的。她自己不觉得什么，她那小脚，她还觉得挺美的。孙中山时候闹革命，她因为在农村，人家来查脚，一个礼拜查一回脚，查脚的时候赶紧就放开了，等人家走了，又全都裹上了。这脚就裹得这么一点儿，你别看她小脚，她特别有能耐。她下地，什么活儿都能干，那时候还挖防空洞，老太太也是心里特别敞快。我觉得也挺不容易的，跟着我一直过了好几十年。后来我一工作呢，她就在家里归置归置，打扫卫生、做做饭什么的。

2. 经纬“挑”出一片天

我二嫂会做挑花儿，后来她就教我做。这是一种特种手工艺，挺有意思的。做法就是在一块布上把经纬线挑起来 3 根，然后成一个“十”字，再拼成不同的图案，就类似于现在的十字绣。我那时候做挑花能挣点儿钱，做得又快又好。新中国成立之后，北京市妇联有一个老干部叫秦其芳，牵头组织了一个挑花厂，等到后来就发展成挑花儿合作社，就让我出去教这个挑花儿。我那时候上城里，就住在市妇联、铁道部，反正都是有组织的。我先去的，后来又去了两个人。我们那个挑花厂那时候也是一个大车间，有 50 多个人，厂址就在娘娘庙附近。当时挑花厂规模很大，发展到附近的东坝、延庆、大兴，后来有 300 多人。手工业合作社有一个总社领导，那个总社领导是第二轻工业管理局的。后来那个挑花儿就不像从前那个老的工艺，挺费劲的，得数布丝儿。人家给印成了点儿，就按照这点儿去做那花，还给样子。我们那个车间就是管印那点儿的，往布上印，印好了以后发下去。

郝佩兰女士的挑花工艺品 （2011 年）

那会儿新中国刚成立，咱们国家很需要外汇，妇女组织起来的一个小厂子也能赚外汇，感觉挺自豪的。能创外汇，就觉得这中央都重视起来了，那时候好像是彭真的爱人张洁清在那儿负责，朱德也上我们那儿参观过，陈毅的爱人张茜也来过，我们瞅着，她穿的那个布裤子啊，那儿还缝着一撮，真是简朴。当时还接待外宾参观，那个印度的英迪拉·甘地夫人也来了，穿着个小高跟鞋，长得漂亮着呢。你别瞧那小小的一个合作社，它的产品能够出口到外国去。这些妇女呢，如果不动员出来工作，也就做家庭妇女了。

我当时因为挑花做得挺好，进去就被提干了，当时是 23 级，工资是一个月 49.5 元。挑花社走入正轨以后，开始组织学习。早上 6 点半学习，是自学。冬天早上去的时候，天气特别冷。“还去不去了？不行，去。”一个都不落，全都去了。雪有这么厚，真去了，那时候纪律好啊！礼拜一早上社里要读报，六点半都得到场，有个点名的，谁不来那时候要受批评。你要是来晚了，就上旮旯待着去吧，可严了。早上读报就是读时事新闻，现在我都还记得，关于处理高岗、饶漱石的事情，还有那个刘青山、张子善的事情，我们都坐在那儿一本正经地听着。那么点儿的小厂房，它还有宿舍，大庙后面老和尚住的房子给腾出来，职工就在那儿打地铺。我呢，就没有在这儿住宿，我离家很近。

郝佩兰（前排左一）与北京市妇联挑花生产合作社创始人（1990 年代）

那会儿下午 5 点半下班，晚上 7 点上夜校，有公安局的、派出所的，还有海淀区的工厂什么的，晚上都上那儿上课去，一直上到 9 点钟放学回家。中午呢，冬天是一个钟头，夏天两个钟头午休。有时候真不想起来，也真够累的，可大家伙儿很齐心合力。那会儿它是合作社性质，年底有分红，大家伙儿分点儿钱。第一年呢，我记得分了 40 多块钱，我买了一块毛料子，做了一条裤子，挺美的。这不是合作社嘛，底下生产有社员，一年开一次社员代表大会，公布账目，公布赚了多少钱，赔了多少钱。每年开大会还得找一个大礼堂，大地方。我记得会熬一锅榨菜汤，管一天的饭，还唱戏。在西单小剧场，看戏去！开社员代表大会的时候，也挺有意思的。那时候的人肚子也素，不禁冷，也穿着棉鞋呢，可是哎哟，脚怎么那么冷啊！当时去市妇联，在王府井大街，王府井的东华门，在那儿上班，从海淀到东华门坐车，那车上冷啊，手脚都冻木了。天也冷，衣裳又不抗寒。有时候上班，下了雪以后，这一刮风，哎哟，这脸冷着呢。

我从1950年一参加工作，就给我搁在那个干部里面，是23级，后来一直也没涨工资。涨工资费劲着呢，一说涨百分之多少，30%、40%，甩下去好些个人。可是那会儿人都是挺简单的，当干部就当干部，当工人就当工人。也没想再提一点儿什么的，没那想法。

后来挑花产品国外销量不好，厂里就开始转产制药，药剂冲剂等，那时候和北大就隔一个墙，后来就被并入北大的一个制药厂。

制药厂那时候就生产“小儿安”，还有打虫的药，片剂。后来跟北大合过去以后呢，就又复杂了，有两个大车间，有机车间，还有一个生化车间，生化车间生产的是胰岛素，还有细胞色素丙，这么两大种药。那会儿我管库了，就在药厂这儿管库，有机车间生产氯胺酮，氯胺酮不是麻醉药吗？感觉这化学药品啊，什么是伤人的，什么是不伤人的，也知道好些事儿，原先不知道。我在挑花的时候不拿钳子，也不拿锤子，后来在制药厂这儿，机器坏了，该拧拧该松松都得会。包括最后在制药厂就上仓库管库，管那个包装库。

再后来，周培源（时任北京大学校长）不满意大学办厂，就停掉了。而我们这些职工就被分到后勤科等几个部门，我去了房产科，就是后来的房产处。像我这样的也有一部分人，以工代干——你是工人，干的是干部的活儿，那你就是以工代干，也提不了级。真要是说文化水平高点儿的，有点儿能耐的，到了北大的也没有几个，就仨俩的，都是比较年轻的。当个会计，就算是提到科级了。原来的什么书记啊、主任啊，他们俩算是处级干部，剩下的科级干部都很少，基本没有。就这样，一直到我55岁退休，都是23级，我记得可清楚了。

三、往事如歌 别样感悟

1. 居委会来了个“年轻人”

我退了休之后，家里还有婆婆跟着我过。我先是经人介绍照看一个日本孩子，这个孩子回国之后，我就想着找点儿别的事儿做做，哪怕是当个楼栋组长呢，为大家伙干点儿事儿也好啊。这样，我就找到居委会去了。居委会那个老主任看了看，觉得我还比较年轻，那会儿我58岁了，就答应了。

去了居委会之后，我主要做福利工作，残疾人、转业军人等都归我负责，也管账。当时居委会有个男主任，一个老头儿，70多岁，有文化，就是脾气有点儿大。我们那时候都是女同志参与工作，但是主任说话有分量，一旦生气拍桌子，我们就不敢再言语了。那个老头，他也算是一个知识分子，工作做得细吻，字写得好极了，大字、毛笔字，手平时哆哆嗦嗦，可是拿起笔来就不哆嗦了。你瞧我们这个宣传栏，都是找人给钉一钉，弄两块板子，有什么通知啊，有什么事儿啊，需要宣传点儿什么的，都是他写的，老主任挺厉害的。

这居委会就跟一个小单位似的，原来我没去的时候呢，那个老主任他有一本账，就是进进出出的有一本账。等我去了没有半个月，他就交给我了。“给你吧，我不干，干不了这个”，我一想，我哪儿干过这活儿啊，可是啊，我又一想，原来在那挑花厂工作的时候，挨着一会计，经常跟他打交道。听着什么出纳，什么成本核算那些术语，也都知道一些。咱们居委会也不大，买了东西给出笔账，有单子。他这笔账就交给我了。说实在的，这笔账我干起来也确实挺费劲的，但是后来也不感觉太费劲了，干惯了。

拿我来说吧，真的是觉得自己不够材料。有一回，小偷上那儿去偷东西去了，我们当时搞了一个保险柜，那小偷打开保险柜，然后把这账本给撕了，真是“豆腐账”让人给撕了，撕得乱七八糟的。

开始呢，居委会也没有收入，一个人一个月 30 块钱，要按那会儿还行。当时也不知道是谁给联系的，我们就开始推销负离子发生器。那个负离子发生器就是净化空气用的，上面带有人、花的图案，就这么大个（半米高），里面好像有水。到晚上把它通上电，就可以挥发出那种新鲜的空气，是净化空气的。有人给弄来了，弄来以后，我那时候就比较年轻，给大家伙宣传、推销，都由我去。我刚来，我得干活儿啊，都由我来做这工作。居委会还有一个牛奶站，那时候奶厂给送奶都是瓶装的，居委会负责订奶，然后代群众给收奶费，收了奶费以后再交给奶厂，完了之后他们按月就给送来了。我们几个人呢，还是以我为首的，把钱收进来赶紧存到银行去，怕出事儿啊。到月底奶厂就到这儿收钱来了，每月他们提前来这儿收钱来，月初就把奶送过来了。居委会当时还雇了俩临时工，负责发奶。有那么一张小票，上面一格一格的，一天一天的，第一天你拿奶我就给你画一个钩，第二天画一个钩。这一个月画完以后，又到下一个月了。这都是为大家服务的，按那时候这是一大项目。

还有订报，订各种杂志、报纸，就是跟邮局打交道。邮局给你一个单子，上头都有什么报，多少钱，写得很清楚。这也是一年收一回，到年初的时候，就把这报给送来了。有时候有点儿问题什么的，也得帮助人家解决去，这是一件为群众服务的好事。尤其是在知识分子这个圈儿里，报纸很重要，他们真拿这个挺当回事儿的，也非常需要这报纸，是居委会为群众服务的一项工作。而我们居委会呢，把钱交给邮局了以后，等到年初的时候就结算出来了，按百分比给居委会报酬。像晚报，那会儿我记得是 40%，也不少钱呢，大家伙干吧，发奶的就代管发报，给他一份钱，剩下的收入我们居委会工作的这几个人就分了，这是一大项工作。

那时候居委会的收入主要是自己获得的。我们这儿原来有一个农贸市场，从大门一进来有一条街，这条街两边都是卖菜的。原来大伙买菜不方便啊，菜农也愿意，就都找到这儿来，一个摊位出多少钱，到这儿来摆摊。我们也找了两个临时工负责收钱，一个摊位一天1毛5分到2毛钱，就这样。我们这个居委会，每礼拜一刚上班，这老主任就着急开会，就说总结总结咱们上个礼拜的工作，再安排安排下个礼拜的工作。大家伙在那儿开会呢，我也在这儿开会，那俩收款员呢，把那1毛、2毛、5毛的零钱啊，就都交到我那儿去，我就给他们收了，收了以后呢，就入账了。入账以后呢，就送到银行去，这是一笔专项的收入。后来呢，这项收入也不少呢，收了十多万块钱。因为大家反映有碍交通，后来就有了畅春园外面的那个早市，就把这儿给撤了。撤了也不错，还有几个小商店呢，也挣不少钱呢，一个月店里也有二三百、三四百块的收入。

郝佩兰女士在居委会办公室工作 （拍摄年份不详）

这样到了1992年就开放了，居委会可以办副业，我们就办了一个缝纫部，做衣服的，还有包子铺、肉铺，炸油条、卖包子的，也挺热闹的。这有的干的时间就不长，但做衣服的那个呢，长期干下去了。像我们居委会的人要做衣服的，就是少要10%的钱，我们就有这么点儿区别，其他的都没有什么。当然，这些部门都是要按规定办理执照，我还记得自己带着小外孙子上海淀工商管理局去报执照的情形。说实在的，我在这居委会也受到锻炼了，知道好些个事儿。

那时候这居委会是挣了钱了，周围的八大园，哪也没有我们那儿收入多，我们那儿是一个“富裕的”居委会。有了钱干吗啊，南门那小楼那儿，原来都是空地，说咱们盖几间房得了。卖肉的、还有缝纫的，就都搬到那儿去了，就在那儿住，那边儿盖了5间，这边儿盖了5间。有一间房子瘪进去一块，前头有那个大杨树，不能锯，那时候的人真规矩，不让动就不动。把那破杨树给锯两棵算什么呀，就不锯，宁肯把那房子给瘪进去一块也不锯。挺好的几间房，就瘪进去了。那时候反正就是这么老几位吧，大伙商量着办。后来还有一些钱，钱也得花啊，那就盖房子、盖车棚子。这边的车棚子是咱们北大给弄的，西边的车棚子，那是公家给弄的，再有的就是居委会给建的了。这钱就花出去了，后来这个办事处呢，觉得进的钱挺多的，不应该让居委会掌握这么多钱，就开始“宏观控制”，就由办事处给控制起来，居委会的钱就交到办事处，办事处有一个会计专管各居委会的这些财务。等到你干什么，买什么东西，他那儿再给你拨款。就这样，那时候我也得记这笔账，就是进来多少，出去多少，你还得记上账。

2. 永远的“郝主任”

我记得老主任有一句话：“我们居委会的工作就是党和政府联系群众的纽带。”就是要把政府的资源都给居民、居委会的工作主要就是和居民打交道，就是处理一些小事，那个时候还会调解一下纠纷，比如婆媳冲突了，夫妻吵架了，等等，也挺有意思的。我们那时候和现在的工作不一样，比如打扫卫生，一个楼栋一个楼栋地喊，一个楼下来3个人，一起打扫。我们居委会没事就种个月季花什么的，种一些树。我们老主任还没事儿去拣点儿马粪，给花施肥呢。以前的人都实诚，我们得个什么文明单位奖，给了点儿钱，就说放在经费里面吧，以后用的时候再说，这笔钱都没有人说给分了。

我那会儿刚一进居委会，就说把这老年人的年龄，一个年龄段有多少人，从 60 岁开始，把这个给统计了。有时候有点儿事儿什么的，就有用。因为我做这福利工作，经常会和一些孤寡老人打交道。原来在西边那个车棚那儿有两间房，那儿有一个公用电话，一个老太太呢，跟老头就看着这个公用电话。人家打进一个电话来，接电话你得给她 1 毛 2 毛，他们就指着这个过日子。比如“28 楼 306”一喊，人家就来接电话了。那两口子当时都 80 岁了，也挺可怜的，等到老头先去世的时候，我们居委会两人给送到昌平火化场火化了。那个时候对这老人啊，需要的时候还真管。再有遇到有精神疾病的，你就要对他有耐心，就不能拿他跟普通人一样对待。有精神疾病的人呢，本来就伤了自尊了，他就觉得啊，谁也不拿我当人，我这病又折磨人。后来每当残疾日的时候，我就给他们买点儿水果，就拿着推车推着，给送到楼上去。对这老年人、残疾病人，都上门去慰问慰问。我们那会儿真是的，也知道响应北京市号召，等到下大雪的时候，北京市号召就下来了，起码你要把门前雪给扫了。你要是做买卖的话，门前都是雪，人家怎么进你那商店去呢。大街呢，也应该扫。北京市里的可能好点儿，咱们这儿的冰冻这么厚没人管。我们就拣着那个交通要道啊，就给扫了。

那时候老主任经常带我们去附近走走，看路上有没有坑啊，下水道井盖没盖好啊，没盖好的就给盖上。我也特别注意这个，确实，一旦人家摔了的话，就得抱怨抱怨你，你们都干吗吃的。还有一回，有一个老教授，是个老太太，有 80 多岁了，家里面没个人，邻居也帮着捣鼓捣鼓，但那窗户底下，谁给打扫啊？后来我就进去了，把那罐儿里的水倒了，臭烘烘的，整个给清了，她这个高兴啊。那时候还搞那个先进小区评比，要拆棚子，居民自建的棚子都要给拆了，不能留。那有点儿强制的色彩，但你甭说，这强制的啊，还都真听话，该拆的都拆，没有不拆的。

咱们这前头有一个大坑，原来北大给放水，放一回水花不少钱呢。夏天放水、养鱼，还弄了一阵钓鱼呢。但这样也不好，这个宿舍区啊，还是清静点儿好。还得为知识分子着想，咱是为知识分子服务的，你要记住这一点儿。这个上这儿钓鱼，那个上这儿钓鱼，乱哄哄的，后来没多久也就撤了。不钓鱼，也可以组织一些别的娱乐活动，我们当时礼拜六下午就组织爱好京剧的票友来参加活动。那时候有学生爱好京剧的，也上这儿来唱。每个礼拜二，我们也组织老年人学习，读读报纸，聊聊大天儿，到现在啊，一直在保留着这个学习小组。

我们原来这老主任，一个姓胡的、一个姓田的，还有一个管计划生育的女同志，加上我一共 5 个人，没有一个党员。那时候人都不爱干，挣不了多少钱。我呢，在职的时候老早就想入党，那时候入党的要求挺迫切的嘛。后来呢，组织上也不是说不发展我，也是想培养想发展，我爱人原来在国民党部队当过兵，所以就在那儿卡住了。卡住了以后呢，我就想，我不能为入党不成就伤了我的身体，那时候我爱人身体也不好，这家里还指着我呢。不入就不入吧，后来呢，这念头就打消了，也就过去了。像我这样的有好几个人呢，我们一块儿去的，一般出身好的，工人家庭出身的，很快就能入党了。我们那个厂长，清华大学毕业的一个学生，地下工作者，好着呢，可能干。后来可能因为我们单位也小吧，人家也施展不开，就给调到新街口里头有一个中学，到那儿当校长去了，再后来他就上党校了。作为我自己来说，就是这个情况，再后来改选的时候，就想着让给党员干。那个老主任已经 80 岁了，就下去了。他走以后，群众选举，一个楼栋里有一个组长，到选举的时候，这组长都来了，通知咱们都来了，也是酝酿，办事处参加，群众选举，按票当选。我做的工作也多，想当然地就当上了主任。

我那时候为什么能够在居委会立住脚呢，从我们那个老主任身上就可以看出来，你说他得做多少工作啊，原来他让别人干，谁也不干，谁都知道这个工作又负责任又麻烦。我做这个福利工作后，年年都有奖，有表彰，也有物质奖励。我现在戴的那块表啊，还是日本进口的，是民政科（那时是北京市民政局）发的，还有什么床单、被套。哎哟，有时候那个工作人员，民政局的干部说："老郝，你挑，你先挑，挑完了再给他们。"我觉得人家对我真不错，就这个搞民政工作的干部，咱也不给人家胡闹，人家对咱们也确实挺好的。直到前不久，那个搞卫生的卫生员，她要走了，不干了。她跟我说："你记着不记着那会儿发奖金，我刚来的时候还欠着我3个月的奖金？""哎哟，多少年了，您怎么这时候才提出来呢？我都下来了。你怎么跟我提这个啊？""我不跟你提跟谁提啊，那会儿你在呀！"我说那我试试吧，我就找办事处主任了。"行，我把钱先给你，你让他们现在搞卫生的给签个字，你签个字，给他们。钱又不多，几十块钱，干吗呀，给他们。谁还能撒谎是怎么着？"我就觉得人家是真相信我，很不错，都下去了，还有这么一笔账。"没关系，你有事儿就找来吧。"到现在都是，人家对我好着呢。居委会里也有打架的，吵架的，吵啊闹啊，我从来没跟谁吵过。再说跟那个办事处，人家是领导，咱们是底下的，咱们给人家做工作，咱只有做好工作，不能跟人家分上下、论高低。有一个会计，管这个居委会的会计，老叫我干妈。现在她也退休了，还上这儿来瞧瞧我，我说你还来瞧我呢，她说咱们是老交情了。说起来确实是干了些事儿，上那儿不是去耗时间呢。后来我都下去了，他们下面几届改选，这个主任要找选举委员会，得有5个人掌握这个选举的情况，人家就想找可靠的，别回头有猫腻。有一个人就说："我提一个，原来的郝主任，劳苦功高！"那会儿很多人就叫我"郝主任"，我说："你别叫我郝主任，我都下去多长时间了，别叫了啊。"现在还有人叫，南方人叫我"领导"，我开玩笑说我一"领"，你就"倒"。还有人叫我"郝主任，郝主任"，我说："别叫了啊，让人听见不太好。"我就觉着这么些年啊，我干了这么些事儿，人家都对我好，到现在也好。只要我去买菜拿着东西，没有让我说提溜着的，怪沉的，这个说"给我吧"，那个说"给我吧"，有时候追着，蹬着车就把我送回家，也让我挺感动的。

我干了12年，没跟什么人吵过，对上级领导也好，到现在跟那个民政科科长也是，你说这儿有点事儿要办，"没事儿，给您办"，还真好，我就觉着真挺感动的。那时候打扫卫生，我们这老几位，拿着大喇叭就喊："打扫卫生喽，打扫卫生喽。"这群众就"呼呼"都往外走，前头后头打扫得干净着呢，把那些垃圾什么的都扫到大路上，过会儿有人再给它撮走。

做了这么多年的居委会工作，要说真是为自己想的啊，没有那么多，说为我自己捞点儿利益，没有，真的没有。这些年，也可以说是一清二白下来的，整整 12 年，干干净净。到了 70 岁的时候，该改选了，我就跟办事处说，我该下来了，都 70 岁了，以后就该让人照顾了，就下来了。后来退下来之后，因为我们都拿着自己原单位的退休工资呢，居委会这边就给了我们一小笔钱，就退下来了。

总的来说，我觉得在居委会工作挺痛快的，还有机会到处走走，我还去了趟南方 5 省，开阔眼界，增长了不少见识，也和不少人打过交道，到现在都是我人生中一段最珍贵的记忆。

3. 最美不过夕阳红

从居委会退下来之后，时间就是自个儿的了，我就想着自己出去走走，把以前没看过的地方都看一看，也确实去了不少地方。就说这北京周边的吧，先是东岳庙，这个地方我早就想去看看。人家那会儿就说"活着不上东岳庙，死了没着落"，你要是活着不上东岳庙，死了人家哪儿都不要你，你也找不到那地方。后来我说，不行，我得看看去。不管这着落不着落，怎么着我也得看看去。前几年，我们几个老同志凑在一块儿，好几个人，就去了。那个庙里好像有不到 100 间房，一间一间的，每间房里有不同的坐像，有阎王爷、小鬼、判官，你在阳间啊，做了什么坏事，就怎么惩罚你；你那嘴胡说八道，给你割舌头。一间房是一个惩罚的地儿。每当春节的时候，东岳庙就有个大庙会。人也挺多的，有抖空竹的，有一条长长的小线，有两根棍儿缠两绕，这一点儿一点儿抖，"嗡嗡"地响着，抖得好的呢，人家就扔上去，然后拿一个杆再接住它。就这空竹，我这老太太还能抖这个呢，那是十几岁的时候学的。前两年居委会活动，我们有两三个老太太都抖空竹了。

再就是去那个白云观，我原先也没去过，因为它离我们家远，在南城那边呢。那个也挺好的，那时候的庙会时间长，因为那时候没有上班的，这些人都没事儿，有的奔饭吃的呢，就不去了，家里没事儿的呢，就上那儿玩去了。说是有一年这个财神爷，看见一个卖豆腐脑儿的，走到那儿了这豆腐脑儿一天都没卖完，老撅着屁股给人盛，人家说啊，这是财神爷瞧上他了。还有啊，说地上有这么一块银子，上那儿去烧香的人，有的以为这是一大砖头，一脚给踢一边去了。但有人过去就给捡起来了，这是一块银子，这就是他的财。

现在年纪大了，出去走走也都是去比较近的地儿，爬爬山、逛逛庙会就挺好的。别看我退了休，其实也挺忙的，忙着给一家人做做饭，收拾收拾屋子，也过得有滋有味的。我生活特别规律，每天都要锻炼身体，一天不落，要说这么大岁数，身体也还算不错，这长寿的秘诀，首先就是不能懒，要多动动。

我喜欢唱京剧，以前还总让我外孙帮我录下来，经常放出来听听，爱唱着呢。不过现在这嗓子也不太好了，唱戏不够亮，这一张嘴难听啊。上次我们老同志开会，有一个老太太也是，爱唱着呢，可这一张嘴声音还真是不行了，我就想着，这词儿能记得就不错了，我自己也就私底下哼哼，这公开的场合可压根儿不能唱了。

我早上起得早，6 点半起来，先不急着下床，先来一套自己半自创的体操。摇摇脑袋，晃晃腰，揉揉这脖颈子，60 下；活动活动脸，30 下；再拿手指甲磕磕脑袋。活动完了再下地，就觉得浑身轻松，不至于刚下地就弯回去了。

起床之后，洗漱一下，自个儿弄点儿吃的，给外孙熬点儿粥，煮个鸡蛋什么的。然后收拾利索，就出门锻炼了。我早上会打二十四式、四十二式两套太极拳，一段八段锦。这太极拳是我们这儿一个姓白的师傅教的，他是青鸟公司的。他那会儿也是想教教人，我就给他组织，谁愿意学谁学，到时候给人家个 10 块 20 块的，要学的多给 20 块，给人凑个百八十块的，他也挺高兴的。他属于朝鲜族，他有个侄儿在北京念书，负担也挺重的，他也挺高兴的，挺细心地教给我。我说我必须把两套太极拳学会，学会这两套太极拳，我到 80 岁之后还练呢，到现在我也练呢。你要说像人家似的用什么气，我也不是那么回事，但是我一招一式一点儿都没忘。70 岁才开始练，我得学点儿东西，不能就这样了。到老了，两条腿咯吱咯吱的，我也没想过我能活这么大岁数。70 岁的时候我就说，哎哟，都 70 岁了。以前那家里累啊，还有一个老婆婆，还有那几个孩子。我与孩子们开玩笑，说："要谁问'你妈怎么死的，什么毛病'，你们就说她累死的。"现在多好呀，我有工资，谁爱买不买，谁爱给我不给我，没关系，我自个有钱，我想吃什么买什么，想干什么干什么，买电视，买柜子，使一天我也用上了。

八段锦，我就练七段，有一个哈腰的，怕回头出问题。口诀是："两手托天理三焦，左右开弓似射雕。"后面每一节还治什么病，谁知道治不治吧，但是这样也可以抻你的胳膊，抻你的筋。还有这么一节，练腰，屁股这边扭，脑袋这边扭，仰脖子。就这样，每天雷打不动的，都要来这么一套，不动动就觉得缺点儿什么，甭管有什么事儿，我也得先把这个给做了。

在饮食上，我也不计较什么，小时候家里条件还可以，至少也没挨过饿。结婚后要说吃什么好的，倒是也没有，现在条件好了，想吃什么有什么，倒也没什么稀罕的。总的说来，我是什么都吃，女儿有时候请我吃顿烤鸭，我也真吃点儿，也不少吃，也撑不着。家里头呢，一般是炒菜搁点儿肉，谁爱吃谁吃，他们不吃啊，我就吃，他们要吃我就不吃。那时候孩子爱吃鸡，我买只鸡，孩子说你爱吃哪儿吃哪儿，我说那鸡爪子、鸡脑袋、鸡脖子我都吃。咱们 27 楼有一个老太太，跟我一边大。她说："他们给我买只鸡，把那两条腿先给我卸下来，这两条腿是我的。剩下的他们都吃吧。"那孙子、儿子什么的就给她卸了，给她留着。我咋觉得吃哪儿都一样，那鸡爪子还有滋有味呢，我绝不挑着吃，好的都让孙子、儿子们吃去，吃点儿什么不行啊，这么大年岁了，你说是吧。再说你也不要跟人家斤斤计较，你跟人家斤斤计较什么呀，你都这么大岁数了。

要说这长寿的秘诀啊，我觉得不是说要吃什么，或者也不光是要锻炼身体，注意养生，最重要的还得是个心境。遇到点儿什么事儿，心里要过得去，要善于调剂平衡。你不要跟人家斤斤计较，你买东西，哎哟，他可少给了我半两啊，少给了我一两，我不这样。我给你钱，你给我东西，我才不去称呢，你爱给多少给多少。有的跟人家吵起来，你要岁数大了，你经得住这个吗？他也富不了，你也穷不了。我就觉得对人要宽，对己要严。我觉得对人就应该要这样做，成天这也不顺你的心了，那也不顺你的心了，那心态就好不了。我觉得都好，你看我现在跟女婿在一块儿生活，他也挺不容易的，挺好的，晚上我这儿有点什么事儿，他就赶紧就过来。我这屋里本来有一个小柜子装衣裳，我这女儿啊就往我那儿储，储啊储啊，好多东西没地儿搁了。我说不行，我这辈子这么些年都没有一个好柜子，就新买了一套三组的柜子，今年买的。买了以后呢，我没在这儿住，一个多礼拜以后回来了，就用吧，把衣裳也装里头了。我一看，那边朝着窗户，风吹我脑袋。头朝这边吧，感觉那味儿啊，那甲醛味儿简直不得了，我就觉着这半个脸 8 点钟准时就疼。一到 8 点，这半边脸就开始疼。把我熏得呦，我就赶紧上耳鼻喉科去看，医生说："呦，我看你检查身体的时候好好的，你怎么了，我给你开个 CT 单子，你赶紧做个 CT 去吧！"这脑袋做完 CT，一看没毛病，他说你打针吧。我的女婿说："您这样，您今天晚上朝那边睡。"这好多了，过几天又朝那边睡，好了。你说这叫什么病，按时的，到 12 点就好了，到 8 点开始疼，锻炼完了，病就来了。

跟女儿也好，跟女婿也好，还是一样，不要斤斤计较的，想着那点儿小事儿。你跟人家吵，这样对自己不好，吵着吵着就能把你吵进去，人家不怕，人家年轻，再说自己还有自己的尊严呢，跟他吵什么呀，他再还你两句多不好呀。

我可以说是生在海淀，长在海淀，是正儿八经的海淀人，打心眼儿里喜欢咱这海淀。你说北京是个好地方，南城有白云观，东城有东岳庙，海淀有大钟寺，那个妙峰山是整个北京市的，谁有病，还愿的什么都上那儿去，挺好的。可要我说，尤其咱这海淀好极了，我记得原来这儿有大莲花。这边是白莲花，西边是红莲花，也有白莲藕、红莲藕。还有玉泉山，我小时候啊，玉泉山有水，浇灌六郎庄这一带的稻子。那米啊，好吃极了，黏糊糊的，要是熬粥啊，熬出来是绿颜色的。现在那儿可能还有点儿稻子，但现在可能都是咱们中央首长吃的。那时候我们家不是也做买卖嘛，到了年底，收了稻子就买一包，吃半年、吃一年，好着呢。那玉泉山的水啊，清亮着呢。硅谷那儿原来是一个荷叶儿似的，两边有两岸，有个石头什么的，夏天洗衣服，一到春天拆被子，洗衣裳，就提着筐子，拿着棒槌去洗衣裳。那时候还不使肥皂呢，使那个皂角，树上长的皂角，它结的籽，皮给它泡泡，泡完滑溜着呢，就使那个。洗被子，洗完晾在那个岸上。岸上净是草什么的，等都洗完了以后，就有不少干的了。为什么叫万泉庄呢，你就这么走，真是就从地下往上冒水，这是泉水，就往外冒。在河边上，有小鱼儿、虾，也有大点儿的鱼，可好了。有一年下大雨，把这颐和园的鱼都给翻上来了。这鱼叽里咕噜叽里咕噜跑到门口来了，这么长的大鱼，那么大个儿。

不管是工作还是生活，我回想起自己的大半辈子，总觉得过得挺好的。作为一个女同志，我能凭着自己的手艺走上工作岗位，后来又担任干部，虽然忙一点儿，但是总觉得很自豪，一想到自己亲手编织的东西能送到国外去，还能给咱们国家挣外汇，心里甭提多高兴了。就现在我看见人家小姑娘弄十字绣，还都想瞅两眼，心里喜欢着呢。后来进入居委会工作，也没想太多，就是认认真真做事儿。居委会赶上改革开放，开始创业，也做得热火朝天的，有了钱，给居民们办点儿事儿，不管别人怎么看，留下点儿东西，我是问心无愧。对于海淀，对于咱这儿的老房子，我有很深的感情，舍不得离开。那一段居委会工作的经历，给我的人生也带来了新的故事，使得我想想自己的生活觉得很充实。我对别人挺好，别人对我更好，我觉得这样过日子就很不错。

访谈员后记

我很幸运能够遇到郝奶奶，经过近一个月的相处，我们之间早已不是简单的访问者与受访者之间的关系了。录音和文字中记载的是史料，而在这之外更多没有被记载却值得我铭记在心的，是奶奶一家人对我这个漂泊在外的女孩儿的关怀。奶奶讲述的是自己的故事，我是第一个听众，也是第一个受启发的人。听到这样一个老人讲她的经历，她的喜怒哀乐，我亦能够感同身受。在叙述中，奶奶说得最多的一句话是“人家对我好着呢”，在她的描述里，好像所有的人都是“好人”，所有的人对她都如同亲人。怎么看待这个问题呢，我只能说当一个人对旁人都已经尽力，而又不求回报的时候，或许就会有这类似的感觉吧！

作为一个历史学专业的学生，我一直觉得自己足够反思，也足够满足于现在的生活。然而，听这样一位老人讲述自己从苦到甜、有得有失的经历，仍旧不免感慨万千。

这是我的第一个访谈记录，也是我希望和大家分享的心情记录，愿郝奶奶永远健康幸福！

这个社会需要“热心肠”
——张秀华访谈录

- **访谈时间**：2012 年 7 月 2 日 9:00—11:00
  2014 年 2 月 11 日 9:00—11:30
  2014 年 2 月 12 日 20:00—21:00
- **访谈地点**：榆次市受访者寓所
- **受 访 者**：张秀华
- **访 谈 员**：李慧波（中华女子学院教师）
- **整 理 者**：李慧波（中华女子学院教师）

编者按

她出生在一个贫苦的雇农家庭，是党把她全家从苦难中解救出来。她用行动积极地拥护和热爱着党。她当过扫盲教员、妇幼保健股组长、助产士、妇女队长……无论担任什么职务，她都干得有声有色。她讲道“人不分男女”“女人要有主意有心”“女人靠男人不是办法”……朴素的话语体现着一个女性自主自强的勇气和品格。让我们品读她的故事，体会她是如何去经营着整个家庭和自己一生的。

一、家世背景 童年记忆

1. 善良穷苦的雇农家庭

我叫张秀华，1940 年农历十月十四日生，今年 75 岁，生于山西省晋中市榆次区北田乡田乔村。我爷爷是山西省和顺县人，生在房无一间地无一垄的家庭，连生存的基本条件都没有。我爷爷可恓惶（可怜）了，从 12 岁起他就离开父母去给地主放羊。1944 年夏天，他在半山坡放羊，突然刮起了大风，下起了冰雹。他没有找到躲雨的地方，就被大风雨拍死了。死了以后，他被两个男孩抬到庙里，地主不让进村，他没有衣服穿，也没有棺材，只能用草席卷着，挖了个坑就埋了。我那慈祥善良的爷爷就这样可怜地结束了他的一生，我爷爷活了 61 岁。他去世的时候，我才刚刚 4 岁。我六七岁的时候，一个人给爷爷上坟，在远远的地方放点儿土，算是祭拜。我对爷爷的印象不是太深刻。我妈爱摸纸牌，她如果赢了，我跟她要 2 毛钱她就给我，她要输了，我问她要钱她就拿鞋底子打我。有一次，卖小吃的过来了，好像是卖饼子，我想吃，我说：“妈，给我买一块吧。”那天她正好输了，在做针线活儿，就打我。我哭了找我爷爷，我爷爷带着我，说：“我娃娃回去哇，爷爷给我娃娃好吃的。”我爷爷信佛，那时候的人身上的虱子挺多的，我爷爷都舍不得挤死，他就那么心善，我现在就在享受着他这福报。我没有见过奶奶，她在生了我姑妈后，因为没有吃的就饿死了，死的时候我爹才刚刚几岁。我姥姥家是和顺的，外公是个老好人，一辈子给地主扛长工种地，他 65 岁就去世了。

姥姥是家庭妇女，也早早就去世了，我没见过。

我父亲在5岁的时候就没有母亲了，他在舅舅家生活到14岁，回来后跟着我爷爷给地主家放羊，经常吃不饱穿不暖。16岁时，在长凝镇地主家的糕点铺做学徒，但是人家只让他干杂活儿，他学不到任何手艺。回来后，给地主家打长工种地，我妈给有钱人家做针线活维持生活。人家给点儿米面，将就着吃点儿，经常吃不饱穿不暖，生活过得很苦。1940年农历十月，我妈生下我后没有奶水，父母为人很好，邻居帮忙给我送米面糊糊吃。全家住在一个寒冷的小屋里，靠父亲捡干柴过冬。等我8个月能吃点儿东西的时候，妈妈耐心地把南瓜煮软喂我吃，更谈不上什么营养。1943年，妈妈又生了个女孩，还是没有奶水，我那妹妹就被活活地饿死了。我妈心如刀绞，哭得非常伤心。1945年，妈妈又生了个男孩，还好有奶吃，但是到了2岁，弟弟得了肺炎，没有钱看不起病，不到一星期也死了。后来，妈妈又生了个男孩，得麻疹死了。妈妈一共生了10个孩子，活了6个。妈妈生儿育女受了很大的罪，孩子多，吃不好，操劳得弄了一身病，心脏病、尿毒症、高血压……家里又没钱看病，她54岁就不在人世了。

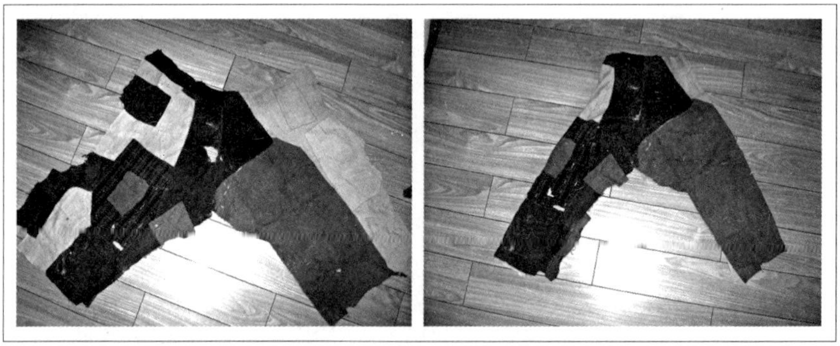

张秀华母亲穿过的打满补丁的裤子（拍摄年份不详）

父亲比较憨厚，他意志坚定，一心跟着共产党走。土地改革时，我老子可费力了，那时候搞工作，农村七八十户人家都用长工，你要闹了（参加革命），就不用你干活儿，也就没饭吃了。1946 年，我们村属于太谷县五区范村乡管辖，在乡党委的领导下落实政策，搞试点，我父亲被村民选为农会主任，政府号召示范村减租减息。清债运动开始后，把富农、地主斗倒斗垮，向穷人还债。1947 年春天，父亲入党了，那时候三人小组就通过了。那一年南下，我妈不让他走。父亲辛苦了一辈子，在村里为人挺好的，他一直教育我们："你们好好学习，我是没文化，你们不要忘了毛主席和共产党。"他到死都忘不了共产党。父亲在村里影响很大，在村里任支部书记，那时候我们村年年都是先进村子。

我的亲人都很善良，他们克勤克俭，细水长流地过日子，严于律己，宽以待人，告诉我们做人要诚实，要感谢毛主席和共产党把我们从黑暗中解救出来。他们的一言一行、一举一动我都看在眼里，记在心上。

2. 党解救了穷苦人

贫雇农最恓惶。记得上一年级填表时，就想填个中农，觉得这样有面子，懂事了就觉得还是咱们无产阶级好。以前讲究阶级成分论，现在不讲究了，但它的根基总是不一样。我刚懂事的时候，每天开会斗地主富农，挖地三尺把金银财宝献出来上交给国家，把粮食、土地、衣服、牲畜献给穷苦老百姓。老百姓不再受地主的统治和压迫了，不再过牛马一样的生活了。我们家分了 10 间房子，一个人平均约 2 间房子，分了一匹马，还有 15 亩地。马上就有地了，有了牲口就能耕种了，打下来粮就能吃了。比起以前房无一间地无一垄的生活，我确实知足了，这都得感谢共产党和毛主席，吃水不忘打井人，就和盖房一样，根基做不好能盖起顶子来？

3. 难忘的战争岁月

日本人在的时候我才四五岁，不太记得了。只隐隐约约记得只要日本人一来，村里的大姑娘小媳妇就拿锅底里的黑灰抹在脸上。

1947年颁布《中国土地法大纲》后，战争也开始了。我父亲和村里的先进分子把曾经分给群众土地、房屋、牲口、契约的地主、富农都管制起来，组织民兵严加看管，防止反攻倒算和泄露村干部的秘密。有两个人把村干部的花名表秘密报告给了敌人，一个是“一贯道”的，一个是防共团团长。那时候，父亲跟着游击队，不在家，我们是干部家属，敌人知道父亲是革命干部后，就用3尺长的洋刀，逼着我妈把枪支弹药都交出来，吓得我妈浑身直抖。我当时也就五六岁，但是很机敏，看到形势不对，我就拦住我妈，说：“不要逼我妈，直接跟我说就行了，我知道家里分了些啥。”我就告他们：“枪支弹药我老子都拿走了。”其实，一个盒子枪和手榴弹在草里埋着，我没敢说这些东西在家里。我说：“一个盒子枪和两个手榴弹被我父亲和牛大爷带走了。”他们就信了我，把分了的东西，如放在拐角里的白面等挖出来拿走了。这一批赖人走了后，又来了一批赖人，是二战区的，来了以后，还是问我们要枪支弹药和东西，还寻找父亲。群众还是维护父亲的多，村长给我找了假父亲常某，骗敌人说他就是父亲，把敌人忽悠走了。走了以后不久，又来了一个陈某，他拿棍子问我妈要东西，我妈说没了，他用棍子在我妈肩膀上敲了一下就走了。

1947年10月，中共中央颁布的
《中国土地法大纲》（拍摄年份不详）

1947年至1948年战争期间，我们村的老百姓损失很大，吃的喝的都没了，粮食在地里头长着，根本顾不上往家里弄。全村人又受惊又害怕，过着提心吊胆的日子。离我们村4里地有一窑洞，我们就住在那里，主要吃野菜和生小麦，我们喝的是沟里的泥水。敌人飞机扫射的时候，为了怕敌人发现，我们钻在洞里，怕小孩哭，大人把小孩的嘴捂住，有两个小孩被活活捂死了。还有一个婆姨去河里洗衣裳，飞机直接过来就把她腿炸了，差点儿炸死了。牲口也被打死好多。还有一个婆姨姓田，长得可漂亮了，敌人看见人家，一黑夜轮奸了六七回。我们村的人受了很多折磨，心里多恨敌人啊！

解放太原军功章/勋章　（拍摄年代不详）

敌人走后，我们回到村里。有一天中午，一位曾被敌人俘虏的解放军战士，进了我家街门，他背着枪，哼着小曲，手里还摇着个东西，装成赖鬼（日本人）。他其实就是给我们报了个信，说：“今天晚上，半夜就必须走，你们母子3人必须离开此地。如果不走，就把你们母子3人带到江北押到任村，自备转身（用枪打死）。”我也不知道是啥意思，哼哼唧唧地唱着。他走了以后，当晚我们就用小石磨，连皮带面磨了磨，烧了一大包烙饼，7口人，还有邻居，大清早夹上就走，我们就去找游击队了。才走到小北沟的梁崖上，村里高楼上的红旗倒下来了，我们知道，敌人又来了。游击队从东面上来，二战区的敌人从西面上来，把我们夹在中间，我吓得没办法，腿软得都走不动路了，从很高很高的土崖上滚了下去，在半坡我抓住了坡崖，怀里还抱着烙饼，哭着喊妈妈和弟弟。突然，机枪大炮齐鸣，此时解放军过来把我们接上，然后去吃饭，我们的心才平静下来。当时，我们村被敌人包围了，敌人在那里大吃大喝，还杀猪、宰羊、杀鸡、抢粮。那一次以后，太原解放了，我们的生活就正常了。

1949 年 4 月，太原解放，人民当家做主了，土地改革的成果也彻底落在了人民头上。房屋、土地、牲口、地契都被分给了贫下中农，人们不再受苦了，真心感谢党和毛主席！人们的生活也一天比一天好起来了，逐渐从初级社走向了合作化。1952 年 5 月 1 日，有个地富分子反攻倒算，被政府立即给枪毙了，及时保住了人民的胜利果实，使得大家能够安心生产和生活。

二、青春年华 追逐梦想

1. 一心只想为党工作

我是从1952年开始上小学的，当过少先队小队长，记得学校的李老师教我们说：“要虚心，求实际，加深学习，锻炼自己。”我牢记老师的教导，虚心学习。向有志者、向英雄人物去学习，如白求恩、刘胡兰等，他们都是我们的榜样和追求的目标。1956年，我17岁，在村里担任义务教员，晚上扫盲。那时候还小，听说婚姻自由，记得有童养媳去找父亲说要离婚。抗美援朝的时候，如果是军属婆姨（妻子），大家要保护人家，不准任何人欺负人家。那时候有妇女主任，我们村的韩二爱是妇女主任，是个干将。隐隐约约记得这些。

1957年，我就到北田医院工作了。主要搞妇幼保健，保护妇女和儿童的健康。我是妇幼保健院的股长，主要办敬老院、幼儿园、缝纫组、托儿所等工作。比如幼儿园要有书看，有桌凳，能供娃娃们吃饭。还组织了两个幼儿教师办幼儿园。那时候没有现在这么大的规模，一个村就二三十个小凳子，大人干活儿走了，把孩子送到幼儿园就不用管了。幼儿园男孩女孩都有，我们做些饭，幼儿、教师一起吃。

虽然我一个月只有8块钱的生活费，但是也觉得是走向社会了。我这个人吧，就是个男人性格，我不相信女人离了男人就不能活，主要看自己怎么考虑事情。主观上要求自己去学习，脑子里老记得那些英雄模范们。我是在村里入团的，来到公社以后，我的最终目标是加入共产党，为共产主义事业奋斗到底。

1958 年开始“大跃进”，搞人民公社化。我担任医院和银行团支部书记，被公社党委抽去下乡。当时很多人不愿意下乡，我不怕苦不怕累，下乡就下乡，觉得这些对我而言根本就不是个事，我也不发愁，上级给了任务，也没压力，觉得能承受了。北田公社一共有 28 个自然村，我就到过 27 个自然村。我的职责是搞卫生，除“四害”，预防和控制疾病的发生，把“五化”工作搞上去。“五化”分别是食堂化、产院化、妇幼化、缝纫组化、敬老院化。我搞了 5 个中心，从大伽南、魏岳、王乡等 5 个重点村庄入手，以点带面，把整个工作推向高潮。市妇联都来参加过，“五化”搞好以后还开过市里的现场会，还嘉奖过我们。我也没觉得费力气就把这些工作干了。

1958 年秋天，公社党委书记命令我和公社团支部书记张秋花组织带领北田公社各村妇女 900 余人参加“大跃进”。我们两个女的带领婆姨们深翻土地，从这个地方翻完再去另一个地方。后来，我们又带领妇女们去寿阳大炼钢铁，抬的抬，刨的刨……那个时候也不知道累，十月天凉了就穿绒裤，干得可高兴了，把工作干完就安心了。最后终于把公社布置给我们的任务圆满完成。

1959 年，医院培养我当助产士。当时一共培训了 29 个接产员，我们先去太谷卫训班学习半年，每村一个人，先到晋华医院、经纬厂医院实习半年，回去以后独立接产，并且还要推广新法接生。我当时一个月挣 14.55 元，接产了 13 名婴儿。那时我还没结婚，工作开展起来很难，因为农村一开始不接受新法接生。在农村遇上这事情可复杂了，有的拌着靠椅生小孩，有的拌门槛生小孩，有的铺草生，有的铺灰生……我生怕她们用旧法接生感染了。咱用的是新法，产妇生产了需要躺在床上休息，但是推广不出去啊，人家觉得我还没结婚，能知道啥事情。有产妇前置胎盘，大出血，我借了个车子，抬上车去医院输血，先试试自己的血型对不对，对了我就让医院抽点儿我的血给产妇输上。那时候我身体好，心里也没有个“私”字，觉得做这工作就是应该的。也是从那时候起，我学会了骑车，直到现在 75 岁了，我还骑自行车。我觉得骑车子比较快，方便。那段时间我经常下乡，宣传妇幼工作、预防疾病和新法接生的好处。

1960 年，医院培养我为入党对象，1961 年我成了预备党员，1962 年转为正式党员，开始担任银行和粮站的团支部书记。

2. 是金子总会闪光

1962 年，党中央号召压缩城市人口，回农村第一线。因为我是年轻人，又是骨干、积极分子，得起到带头作用。回就回去，我直到现在都不后悔。我一辈子和各种各样的人打交道，觉得挺好的，挺有趣。我 1962 年 6 月回到田乔村，7 月在村里担任妇女大队长、女民兵连长，一下又干了 10 年。做女民兵工作的时候挺高兴，我有时候看照片，回忆起来觉得挺有意思，领导女民兵握着枪，展现飒爽英姿觉得挺好的。我们穿的是劳动布裤子，扎的白手巾，十几个人在地上匍匐前进，觉得可高兴了。我那时候都二十三四岁了，已经结婚了。局长叫我去政府住，我说我不去，我就和我的姐妹们在一起，回去住还觉得败兴。我愿意看那些女英雄豪杰，如刘胡兰等人的事迹。学了她们的先进事迹后，觉得浑身充满了力量，而且在思想上也能解脱。八一建军节检阅的时候，我们村女民兵是第一名，被评为全市最好最先进的女民兵。武装部的张政委说：“小张，你们田乔女民兵是不爱红妆爱武装，好女孩，加油干啊！”我愿叫人说咱个好，觉得这工作还挺好，领导还挺重视。那时候，我们村女民兵是全市的重点，大伽南村的男民兵是全市的重点。

3. 积极拥护党的政策

1964 年，搞“四清”运动，接着又是“文化大革命”。不论是哪一段运动，我都会积极地拥护党和人民群众。在“四清”运动中，我父亲是党支部书记。那时候主要是清查多吃多占和贪污腐化，一些动机不纯的人要对我父亲逼供，我和工作队辩论，最后确认我父亲政治上没有任何问题。事情的缘由是这样的，父亲是个和稀泥的好人，我常说他不坚持原则，那时候收公粮救济穷人，拿走了东西要记账，人家会计有文化，他没文化，就给人家闯下祸了。平时看到穷人，他就给人家粮食，给 2 斗米，2 斤面，也没有经过会计记账，父亲能叫人哭着进来笑着走了。人家会计连小数点都记得清清楚楚的，父亲不懂那些，人家跟他可受罪了。我挺心疼父亲的，这样赔退了 100 多元钱。“四清”为什么没有弄倒父亲，因为他不会贪，他想不到那些，只顾别人。父亲当了 30 多年书记，难免会有人挑出些毛病，我不怕大家揭发。咱是拥护党的政策，对运动没意见。但是，我对工作组的工作不服气，总说是我包庇我父亲，有人说我工作不认真，说我捏造事实等，还给我一个“党员不登记”处分。如果是开除还得办手续，不登记就是不承认你就没事了。我辛辛苦苦入了党，再给我摘了。我一个女人，一不偷，二不抢，三不贪污腐化和堕落，可能在工作中方法不对，难免得罪人，但我没过错。我就写了一封信直接告到中央，一个多月后，回信就到北田了。工作队还没走，直接就给我恢复了党籍。欺负父亲的四五个人早就死了，我爹活了 88 岁。我就总结了，人有钱没钱，一辈子平平安安的，不要害人，害人当时不报总有一天会遭报应的，头顶三尺有神灵，你觉得害人别人不知道，有人知道。咱们不能做伤天害理的事情。

“文化大革命”初中期，我始终跟着毛主席的步伐，实事求是。那时候，大早上 5 点多中央电台就广播了，我的记性也比较好，学了以后都记住了。我老汉（即丈夫）在东昌公社担任工作队队长，他也找回资料让我看，学了政策，我就敢和他们辩论。后来榆次开始武斗，我看到势头不对，就不参加任何运动了，回了老汉的老家清徐住了十来天，那时候我公公婆婆还活着。“要文斗不要武斗”嘛！1976 年，毛主席、周恩来去世了，我们这些穷苦人对党的感情就不一样，我都掉了泪，因为咱是受苦过来的。

三、家庭与事业 平衡与抉择

1. 我的婚姻很幸福

我是 23 岁结婚的。我们这一代人觉得男人很重要，我丈夫是山西清徐县东木庄大队人，他出生于中农家庭，我公公是买卖人，在吉林做买卖，卖布的。那时候做买卖 3 年多才能回来一回。公公在 1938 年就病死了，刚刚 50 多岁。婆婆是家庭妇女，妯娌好几个住在一起，都挺能干，克勤克俭。婆婆是 1986 年去世的。我丈夫有一个弟弟、一个姐姐和一个妹妹。丈夫供他弟弟初中毕业，后来在清徐当教员，姐姐和妹妹都是家庭妇女。妹妹在 1990 年得病死了，姐姐现在 91 岁了，挺好的。兄弟姐妹里面，我老汉长得最好。

我丈夫是初中生，1949 年土地改革时，他在村里担任团支部书记，1950 年在清徐供销社工作，1954 年调到榆次商业局工作，1959 年调到政府办公室工作。老汉是个笔杆子，为市长和副市长写材料。有时候他写材料一黑夜不睡觉，写好后第二天再睡觉。报纸上登的好多的东西都是他写的，他们觉得我老汉能干。1975 年，他被调到财税局工作，那时候政企分家了。1977 年，他调到粮食局，任门市部主任。

我和他是在 1960 年夏天认识的。他在王乡下乡，重点搞食堂化，我是搞“五化”工作的。我们是市妇联李泽花和公社书记田振川给介绍的。他比我大 10 岁，但人稳重，工作好，长得好，1.8 米的个，浓眉大眼，是市委干部。那时候觉得他不赖。那时候咱们女人找对象的口号是“一军二干三工人，死活不嫁受苦人”。我想，年纪大就大些吧，最起码他的工作好，脾气好，可能会让我一些。我们恋爱了一年多，1961 年 1 月 1 日，我们在市委举办了婚礼。当时，我们 6 对夫妇一起举办了集体婚礼，市委张书记为我们主持。一家一大桌饭，每桌就是十一二个人，一家一间房子。小吉普汽车去村里接我，我穿的红棉袄，紫红底。我们两个朋友把我送过来，我自从跟上这老汉后，村里人可羡慕了。我们结婚 30 年，感情非常好。他会关心人，会体贴人，知冷知热的。一九六几年，他每月挣四五十块，我们吃的没断过。他还会给我买衣服，买鞋子。那时候买东西都得走后门，如外衣、裤子，那时候真是好东西。特别是在“四清”和“文化大革命”的时候，他大力支持我。他对我帮助很大，我觉得人家一片真心对咱，咱也佩服人家。

我二十三四生了妮子（即女儿），就没当回事，年轻，我妈有啥事也帮忙招呼着。我们一共 4 个孩子，1 个女孩，3 个男孩。以前在我村里，半夜分粮老汉不在家，那时候睡的是炕不是床，我用垫子拦在一起，3 个娃娃放在一起，一个人醒来就都醒来了，这样跌不到地下。农村分粮、扛粮，我都是拿小口袋，不拿大口袋，放到车上自己就推回来了。男人不在家，难免别人说闲话。有的人热心，想帮你扛，扛上两回，就觉得好像欠人家似的，咱就不用别人。

2. 我的一座靠山倒了

他是 1973 年开始有心脏病的，病来了吧，不动弹过一会儿就没事了。病过去以后就是好人，如果难受起来，就坐那里。我爱说，他不爱说。我经常逗人家，他不生气。心绞痛病了 15 年，从 1973 年到 1988 年，他一直坚持带病上班。从家里到知青门市部，有人还逗他：“老杜老杜，快给你小子盖房子准备东西吧，给小子说婆姨呀。”他说：“我是今天不保明天，叫他们自家攒吧，我又没钱，管不了那么多事情，叫他们自家管理自家吧。”人年轻时候和老了不一样，他年轻时候不和女人们多说话，老了以后和婆姨们还絮絮叨叨的，挺不错。

1988年4月10日晚上，那天刮大风，沙暴尘漫天，天昏地暗的。我活了这么大，从来没见过那么大的风。他有病，接受不了这种气候。回来难受，我炒上山药丝，把馍馍馏上。我走过来，他还给我倒上茶叶水，中午我还想睡一觉。他活着的时候，我睡觉如果窗户是开的，一吹就感冒了。老汉死了以后，我无论睡哪里，没人给盖也不感冒了。那天，我到街道去上班，等我回来家了，他背着手，说吃了馍馍难受，就躺到床上，一阵比一阵难受，我想把他送到医院吧，心脏病又不让动。他拉到裤子了里，还说：“你看这活得叫个啥，早点儿死了好。”我说：“不怕，拉裤子了，我给你换一条就没事了。”哎哟，他难受啊。他是在11点多离开的，我在床上陪了他3天，我就不知道害怕，可愣了。心里想这是最后跟人家在床上住了。他死了以后吧，我的心里非常非常难受，觉得一座山倒了。

后来有人给我介绍对象，我不离开这个家，我绝对不能离开，一个是娃娃们需要我，一个是老汉对我挺好，我走了就对不起人家了。原来铁路上劳资科有一个人，一个月挣千把块，是我一个朋友给介绍的。我说：“我不，娃娃小，等娃娃大些再说。现在不考虑这些问题。”现在老了也没必要考虑这些问题了。你将来找个，好了还行，不好了怎么进这个家门，可不行，绝对不行。我公公活了50来岁，我婆婆守寡守了多少年，不也把娃娃们养大了？我婆婆活了八十四五呢。后来又有人给介绍一个财务科长，一个月四五千，知识分子。但我想来想去咋也没有我老汉好。我怎么想都找不到老汉的毛病，坏的都忘了，一天天老记得他的好。我们一辈子没吵过架。二婚没好赖，二婚即便好也是哄的，就像玻璃上贴张纸，模模糊糊的，根本不是纯粹的，和正儿八经结婚不一样，你有娃娃，我有娃娃，在一起可复杂了，我在街道工作见得多了。说难听话，我想训娃娃、骂娃娃由我开口，我就有理，我要是走了返回来，就被儿媳妇看不起了。所以我就这样一个人挺下来了。最近，有个老人60岁了，和我说想找老汉了。4个孩子都大了，不找个老汉老了没办法生活。我和她聊了半天，她流了眼泪。我说老了老了你去伺候别人了，我走到这一步就得坐稳稳的，你如果再找个人就不行了，走一处不如守一处。

3. 我是家中的“天”和“地”

老汉走的时候，我刚 47 岁，大儿子 21 岁，二儿子 16 岁，三儿子只有 11 岁。我家孩子们也要生活呀，妮子在知青门市部跟着老汉上班，刚挣得 24 块，小子挣得 30 来块钱。房子没房子，要啥没啥，抚养孩子的重担全部压在我一个人的肩上。捡瓶子、捡煤，我都干过，可勤俭过日子了。我在居委会工作，只有 70 元的补贴，孩子们都上不起学。我想起老师曾经的教导，遇到事情想想英雄人物，挑起了家里的千斤重担。这就把我的勇气提起来了。咱就是个男人，咱就不是女人，离了男人就不能活了？咱就得想办法，人不能落了胆，你一软这人就完了。我要像杨门女将、花木兰从军一样，要有智有勇。泰山压顶腰不弯，我就挺起来，相信总有把事情办得好的时候。

我的二小子刚 16 就去当兵了，三儿子也是在 16 岁送去当兵的，在北京当特种兵，复员后回来了。我见不得小孩们蹲家里，那时候华钜（商场的名字）刚建起来，觉得挺不错的，我就想让他去华钜那里当临时工，就当个保安员吧。孩子头一天刚回来，我第二天中午没吃饭，就去问华钜商场的一个师傅，你这里要保安员吗？那个人告我怎么去找主管，我找到主管，跟他说：“我小子刚复员回来，想来你这里当保安员。”他问多大了，个多高，文化程度等。我说：“1.7 米，高中，还是党员。”人家就让他去了。他在那里干了两年保安员，还当了个小组长。后来，一个朋友跟我说：“老张老张，公安局招人，你不叫你小子去看看？”又一个人跟我说：“我有张报纸，你看一看吧。”我一看条件，复员军人，共产党员……孩子都符合，去报名就考上了。很多事情我都不知道，是别人帮助的，很多人帮扶着。

想想 3 个小子得说婆姨（娶媳妇），大事情呀！我啥也不考虑了，想办法。1992 年，我贷了 4 万块钱的款，又跟办事处的同志们，街道的居民们，借 1000 块的，500 块的，800 块的，我打上借条，凑钱买了个中巴车。说借一年，我到时候都要还了人家，即便没有钱也要跟另一个人借上，马上还人家，我再给另一个人打条子。所以，现在我借钱不发愁，我借上钱会按时还人的，不坑人骗人。有时候突然交费，问别人说：“借给我两三千块，我过两天还你。”人家就说行。我不挣钱，可是能借上钱。买上了汽车，还得想办法买线路，也是东求人西求人，还得根据管理办法缴费，这些都是我一人弄的。我家的中巴是跑平遥、祁县和太谷这条线的。我家二小子开车，我又给找了个卖票的。那时候中巴车竞争厉害，都抢乘客。我跟我小子说：“怀娃娃的婆姨，或者神经病，老婆老汉们，你不要跟人家要钱，难免打起仗来。另外你要是行善多了，老天爷会怜悯，你的汽车会跑得好。”结果就是，其他车不上乘客，我小子的车乘客就多，人们就眼气（羡慕）。都说：“榆三（二小子的外号）的车怎就跑得那么好呢?”天黑了，七八点钟该回来了，他还回不来，那时候也没有手机电话，我就赶快念阿弥陀佛，观世音菩萨，叫娃娃回来吧。用不了20分钟娃娃就回来了，回来就安心了，今天又挣钱了。看看今日挣了多少钱，借别人的该还得还，有多少还多少。有3到4年的时间，我把所有的外债都还清了。就这样，我娶了3个儿媳妇。

老汉去世后，我们孩子穿的全都是新衣裳，也没活得不如人家一点点，周围人都还没安装电视，我家就安装上了，他们没买沙发，我家就买上沙发了。他们安装暖气，我也安装。我太要强。孩子们没老子，我就是天，就是地，又顶天又立地。他们虽然没老子了，但是他们一天罪都没受，我看到街上没老子的孩子可怜，受别人欺负，我们家的娃娃没有别人敢欺负。我这一辈子也没白活。我不知不觉地把孩子养大，现在孩子都有车有房子，也就心安理得了。有时候想想，自己怎么活过来的，我说不上来，我是又顶男的又顶女的。我想不论男人或女人，只要有勇气，有朋友，自己克勤克俭，大山压顶不弯腰，自立、自强就是女人的志气。

我老汉走了后，我告孩子们，咱们没钱没权，不要惹事。孩子们都听话，没有和人吵过一次。老人修行得好，孩子们受用。我看到善意人就非常敬佩，看见厉害的人、不讲理的人，就不想理他。

4. 社区就是我的家

1973 年我户口转到榆次市以后，于 1979 年来到社区工作，在榆次市新华办事处榆和东新区任居委会支部书记。一直干到 2002 年，退养下来了。我一开始在社区挣 15 块钱，干了 20 多年，到退养下来的时候才能挣到 130 块钱。以前，外贸、食品厂、印刷厂，这些单位招人我还不想去干，觉得社区好，能与人打交道，总觉得跟这工作就有缘分。我这工作不挣钱，即使挣 15 块钱也愿意干，因为我觉得人的力量最重要，我和老百姓的关系挺好的。我这一辈子都是朋友们捧起来的。

任职期间我积极配合上级党委工作，政策能够准确快速地上传下达。真是跑断了腿，磨烂了嘴。以中心工作为主，如综合治理、计划生育、结婚离婚、民事纠纷、低保、征兵、卫生、捐献物资、救灾、人口普查等。上边一根针下边多条线。别人办不了户口，我帮他们办户口。我爱管闲事，说得好听些是热心，说不好听些是管闲事。你对人好，人们才对你好，你对人不好，人家也不会对你好。起码别人干不了的事情我能帮他们。1982 年的时候，盖起来 6 排房子，有 105 家住户没有水，也没安水总表，电视也看不上，下雨天路泥泞得没法走。我就想尽办法，一排安一个水井，号召大家有力的出力、有钱的出钱、有砖的出砖，各尽所能，不仅安上了水表，还把路都用砖铺起来硬化了。可是，居民想看电视看不上啊，我就想办法让大家凑钱，那时候人生活比较困难，凑钱也很难。然后我又设法联系广播站，使得交了钱的住户可以看到电视。我在院里住，咱们的巷子里一礼拜扫一回，连茅房都轮流扫。这就是人的觉悟和素质。那时候，我们说上一句话真是像圣旨一样，茅房到时候检查都是干干净净的，大家养成了习惯，觉得挺好。现在的工作比原来难干，很多人都不服从。那时候许多人家在街上堆了一堆堆煤炭，因为影响环境卫生，我先把煤炭拿回来，其他居民都自觉地拿回院里。1986 年下大雨，电业局管理不善，刮大风，一个大雷把我们社区住户的冰箱、电视、洗衣机等家电都让电击了，一共是700来户，我就找到电业局帮助他们维修。那时候哪有电话，公共车、电动车还不普及，我就靠两条腿走路，找到电业局，能维修的维修，不能维修的赔钱，我一家家入户登记，摸清状况。人们提起我，都说：“人家老婆子真是能干。”我是为大家办事，那时候没有什么利益，我们那时候群众工作扎实就在于入户入得多，帮助居民帮得多。

特别是入冬后，每逢过年过节，我和居委会其他同志们要去挨门逐户地访问那些老弱病残，鳏寡孤独的恓惶人，告诉人家小心煤烟，该救济的问上边要些救济款救济他们。虽然不多，他们觉得可温暖了，谁家该打扫了，生病了，也要去帮助。从内心里觉得他们好像是一家人似的，我就得负起责任去照顾别人。我在这个街道没和人吵过闹过。但是有些工作难干的时候，难免顶两句。好事多磨，你做得好，别人还是拥护你的。前两天碰到一个小子，他家原来可困难了，人口多，吃救济粮。他跟我说：“大婶，这一片没有人能有你这样的心肠，我赞成你。”一直以来，我事事为居民着想，把群众的事情当做是自己的家事，一颗热心为大家。我一直认为，党就是我的心脏，群众就是我的血脉。

四、往事如歌 别样感悟

1. 割舍不下的社区情谊

2002年，我退养下来后，又帮助社区新干部干了3个月。新社区没有基础，没有办公室，都在自己家里干的，我给她们找办公的地方。2010年，我们新的社区在三局那边办公，一天晚上两部电脑被小偷偷走了，他们无法工作，我给他们找了好几次办公场所。最后，我把我的房间腾出来供他们使用。房租、水电暖费我都一分不收，直到他们找到新的办公地点。他们很辛苦，也没钱，我需要尽我最大的努力来帮助他们。直到现在，社区有事情，还把我唤过去聊聊，有个啥事情，不大合适的事情，我就给她们指出来。

2003年到2008年期间，我就在晋中市环卫局打临时工，和一群人说说笑笑挺好，挣个三四百块钱，挺开心。在这里，我也是搞群众工作的，吐痰罚款搞卫生，又待了6年。有人吐痰了，我们要罚款；扔烟头了，得捡起来。虽然自己挣得不多，但觉得挺有意义。2008年回来后，2009年在社区管物业，我干活不是为了挣400块钱。我孩子们现在生活都好起来了，一个人给我200块钱吧，4人就给我800块钱。所以很多人难免会误会，我主要是为了让脑子能活动活动。一直以来，我处理事情是对事不对人，你事情做得不对，你不能怨我处理不好，我如果对你从宽处理，大家就有意见了，就影响党的政策了，对不对？反过来，你总有想开的时候。居民工作必须有耐心，必须有热心。

我去年办了3件好事情。其中一件是帮居民把路修好了。去年市里规划50条街道，但咱这小区不属于规划以内的。路烂得不能走，你不去寻人，没人管你这事情，就去找人，把电视台叫来，给摄像，给12345打电话，那个人大代表挺好，帮咱们了，修了150米长的路。我好管闲事，热心。我走不走，反正我应该做的事情做了。还有一件好事是申请到了廉租房。

2. 简单而规律的晚年生活

我们这一代人的生活比过去我父母那一辈已经好多了。我的生活很简单，退养费加上我老汉死后单位给的200元抚恤金，月收入有1000多元，也够用了，养老不发愁了。因为那时候的档案丢了，我们干了30来年最后退休金每月就挣二三百块钱，当时退养下来118个人，现在剩80来个，我们每年去问政府要钱，政府每年还给涨些。当然，现在钱不是最重要的，精神是最重要的，咱就是心情好一些。老汉走了以后我常年吃素食，一天3顿饭，一顿一碗饭，吃了以后喝点儿汤。不分好坏，不挑食。生活很规律，觉得非常精神，不抽烟，不喝酒。我每天下午锻炼身体，大概走1800米，晚上喝一袋奶。人老了，能动是自己的福气，不要让别人伺候。

我那廉租房可好了，真舒服，进来以后有厕所、厨房、客厅，两个卧室一大一小，是榆次最好的廉租房。我在客厅贴了四大伟人的照片，还买了鱼贴画，年年富裕。看着红红的，挺好，那两个小娃娃看见我笑呢。跟老汉结婚后没房子，搬了8次家，走到那里，我都收拾得让进来人感觉是个家。但是太干净了没人去，我从来不让人进来脱鞋，不就是多拖一下嘛。咱不抽烟，但如果电视坏了，得让人修修吧，所以也得预备上烟，给别人一个好感。

在我眼里，好朋友和健康是第一位的，钱是第二位的。有钱买不了你的健康，我一辈子在老百姓跟前跟人打交道，知道人的个性。处人必须看对方的脾气，为人处世一辈子也学不完，活到老学到老。我可品味过，三年学会买卖人，一辈子学不会受苦人。会做的和不会做的不一样。做啥也都有外行和内行，走到哪儿学到哪儿。我和朋友出门，去南京旅游，去河南看牡丹，觉得出门和人相处很好，一路上他们唱我也唱，即使不会唱也跟他们唱。无论老的少的，我都能跟他们说一块儿。我待人接物心态很好，无论我走到那里，都有很多朋友。我现在没觉得自己 70 岁走不动了，有时候孩子给我买衣物，我觉得样式不时兴，我要自己去选。

3. 女人要自立自强

说实话，人不分男女，你要有志不在于男女，女人要有主意有心，没主意就完了。过去的女人大门不出二门不迈，现在社会不一样了，你有本事就走出来，想怎么干就怎么干，尽量施展你的才华和能力。我当年不是买汽车能给 3 个娃娃娶上媳妇？娶一个媳妇花 3 万不算多，乱七八糟没 10 万块钱是娶不上 3 个媳妇的。人这一生说容易也容易，说不容易也不容易，人活得不管有多大岁数，必须有志气，没志气做不好。我虽然每月只挣 15 块，但人处得好。一辈子感谢人，不能太自私了。一生都和老百姓接触。走到哪儿都是和老百姓打交道。17 岁走出家庭，当了义务教员；以后到了公社医院，做妇女工作和幼儿工作；后来下乡，在村里担任了十来年妇女主任；回到街道，又干了 20 多年，还是和老百姓接触；到环卫局待了 6 年也是和老百姓接触。我这一辈子没挣大钱，我觉得钱并不是万能的，但没它也不行。我老汉走了以后，我一分钱没有，都是跟邻居和办事处借的钱，虽然我不挣钱，但是人们也愿意借钱给我。女人靠男人不是办法。

4. 党的恩情比天高

我大弟弟张文秀，18 岁上当了兵，是党员，1965 年至 1974 年在临汾当空军，后来到电业局工作。我三弟张秀峰，也是党员，1973 年至 1978 年在北京卫戍区，退休后在北京看小外孙。我们家对党有着深厚的感情，家里四大伟人照片熏黑了我都舍不得扔，卷起来存好了。我的 4 个孩子生活过得都不错，都有房子和汽车，两个儿子都加入了中国共产党，我很知足。妮子大专文凭，是会计师。大小子收入也可以，二小子买的出租车，也买上房子了。最小的儿子是个副队长。大孙子大学时在山大学法律，毕业后考上了公务员；二孙子在武汉学医；最小的孙子在二中上学。我的孩子们对我可好了。过母亲节，女儿花 800 块钱给我买的首饰，小儿媳妇给我桌子上放了 100 元钱，说：“今日是母亲节，你自己买些吃的吧。”二儿媳妇给买了个珍珠项链。我很知足。他们比我强，他们有了，我也有了，没想到活成这样。我经常和孩子们忆苦思甜，教孩子们学会勤俭持家、艰苦朴素的优良传统。我告诉他们：“不管你们干什么，无论你们在哪里，都必须按照党的方针和政策办事，永远跟共产党走。”我对后辈们的希望就是，早日加入中国共产党，为共产主义事业而奋斗。共产党好，没有共产党能有你的今天？现在多好，地里税免了，土地还补发钱，自古以来哪有这样的事情？告诉他们要本本分分做一个诚实的人，不要把钱放在第一位，荣誉是第一，不论走到哪里，父母、领导、朋友是靠山。孩子们为人处世都做得挺不错。我期待社会越变越好，党永不褪色。一定要把我们的江山保牢保好，要经得起寒冬和冰雪的考验，“红军不怕远征难”，两万五千里长征的艰苦奋斗精神不能忘，祝愿我们的祖国像春天一样美好！

访谈员后记

张秀华，女，党员，担任过义务教员、妇幼保健院股长、助产士、妇女大队长、社区主任等职务，用她的话来讲，她的工作一直是与人打交道。初次结识张秀华阿姨是在2009年，阿姨给我的第一印象是热心，爱管闲事。当我提出对她进行采访时，阿姨很爽快地答应了。直到2014年，我才正式对阿姨进行访问，在整个访谈过程中阿姨非常认真、热心，积极配合着我，让我非常感动。随着对阿姨的深入了解，我渐渐地读懂了她。首先，阿姨是一个自立自强的女人，在阿姨47岁的时候，她的丈夫离开了人世，留下4个孩子，最小的才11岁，用阿姨的话说，就是“一座大山倒了”。然而，面对困难她没有退缩，阿姨用她并不宽广的肩膀承担起了整个家庭的责任，让孩子们有尊严地长大成人。其次，阿姨是一个智慧的女人，她的收入非常微薄，丈夫走后，家里更是没有经济来源，但以她常人难有的魄力买了一辆中巴车，面对多辆车拉乘客的激烈竞争，她却另辟蹊径去找拉乘客的方式，这是一种智慧，也是一种善良的本性。在这个家里，她既当女人又当男人，她给3个儿子娶了媳妇，还给孩子们都争取到了住房，晚年的她自己还申请到了一套廉租房。70多岁的阿姨对党的政策了如指掌，这是她多年来的职业素养，这种素养让她看待事情的眼光更为长远，看待问题也比寻常人高出一筹。她家的客厅里挂着四大伟人的画像，能看出来，阿姨对党由衷地感激和拥护。在我眼里，阿姨是一个有责任感的公民，很多事情在别人眼里可能会觉得与自己无关，或者认为自己无须去管，但阿姨却勇于承担，她不为自己，为的是身边的人。居民的电器被雷击了，她找到了电业局；居民周围的道路不好走，她想办法动员大家修路……阿姨一辈子与人打交道，她的处世哲理和原则、魄力和智慧都让我不得不由衷地叹服！祝福阿姨健康、幸福、快乐！

退休后的人生依然灿烂
——丁淑琴访谈录

- **访谈时间：** 2012 年 1 月 30 日 14:00—15:44
  2012 年 2 月 1 日 14:00—14:18
  2012 年 2 月 3 日 14:00—14:51
  2012 年 2 月 5 日 14:00—14:18
- **访谈地点：** 第一、二次在海淀区某居委会会议室
  第三、四次在受访者家中
- **受 访 者：** 丁淑琴
- **访 谈 员：** 刘亚娟（复旦大学历史学系博士研究生）
- **整 理 者：** 刘亚娟（复旦大学历史学系博士研究生）

编者按

从受访者80多年的生命历程中，我们了解到她生命的各个阶段，特别是少数民族女性的生命历程，新中国成立之初的庆典活动，新时期的女性如何自强自立，退休后别样精彩的生活，对所经历事件的观察和洞见等，这些都非常值得我们去品味和解读。

一、家世背景 童年记忆

1. 家世背景

我1930年出生在一个工人家庭，父亲在毛纺厂工作，一家人是地道的老北京回族。家里兄弟姐妹6个，我排行老二，有1个哥哥、3个弟弟、1个妹妹。我唯一的妹妹，在她6岁的时候生了场病，不巧我小弟弟也同时生病，小弟弟才两三岁。家里净照顾小的，妹妹管得少了点儿，病就加重了，没多长时间我小妹就死掉了。家里这几个孩子因为生活困难都没怎么上过学。就我三弟弟最好学，非要上学，为了上学他也没少吃苦。他以前在我姥姥家生活，小学、中学都在清河上，中学毕业后他想上大学，家里供不起他，怎么办呢？那时候我母亲搬到城里住了，他就上我母亲这儿了，晚上卖晚报，白天学习，挣了钱以后就交到学校当学费，为卖晚报他的腿还让铁丝给扎了一个大窟窿，这样还考上了回民学院。别看当时家里头吃不上饭，我父母还是很认真地教育着孩子们。虽然我们都没上过学，但是都懂人情，讲道理，很多规矩都是家里人教给的。比如说看见人要客客气气地打招呼，就算心里有什么事儿挺烦的，也都得笑着，不能带出表面，见人不能耷拉脸，这都是父母教育的功劳。家里管得很严，母亲教我们都要孝顺父母，这一点对我教育下一代都有很大影响。

小时候父亲在工厂里做工，挣钱很少很少，我们弟兄6个加上父母亲，8口人混合面还不够吃半个月的，生活都成问题。我母亲就想办法，先是给卖油盐酱醋的商店里头的工人做活，缝缝补补的，贴补些家用。就这样，生活还是不行，等哥哥到了14岁，家里就给他找了一个商店让他去做学徒。生活也还是无法维持，我母亲就一边做活儿，一边趁这工夫捡点儿白菜帮什么的，晚上好熬点儿粥。

2. 我所亲历的战争记忆

我到了大概8岁，日本鬼子来了，就跟着我母亲去逃难。飞机炸啊，母亲就拉着我们往庄稼地里跑，底下还有弟弟什么的，就全都拉成一大片，跟着大伙儿一块儿跑，飞机来了就钻庄稼地里，飞机走了就再走一段，走到哪儿算哪儿，死了就算完了。我们在清河住，原来那个清河大桥都是土路。逃到德胜门那儿待了几天，后来就找礼拜寺。礼拜寺有藏身的地方啊，鬼子不进那地方。可是待礼拜寺也不是办法啊，吃饭也成问题。于是过了几天，待到日本鬼子已经进北京了，甭管枪啊、炮啊，打完了以后都踏实了，我们就都回家了。家里头反正也没正经东西，也不怕小偷偷了。后来想想，幸亏当时逃了，不然还不知道是什么下场。回来以后就听说，清河镇的东街，有人挖了一个地窖，当时有的人没逃，就上地窖里头，最后被日本鬼子全给打死了。回到家以后，整整东西，接着过吧。

有一天，日本鬼子说自己丢了枪子，闯进我们家。他们进家以后满世界搜，现在想起来，跟那醉鬼一样。他们拿着枪指着我三弟弟脑门，吓得三弟直哆嗦。问他拿枪子了没有，什么是枪子，他哪懂这个？我们瞅着枪子恨不得走远点儿，还害怕呢，怎么可能拿？日本人不会说中国话，就跟我母亲说，拿着这个（枪子），摆摆手，意思是“没有了，没有了”，我母亲说：“那你找吧，你瞅着哪有？”日本人就翻箱倒柜地找，找了半天没有，屋子里给弄得乱七八糟的，骂骂咧咧地就走了。不管怎样，就是日本人来了，我们也还得生活啊。那时候哪还有什么钱啊，大家就都去捡白薯。我就知道我母亲老捡老玉米、白薯，回来磨磨吃，我记得有时半夜里起来捡麦子，还拉着我弟弟一块儿去。以后我母亲实在没有办法了，父亲也生病，就打算做点儿买卖好挣点儿钱。那些有钱人喜欢在一起耍钱（赌钱），我母亲就买一点儿东西，到海淀那儿买点蜜贡，小点心给包好到那儿卖。他们玩儿的时候要吃，我们就可以赚点儿钱回来。

二、青春年华 追逐梦想

一家人想尽办法，但生活还是困难，我到了 11 岁，就上毛纺厂去当童工。我先是被分配到原毛科，就是择棉花，把那棉花籽择出来，以后又给我调到絮毛科。因为我太小，够不着那机器，最后又给我调去糊纸管，厂里自己生产纺纱的纸管。我每天上班 12 个小时，白班是早上 6 点上班，下午 6 点下班。夜班是从晚上 6 点到早上 6 点，就这么两班倒。每次下班时，日本人还要搜身，不管男女都要搜，怕拿走东西。我年龄太小，爱犯困，干着干着就睡着了，日本人的走狗就拿着我糊管的铁棍给了我一棒子。我这额头的血一下子就流下来了，兜里掏点儿烂纸给糊上了，这样也不能下班啊。旁边的小伙伴看着心疼，随便找点儿东西拿点儿破布什么的，就给我包上了。回家后，我母亲也没有办法，糊上点儿沙土什么的。苦人还挺好活的，也没怎么着，就落这么一个大疤。日本人谁也惹不起啊，还得去上班啊。

当时觉得日本人怎么这么坏，非要侵略我们国家，还在这里欺负我们老百姓。只是知道他们是帝国主义国家，听说他们日本生下来就给男孩们记上号，到你这儿一查，谁多少号多少号，到日子就得上战场。还没经过训练就得往战场上拉，上战场可能就死了。他们上咱们这儿来打仗，咱们老百姓死了那么多，他们出来，咱也得打他们呀。咱们共产党当兵都是自愿的。国民党倒是抓壮丁，也不管你愿意不愿意，不管家里一个孩子俩孩子，抓起来就走。

三、家庭与事业 平衡与抉择

1. “大姑娘”出嫁

我在厂里干到14岁，我母亲就说，姑娘大了，不去了，那厂子不安全，我也不懂什么叫不安全。不去工厂我就跟母亲学着做活，就是缝缝补补什么的。那个时候十几岁就算大姑娘了，我母亲张罗着给找婆家。回家待了不到3年，17周岁时，母亲就给我包办结婚了。我这个爱人说来和我还有点儿远房亲戚关系，我姥姥是他姑奶奶，但我们俩也没怎么接触，之前也没有见过面，可能小时候我母亲上他家去见过，见过也没印象，他奶奶是我母亲的舅妈，都接着辈呢，互相都知道、都了解。我那时候虚岁就18岁了，我那老头儿是20岁，我们俩岁数还相当。开始的时候，我想自己还这么小，也不太高兴结婚，稀里糊涂就嫁了。不像现在谈思想、谈感情什么的，那时候没有。结婚的时候虽说家里穷，我母亲也给准备了点儿嫁妆。当时流行桌子上那五大件嘛，瓶啊、罐啊、暖壶啊，这些东西。我母亲就想办法上海淀，买了罐子就自己扛回来了。还做了两个汗衫，就摆摊卖那个小白布条，我母亲会做活，就使那个拼的，做成汗衫，还给做上花边儿。

爱人家里头住平房，算是能吃上窝头，生活也不太好。婆婆家也给做了些衣服，做一件大衣裳，有棉袍，有裤子，什么都有，北京还比较讲究。婆婆家是个大家庭，我还有4个婶婆，二婶婆跟四婶婆住一个院子，我跟婆婆、三婶婆住另一个院子。还有一个老婶婆，她们家开一个铺子，就住在那一家铺子的后院。我们这两家子吃饭啊，要点儿棒子面啊，要点儿菜油啊，都是上那铺子那儿去领。那边领完，这边领，反正都是一个家庭，就是分着两个院子住。我们这两个家庭，要吃点儿包团子，就要去捡白菜帮，都是这样的。上人家的白菜地，捡点儿白菜帮，有的时候人家可怜我们啊，就给点儿小白菜，三婶婆就给我们包团子吃。

我们是1947年结的婚，从1944年开始咱们国家就有地方已经解放了，可是我们家这儿还没有。1948年国民党兵到我们家这边来了，是让解放军赶过来的。跑到我们村庄以后，就让我们腾房子，他们住。那伤病员啊，乱七八糟的什么都有，态度还特别横。我们家里头原来的老房子是3间北房、2间东房、2间西房。我三婶住2间西房，我跟我婆婆住3间北屋。国民党把我们都从屋子里轰出来，让住小屋去。当时我还没有孩子，我们6口人就住在一个屋子里头，我们住东屋，他们的人住北屋。看见他们骂骂咧咧地拄着拐，我们也很害怕，不敢出来。他们问我们要吃的，我们家还困难呢，连窝头都吃不饱，家里棒子还没磨呢，就给弄走了。老人腌点儿菜，雪里蕻、白菜帮什么的，也都被他们弄走了。外面每一家都住的国民党兵，他们可野蛮了，横抡竖打的，他要走路，你挡在那儿，他就一巴掌抡过去，意思就是说我是伤病员，我有功才受的伤，你们都得让着我。我们这儿没吃的，怎么办呢，我三婶婆就满世界去讨，有时候哪个街坊有点儿吃的，就互相帮着点儿，你给我吃的，我给你吃的。有的藏得严的，国民党他们也拿不到。可是要看到我们吃东西，就问："你们哪儿弄的吃的，你们怎么还有吃的？"我们说："我们没有，没有。"孩子嘴都不敢动。可时间不长，那是1948年，都快到年底了，待了有不到半个月，十来天，就把村里吃得东西都吃得差不多了，解放军追过来了，他们就赶紧逃了。

这帮子人走了以后，又进来一拨，我们不理解，就害怕啊，说："怎么又来了？"这军队来了以后呢，不一样了。见了老太太就喊"大娘，大娘"，老太太见他们就叫："长官，你们有什么事儿啊？"就害怕啊，见他们都哆嗦啊。他们说："我们是解放军，我们是毛主席领导的解放军。"我们当时哪知道什么是解放军啊。他们说："我们不毁群众，我们有三大纪律。"老太太也不懂什么叫三大纪律。解放军就问我们："你们干吗都住在这儿啊？""军官来了之后，让我们都住在这儿的。""不用，您给我们腾个小房，您去住那个大房去，我们也得住，但是您给我们腾个地儿就行。"我们老太太说："这拨儿（这回）的军队怎么那么好啊？孩子，你们别害怕，这拨儿的军队好。"虽说解放军告诉我们说八路军是保卫人民、保卫群众的，我们心里还是不踏实，可是后来一起生活就都看出来了。他们吃什么呢？就用那扒开之后的老玉米豆煮饭，我们也不知道是在哪家做的，之后瞅我们家没吃，就给我们端过来一盆。我们就一人吃点儿，以后他们弄什么，就都给我们送点儿。

我们家的老人从外头买点儿东西回来吃，他们也不捣乱也不搅和。也就是稀里糊涂地知道这事儿，当时女的在家里都不让出去，不许问这问那的。解放军好像住家里头有一个多月，他们不骚扰我们，还给我们挑水、扫院子。真是那样的，干这个干那个的。我们说："你们别干了。"人家说："不，我们来了就得帮你们干。"他们也是一会儿集合走了，一会儿又回来了。快到年底的时候，解放军还在这儿住着，就看见部队向各家借大梯子，梯子接梯子，弄大梯子，说要攻城，奔西直门那儿跑。他们开会计划啊，也不背着老百姓，反正我们在这儿也听不懂，也不敢听人家的，只是听说哪天攻打城里头，我们就害怕啊，我母亲他们还住在城里头，就揪心城里头炸了怎么办啊。我公公那老头还在城里头卖烧饼果子，也着急。这样说了好几天，最后不知道怎么谈判的，和平解放了。

2. 走出家门工作

北京解放之后，就有工作队下来安抚，挨个家里头做工作，我们也不害怕了。我那时还比较年轻，还没小孩。工作队到我们这儿来碰见我说："大妹妹，能帮我们做点儿工作吗？帮我们给老太太宣传一下，我们给你们讲讲。"我还害怕着呢，我问："说点儿什么呀？"他们就说："你就帮我们宣传，我们说什么，你到群众那儿做工作，就宣传。”我就这样搞了一段时间的宣传。我念书学了几个字，有时候简单的字我还能认识几个。他们写的大标语啊，有时候我就给帮忙贴贴。中共做动员先要进行宣传，我觉得这种宣传有特点。比如说贴上大标语，妇女解放什么的，她们也不认识字，也不理解。但是你要是去了一帮工作组，哪怕是两三人，和她们聊天，跟她们说道理："我跟你说啊，你不认识字，妇女解放，妇女当家做主了，以后你就有权利了，你也有资历了。”你慢慢讲啊，她们就听进去了，想着自己也得出去干去。有的妇女不愿意出来，主要是要在家里照顾孩子，那就要从思想上做工作：女的去参加工作，对建设社会有好处啊。家里也得实惠，挣点儿钱还能帮助家里头，有孩子也没事儿啊，找一托儿所，我们就说找一个老太太，给你看着小孩，看着玩儿，你们去上班。完了你们回来之后，给老太太发点儿什么东西就成。有的人思想上就开窍了："我应该出去，我劳动完了，经济上也有权利，我独身也能干。”上面的工作组还找我去给人家上课，我说我不认识几个字，怎么给人家上课，不过我还确实教人家认过一些字呢，方法主要是靠讲道理："你要是识字，哪怕一二三你要认识，到时候你不吃亏啊。”直到现在，她们还记着这事儿呢。这说明什么呢？你给她们讲，她们听进去了，知道自己要独立。为什么以后都走出家门，妇女都出去工作了呢？这都是靠宣传的结果，要不宣传做不到这个。而且，这种宣传基本是人对人的宣传，人对人的宣传最有用了。实际上，后来做居委会工作也是这样，街道办托儿所都这么办，街道有什么啊，没有钱，也没有权，办什么托儿所。像我办托儿所，还跟学校要一些小床啊什么的。村里要是办托儿所，什么都没有，怎么办呢？我们做工作是挺困难的，也不是一次就说通的，但是做思想工作确实是比较有用的一种办法。

新中国成立后，家里算是平安了，开始搞生活了。但是刚解放，买卖也不好做，日本鬼子走了，国民党也被打败了，没有人吃啊，饭馆也没人来，所以我们这大家庭就过不下去了，就分家了。我婆婆生了 4 个女儿，就我爱人一个儿子，那时家里封建，没生我爱人之前，就抱了一个男孩子。家里以前不能独立生活，怎么办呢？我爱人和公公两个人就摆一个水果摊，维持我们家的生活。我结婚之后，爱人的几个妹妹结婚的结婚，去世的去世，就剩一个小妹妹。我们三婶还在我们这儿住，谁做什么就吃什么。慢慢地，我三婶他们弄了房子，就出去了，没在一块儿住。

正过着平安日子，我怀孕了，1949 年生这个大姑娘，有了孩子哪儿也去不了了，就在家里干点儿家务事呗。可是家里生活还是困难，他们爷俩在城里做买卖，在前门外的民主戏馆子门口摆一水果摊，这样干了几年，也不行。可能是到了 1952 年年底 1953 年年初，有人给我爱人出主意，说政府办了个少数民族训练班，你赶紧去看看。当时北京市通知少数民族可以学习，就在东四礼拜寺，这样他参加了第 4 期训练班。训练班有一个校长我记得是叫马务本，内容主要是讲政策，讲政治，现在哪发展了，哪解放了，你上哪儿好啊，目的是什么啊，这样讲主要是为了做思想工作，到时候给你安排工作好让你服从。这样学了几个月，白天学习，每天去半天，晚上做买卖。没毕业就给我爱人分配到邮局，他生活紧张啊，人家一调查就知道了，连生活都过不下去了。邮局让他送了几个月的报纸，就把他培养成司机了，50 多岁以后就搞业务。他户口本上实际上就是小学毕业，不过小时候倒是念过私塾，“人之初，性本善”，这些都知道，那时候我都没有条件上学。

分到邮局的时候他可高兴了，因为算是有稳定的收入，可是这样一个月也就几十块钱，生活也紧巴巴的。慢慢地我也想出去挣点儿钱，正好我表妹给我打电话，让我来清河制呢厂，因为这厂招原来的老工人。家里不让去，婆婆就说女的不让出去乱跑，你要说封建吧，好像也没到那个程度，就是有点儿顽固。我那小姑子，当时也是这个情况，针织厂招工让她去，家里不同意，这么大的姑娘不能上外头挣钱，要不她怎么赌气跟家里面要了户口本，也上少数民族训练班学习去，学完之后就给分到甘肃，她还真去了。

我呢，看他们都去了，也想上训练班。我当时已经有孩子了嘛，婆婆说：“你要去，没人给你看孩子。”我就把孩子抱我母亲那儿去了，我想我得学习。都解放了，工宣队说让妇女出去工作，就给我讲道理，说现在妇女都解放了，还让我去宣传，我也跟人家讲，我能不懂这道理？我叫我母亲给看着孩子，要不我还得带着孩子去念书，就这样我也感到特别吃力。毕业了之后，一开

丁淑琴女士参加北京市第 6 期少数民族训练班结业证书 （1954 年）

始给我分配到铁路，我倒是愿意去，可面试的时候人家说你带孩子不行。后来又给我分配到青海，说带着孩子也能去。我婆婆家不同意，我母亲也不同意，到那儿怎么过生活啊，我爱人也不在身边啊，最后也就没去成。我当时已经生第二个孩子了，二女儿还是我母亲看着，我也上我母亲那儿吃去。我母亲那儿也不够吃的，只能凑合着，我带着孩子老吃我母亲的也不行啊，不久我就带着孩子回家了。当时我老公公也病了，我爱人挣点儿钱连吃饭带生活，婆婆就在家里头蒸点儿馒头卖，生活还是困难。

我以前不是也跟我母亲做过活儿嘛，后来有几个人召集说去学挑花，我就上挑花组了。上挑花组老太太不反对，因为都是女人，还都在家干，钻胡同里边，一会儿叫回来干点儿这干点儿那，也不耽误家务活。因为我干活利索，学东西也比较快，不久挑花厂给我抽到厂里工作。这下老太太又不同意了，说："你一天不在家，孩子也管不了，谁管啊？"我就跟她好好说，做工作呗，反正到时候上班也就走了，时间长了，她也就不说什么了。上班时候往家拿钱，一个月 15 块钱都给她，让她过日子，老太太也挺高兴的。就这样，我走出家门参加工作了，真是感谢毛主席，我说一定好好工作，报答党，报答毛主席。在挑花厂的时候，我们到单位每天早上学习老三篇，什么毛主席怎么指挥打仗啊，组织大家学这些东西，学习怎么为人民服务啊，怎么做工作啊。

3. 激动人心的游行

1949 年以后，每年都有游行，开始我们还不知道。以后单位组织上天安门去游行，我可高兴了。为什么高兴？见毛主席啊，净说毛主席，没见过啊，谁知道毛主席什么样啊。也没瞅见过，谁想去自愿报名。都好几十人报名，抽出来耽误工作，不上班啊，整天练，练一个月啊，怎么站着，怎么坐着，怎么去啊。练习站方队，组织上可能觉得我挺泼辣的，挺敢干事儿的，厂子里头还让我当连长，我说我不行，我都不会走道儿，人家先走右腿，我先把左腿甩出去，可乐了。我说："都走成这样，还找我当什么连长啊？"领导说："你就领着吧，领着走就行，让别人学着。"你没瞅呢，可乐呢，我们也高兴啊。

游行的场面我现在还记得，见到毛主席，哎哟，那眼泪哗哗地往外流啊！毛主席在上面一招手，我们就呼啦一下跑天安门底下去。我们全得穿白汗衫、蓝裤子，举着花儿，红的、绿的，什么颜色都有，一下雨就全弄湿了，就看那白汗衫全都是红道子、绿道子的。我们女同志还都给排到前头，都沾光了，检阅的时候，周总理、朱德从那儿过啊，我们都看得清楚着呢。毛主席在天安门一朝我们招手，我们又哭又笑的，笑是因为见着了，哭是因为特别激动。感谢毛主席，直到现在我还是感谢毛主席。没有毛主席解放不了我们，我们妇女没有这么高的地位，那婆婆说什么是什么，你都得听话，你不听话，她就不干，她让你干什么，你就得干什么。比如说，晚上婆婆不睡觉，你不能睡觉；家里来了人，人在那儿喝水，你就在旁边站着，一杯一杯给人倒，人家喝完了，你才能走。你要说婆婆封建到那个程度也没有，有时候她也挺疼你的。

4. 特殊历史时期中的人和事

1958 年开始"大跃进""大炼钢铁"，挨家挨户地交东西，凡是铁的，别管是什么东西，都交出去了。尤其是孩子们，学校里讲的，可积极了，早上还炒着菜呢，中午铲子没了，都被孩子们交到学校去了。当时确实有种精神状态，主要是有一个奖励机制，做得好的会表彰，不好的觉得自己是落后分子，也觉得怪不好意思的。说是炼铁，也就是有小炉什么的，把铁仍进去烧，它就熔化了，也有人管。我们女同志也去帮着弄。抽男同志去炼钢现场的多，女同志大铁铲也拿不了，挨着火也干不了啊。要说炼出来的结果，哪怕炼出一疙瘩，也会展览一下，让大家伙看看呢。

我是 1958 年 11 月到挑花厂的，挑花厂的业务那时已经不太行了，就给我分到昌平，让我教挑花去了。这样在昌平住了两年，孩子就让婆婆家里照顾着。1960 年生的第 4 个孩子，满月以后，我们挑花厂有一个代托所，我就带着孩子上班，早上早走一会儿，晚上 6 点钟下班。我觉得没有文化太着急了，晚上给孩子喂完奶之后，不吃饭就去上夜校，连着学了两年，还给我评一个中学生。有点儿文化是不一样，挑花厂给我抽到办公室了。后来没过多长时间，挑花厂也不行了，34 楼后头有一个娘娘庙，挑花厂本来就在那儿，北大要把娘娘庙拆了，刚好学校自己有一个药厂，我们挑花厂这些人分到药厂里一部分，我住在颐和园北，这么着就留在北大了。

1959 年到 1961 年三年大饥荒，要说在北京市城里还过得去，但就是感觉什么都缺，想吃点儿什么好的都没有。你有钱还能买得着，但一般的老百姓就吃不上了，没有那么多钱，东西贵啊。温饱还是可以满足的，我在北京从新中国成立以后没挨过饿。那时候发粮票挺紧张的，一人 2 两油、2 两带鱼。还有几毛钱一斤的鱼，倒是不贵，就是数量少，买不到。4 个孩子怎么办呢，吃饭的时候都争着吃，婆婆还在的时候拿这米啊，洗完之后，一个碗搁点儿，蒸完兑点儿水。一人一碗，孩子们吃完了，吃不饱啊。老太太吃的那碗，还得匀他们点儿。计划经济，一个人就是一个月二十几斤粮食，主要是缺别的，缺副食，就啃着这点儿粮食。虽说有 24 斤的，有 25 斤的，有 30 斤的，34 斤的，但都不够吃。天天就得饿，也不是体力活儿干得多，是因为只吃粮食，没有副食，肚子里空，你看现在谁一顿能吃得下一斤粮食。我哥哥参加南下工作团去广西了，他想回来，就带着爱人一起回了趟北京。他上我们家来，我给他们弄野菜，蒸个大包子，薄薄的皮儿，搁好些个馅儿。我哥哥本来是走亲戚的，到我这儿他还得带着粮票过来，因为吃我们这儿一顿，我们这儿就缺了。蒸这大包子，他一边咬包子一边叹气，心想我到你这儿走亲戚来，你就给我吃这包子。结果一看，这儿情况也不行，带着爱人又回去了。

我们当时的情况是，你买别的菜还没有，连白菜帮都稀罕，我老头儿瞅人家腌的白菜帮啊，扒下来也不洗，然后就给腌了。就这样还抢着买呢，有时候你还抢不到。里面破皮啊，烂叶啊，什么都有，我到家要么择择洗洗就吃了，要么炖白菜。天天喝粥，掺点儿菜，喝粥越喝越饿。到晚上呢，老太太就给我们搁点儿米啊，搁点儿菜啊，连汤带水的，都给喝了。天天那样，时间好像挺长，粮食数也不少，就是没有副食，鱼也限量，肉也限量，一人可能就 2 两肉。什么也买不着，人多啊，国家养不过来。心里要说也怨啊，倒也不是说别的，就是想着发这点儿粮票不够吃啊，那发的人也挺着急的：“都给你了，那别人怎么吃呢？”反正我们这儿都计划，这糖吧，一个人 2 两，我就买了那黑糖球。都是黑色的，买完了就给孩子们分，一人 2 两，像我们家这7口人，才1斤4两，还得让孩子们多吃点儿，不吃身体就更亏了。孩子们一天一人发一个糖球，一会儿就嚼没了，张嘴就没有了："妈妈，都没有了。"我说："没有就没有了，妈妈这儿也没有了。"好多东西咱们国家生产不出来，都靠进口。

好像是1966年4月，我那时还在昌平的挑花站教人挑花，厂里把我抽回来，我们那站就给停了。我开始还不太知道是"文化大革命"开始了。回来后，领导就跟我说："现在乱了，你一人在那儿危险，农村那边也挺野的（挺乱的），怕出问题。"那我就回来吧，我第四个孩子是1960年生的，他奶奶给看着，老头下班帮着照顾照顾，他们反正不愿意让我去。

我是1971年分到北大，到了北大以后，我们刚开始是帮着盖房子，在那儿学小工，搬砖、砌砖什么的。城府那儿的力学系，原来是北大药厂，那后面的房子，还有那厂子，都是我们盖的。1972年五一劳动节，具体日子是4月28日，我被批准入党，这一天我到现在还记得清清楚楚。我觉得入党这件事对我整个人生影响都非常大，为我以后的工作、学习都树了一个标杆，总有个身份告诉你，要这么做，不能那么干。哪怕在工作中多付出一点儿，总会想到自己是共产党员，这都是应该的。入党以后，领导就给我分配工作让我管针剂车间。我们厂是按连队分，有机是一连，生化是二连，维修是三连，我们针剂车间是四连。厂里让我当车间主任，还兼管党员。当时是以工代干，还算工人。在那药厂一直干到邓小平上台，到了1979年，北大的周培源认为学校干药厂有点儿不妥当，于是把药厂给撤了。我管一车间，有百十来人，这药厂没了，人也散伙了，我心里也挺不舒服。我们生产的药特值钱，给北大挣好多钱，一针药成本几分钱，能卖几块钱。我特心疼那工厂，工厂拆了，东西砸烂了，因为我从小受苦，看见人家毁东西就特别心疼。药厂一解散，我将近50岁，就申请退休了。

四、往事如歌 别样感悟

1. 退而不休的生活

我退休的时候还年轻，也有很多人找我，希望我再去工作，有管档案的，还有房产科，我都拒绝了。那时候北大家属委员会有个姓关的同志，对我的情况比较了解，一天来找我说："你管管这园子吧，给退休老人组织起来学习报纸、杂志。"我说："我这家里还有私人事情呢，我二女儿生孩子了。"她说："那你就带着孩子干吧。"因为我学了点儿文化，就带着孩子组织他们天天学习，读点儿报纸啊。刚开始也没有专门的办公室，就在那个大门道。到了 1982 年，北京市通知海淀区要成立居委会，我们就和蔚秀园联合着成立居委会，一直到 1983 年年初，我们这园子（承泽园）才开始单独成立居委会。这时又有个姓温的女同志找我，说大家伙选我，让我成立居委会。我认为自己干不了，本来想推辞，后来觉得这是组织上信任我，大家伙相信我，我这还得干啊。可这居委会不能就我一个人，我又找了 4 个人，老孟、老王、老于和老杨，加上我 5 个人，就把这居委会成立起来了。我们也没有房子，办公室什么都没有，我们几个人就在家里开会凑合。可是时间一长不成啊，我孩子闹啊。后来上面总算是给了我一间房。

到了 3 月，老温又带着一个命令回来，跟我说："咱们要成立一个托儿所，区里说了，要求北大给咱盖 70 平方米的房子。"为什么要成立托儿所呢，现在承泽园平房这儿是海淀区的公社医院，人家搬走后，南院平房住着 100

多户青年，都有孩子，有的孩子太小，咱们北大托儿所 3 岁以下的都不收。北大就给盖了 30 平方米的两间房，我说我们人都还没地方待呢，怎么办呢？我以前在药厂，认识好些人。我找到一个瓦工张师傅，让他找后勤给帮下忙，给我们这一个大门道前后给堵上了。然后我们就在那儿办公，把两间房用来办托儿所了。办托儿所可不是小事情，要招孩子，关键还要招人看着这些孩子，不能出问题啊。我们找了 4 个老太太，托儿所成立起来了。托儿所还需要家具啊，我们就置办东西，去跟学校大托儿所要了小床、小凳子，什么炒菜的锅碗瓢勺，人家不用的，我们拾掇拾掇，拿洗剂灵洗洗消毒后就给孩子们使。我们托儿所这些铁栅栏，都是我和老杨从那个后勤废材料厂扛回来的铁棍做的。不然没有栅栏，孩子的安全也成问题。办托儿所的时候，还有一个问题，就是没有食堂，因为没有房子，地方很紧张。我也挺敢说敢做的，自己跑到学校找到当时北大的副校长谢青，我说："我们要给小孩盖厨房，街道让我们办托儿所，我办了，现在小孩都招来了，可是做饭怎么办，难道在马路上做饭，小孩儿吃坏怎么办。"谢青说这个没办法，批不下来。这样我也不甘心，还是得想办法。那时候我们正好开党委会，评选先进共产党员，我当选上了，张学书同志就坐在我旁边。我就找机会跟他说："张校长，我这办了托儿所，没地儿给孩子做饭，孩子要吃出病来，怎么办？谢校长不批，你怎么样也得批我一间。"他说："你写个申请吧。"我中午回去写个申请，完了就给我们批了。盖了 3 间房子，这样才解决了孩子们的吃饭问题。后来孩子多了，最多的时候有 42 个孩子，周围街坊也有小孩，上这儿来要求给他们看着。后来陆陆续续地收了 100 多个孩子。至于费用，主要是找家长收点儿粮票，一个月收二十几块钱，然后给这些老太太发工资。这样一直办到 1990 年，孩子都长大了，托儿所没有开支了，也就停了。

2. 无所不管的居委会主任

居委会的工作，总的说来是什么事儿都得管。具体说来，可以分为三块。

第一类是完成日常工作。这其中一部分是属于条文之内的，也就是上级布置下来的。比如居委会首先是管居民，管户口。此外还有几条，治安是一条，妇女是一条，老年是一条，残疾人是一条。治安原本是派出所的事儿，上面布置下来了，你就得赶紧执行，治安巡逻这些，一开始我们都管，就是门口那个值班的，那个保安员，原来都归居委会管。再比如说城管下来了，哪儿违章盖房啊，你得管，要拆除时还需要我们做工作。我们那儿残疾人不少，有胳臂不行的，腿不行的，我们到时候都得慰问一下。刚成立居委会，这一摊都归我们管，这些都是有部门的，那接触部门就挺多的了。另一部分是条文之外的，也许并不是书面布置的工作，所有部门布置的事来了，你都要接着，都得管。这都是零零碎碎的事儿，哪个居委会都是这么干的。像有时候我们园子里丢东西，我们都住平房，都用煤气罐，有人偷煤气罐。偷出去给卖了，我们发现了之后，开始组织人监管。平时多在周围转转，留意观察，发挥监管作用，发现问题之后也报派出所，但老报也不行啊，主要还是要自己来解决。像我们学校有不少中小学生，一到寒暑假在家，大点儿的还好，小学生家里人都上班，没人管怎么办？小孩子调皮，成群结队地踢皮球，总把人家里的玻璃打碎，一来居民有意见，二来孩子们这样放羊，家长也不放心。就有群众找到我们居委会，让帮忙看着点儿。我们这儿的老于就想办法给组织起来集中学习，他自己也是大学生，有文化，可以做个辅导什么的。我们那时候搞得挺好的，学生复习功课啊，记点儿东西啊，效果还不错。渐渐地，我们又考虑能不能给孩子们提供点儿杂志、书籍，办个小图书室也行啊！我和老于、老杨 3 个人从自家里找期刊，我这儿拿点儿电影类的，像《大众文艺》，因为我姑爷是部队上的，还有些军队上的期刊。后来又找点儿小人书，孩子们觉得挺有意思的，就在我们这儿看看书，也借回家看去。我们还给他们布置点儿作业，这样就好管理了。后来书都翻得破极了，孩子们都长大了，原来的这些书最后也就当废品处理了。

我印象最深的是搞卫生时的场景，因为我当时抓得比较紧。原来楼道里有楼道口，外面小簸箕漏了，怎么办啊，你得协调处理啊。老杨管卫生，一到大扫除，我们就先电话通知小组长，一共有 21 个组长。一般情况下，我们安排在礼拜天，因为大家都休息在家。一到打扫卫生的时候，我和老杨一大早就起来喊："搞卫生了，搞卫生了！"一般大家伙都出来了，要是喊还不出来呢，我使劲喊，就都喊出来了。打扫卫生也是热火朝天的，当时人干活儿也有热情，响应号召。最后大家还都很满意，咱们还是弄得挺好的。每次打扫卫生之后，我和老杨都是等人家弄完了，收了底儿才回去。打扫卫生是每个月一次大扫除，一个星期一次小扫除。反正我觉得我干什么事儿都是应该的，干居委会工作就应该任劳任怨，不能抱怨什么，也不能说什么。

居委会的日常工作比较琐碎，一般情况下群众都还是很配合的，但也曾遇到那种很不好处理的、不好推动的工作。比如说收卫生费。因为卫生费我们是有安排的，就给扫卫生的发工资。除了卫生费，还有一些政治任务需要完成。有时候也挺麻烦，有些人就骂，你就忍着吧，他骂你，你不能回头骂他去，也不是那么顺利的。做居委会工作，有遇到困难的时候，当然也有很多温馨的场面。像地震的时候，我们组织大家捐东西。咱们这儿经常和内蒙古有联系，什么时候那边有点儿事儿，遇到点儿难题，我们都热心组织群众捐款、党员捐款。那时党员还单捐一份，我记得我们是捐一次一天的工资，平常捐一部分。正常的情况下也有，每年都捐，年年捐衣裳。到时候你还得动员让大家去捐，开始的时候大家都挺踊跃的，因为大家家里都有富余东西，我们那时候都捐一屋子的东西，也没地儿搁，小面包车拉了好几车。一方有难，八方支援，这句话我体会很深。

第二类工作是协调居民关系，帮助他们处理各种困难。说到底居委会就是与居民打交道，甭管在不在职责之内，是不是条文严格规定的，只要有群众找到我们这儿来，那就是我们的任务。一个社区就跟一个家庭一样，这个大家庭又是由很多小家庭组成的。甭管是大家庭还是小家庭，成员偶尔都会出现些问题。我们居委会呢，就是从中调解，希望大家都能和和气气的。光要和谐社会还不行，还得要和谐家庭。有的家庭出了问题，我还得做工作，有时做到夜里十一二点。平常遇到的都是小事，正是这些小事成为我们每天工作的主要内容。有时候能够帮助居民处理问题，我觉得还是很有成就感的，看着每一家人都和和美美的，我感到是件挺幸福的事儿。

第三类是管理“三产”（即第三产业），在办托儿所期间，我们还办了些“三产”。学校没有资金，居委会没有钱什么事儿也干不成啊。门口原来有个房子，是一个住户，后来那个住户搬家了，我就去找管后勤的部长要这房子，我说我有用，他就给我了。我们也租给一个饭馆，每月拿点儿租金。然后，我们又捡砖头，盖了两间小房，也租出去收点儿钱。这么着，算攒了一点儿钱。街道办对于我们办“三产”并没有什么意见，我们应该说还是有自由的，主要是因为居委会没有收入，只能自己动手，开辟资源。我们这儿能卖点儿东西就卖点儿，能出租点儿什么就出租点儿什么。我们一个租给餐馆，一个租给缝纫的，从中收租房费。至于税收都归工商管。托儿所不干了之后，有一个老师搞墨水，签字笔的墨水，我就1000块钱把房子租给他了，拿着钱就往上交。门口这饭馆可能也是1000块钱。另外门口卖点儿什么东西，收点儿管理费，我们都开发票，往上面交。当时这钱把得还挺紧的，从我这关就很严。我说就得弄清楚，我们一直这么办。

丁淑琴的荣誉奖章 （1996年）

这些钱70%交给街道，30%居委会自己使，但也要去街道办报销去。当时街道办主要是对这些钱进行调控，集中再分配。比如说蔚秀园居委会，他们买卖多，发的福利就多。我们副业少，有的园子甚至没有福利，街道办就稍微从这里头匀给他们一点儿。再比如说我盖这房子，需要2000块钱，就需要跟街道办商量。他一看你这地儿还行，就给你批了钱，让你去盖了。后来我们盖车棚子得2万块钱，我说人家园子都有车棚，我们园子没有车棚，向街道申请，有钱就可以盖。车棚盖好后，还得找人看着车。收群众点儿看车费，收来的钱呢，30%给居委会，70%给这看车的作为工资。从整个来说，我们当时是特别苦，什么都没有。我们也没有固定工资，只是有时有点儿补助。我就想办法给大家一点儿补偿，每年春天和秋天都带着组长和大家玩儿一下，哪儿都去过，北京市的小公园都去遍了，大家挺高兴的。到了年底，发点儿福利，慰问慰问。反正我们在这儿干居委会工作，净给居委会做建设，用搞“三产”的这点儿钱还添置了不少家具，居委会也就越来越像样。

咱们这几个居委会比较特别，比如说这八大园子居委会，都跟北大有一些关系，因为居民主要是北大的一些家属，但居委会本身又不是由北大直接领导，实质上还是归海淀区领导。也可以认为是双重领导，多少算是两边都挂点儿光（得一点帮助）。像我们和北大党委有时候也有接触，但比较少，一般是工作没法开展的时候，我就找他们。有时候开党委会，或者评先进的时候，会有党委领导接见，但平时接触不多，比如我这届认识几个副校长，还是因为他们抓我们这方面的工作。为什么我跟张学书认识，原来我在药厂的时候，张学书是抓生产的，然后我们见着就打招呼，都挺好的。

至于我们和街道办事处，是指导与被指导的关系。海淀区有什么通知或者布置什么工作，都会通过街道办，街道办算作是上传下达的中转站吧。

居委会的工作有上传下达的一面，但是这个工作又不仅仅是上行下效，每个居委会都完成这些任务，但是你要说有的干得好，有的干得不好，为什么？每到年终，居委会就要进行一年总结汇报，有什么事儿啊，干了些什么啊。几个居委会一评，觉得你这不错，评你个奖状，还给你点儿奖励。

我从1983年开始干居委会工作，一开始家里很多事情也需要协调。像我二女儿，她挺不容易的，14岁上中学就插队去了，回来被分配到首都钢铁厂，后来生了孩子我也没带多长时间，干居委会带不了啊。我说你们搁托儿所得了，他们旁边没有托儿所，她就天天带着孩子上首钢。挺远的带来带去，没办法，刚开始她挺怨我的，也不理解我。我说我没办法，我是党员，组织上安排的工作一定得干好。老三是“文化大革命”后期毕业的，学校让她留下来，她就不干，于是去插队了。两年后又把她调回来，又给她安排当老师。老小参军3年，回来以后分配到一个工厂，工厂里泡沫什么的有毒。他爸爸不是在邮局嘛，以前有这个规矩，有几个部门可以收家属，家属孩子好了解，老小就被调到邮局。我老头是个党员，1988年他退休。他上班的时候，我也支持他工作。他在邮局开汽车，我晚上都给他做好饭，什么都给准备好，他也不烦。所以退休以后呢，他反过来也支持我，给我做饭、洗衣服什么的。当然，有时候也不高兴，说我一天到晚不在家，忙这忙那的，晚上半夜还出去。但他也知道我的个性，这也是为工作，他说不出什么来，不愿意也得支持，要不然我不能干这么长时间。

丁淑琴工作18年的居委会 （拍摄年份不详）

我在居委会一直干到2000年才退休，总共干了6届，18年。当了18年的居委会主任，18年的党支部书记，现在还是党支委。我觉得干居委会是为大家服务，还有一个精神寄托，挺好的一件事。我觉得现在身体好，也是因为干居委会跑前跑后，就当锻炼身体了。居委会刚开始的时候比较苦，没有钱还要办好，多亏大伙儿同甘共苦，一直这样干。以前居委会的老同事有3位已经过世，剩下老杨和我一直有联系。我们和居委会的感情是很深的，就像自己的孩子一样，从出生一直养大，房子基本上还是老房子，地方还是老地方。我经常回去看一看，看现在的年轻人那儿有没有什么帮得上忙的。

居委会的工作有一个核心，就是做思想工作，其实也算是我们党一贯做工作的特点，就是通过我们基层的单位和群众联络感情，面对面做交流，除了完成规定的工作，更多靠的是平时主动承担额外的职责，最实际的就是解决大家的困难，群众只要有困难找居委会，我们就不能袖手旁观，而且得有耐心。18年的居委会工作就像个大课堂，让我学会很多东西，我没有在学校里接受过完整的教育，但是通过工作，接触各种人，处理各种事，也在不断学习，活到老，学到老。人与人相处总会有矛盾，酸甜苦辣都会有，我们和群众都是靠平时的感情维护着良好的关系，我们要在别人心目中有一定分量，要获得别人的尊重，这样才能推动工作，这样也是为了更好地服务群众，这才是良性循环，这是我做居委会工作的一点儿感触，也是我在生活中最宝贵的收获。

3. 晚年的“独立”生活

从居委会退休之后，我开始有计划地锻炼身体，门口那个小花园每天都去快走几圈。后来居委会有了老年模特队，我又参加进去，学着走猫步。什么合唱团，学唱歌，有什么活动我都积极参加。我现在82岁了，觉得活一天就赚一天，自己还是觉得精神气色都很好，主要是心态要年轻。我觉得自己还什么都能干，还是要有“自己动手，丰衣足食”的精神。如果说我晚年生活最大的特点，可能就是“独立”，有一个自己的生活圈子和空间。

我有4个女儿，一个比一个孝顺，从里到外都给我置办，照顾得无微不至。照理说，我完全可以留一个在身边。但我还是决定把姑娘都放出去，她们有自己的生活，我自己也可以有一个独立的空间。即便是老年人了，也不能完全依赖别人。我什么都能干，为什么要拖累别人呢。像我上次把腿扭着了，没事儿，咱去医院看看，几个女儿硬要陪着去，我不让去，我自己就能去。我拄着个拐杖，慢慢走到医院，医生说："哟，您这么大年纪，怎么一个人来啊？"我说："我就是要一个人来，我这不挺好的吗？"开点儿药，该吃的吃，该抹的抹，这不就好了吗？

这人老先老脑，脑子一定要保持清醒。从大的方面说，对于国家大事不能完全不操心，要多听新闻联播，报纸也要看一看，能看多少看多少，能了解多少了解多少。你说世界上又发生了什么大事，国内又有什么新的政策颁布，这或许都会影响到我们自己的生活。尤其像我，作为一个老党员，思想上不能不要求进步。我记得入党的时候就说："组织上入党一生一次，思想上入党要一生一世。"我觉得自己做一名共产党员挺自豪的，我们家几个孩子也都是很早就入党了。到现在我都还过党组织生活，每个月一次吧，找个地方，大家伙聚在一起，读读报纸，或者读读以前党的历史，了解了解党的政策，大家讨论一下。这样总在思考，思想上也与时俱进，对我们老年人来说，特别必要。再说了，不过组织生活，那还是党员吗？从小的方面说，就要天天想一想事情，不能机械地过日子。每天糊里糊涂的，日子好像都一样，那可不行。我每天都会想想明天该干什么，一周过完了，想想下一周该干什么，这样脑子总在用。像今天晚上睡觉前，我想着明天要洗衣服，明早起来我就把水烧上。有条理地安排自己的生活、支配自己的时间，虽然可能有时候需要自己处理的事情比较多，但也是自得其乐。

至于养生方法，其实也没有什么秘诀。要说饮食习惯，我有时看《养生堂》节目，看一些保健类的书，主要是留意一下老年人吃饭都应该注意什么。比如说，少吃盐，不要吃油腻的东西，这我都会特别留意。每天喝奶，半斤吧，我们门口也都有卖，很方便。还有，我特别注意的就是每天吃几颗枣，也不一定要吃 3 颗，因人而异，不过吃枣是有很多好处的。

一日三餐都要正常吃，早上起来先喝一杯蜂蜜兑醋，也不用多好的醋，一般的就行，这样通通肠胃，再吃早饭。我有个习惯，即便是晚上，我也不喝稀饭，会炒个菜，吃点儿米饭，我饭量到现在都还行，不吃饭怎么能有健康的身体呢？蔬菜当然要吃，不过我自己是比较喜欢吃果类的菜，茄子、黄瓜这些个。这一方面算是个人喜好，另一方面也是从健康方面着想，现在的蔬菜普遍用农药，果菜相对来说清洗起来方便，或者干脆剥了皮吃，这样污染少点儿。有人说是吃叶菜比较好，这个也算是个人习惯吧。老年人一般血压需要注意，我每天都会量一量脉搏、血压这些，然后用个本子记下来。一段时间下来，看一看有没有什么变化，是往好的发展还是情况不好了。这样心里都有数，自己做自己的医生，随时监督自己的身体，比上医院还好呢。我觉得老年人关键是要心态好，现在生活多好啊，要珍惜生活，不要患得患失。有病也不怕，抓紧时间治疗啊，不耽误但是也不过分迷信药物。

丁淑琴（第二排左四）参加健康大步走活动 （2011 年）

现在回过头来，想想自己这一生，小时候确实挺不容易的，很难想到什么童年玩耍的场面，基本上是为了生存，跟着爸妈一起讨生活，就为了活下去呗。那时候想法也简单，战争来了，国民党来了，不管谁来了，能过得下去就过。婚姻也是传统方式，父母包办，结婚之前也都没见过什么面，没有像现在一样谈恋爱，但爱人对我很好，婚姻幸福美满，也真的是一种幸运。两人结婚之后，就在大家庭里过日子，相互扶持，为生存奔波。新中国成立后，又有了孩子，一家人也其乐融融的。共产党、毛主席让我走出家门，出去工作，我帮助家里过得更好，我挺自豪的，觉得自己也有价值。虽然经历了很多场大的运动，其中有激动人心的场面，也有残忍的斗争，但基本上我和身边的人都没有受到过直接的影响，日子还在继续。改革开放后，日子也是越来越好，几个女儿都孝顺，女婿工作稳定。因为我从小受苦，知道生活能够变成现在这样是多么不容易。从吃不饱、穿不暖到想什么有什么，还有什么不知足的啊？我想，人的一生这样就应该满足，我现在觉得什么都挺好的，做了这么多年居委会工作，我始终觉得自己最大的收获就是能够与邻里居民相处得非常愉快，谁有什么困难，大家都相互帮助。人与人之间，就是你困难了我帮你一点儿，等你好了再帮我一点儿，大家都好好的。有时候想想与人交往是门学问，但是这门学问其实并不难学会，只要记住一点：凡事肯自己吃亏，让着别人点儿，不争不抢，处理问题有耐心，与他人相处就变得简单了。

访谈员后记

这次的口述访问历经两周，整个过程非常地顺利。经一位奶奶的介绍，我来到海淀区承泽园居委会找到孙主任，她热情为我联络本次受访的对象丁淑琴奶奶。只是一个电话，奶奶便亲自来与我见面，短暂交谈之后又立即允诺接受访问，使我感到受宠若惊，这或许是我和丁奶奶冥冥之中定下的缘分。因为我们是少数民族同胞，这就使我们的关系更亲近了一层。奶奶慈祥善良，待我如同亲孙女，她对我的到来表示欢迎，反复强调我们都是一家人。龙年伊始，能够遇到这样的受访对象，实在是我的幸运。

对于丁奶奶的访谈，原本计划是以居委会工作为重心，但在对话过程中，却获得了不少意外之喜。作为一个老党员，丁奶奶对那个动荡的年代有着自己的解读，其中不乏洞见。这些来自历史当事人的观察或许能在不经意间解开研究者的迷思。

丁奶奶为人和善，做事谦虚谨慎，是一位独立自主、值得敬佩的女性。在口述访问的过程中，她的待人接物、人生体悟都深深地影响着我。在奶奶的盛情邀请下，我甚至还在她家中蹭过数顿饭。吃惯了食堂的我，在异地感受到亲情的味道，也在料峭的春寒中感到徐徐温暖。

短暂的录音里留下了奶奶个人的回忆，更留下了对我的嘘寒问暖，奶奶对我敞开心扉、无话不谈，告诉我很多不为人知的故事。因为可能涉及敏感问题，我在转录稿与整理稿中做了一些处理，但奶奶对我这份信任我将永远铭记在心。

感谢承泽园居委会孙主任和各位工作人员热情的帮助。对于丁奶奶，显然已经不是一句“谢谢”可以表达的，录音没有记录下我们相处的点点滴滴，唯有在最后一并化作对丁奶奶的祝福。

祝愿奶奶身体健康，幸福永远！

附 录

自2012年以来，中华女子学院中国女性图书馆在以本校的科研队伍为主要力量的基础上，联合校内外、海内外相关学术力量，运用专业方法对妇女口述历史资料进行多角度的持续性研究。目标是建构专业的妇女口述历史研究工作模式，以促进全社会的性别发展进程。

本册口述史访谈了14位女性，职业涉及工人、行政人员和技术人员等。她们是历史的书写者、见证者、彰显者和创造者，她们对历史的追忆，还原了历史的真相；她们丰富多彩的经历，为我们提供了珍贵的研究资料。中国人民大学中共党史系副教授宋少鹏以及孟宪斌、梁爽参与了本册口述史的访谈和整理，他们将在此过程中进行的思索和得到的见解进行了系统的总结，形成研究性论文《集体主义时期工矿企业里的家属工作和家属劳动》，编者将其刊于文后，以供广大读者参考。

集体主义时期工矿企业里的家属工作和家属劳动

——追寻新疆支边女性的历史足迹①

宋少鹏②

内容提要 集体主义时期和市场经济时期，工矿企业处理生产与再生产的方式是不同的。前者把职工家属的家务劳动视为公共劳动的一部分，并给予表彰和政治上的承认，后者被认为是私的劳动。作为被承认的劳动，集体主义时期工矿企业对家属进行组织和领导，家属在家庭和社区的互助性劳动，成为集体主义时期单位处理集体福利事业的主要方式。家属能够在工人社区进行无酬劳动，是因为国家（企业）通过表彰承认她们在集体内的成员资格。

关键词： 职工家属　家属劳动　家属工作　集体主义　承认政治

社会转型和消失的主体

1990年代中期，国企改革向着适应全面市场化的方向发展。从历史的比较视野来看，国有企业形成过两种不同结构的现代企业制度。1950年代中期社会主义改造基本完成之后，逐渐形成了“一手抓生产，一手抓生活”，公私相嵌型的集体主义单位制度。1990年代中期市场化导向的改革完成后，企业

---

① 本文刊登于《新女学周刊》，2013年12月24日，B2版。

② 宋少鹏，中国人民大学中共党史系副教授。

确立起生产和生活相对分割的公私分离型企业体制。

不管以何种结构组织工业生产体系，企业都需要处理生产和再生产的问题，即物的生产与人的再生产的关系。所谓公私相嵌型结构，即企业需要承担起生产和再生产两个领域的职责，安排好职工生活是生产组织者的责任。再生产领域中的职责既可以在社区这个公共空间中完成，也可以在家庭这个“私领域”中完成。在公私相嵌型结构中，“公”与“私”的利益和目标并不冲突，公共利益实现的同时也意味着私领域利益的实现。“私”的价值体现于“公”的价值的实现中，私领域对公领域的作用和功能有可能被彰显，也可能淹没在公领域中隐而不见。逻辑上，公领域在道义上具有更高的道德性。在公私相嵌型结构中，家庭仍被视为“私领域”，只是作为完成公共目标而起辅助作用的一个功能性、工具性的社会组织。公私之间的界限是虚化的“公”，因公共利益可以穿越这种界限，作为共同利益载体的单位，必须关注单位成员家庭领域内的一切问题，包括家务劳动、家庭生活，甚至夫妻关系等一切可能影响生产的因素。反过来，单位不关心职工生活会被批评为官僚主义。“抓生活”不只是工人的福利问题，“抓生活是抓生产关系的问题”。当然，这一切的最终目的是为“抓生产”服务的。

公私分离型结构中，表现为生产和再生产两个领域相分割，资本（企业）对于再生产不承担直接责任，通过把再生产职能私人化，减少企业的生产成本和社会责任，实现资本利润的最大化。但必须指出的是，即使在公私分离型的结构内，企业为了提高生产效率，同样会承担一部分再生产领域的职能，特别是员工生命力（劳动力）恢复这部分功能，比如食堂、宿舍、澡堂等。本文所指的分离，特指1990年代中期开启的剥离企业在集体主义时期所承担的“产前产后服务和职工生活、福利、社会保障等社会职能”，一切与企业生产没有直接关系的组织机构和设施都被视为企业额外负担，即所谓“企业不再办社会”。最初“企业不能办社会”，并没有完全否定这部分职能应该由“社会”来承担。但是，1990年代中期以来急剧的全面市场化，特别是教育（尤其是婴幼儿养育部分）和医疗的市场化，而不是社会化——由国家通过公共服务来承担这部分职责，把这部分职能推向了私人（家庭）。与这种结构性转型相呼应的，是对个人能力（个人责任）的意识形态建构。在传统父权制的性别分工没有得到彻底清理之前，再生产劳动的家庭化很大程度上呈现为生育、养育、照料等责任的女性化。从而使承担家内、家外两种劳动的工人阶级妇女和中产阶级妇女，处于结构性的不利状况：女性所承担的家内责任，特别是养育孩子的母职，使女性成为劳动力市场上的“劣等”劳动力，由此造成1990年代中期大量的女工下岗、当下女学生就业难、白领女性的隐婚、生育晋升的两难选择等现象。生产企业对再生产领域职责的制度性解除，同样是造成农村打工群体劳动力廉价，妇女、儿童和老人被迫留守农村的制度性原因。

企业生产体制的制度性转型，除了生产关系的重构，也重构了家务劳动的意义以及家务劳动承担者在国家（社会）中的地位。在集体主义时期，生产企业（国家）承认职工家属在再生产领域中的劳动——劳动的场域可以在个人家庭内，也可以在工人社区内——对于生产的贡献，并表彰职工家属的劳动。家务劳动因为对生产的贡献，具有“公”的价值，并被国家承认为社会主义劳动的一部分。家属也因此获得了公共的身份和主体的地位，“工人家属”是可见的社会身份，是国家承认的劳动主体和政治主体。单位体制的解体，却无声无息地消解掉了当年职工家属在再生产领域几近无酬的劳动对于中国工业积累的意义。如果说国企工人还可以依其明确的“工人”主体身份获得其历史地位以及原有国企的各种权利，那么“职工家属”却因其原本的附属身份——家属，顾名思义是以其家庭成员资格，依存于（男性）工人的主体身份而获得的社会身份——丢落了历史中曾经拥有过的主体身份，她们的贡献也埋入历史地表之下，逐渐被世人遗忘。

本文分4个部分分析集体主义时期工矿企业中的家属工作，希望通过历史性的呈现，让“职工家属”这个群体，重新回到社会主义工业的历史图景中。第一部分，企业为什么要重视职工家属工作？即家属工作如何被纳入工会工作。第二部分，职工家属如何被组织起来，以及组织起来的特定历史条件也奠定了家属工作的意识形态基础。第三部分，家属工作的主要内容，即家属对于社会主义时期集体生活福利事业的贡献。第四部分，家属为什么愿意承担这种角色？即从承认政治的角度来解释国家（企业）通过对职工家属劳动主体和政治主体的承认，实质上是承认职工家属在社会主义共同体中的集体成员资格，以及凭这种资格可享有既存和未来利益保障的承诺。

家属工作纳入工会工作范围

家属工作纳入工会工作范围，或者说被生产单位所重视，并不是社会主义生产体制的预先规定或者理论上的内在要求。按照经典马克思主义妇女解放理论，再生产领域的职能最终应该通过社会化来实现。是在实践中，在创建集体主义生产体制的探索过程中，逐渐认识到家属（在再生产领域的）劳动对于企业生产的重要性，以及利用家属的无酬劳动来处理再生产领域职能，对于国家经济上的节约和便利，国家（生产单位）才逐渐把家属工作纳入企业日常管理工作（通过工会）之中。而且随着工业化的加速，国家对家属工作的重视程度逐渐提高。与之相伴的，国家对于“职工家属”的性质及其在国家经济政治生活中的定位也有一个历史演变过程。

1. 体制内女权主义者的推动（1949 年前后）

建立一个新兴工业强国，是中国现代追求的百年目标。以近代工业集中的城市为基地，把消费城市改造成生产城市，是中共在西柏坡就定下的方针。为建政后如何开展妇女工作确立方向的中国妇女第一次全国代表大会（1949 年 3 月 24 日至 4 月 3 日，北平（北京）），明确了妇女工作的重心从农村转移到城市，确立了“组织妇女参加生产为中心”的工作方针。邓颖超在这次大会上所做的《中国妇女运动当前的方针任务报告》中，分别对女工、职业妇女、知识妇女、农村劳动妇女的工作内容作了明确指示，“职工家属”没有作为一类劳动妇女，或是有独立社会身份的妇女类别，进入当时妇女领袖的关注视野。刘亚雄以东北的城市妇女工作为例，介绍城市妇女工作经验时，提到了在南满系工业区中女职工、工属、女知识分子都占重要比例，但仍称“可惜我了解情况少，贡献不出可供参考之材料”。当时，职工家属是作为城市家庭妇女的一部分，被定性为“不事生产的妇女”，为转化成“社会财富的创造者”而需要改造的对象。

1949年7月23日至8月16日，在北平召开了全国工会工作会议，目的是为了转变工会在秘密工作条件下的工作方式，为新中国成立以后的工人运动确立方针、方法和具体任务，提出用一年左右的时间，把全国工人阶级，首先是产业工人组织起来，作为工会工作的首要任务。这次会议为新中国成立以后的工会工作搭建起基本的组织框架和工作模式。当时体制内的女权主义者努力的目标，是为女工工作争取体制内的合法地位。时任女工部部长的蔡畅在会议的发言中，针对一些干部认为不必单独强调女工工作、不必另设女工部的认识偏差，从女工在产业工人中的数量（占16%强，表明重要性）和女工的特殊性（因历史原因女工技术理论赶不上男工；女工特殊困难包括生理和家务），论证了在工会工作中“单独提出女工工作”的必要性和重要性，并提出女工工作的任务和范围，其中把“工人家属工作”纳入了女工工作的范畴。提议工会组织家属工作委员会与女工部配合工作，并建议以“家属代表会议”这种组织形式，组织家属集体参加妇联会，成为妇联会的团体委员。这是家属工作之工作模式的最初设想。也就是说，在社会主义生产体制的初创时期，体制内女权主义者希望把家属工作纳入生产企业的管理体制之中。但笔者猜测，“职工家属”这个群体进入妇女领袖的视野，很大程度上是因为职工家属的性别和从组织妇女的角度出发的。有一点可以肯定的是，妇女领袖基于性别意识，比工会领袖更早看到了“家属对工人生产影响很大”。正因为如此，要求把集中居住的职工家属纳入工会工作而不是地方妇联。

1949年前后，中国的妇运领袖们从东北工业区的工属经验中认识到，工人家属的家务劳动与职工在工厂的生产劳动之间存在着密切联系，但这只是为了从消除“拖后腿”的负面因素来对待工人家属，既不认为家务劳动是劳动，也没有把工属的家务劳动提高到生产劳动的一部分的高度来认识。正因为如此，女工和职工家属在妇女领袖心目中的地位和作用是不可同日而语的。女工是作为促进生产的积极力量来对待的，要求被组织起来并解决女工的特殊困难（如妇婴福利）。女工工作的另一个正当性理由是妇女解放和男女平等，维护女工在工人阶级内部的地位和阶级内部的性别平等。而在 1949 年的工会会议上，职工家属是作为影响生产的负面因素被提出来的“许多家属生活浪费、腐化，使工人负担很重”，需要教育她们“好好过日子，好好治理家事，按时做饭或送饭，使工人不迟到、不误工、不操心家务，能得到适当休息，配合工厂更好地完成生产任务”。这与同时期国家对于家庭妇女是“寄生虫”、需要改造的认知是一致的。即使从增加家庭收入的角度提出要组织工属参加生产，主要目的也是“为她们将来能成为工厂的后备军”做准备。当年的妇运领袖和工运领袖都还没有认识到，需要把家属组织起来，对家属工作的定位是对家属个体进行教育。

2. 家属工作纳入工会工作（1950 —1983 年）

1949 年的工会工作会议，还只是体制内女权主义者的一种努力和推动，1950 年 8 月的女工工作会议中，职工家属工作才正式作为“工会工作的一部分”被提出来，家属工作真正获得了在工会体制内的合法地位。一年后，工会召开了全国第一次职工家属工作会议。在这次会议上，时任全国总工会副主席的朱学范事后承认，家属工作是一个新的工作领域，人家都不熟悉，缺乏经验。全国总工会常委会也是“经过了好几次讨论，并且经过了反复地研究后”，才作出“职工家属工作是工会工作的一部分，工会必须领导职工家属工作”的决定。

家属工作之所以被工会领导逐渐重视，直接动因是工业生产的发展和工业生产的客观需要。蔡畅在 1950 年的全国女工工作会议上坦承，一年前“由于当时的情况，家属工作的重要性还不够明显”。而随着华北、东北地区工业生产由“维持、恢复到发展的阶段”，“职工家属工作的重要意义，也随着增加起来”。于是才提出“职工家属工作，也是女工部的重要任务之一”。在这次会议上第一次提出了组织化的问题，要求在1951年内首先把集中居住的家属组织起来，作为家属工作的首要任务。女工工作会议后，发出了《关于职工家属工作的指示》。

如果说1950年还只是原则性提出把家属工作纳入工会工作，那么经过一年的实践，1951年10月10日至20日，中华全国总工会在北京召开的第一次全国工人职员家属工作会议上，因家属工作对国家和企业的作用，确立了其在工会工作中的地位。《工人日报》为这次会议发表的社论称："一年来，各地家属工作的显著成绩……使得企业中的行政和工会等方面，都对职工家属工作引起了重视，这也是一年来的一个重大进步和成功。"全国总工会副主席李立三称赞一年来的结果，"证明工人家属工作是有重大作用的"，并认为"工人家属工作是工会工作的一部分"的提法还是保守的，应该提高到"家属工作是工会工作的重要组成部分"的高度。要求各级工会组织，尤其是工会基层组织，都要根据本地厂矿情况，研究进行家属工作的办法和步骤，加强对家属工作的领导。另一方面，要求家属工作主动去寻求党、政、企业行政的支持。

自此以后，集体主义时期的所有《工会章程》都宣示了生产单位对于职工家属工作的领导权，并规定具体的领导方法。从1948年第六次全国劳动大会算起，至今存在过10部工会章程。其中，1957年、1978年、1983年、1988年的4部工会章程中，都把"做好女工、家属工作"明确列入基层工会的工作任务。1980年代中期，城市企业改革启动以来，家属工作虽仍在生产单位的领域内，但已然不是工会的主要工作任务之一了，其重要性明显下降。1983年和1988年的工会章程只要求基层工会"协同有关方面"，"做好职工家属工作"，而且工作的重要性类同于"退休职工"。而伴随1990年代中期企业制度的转型，家属工作也从基层工会的工作任务中消失了。

3. 工会与妇联对家属工作的领导权之争

1949年新中国成立前后，伴随中共中央把工作重心从农村转向城市，根据"以生产建设为中心"以及"全心全意依靠工人阶级"的方针，需要配合中心工作的妇联把妇女工作的重心定位在城市，“女工”和“职工家属”成为其首要的两个工作对象。妇联在1950年9月18日召开的城市妇女工作会议中，与一年前妇女“一大”时职工家属尚未进入妇联视野不同，职工家属工作已然是妇联工作的主要内容了。“工人家属”成为与“女职工”并列的两个重要妇女群体，并把“工人家属”与一般家庭妇女区别开来，提出：“在女职工多的工业城市或地区，应以女职工及工人家属为主要对象；在女职工极少的工业城市或矿区，除在少数女职工中进行工作外，应以工人家属为主；在非工业城市，女职工及工属都很少，除了对她们进行工作外，则应以家庭劳动妇女为主要对象。”这跟产业工人的性别结构有关，当时的男工数量远远大于女工数量。“以城市为中心”和“以生产为中心”的工作方针的确立，迫使妇联需要把“职工家属”纳入其工作对象，否则，妇联在体制中的重要性就会明显下降。

这就造成了妇联与工会在女工和职工家属的管理权和领导权方面的重叠和冲突。尽管早在1949年的工会工作会议上，蔡畅以物理空间上的“便利领导”以及职工家属与生产的密切关系为理由，提出集中居住在工厂区或住在工厂附近的家属工作由工会女工部去做，散居工属由地方妇联负责。从事后的结果看，妇联和工会女工部明确以后的职权分工格局，基本上是接受这一思路的。但在1950年，妇联虽然承认工会对于女职工和工属工作有优先领导权，但并没有放弃对女工和职工家属工作的职权，只是提出在“工会统一领导下，分工合作”，这就造成妇联与工会女工部因“组织领导关系还不够明确”，存在“不协调”和“步调不一致”的现象，“今后应从思想上、组织上、工作作法上做适当的解决”。直到1951年，全国妇联与总工会最终商定了各自管理的范围和领导权限：女工和集中居住的职工家属工作主要由工会负责，妇联协助；散居职工家属工作主要由妇联负责，工会协助。工会的女工委员会和家属代表会，作为团体会员集体加入同级地方妇联。

工会对于职工家属工作领导权的确立以及妇联对其领导权的丧失，从另一个侧面证明了“家属工作”是因其对于生产的重要性，家属的劳动在为生产服务中才被国家（企业）承认。同时“家属工作”纳入到工会女工部的管理之下，又凸显出这种劳动的性别意识，折射出集体主义生产体制中的性别化分工。

把家属组织起来

1950年的女工工作会议上提出“在1951年内，把集中居住的职工家属基本组织起来”的工作任务。据女工部的统计，到1951年年底，全国范围内已经组织起来的职工家属有160多万人，比1950年增加了570%。其中，根据7个省、23个市和7个矿区的统计，已建立了2151个家属委员会，13787个家属小组。1951年职工家属工作的覆盖面已涉及33个省（包括58个市）、一个自治区和一个行署区。对于女工部在1950年提出“1951年把职工家属基本组织起来”的年度工作计划，全国总工会李立三副主席的评价是“差不多完成了”。但是，他同时指出全国组织状况是不平衡的，组织化程度高的地方达到90%以上，有的地方甚至还没有组织起来，并实事求是地分析造成这种差异的客观原因是各地的工业发展程度和工作中心的问题，反对“一刀切”。东北的工矿企业职工家属工作在全国是开展较早和较好的，这是因为一则东北的工业化程度较高，二则中共政权控制东北地区早于全国其他地区，较早完成了土地改革，比全国其他地区更早地进入常规化的生产建设。而长江以南的地区建政较晚，工会组织和工会工作尚未完全展开，当时的工作重心仍在土改和民主建政上，不可能把工作重心移到积极开展职工家属工作上来。比如，华东地区的上海虽是中国主要的工业基地，工人家属集中居住的较多，但是1951年的主要工作是搞土改，也不可能把力量集中到城市中来。这又从另一个侧面说明，家属的组织化程度以及家属工作的开展是与工业建设的节奏成正比的。到1953年，在工矿企业中集中居住的职工家属增加到190多万人，1954年达到235万人。1956年年底，集中居住的职工家属中，建立了11389个家属委员会，组织起来的家属约有4387997人，517957户。可见，伴随工业化的加速，职工家属集中的速度是非常快的。

1950 年代初期，职工家属的组织化是与特定的社会和历史条件相关的。第一，物理空间上相对独立的工人社区存在。第二，社会空间上单位制度的确立。第三，特定历史契机。新中国成立初期群众性的国家建设运动大大促进了职工家属的组织化程度。第四，意识形态基础。新中国成立初期以爱国为旗帜的系列国家建设运动，不仅为家属的组织化提供了精神动力，也为后来的家属工作打下了意识形态基础。

1. 物理空间上的聚居

新中国相对独立的工人社区的存在，既与国家工业化建设的布局有关，也和第一批产业工人的来源有关。新中国最早的产业工人主要来自 3 个部分：一部分是从新中国成立前延续下来的老产业工人；一部分是转业复员军人；还有一部分陆续招用的城市（农村）劳动力。优先发展重工业的工业化战略，使产业工人的主体结构明显具有男性集中的特征。而产业工人的这种来源，使绝大多数职工家属是从农村来到城市，基本上围绕着丈夫所在的厂区定居下来，而不是以投亲靠友这种散居模式，这些职工家属文化程度普遍较低，以从事家务为主，逐渐发展成集中居住的工人家属区。后来“三线”的工业布局，使工厂大院成为与城市居民区（农村村庄）相对独立的工人社区。统筹生产和生活的单位制度的建立，为“方便生活、有利生产”，也从物理空间的布局上，鼓励生活区靠近生产区。职工家属的集中居住为家属的组织化提供了空间上的便利性。

2. 单位制为基础的蜂窝状社会管理体系

新中国成立以后，相对分割独立的居民社区（单位）成为基本社会管理单元，建立起蜂窝状的社会管理体系。于 1954 年通过的《城市居民委员会组织条例》规定，机关、学校和较大的企业一般不参加当地的居民委员会，企业职工集中居住的职工住宅区和较大的集体宿舍，由工会组织的职工家属委员会兼任居民委员会的工作，从而在法律上确认了工人家属集中居住的模式。在一个集中居住的家属社区内，又建立起以党—（企业）工会—工会女工委员会—家属委员会—家属小组—积极分子—群众的垂直组织体系。单位内部的垂直网络体系能够把单元内的所有人员组织进单位之内，打造成一个行动整体。最终，在整个国家层面上，建立起中央到地方，把党和国家的意志和政策贯彻到底的有效的垂直管理体系。单位不仅是生产组织，也是社会组织和政治组织，职工家属是作为单位制度组成部分存在于单位体制中的，单位需要把职工家属组织起来。

3. 新中国成立初期的国家建设运动为家属的组织化提供了历史契机

新中国成立初期开展了一系列国家建设运动，包括抗美援朝运动（爱国主义教育）、镇压反革命运动（政权建设，治安建设）、爱国卫生运动（社会建设）等各种群众运动。国家一方面需要开展工业生产建设，同时要组织基层政权建设和恢复基本社会秩序。李立三在1951年全国职工家属工作会议上直言："工人白天上班，这些政权工作主要是靠工人家属来搞。"这些政权工作包括清洁卫生工作、保安工作、居民代表会议等。这种情况非常类似于苏维埃时期，广泛动员的农村妇女运动的发展，很大程度上是因为男性参加红军，导致他们在社区管理中的撤出，这给妇女参加社区管理提供了可能和便利。而在工人社区内，男性工人参加生产，客观上需要动员职工家属参加社区的管理。

1951年，全国发起抗美援朝爱国主义运动的高潮，把家属的组织化程度进一步推动，在"必须使全国每一处、第一个人都受到抗美援朝爱国教育"的口号下，1951年的三八妇女节和五一劳动节都围绕抗美援朝展开群众动员和群众运动。把职工家属组织起来，自然是这场运动不可或缺的部分。1951年，据16个大中城市不完全统计，有260922名集中居住的家属参加五一游行。据3个省、2个市和东北铁路、华东煤矿的材料，共有532261人参加了和平签名和投票反对武装日本，占该地家属总人数的90%。在黑龙江、吉林两省及太原、海拉尔两个地区，80%集中居住的家属受到抗美援朝教育。武汉集中居住的家属有80%以上听过志愿军代表的报告。各地家属参加各种座谈会、控诉会、参观抗美援朝展览会、敌特罪行展览会、帝国主义残害中国儿童的圣心育婴院、上大课、参加培训等。王政对上海妇联的研究，也提到妇联在抗美援朝运动中组织妇女参加爱国游行等集体行动的成功，提升了上海市妇联在市政当局和公众眼中的地位和作用。而妇联也利用组织集体行动的机会，在 1951 年年底完成了里弄妇代会系统和家庭妇女委员会等妇联组织体系的建立，并总结出“利用党的运动来巩固组织建设确实是上海市妇联的一贯策略”。

新中国成立初期的一系列国家建设运动，大大促进了职工家属的组织化和家属工作的常规化。正如《工人日报》为第一次职工家属工作会议所发表的社论中所指出的：“事实上说明了家属工作在抗美援朝、镇压反革命、保证职工完成增产节约任务、巩固民主政权、改进职工生活、做好工会工作……等各方面的重要作用。”赢得了基层党政和生产企业的支持。同时，工会领袖也谆谆教导家属工作应配合一切中心工作，在中心工作中体现家属工作的重要性。

4. 爱国主义是家属组织化的意识形态基础

新中国成立建政初期一系列在“爱国”旗号下的群众运动，不仅有助于建立起各类有形的社会组织，也打下了无形的意识形态地基。对外的抗美援朝和对内的镇压反革命运动，都是形象生动的全民性意识形态教育工程，当时的用语称为提升“政治觉悟”。在第一次家属工作会议上，李立三总结如何开展家属工作的第一条经验就是，“家属工作的首要任务是加强爱国主义教育”，因为“只有职工的爱国主义热情愈高、觉悟程度愈高，一切工作才能搞好”。[①] 成功的思想政治教育有助于在新中国成立初期迅速建立国家意识、阶级意识和和衷共济的集体主义意识。在当时，国家意识、阶级意识和集体意识实质上是同一回事，即共同体意识——“我”是这个共同体的成员，“我”的利益与共同体的利益休戚相关。对于职工家属，爱国主义教育的效果并不是建立起对国家（政权）的抽象忠诚，而是建立起具体的国家和企业是“咱

① 中华全国总工会女工部．全国职工家属工作会议资料汇编[M]．北京：工人出版社，1951．第 11 页．

们自己的”主人翁意识，和“大河水涨小河满”的利益观。若只是从组织动员和政权强制力的角度，是无法解释职工家属大量的无偿劳动和无私奉献的。组织家属的政治学习，提高家属的“政治觉悟”，一直是家属工作的基础性常规性工作。在1956年的“五好家属”评选中，“五好”中必备的“一好”便是自己学习好。

另外，国家对国民的规训不能简单地看成单向度的权力控制，同时要看到，社会成员也利用国家议程和国家要求建立起自己的主体身份。围绕着抗美援朝激发的爱国热情，生产企业在职工中开展爱国主义生产运动，在家属中推行订立爱国公约，家属之间、夫妻之间相互挑战和竞赛。黑龙江省职工家属签署爱国公约者达80 %，北京市达89 %，沈阳市达77 %。有意思的是，在国家面前，职工和家属都获得了公共身份和公共价值。在国家面前，家属的家内劳动获得了“公”的意义。职工家属通过这些政治运动，成为了国家主体。通过学习——政治学习和文化学习——改变所谓“老娘们儿不问天下事”的思想。正是“老娘们儿”与“天下事”的连接，使家属个体能够超越丈夫（家庭）而建立起个人的主体性，对自己的劳动产生新的意义和价值。这是“政治觉悟”对于职工家属个体的意义。而让“老娘们儿”了解国家大事的常规工作方式，是在家属小组范围内的读报活动，以及让家属积极分子（家属干部）列席工会（企业）的会议，参加各级政府的表彰。

用家属的力量创办集体生活福利事业

自从1956年的社会主义改造基本完成之后，集体主义生产体制基本确立起来，实现职工的集体生活福利事业成为生产企业的职责，并且由工会来承担。1957年和1978年的《工会章程》，都细致明晰地规定了实现集体生活福利事业的具体方法，比如，1951年的《工会章程》指出：“领导互助储金会和家属委员会，开展职工文化艺术、文化娱乐、体育运动和职工互助等群众活动；并且协助行政方面组织职工文化、技术学习。”1978年的《工会章程》

指出："做好女工、家属工作。办好文化、体育事业，组织好业余文艺体育活动。协助行政办好集体福利事业，做好生活住宅工作；组织职工家属搞好农副业生产和服务事业。"《工会章程》透露出实现职工集体福利事业的一种主要方式是依托家属工作，而家属是集体福利事业的主要承担者。

1. 互助：创办集体福利事业的主要方式

在20世纪50年代的集体主义企业制度下，尽管再生产领域的职责很大程度上仍是由妇女承担的，从劳动的内容上看，职工家属所从事的仍然是传统妇女职事，但是职工家属的劳动性质和方式都发生了变化。劳动的性质不再是"私"事，而具有"公"的价值和意义。劳动实现的空间，也从个体家庭扩展到其他工人家庭和整个社区。互助，使这种职工家属的劳动具有了集体主义的性质。职工家属之间的互助主要包括家务互助、经济互助和照料互助。

前文提到的中国产业工人的来源，决定了工人家属区中的大部分家庭是核心小家庭，每个小家庭都可能面临照料者的暂时缺席，比如生病、生育，甚至未婚或丧偶。而小家庭的结构却使主要照料者——职工妻子缺席时，很难便利地得到来自家庭内部和亲友的直接帮助。而在20世纪50年代，在企业生产效率的增加不能完全依靠机器和技术的提升时，很大程度上依赖于职工的出勤率，所以，想方设法保证职工不"缺勤"，是那个时期家属工作服务于生产的最重要方式。建立互助组，工属间展开家务互助，保证所有的职工都不会因妻子的暂时缺席造成误工，在家属工作初创时就作为重要经验被介绍和推广。据报道，1954年职工家属互助组在全国有10500个。西安煤矿在1954年一年内受到互助好处的职工家属有2221户，如果没有互助，59%的职工会缺勤。到1956年年底，集中居住的职工家属中，互助组迅速增加到37972个，参加的职工家属有45万多人。北京市在1956年对32个基层单位进行调查，在12300户中有72.2%的职工家属组织了互助组，互助组的参与率还是相当高的，"团结互助好"是1956年"五好家属"评选标准中的其中一好。

家属之间的互助，除了日常生活中的家务互助，还有一个很重要的内容是经济互助——互助储金会。工会基层委员会对互助储金会的领导写入了1957年的《工会章程》，可见经济互助在当时职工生活中的重要性。家庭之间的储金互助，不仅减轻了生产单位对困难职工进行直接救助的经济压力，而且把职工家庭手里的金钱汇零成整，存入银行，又能支援国家建设。1957年，武汉一个市的职工家属就有4052个储金互助组，该市硚口区的76个储金互助组，一年就借出1199次，其中用于生活困难的349次，用于交学费的253次，用于生育的54次，用于婚丧的8次①。

第三个重要的互助是职工家属间的托儿互助。当职工家属被组织起来参加各类集体活动时，比如，清洁社区内的环境卫生、组织家属的日常政治学习和文化学习，以及在不同时期组织家属为企业提供各类有酬和无酬的生产性劳动或服务性劳动，家属就会面临幼儿照料的问题。为此，社区的托儿互助从家属小组内的临时性轮流照看，发展到社区内每年开设的托儿所和幼儿园。全国最著名和最早被培养成典型的高风琴模范家属小组，及其所在的沈阳五二厂，建立社区内家属托儿所是其家属工作典型经验的亮点。1951年，高风琴小组用轮流值日的办法，使家属学习时不再牵挂孩子。1952年春天，工会组织全厂职工家属参加改善社区环境卫生的集体活动，工会就推广高风琴小组办托儿所的经验，最终在全厂家属住宅区成立了98个托儿站，在家属学习、开会和集体活动的时间内收托孩子。经常收托的孩子有1800名，负责照料孩子的家属有429人②。到1958年“大跃进”时，大量妇女被组织参加生产劳动时，托儿所的数量一度达到194个，接收6900多名儿童③。这类托儿机构绝大多数是依靠职工家属自己的力量创办的，基本不花国家的钱。老师是义务的“妈妈老师”，房子或借或自建，设施是家属自捐自带。到1956

① 中华全国总工会女工部．全国职工家属代表会议主要文件[C]．北京：工人出版社，1957：31.

② 中华全国总工会女工部．五七工厂职工家属工作经验[C]．北京：工人出版社，1953：24~25.

③ 全国总工会女工工作委员会，全国妇联宣教部．“大跃进”中的职工家属[C]．北京：工人出版社，1960：25.

年年底，全国集中居住的职工家属举办的托儿所共有 1774 个，收托儿童 91830 人。在城市街道上举办的托儿站，幼儿园共有 1774 个，收托儿童 100 多万，其中人部分也是职工家属兴办的①。

2. 副业生产：从家庭副业走向集体生产

集体福利事业还包括组织家属参加副业生产。1950 年至 1955 年，副业生产主要还是应职工家属的要求，解决职工家庭经济上的困难，属于“公私两利”。据报道，从事农副业生产的职工家属已达到 28 万人。佳木斯发电厂职工家属副业生产的收入，相当于职工工资收入的四分之一②。1956 年之前，副业生产没有成为工会家属工作的重心，重心在于组织家属做好家务保出勤。副业生产被严格限定在“不能影响操持家务，不能影响职工生产”。如果因为搞副业家属便不管家务，职工回家不能按时吃饭，孩子无人照管，影响了出勤，那就是本末倒置。

1956 年下半年，农村人口大量涌入城市③。迅速膨胀的城市人口，使基本生活服务设施的供应，包括副食供应都出现了困难。另外，家属进城、家庭规模的增大，单靠男性职工一个人的工资养家，也出现了家庭经济上的困难。所以，从 1956 年下半年开始，许多厂矿的工会开始组织职工家属从事副业生产，以贴补职工家庭的收入。收入型的副业生产主要有 3 种类型：第一类是种菜、养猪等农副业生产；第二类是洗衣、缝纫等手工业生产；第三类是在男性职上所在的企业中从事辅助生产，做一些简单的原材料的整理和加工。但这时期的副业生产仍属于家属自救，属于家庭副业的性质。

到 1964 年以后，对“单干”的否定，对大公无私的集体主义生产方式的

---

① 中华全国总工会女工部．全国职工家属代表会议主要文件[C]．北京：工人出版社，1957：33.

② 中华全国总工会女工部编．全国职工家属工作会议资料汇编[C]．北京：工人出版社，1951：40. 这份资料显示的数据与同年《人民日报》的相关报道稍有出入。后者称全国参加副业生产的职工家属是 22 万人，而佳木斯发电厂职工家属副业生产的收入占职工家庭全部收入的三分之一。

③ 当时有两个背景：一个是 1956 年农村实行高级合作社以后，一些农民以为土地被充公，纷纷进城投亲靠友，大量农村人口涌入城市；另一个是一些工厂进行工资调整，青年工人的工资够养家了，从农村招工进城的青年工人通常会在老家找对象结婚，带家属进城。

推崇，使得企业组织职工家属从事的副业生产，已经是集体性质，而不再属于家庭副业。以生产合作社的方式组织家属参加集体性的农副业生产，成为很多工矿企业的组成部分，形成单位制度下男工女农的性别化产业分业模式。大庆家属成为20世纪六七年代模范家属的典型。一直到1978年的“工业三十条”仍把学习大庆家属经验，组织职工和家属从事农牧副渔业生产，作为搞好职工生活的一种主要措施。在崇公抑私的社会氛围下，被认为具有“私”性的家务劳动不再被国家表彰，它从家属工作的重心淡出，但并不意味着职工家属不再承担这部分责任了。

3. 为什么需要由家属办集体福利事业

从职工家属间的家务互助、储金互助、托儿互助到副业生产，实质上就是以家属的力量办工人社区内的集体福利事业。周恩来在1957年第一届全国人大第四次会议的工作报告中称：“在社会福利事业方面，也应该发挥社会团体和广大群众的力量，提倡社会团体和群众之间的互助，举办各种社会福利事业。最近全国职工家属代表会议所介绍的各种群众性的互助救济办法，是有成效的，应该提倡和推广。”在周恩来点名的全国职工家属代表会议上，时任总工会女工部部长的杨之华对“社会主义的集体福利事业”做过界定：“主要的就是组织群众自己的力量来为群众自己的事业服务”①，“集体福利事业”的内涵不能等同于时人常言的“公共服务”的所指。“公共”相对于“私人”，“公共”与“私人”是两个分离的领域；“集体”相对的是“个人”，“个人”与“集体”是相嵌型结构，“个人”包括在“集体”之内。所以，集体福利事业是由集体内每个成员参与建设的，而公共服务是外在于私人的另一方——往往是国家——来提供的。如果细读1957年的《工会章程》和1978年的《工会章程》，会发现对于集体福利事业的规定有一个细微的差别，1978年的《工会章程》把“保障职工福利”“协助行政办好集体福利事业”写入基层工会的任务中，即创办集体福利事业的主体是生产企业；而1957年的

① 中华全国总工会女工部编．全国职工家属代表会议主要文件[C]．北京：工人出版社，1957：34.

《工会章程》中对生产企业没有这种职责的明确规定，只是说“经常关心职工的物质、文化生活状况和劳动条件的改善”“协助行政方而组织职工文化、技术学习”。这与1950年代国家对于集体福利事业由群众自己办理的思路是一致的。事实上，早在1954年颁布的《城市居民委员会组织条例》中，把“办理有关居民的公共福利事项”作为居民委员会的第一项任务，同时把居民委员会定性为“群众自治性的居民组织”。换言之，在法律上确认了居民和居民自治组织有责任办理自己的公共福利事业，而不是被动等待企业（国家）的供给。

20世纪50年代是新中国工业体系的创建初期，国家奉行高积累、低消费的工业化发展策略，即通过缩减再生产领域的资金投入，来增加对生产领域的资金投入。对于再生产领域的集体福利事业，只能实行“提倡用群众自己的力量解决自己的困难的办法。不要引导群众向国家要钱，向行政要钱”①。而“组织群众自己的力量来为群众自己服务”，就能“用最少的钱为群众办很多很好的事”②：无房可住，职工家属委员会与生产单位一起发动家属职工“献砖挖砖”，义务劳动一起盖房子；缺少副食，组织家属开荒种菜，生产副食；没有足够的医疗设施，开展爱国卫生运动，提高职工的健康水平；家属之间互教，开展扫盲运动；利用有文化的家属参与社区内失学子弟的教育；没有托儿所，家属们自己办。

换言之，在集体主义单位制度下“抓生活”，是生产企业的职责，企业通过组织职工家属和对家属工作的领导，实现了其在再生产领域中的责任。而这份职责的实现，很大程度上是依靠职工家属的几近无酬的劳动（有些副业生产是有酬的，但报酬非常低廉），包括个人在家的家务劳动和社区内的互助劳动。

---

① 中华全国总工会女工部编．全国职工家属工作会议资料汇编[C]．北京：工人出版社，1951：10.

② 中华全国总工会女工部编．全国职工家属代表会议主要文件[C]．北京：工人出版社，1957：34.

承认：职工家属成为劳动主体和国家主体

为什么职工家属愿意在集体福利事业中承担起这个角色，并付出几近无酬的劳动呢？若只是以集权主义国家体制强大的组织力和强制力来解释，无疑是对职工家属主体性的漠视。笔者认为，必须从集体主义的逻辑来理解职工家属的主体性。前文提到，新中国成立初期爱国主义是职工家属组织化的意识形态基础。爱国主义和集体主义意识不能仅理解成一种空洞抽象的情感归依，更是一种具体的利益共同体。所谓共同体意识就是个人充分理解、认知和相信自己在集体内的成员资格，以及共同体成员之间休戚相关的共同命运。依凭这个成员资格，家属可以获得共同体（企业或国家）对自己及其后代的未来生活的保障。事实上，在单位制度下，职工家属是享有一定医疗保障的；家庭若因贫病而陷入困难时，企业有责任救助。在公私相嵌型的社会结构下，职工家属在再生产领域的无酬劳动，很大程度上是对这一利益共同体的信任和对自己集体成员资格的确信。而企业（国家）的各类表彰实质上就是对家属集体成员资格的承认。

1. 对家务劳动的承认：家属成为劳动主体和阶级主体

社会主义国家是劳动者的国家，若不承认家庭妇女的劳动是劳动，那么，家庭妇女就只能是“寄生虫”。“寄生虫”不仅是政治上的否定，否定了家庭妇女成为政治主体，同时也是道德上的否定，因为新中国确立起劳动光荣的新道德观。也就是说，只有承认职工家属的劳动主体，她们才能成为国家的政治主体。特别是1956年社会主义改造完成之后，对于职工家属的家内劳动算不算劳动，以及职工家属是不是劳动者，是当时的妇女领袖需要解决的理论问题。因为正统的马克思主义妇女解放理论认为，妇女参加生产劳动才是妇女解放的途径。而当时占人口绝大多数的妇女是家庭妇女，暂时还无法使这部分妇女全部参加社会生产。所以，妇女领袖们必须在理论上解决家务劳动在社会主义生产建设中的作用问题，这样才能给当时占人口绝大多数的家庭妇女以合理的社会地位和政治地位。

1949 年前后，工会对职工家属的判断是负面的，并仍把家属的家内劳动限制在私人领域内。1953 年以后，国家开始实施第一个五年计划，真正进入有计划地大规模经济建设阶段时，才开始承认和肯定职工家属的家内劳动对于社会主义工业建设的正面作用，并把家内劳动上升到“公”的性质。这对确保职工家属搞好家务、鼓励职工积极生产、保证完成生产任务方面起了很大作用。并承认“努力增进职工身体健康，鼓励职工按时上工、减少缺勤，使他们精神饱满地参加生产，这对职工完成并超额完成工矿企业的生产计划已表现出重大的作用”。承认为生产服务的广大职工家属，也是“积极为社会主义工业建设服务”，是“与封建社会以提倡贤妻良母为名而实际奴役妇女的做法是有本质区别的”。

1957 年 6 月 4 日至 12 日，全国总工会与全国妇联共同在北京召开了中国历史上第一次，可能也是唯一的一次全国职工家属代表会议。来自全国各地的 1300 多名职工家属代表，代表全国 6000 多万的职工家属参加了这次会议。这次会议一共开了 9 天，共有 89 位家属代表在会上介绍了她们在勤俭持家、教养子女、互助团结、开展副业生产、举办托儿站和业余文化学校等方面的经验。同时，在这次会议上，妇联和工会对于职工家属的家务劳动作了理论上最系统的一次阐释，承认家务劳动为“社会劳动的一种”，是“同参加社会劳动的家庭成员分工合作”。第一次把职工家属定位为“工人阶级的一部分”。之前，一般只承认女工是工人阶级的一部分。1951 年的全国职工家属工作会议上，家属仍是作为“无产阶级的后备力量”和“劳动后备军”出现的。时任中华全国总工会主席的赖若愚，在 1957 年 6 月的全国职工家属代表大会和 3 个月后召开的第三次全国妇女代表大会上，都宣称职工家属是“工人阶级一部分”。认为职工与家属之间的关系不仅是“亲人关系”，而是“共同建设社会主义新生活的同志关系”，从而确立了职工家属劳动主体和阶级主体的身份和地位。

2. 国家表彰：家属成为政治主体

20 世纪 50 年代城市中的家庭妇女，除了职工家属，还有工商业者家属、手工业者家属，但获得“工人阶级”社会身份和政治地位的只有职工家属。受到国家表彰和承认的劳动也只有职工家属的劳动，包括家内的家务劳动和邻里的家务互助、家外的副业劳动。换言之，只有对社会主义生产发挥作用的家务劳动才被国家承认。

中华人民共和国的政治是一种承认政治，而非利益政治。承认政治以共同利益为前提性基础假设，政治的核心是争取成员资格。所谓利益政治，是以政治成员间的利益分歧为前提性假设，政治的核心是不同的政治主体在合法的政治竞技场就各自的利益发表意见并展开博弈。所以，在承认政治的格局中，正式的政治舞台更多表现为一种承认的表演，而不是利益的博弈。何种群体的代表能够参加人民代表大会，意味着承认了这个群体在政治共同体中的成员资格。

1954 年第一次全国人民代表大会中有 147 位女代表，沈阳的职工家属高风琴就是以职工家属的身份当选为人大代表的。这表明在 20 世纪 50 年代的中国“职工家属”，不仅是一种可见的社会身份，而且以这种社会身份获得了政治主体的地位。1957 年中国第一次全国职工家属代表会议期间，毛泽东、周恩来、刘少奇、朱德等党和国家领导人接见了会议代表。这种政治待遇与参加全国劳模大会的劳模的政治待遇是一样的。表彰不仅是荣誉，更是一种承认。特别是在劳动者的国家中，劳模大会是一种重要的政治仪式，某类群体参加劳模大会，意味着国家承认了这个群体在国家政治生活中的主体地位和参与资格。在全国职工家属代表会议期间，代表们听各部部长的讲话，接受党和国家领导人接见。这些政治仪式都传达了国家对于家属工作的重视，对家务劳动的肯定，以及对职工家属作为政治主体的承认。

除了最高级别的国家表彰之外，模范家属还受到各地、各级不同层次的各类表彰。1951 年三八节前夕，家属工作还没有全面展开，总工会甚至还提不出统一的标准来评选模范家属，就开始要求在三八节评选模范职工家属、表扬积极分子，就是为了传达承认的政治信号。这一年的三八节，天津市总工会选出的155个女模范中，就包括模范女工、模范职工家属和女模范工作者[①]。1956年，为配合国家第一个五年计划，全国总工会发出动员令，在全国召开先进生产者运动。为配合生产竞赛，全国妇联在职工家属中普遍开展“五好”评选运动。全国各地评选出许多模范家庭、“五好”积极分子和“五好”家庭。武汉市当年出现了将近8万个“五好”职工家庭；上海的上万条里弄里，在全市家庭妇女中评出了“五好”积极分子9100多名。1956年的全国劳模代表大会，在《人民日报》上有名可查的模范家属代表，是北京铁路管理局北蜂窝职工家属委员会主任孙瑞芝。1959年群英会（即全国劳模大会）的参会代表中有61位先进职工家属代表[②]。

历史的吊诡和历史的可能性

如果说市场化导向的企业制度改革，使集体主义单位制度下“职工家属”这一独特的社会主体消失在历史地表之下，那么历史的记忆和书写除了让她们重新浮出历史地表，更重要的是，这段经验可以为时人批判性思考当下的市场体制提供比较视野。以职工家属及其家内劳动在生产体系中的定位为切入点，观察集体主义时期和市场经济时期生产企业处理生产与再生产的不同方式，可以清晰地看到性别和性别化的分工是如何以不同的方式编织进这两种大生产体系的。集体主义的生产体制和市场主义的生产体制，本质上都是“以生产为中心”，追求效率的现代性的大生产体制。不管是以“公”的名义，还是“私”的名义，唯一不变的是，工业大生产体制都是建立在性别化的劳动分工，以及妇女无酬劳动之上的。不同的是，需要统筹兼顾生产和再生产的集体主义生产体制，曾经给职工家属及其所承担的再生产职责予以承

① 中国妇女管理干部学院．中国妇女运动文献资料汇编第二册 1949—1983.［M］．北京：中国妇女出版社，1987：90.

② 全国总工会女工工作委员会，全国妇联宣教部．大跃进中的职工家属［C］．北京：工人出版社，1960：3.

认，尽管当年的这种劳动仍然几乎是无酬的。另外，把这两种生产体制放在历史的比较视野里，我们会发现另一种现象：在集体主义时期，家属以其家庭内的附属身份面对单位（国家），却获得了超越家庭的独立个体身份。在市场社会里，20世纪90年代新自由主义的经济社会政策制造出来的强制性个人化（私人化）导致的结果是，工人阶级的女工下岗和中产阶级的白领女性要求回家——把妇女重新送回了家庭（往往是男系）。再生产职能的个人化，个人被迫通过家庭策略的方式来化解两种生产的紧张，这很大程度上强化或者说重构了男权家庭。资本市场下异化的劳动使男系家庭成为女性退而选择的“庇护所”。

同样，历史的比较视野给我们提供无限的历史可能性。在历史的长河中，我们会很容易意识到，每一种现存的生产体制都并非理应如此或自然如此，而是人为选择的历史结果。回顾历史，检视当下，想象未来，如何建构一个认真对待再生产领域，而不再以妇女的“无私”奉献为代价的、公正的社会生产体制，应纳入我们对未来中国社会的合理想象之中。